NE능률 영어교과서

대한민국 고등학생 **10**명 중 **4.7** 명이 보는 교과서

영어 고등 교과서 점유율 1위
(7차, 2007 개정, 2009 개정, 2015 개정)

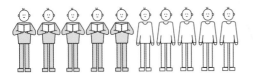

능률보카

그동안 판매된
능률VOCA 1,100만 부

대한민국 박스오피스
**천만명을 넘은 영화
단 28개**

그동안 판매된
리딩튜터 1,900만 부
차곡차곡 쌓으면 19만 미터

**에베레스트
21배 높이**

190,000m

에베레스트 8,848m

그래머존

그동안 판매된 450만 부의 그래머존을 바닥에 쭉 ~ 깔면
1000km 서울-부산 왕복가능

서울

부산

능률 수능완성 2200 VOCA

지은이	NE능률 영어교육연구소
선임연구원	신유승
영문 교열	Julie Tofflemire
표지디자인	민유화, 안훈정, 기지영
내지디자인	안훈정
맥편집	올댓에디팅

Let's grow together

NE능률이
미래를
창조합니다.

건강한 배움의 고객가치를 제공하겠다는 꿈을 실현하기 위해
40년이 넘는 시간 동안 열심히 달려왔습니다.

앞으로도 끊임없는 연구와 노력을 통해
당연한 것을 멈추지 않고

고객, 기업, 직원 모두가 함께 성장하는 NE능률이 되겠습니다.

능률

수능완성 2200

VOCA

DAY 01

클래스카드

0001
additional **☆
[ədíʃənəl]

혱 추가적인, 부가의 (⊜ extra)

For **additional** information, please visit our website. 수능응용
추가 정보를 원하시면 저희 웹사이트를 방문해 주십시오.

⊕ addition 몡 첨가, 추가

0002 ☐☐☐
adhere *☆☆
[ædhíər]

통 1. 들러붙다, 부착되다 2. ((to)) 고수하다, 충실히 지키다
The tiles **adhere** well on dry surfaces.
그 타일들은 마른 표면에 잘 붙는다.
· **adhere** to the basic 기본을 고수하다

⊕ adhesive 몡 접착제 혱 들러붙는

0003 ☐☐☐
ambitious **☆
[æmbíʃəs]

혱 1. 야심 찬, 야망을 품은 2. (계획 등이) 야심적인

They have invested in the project of an **ambitious** entrepreneur.
그들은 한 야심 찬 사업가의 프로젝트에 투자해 오고 있다.

⊕ ambition 몡 야심, 야망, 포부

0004 ☐☐☐
identify ***
[aidéntifài]

통 1. (신원 등을) 확인하다, 알아보다 2. ((with)) 동일시하다

The job search starts with **identifying** individual job skills and
interests. 모평응용
직업 탐구는 개인의 직업 역량과 흥미를 확인하는 것에서 시작된다.

⊕ identity 몡 신원, 정체
⊕ identification 몡 1. 신분 증명(서), 신원 확인 2. 동일시

0005 ☐☐☐
aesthetic **☆
[esθétik]

혱 심미적인, 미학적인, 미적인 몡 미학

This old palace has much **aesthetic** and historical value.
이 오래된 궁전은 많은 미학적이고 역사적인 가치가 있다.

0006 ☐☐☐
animate *☆☆
[ǽnəmèit]

통 1. 생기를 불어넣다 2. 만화영화로 만들
The writer's humor **animates** the nov
작가의 유머가 그 소설을 활기차게 한다.
· **animate** beings 생물체

⊕ animation 몡 1. 생기 2. 만화 영화 ⊕ ani

수능빈출 혼동어휘/반의어

quantity vs. quality

quantity ***
[kwántəti]
몡 1. 양, 수량 2. 다량
A huge **quantity** of oil leaked into the Gulf of Mexico.
엄청난 양의 기름이 멕시코 만으로 유출되었다.

quality ***
[kwáləti]
몡 1. 질 2. 양질, 우수함 3. 자질, 특성 혱 양질의, 고급의
The city is notorious for its poor air **quality**. 수능응용
그 도시는 열악한 공기 질로 악명이 높다.

fluctuate vs. stabilize

fluctuate *☆☆
[flʌ́ktʃuèit]
통 (가격·양 등이) 변동하다, 오르내리다 (@ vary)
The price of gold **fluctuates** between $40 and $45 per gram.
금값은 그램 당 40달러 45달러 사이를 오르내린다.
· **fluctuate** wildly (가격·양 등이) 심하게 변동하다
⊕ fluctuation 몡 변동, 오르내림

stabilize *☆☆
[stéibəlàiz]
통 안정되다, 안정시키다
Her health has gradually **stabilized**.
그녀의 건강은 점차 안정을 찾아갔다.
· **stabilize** the economy 경제를 안정시키다
⊕ stable 혱 안정된 ⊕ stabilization 몡 안정(화)

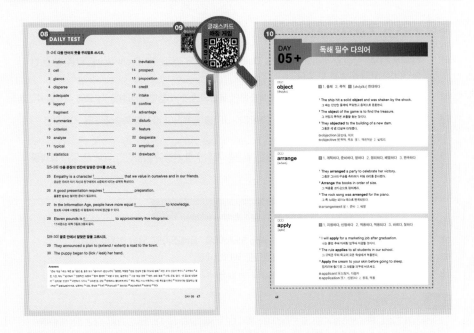

01 클래스카드로 바로 연결되는 DAY별 QR코드

02 암기 횟수, 잘 외워지지 않는 어휘 등을 표시할 수 있는 3회독 체크박스

03 모든 표제어에 빈도/중요도를 ★ 개수로 표시 (★★★: 상 / ★★☆: 중 / ★☆☆: 하)

04 유의어 및 반의어 수록

05 실제 수능 및 모의고사를 활용한 실용적인 예문과 chunk

06 각 어휘의 주요 파생어까지 한 번에 학습할 수 있도록 제시

07 수능에 자주 출제되는 혼동어휘/반의어를 정리한 수능빈출 혼동어휘/반의어 코너

08 암기한 어휘를 점검해볼 수 있는 Daily Test

09 5일마다 제시되는 매칭게임 QR로 복습 가능

10 수능 독해에 필수적인 다의어를 5일마다 수록

HOW TO STUDY

능률 VOCA 수능완성 2200 학습 TIP

01 하루에 1 DAY 분량의 어휘를 학습하고 Daily Test를 통해 점검한다. Daily Test를 다음 날 한 번 더 풀면 복습 효과를 얻을 수 있다.

02 5일 정도 분량의 학습이 끝난 후 누적 복습하면 복습의 횟수가 늘면서 어휘를 더 오래 기억할 수 있다.

03 STUDY PLAN의 〈개인별 학습 진도 CHECK-UP〉을 활용하여 자신의 학습 진도를 기록하면 체계적인 학습을 할 수 있다.

04 3가지 버전의 MP3 파일과 클래스카드를 활용하여 자투리 시간에 학습하면 더욱 큰 암기 효과를 기대할 수 있다.

CLASS CARD 이용법

01 먼저 Google Play 스토어 또는 Apple App Store에서 "클래스카드" 앱을 설치하세요.

02 오늘 분량을 모두 학습하고 난 뒤 QR코드를 찍어보세요.

03 원하는 대로 구간 크기를 설정하여 학습할 수 있습니다. (1구간에 10개 단어씩 기본으로 설정)

> **Tip!** **QR코드 찍는 방법**
>
> 스마트폰 카메라로 QR을 찍으면 자동으로 인식됩니다. 혹시 QR 인식이 안되나요? 스마트폰 기종이나 환경설정에 따라 안될 수도 있습니다. 이럴 때는 네이버나 다음 앱을 이용하세요.
> - 네이버 앱 실행 > 하단 녹색 동그란 버튼 누르기 > 메뉴 중 왼쪽 하단의 'QR바코드' 누르기
> - 다음 앱 실행 > 검색창 오른쪽 코드 모양 누르기 > 오른쪽 끝 '코드검색' 누르기 → QR코드를 찍으세요!

❶ 암기학습

단어를 누르면 뜻을 확인할 수 있고 음성도 들어볼 수 있습니다.

❷ 리콜학습

단어가 제시되면 4개의 선택지 중에서 올바른 뜻을 찾아 체크합니다.

❸ 스펠학습

제시된 우리말 뜻을 보고 생각나는 단어를 써보세요.

➕ 5일마다 제시되는 매칭게임

단어와 뜻을 연결시키는 게임에 도전해 보세요. 재미와 복습 효과를 모두 누릴 수 있습니다.

STUDY PLAN

개인별 학습 진도 CHECK-UP

DAY별로 학습 여부를 체크하거나 학습 날짜를 기입해보세요. 필요에 따라 계획표로 사용해도 좋습니다.

학습 여부		PART 01									
		DAY 1	DAY 2	DAY 3	DAY 4	DAY 5	DAY 6	DAY 7	DAY 8	DAY 9	DAY 10
학습 여부	표제어										
	TEST										

학습 여부		PART 01									
		DAY 11	DAY 12	DAY 13	DAY 14	DAY 15	DAY 16	DAY 17	DAY 18	DAY 19	DAY 20
학습 여부	표제어										
	TEST										

학습 여부		PART 01									
		DAY 21	DAY 22	DAY 23	DAY 24	DAY 25	DAY 26	DAY 27	DAY 28	DAY 29	DAY 30
학습 여부	표제어										
	TEST										

학습 여부		PART 01									
		DAY 31	DAY 32	DAY 33	DAY 34	DAY 35	DAY 36	DAY 37	DAY 38	DAY 39	DAY 40
학습 여부	표제어										
	TEST										

학습 여부		PART 01									
		DAY 41	DAY 42	DAY 43	DAY 44	DAY 45	DAY 46	DAY 47	DAY 48	DAY 49	DAY 50
학습 여부	표제어										
	TEST										

학습 여부		PART 02				
		2001~2040	2041~2080	2081~2120	2121~2160	2161~2200
학습 여부	표제어					

CONTENTS

PART

01

수능 필수 어휘

DAY
01-50

DAY 01

클래스카드

0001 ☐☐☐
additional ★★☆
[ədíʃənəl]

형 추가적인, 부가의 (⊕extra)

For **additional** information, please visit our website. 수능응용
추가 정보를 원하시면 저희 웹사이트를 방문해 주십시오.

⊕addition 명 첨가, 추가

0002 ☐☐☐
adhere ★☆☆
[ædhíər]

동 1. 들러붙다, 부착되다 2. ((to)) 고수하다, 충실히 지키다

The tiles **adhere** well on dry surfaces.
그 타일들은 마른 표면에 잘 붙는다.
· **adhere** to the basic 기본을 고수하다

⊕adhesive 명 접착제 형 들러붙는

0003 ☐☐☐
ambitious ★★☆
[æmbíʃəs]

형 1. 야심 찬, 야망을 품은 2. (계획 등이) 야심적인

They have invested in the project of an **ambitious** entrepreneur.
그들은 한 야심 찬 사업가의 프로젝트에 투자해 오고 있다.

⊕ambition 명 야심, 야망, 포부

0004 ☐☐☐
identify ★★★
[aidéntifài]

동 1. (신원 등을) 확인하다, 알아보다 2. ((with)) 동일시하다

The job search starts with **identifying** individual job skills and interests. 모평응용
직업 탐구는 개인의 직업 역량과 흥미를 확인하는 것에서 시작된다.

⊕identity 명 신원, 정체
⊕identification 명 1. 신분 증명(서), 신원 확인 2. 동일시

0005 ☐☐☐
aesthetic ★★☆
[esθétik]

형 심미적인, 미학적인, 미적인 명 미학

This old palace has much **aesthetic** and historical value.
이 오래된 궁전은 많은 미학적이고 역사적인 가치가 있다.

0006 ☐☐☐
animate ★☆☆
[ǽnəmèit]

동 1. 생기를 불어넣다 2. 만화영화로 만들다 형 살아 있는, 생물인

The writer's humor **animates** the novel.
작가의 유머가 그 소설을 활기차게 한다.
· **animate** beings 생물체

⊕animation 명 1. 생기 2. 만화 영화 ⊕animated 형 활기찬

0007 □□□

accomplish ★★☆

[əkάmpliʃ]

동 성취하다, 해내다 (㈜ achieve)

She **accomplished** many things before she retired. 수능응용

그녀는 은퇴하기 전에 많은 것들을 이루었다.

⊕ accomplished 형 1. 기량이 뛰어난 2. 성취한, 완성한
⊕ accomplishment 명 성취, 업적, 달성, 기량

0008 □□□

exhausted ★★☆

[igzɔ́ːstid]

형 1. 기진맥진한, 지친 (㈜ worn out) 2. 다 써 버린, 고갈된

She felt **exhausted** when she arrived at home.

그녀는 집에 도착했을 때 기진맥진했다.

⊕ exhausting 형 기진맥진하게 하는
⊕ exhaust 동 1. 기진맥진하게 하다 2. (자원 등을) 고갈시키다, 소진하다

0009 □□□

marginalize ★☆☆

[mάːrdʒinəlàiz]

동 하찮은 존재로 만들다, 소외시키다

Art photography remained **marginalized**.

예술 사진술은 여전히 소외되어 있었다.

⊕ marginalized 형 주변화된, 중심에서 밀려난
⊕ marginalization 명 주변화, 중심에서 밀려남

0010 □□□

fossil ★★☆

[fάsl]

명 화석

She studies **fossils** of creatures that no longer exist. 수능응용

그녀는 더 이상 존재하지 않는 생물체들의 화석을 연구한다.

· a **fossil** fuel 화석 연료

0011 □□□

process ★★★

[prάses]

명 과정, 절차 동 처리하다

The **process** of understanding takes the form of the interpretation of data coming from the outside. 모평응용

이해의 과정은 외부에서 들어오는 정보의 해석이라는 형태를 취한다.

0012 □□□

distance ★★☆

[dístəns]

명 1. 거리, 간격 2. 먼 곳 3. (사람 사이의) 거리감 동 거리를 두다

We used a tape measure to determine the **distance** between doors. 모평응용

우리는 문과 문 사이의 간격을 재기 위해 줄자를 사용했다.

· in the **distance** 멀리, 먼 곳에

⊕ distant 형 1. 먼, 동떨어진 2. (사람 사이의) 거리가 느껴지는

0013

notable ★☆☆
[nóutəbl]

형 주목할 만한, 중요한, 유명한

He is one of Britain's most **notable** classical scholars. 모평응용
그는 영국의 가장 유명한 고전학자 중 한 명이다.
· a **notable** feature 주목할 만한 특징

✚notably 튀 1. 특히 2. 현저히

0014

performance ★★★
[pərfɔ́ːrməns]

명 1. 수행, 이행 2. 성과, 실적 3. 공연, 연주

Being observed often enhances **performance**. 수능응용
관찰되고 있는 것은 흔히 수행 능력을 향상한다.

✚perform 동 1. 수행하다 2. 공연[연주]하다

0015

biological ★★☆
[bàiəládʒikəl]

형 1. 생물학의, 생물학적인 2. 생물체의

He first used the term "cell" to describe **biological** organisms. 학평응용
그는 생물학적 유기체를 묘사하기 위해 '세포'라는 용어를 처음 사용하였다.

✚biology 명 1. 생물학 2. 생명 활동, 생태   ✚biologist 명 생물학자

0016

unionism ★☆☆
[júːnjənìzm]

명 노동조합주의

Trade **unionism** is now regarded as one of the major social movements. 수능응용
노동조합 운동은 이제 주요 사회 운동 중 하나로 간주된다.
· trade **unionism** 노동조합 운동

0017

cognitive ★★☆
[kágnitiv]

형 인식의, 인지적인, 인지에 관한

Brain damage can affect a person's **cognitive** ability.
뇌 손상은 사람의 인지 능력에 영향을 미칠 수 있다.
· **cognitive** process 인지 과정

✚cognitively 튀 인지적으로   ✚cognition 명 인식, 인지

0018

limit ★★★
[límit]

동 제한하다, 한정하다 명 1. 한도, 제한 2. 한계, 극한

The growth of walnut is **limited** by the hard shell that surrounds it. 모평응용
호두의 성장은 그것을 둘러싼 딱딱한 껍질로 인해 제한된다.
· place a **limit** on ~에 한계를 두다

✚limited 형 제한된, 한정된   ✚limitation 명 제한[한정](하는 행위)

0019 □□□

incline ★★☆

[inkláin]

동 1. (마음이) 기울게 하다, 기울다 2. 경사지다   명 [ínklain] 경사, 비탈

Her fluent speech **inclined** people to vote for her.
그녀의 유창한 연설은 사람들이 그녀에게 투표하는 쪽으로 마음이 기울게 했다.

· be **inclined** to ~하는 경향이 있다, ~하고 싶어지다

⊕inclined 형 1. 마음이 내키는 2. ~하는 경향이 있는
⊕inclination 명 경향, 성향

0020 □□□

appliance ★☆☆

[əpláiəns]

명 가정용 기기, 가전제품

People are spending more of their income on goods such as cars and **appliances**.
사람들은 수입의 더 많은 부분을 자동차와 가전제품과 같은 상품에 쓰고 있다.

· a kitchen **appliance** 주방기기

0021 □□□

organism ★★☆

[ɔ́ːrgənìzəm]

명 1. 생물, 미생물, 유기체 2. 유기적 조직체

Few **organisms** can survive in temperatures that high. 수능응용
그렇게 높은 온도에서 살아남을 수 있는 생물은 거의 없다.

· a microscopic **organism** 미생물

0022 □□□

certify ★★☆

[sə́ːrtifài]

동 증명하다, 보증하다

I hereby **certify** that the above information is all true and correct.
상기 내용은 모두 사실이며 정확함을 보증한다.

⊕certification 명 증명 ⊕certified 형 보증된, 증명된

0023 □□□

ambiguous ★☆☆

[æmbígjuəs]

형 애매한, 모호한 (유 vague, unclear 반 unambiguous)

As your answer is **ambiguous**, it can be interpreted in many ways.
네 대답은 애매해서 여러 가지로 해석될 수 있다.

⊕ambiguity 명 모호함, 불명확함

0024 □□□

commerce ★★☆

[kámɔːrs]

명 상업, 무역, 상거래 (유 trade)

The conference helped to promote **commerce** between the nations.
그 회의는 그 나라 간의 무역을 촉진하는 데 도움이 되었다.

⊕commercial 형 상업의, 상업적인 명 (TV·라디오의) 광고

0025 ☐☐☐
individual ***
[ìndivídʒuəl]

명 개인 형 1. 개개의, 개인의 2. 개성적인, 독특한 (㊀ distinctive)

Each **individual** has his or her own unique lifestyle. 수능응용
각 개인은 자신만의 독특한 삶의 방식을 가지고 있다.
· in an **individual** way 개인적인[독자적인] 방식으로

⊕individuality 명 개성, 특성 ⊕individually 부 개별적으로

0026 ☐☐☐
innovate **☆
[ínəvèit]

동 1. 혁신하다 2. 도입하다

We must consistently **innovate** to survive in a competitive market.
경쟁 시장에서 살아남기 위해서 우리는 지속적으로 혁신해야 한다.

⊕innovation 명 혁신, 쇄신 ⊕innovative 형 혁신적인, 획기적인

0027 ☐☐☐
infinite *☆☆
[ínfinit]

형 1. 무한한, 한계가 없는 (㊀ finite) 2. 막대한, 매우 큰

When I was little, I thought that adults had **infinite** power. 수능응용
나는 어렸을 때, 어른들이 무한한 힘을 가졌다고 생각했다.

⊕infinity 명 1. 무한성 2.【수학】무한대 ⊕infinitely 부 1. 무한히 2. 대단히

0028 ☐☐☐
distinguish **☆
[distíŋgwiʃ]

동 ((from)) 구별하다, 식별하다, 분간하다 (㊀ differentiate)

She **distinguished** the original from the imitation. 수능응용
그녀는 진품과 모조품을 구별했다.
· **distinguish** between right and wrong 옳고 그름을 가리다

⊕distinguished 형 1. 유명한, 성공한 2. 기품 있는

0029 ☐☐☐
concern ***
[kənsə́ːrn]

동 1. 걱정하게 만들다 2. ~에 관한 것이다, 관련되다 3. 관심을 가지다
명 1. 걱정 2. 중요한 것, 관심사

During Christmas, a number of ads **concern** toys and games. 모평응용
크리스마스 동안에는 많은 광고가 장난감 및 게임과 관련된다.

⊕concerning 전 ~에 관한 ⊕concerned 형 1. 걱정스러운 2. 관련된

0030 ☐☐☐
ceremony **☆
[sérəmòuni]

명 1. 의식, 식 2. 격식, 형식

The graduation **ceremony** will be held in the auditorium.
졸업식은 강당에서 거행될 것이다.

⊕ceremonial 형 의식의, 예식의 명 의식, 예식

0031 ☐☐☐
fertilizer ★☆☆
[fə́ːrtəlàizər]

명 비료

Too much **fertilizer** can kill your plant. 학평응용
너무 많은 비료는 당신의 식물을 죽일 수 있다.
· artificial **fertilizers** 인공 비료

⊕ fertile 형 비옥한, 기름진 ⊕ fertility 명 비옥함, 생식력

0032 ☐☐☐
term ★★★
[təːrm]

명 1. 용어 2. 기간 3. 학기 4. ((~s)) 조건

The **term** "multitasking" didn't exist until the 1960s. 수능응용
'멀티태스킹'이라는 용어는 1960년대까지 존재하지 않았다.
· in **terms** of ~의 관점에서, ~의 면에서

0033 ☐☐☐
occasion ★★☆
[əkéiʒən]

명 1. (어떤 일이 일어나는) 때, 경우 2. 행사 3. 원인, 이유

On one **occasion**, he spoke to a group of soldiers who had severe injuries. 학평응용
한번은, 그가 중상을 입은 군인 무리에게 연설했다.
· a formal **occasion** 공식적인 행사

⊕ occasional 형 때때로의 ⊕ occasionally 부 가끔, 때때로

0034 ☐☐☐
subconscious ★☆☆
[sʌ̀bkɑ́nʃəs]

형 잠재의식의 명 잠재의식

He has a **subconscious** fear of losing all his friends.
그는 모든 친구를 잃는 것에 대한 잠재의식적인 두려움이 있다.
· **subconscious** desires 잠재의식적인 욕망

⊕ subconsciously 부 잠재의식적으로, 무의식적으로

0035 ☐☐☐
material ★★★
[mətíəriəl]

명 1. 재료, 물질 (⊕ substance) 2. (활동용) 자료 3. 소재
형 물질적인, 물질의 (⊛ spiritual)

A mass of plants and other organic **material** in forest absorb carbon. 모평응용
숲의 수많은 식물과 다른 유기 물질은 탄소를 흡수한다.
· reading **material** 읽기 자료
· **material** wealth 물질적 부유함

0036 ☐☐☐
retrieval ★☆☆
[ritríːvəl]

명 1. 회수, 복구 2. 검색

This special system allows the **retrieval** of deleted data.
이 특수 시스템은 삭제된 데이터를 복구할 수 있게 한다.
· information **retrieval** 정보 검색

⊕ retrieve 동 1. 회수하다 2. (사태를) 수습하다 3. 검색하다

quantity vs. quality

0037 ☐☐☐
quantity ***
[kwántəti]

명 1. 양, 수량 2. 다량

A huge **quantity** of oil leaked into the Gulf of Mexico.
엄청난 양의 기름이 멕시코 만으로 유출되었다.

0038 ☐☐☐
quality ***
[kwáləti]

명 1. 질 2. 양질, 우수함 3. 자질, 특성 형 양질의, 고급의

The city is notorious for its poor air **quality**. 모평응용
그 도시는 형편없는 공기 질로 악명이 높다.

fluctuate vs. stabilize

0039 ☐☐☐
fluctuate ★☆☆
[flʌ́ktʃuèit]

동 (가격·양 등이) 변동하다, 오르내리다 (유 vary)

The price of gold **fluctuates** between $40 and $45 per gram.
금값은 그램 당 40에서 45달러 사이를 오르내린다.
· **fluctuate** wildly (가격·양 등이) 대폭 변동하다
⊕fluctuation 명 변동, 오르내림

0040 ☐☐☐
stabilize ★☆☆
[stéibəlàiz]

동 안정되다, 안정시키다

Her health has gradually **stabilized**.
그녀의 건강은 점차 안정되었다. 학평응용
· **stabilize** the economy 경제를 안정시키다
⊕stable 형 안정된 ⊕stabilization 명 안정(화)

DAILY TEST

[1-24] 다음 단어의 뜻을 우리말로 쓰시오.

1 additional _____

2 adhere _____

3 ambitious _____

4 animate _____

5 accomplish _____

6 exhausted _____

7 marginalize _____

8 distance _____

9 notable _____

10 performance _____

11 cognitive _____

12 limit _____

13 incline _____

14 appliance _____

15 ambiguous _____

16 commerce _____

17 individual _____

18 innovate _____

19 infinite _____

20 distinguish _____

21 concern _____

22 term _____

23 retrieval _____

24 aesthetic _____

[25-28] 다음 문장의 빈칸에 알맞은 단어를 쓰시오.

25 The job search starts with i_____ individual job skills and interests.
직업 탐구는 개인의 직업 역량과 흥미를 확인하는 것에서 시작된다.

26 The p_____ of understanding takes the form of the interpretation of data coming from the outside.
이해의 과정은 외부에서 들어오는 정보의 해석이라는 형태를 취한다.

27 I hereby c_____ that the above information is all true and correct.
상기 내용은 모두 사실이며 정확함을 보증한다.

28 The writer's humor a_____ the novel.
작가의 유머가 그 소설을 활기차게 한다.

[29-30] 괄호 안에서 알맞은 말을 고르시오.

29 A huge (quantity / quality) of oil leaked into the Gulf of Mexico.

30 The price of gold (fluctuates / stabilizes) between $40 and $45 per gram.

Answers
¹ 추가적인, 부가의 ² 들러붙다; 고수하다 ³ 야심 찬, 야망을 품은 ⁴ 생기를 불어넣다; 만화영화로 만들다; 살아 있는 ⁵ 성취하다, 해내다 ⁶ 기진맥진한; 다 써 버린 ⁷ 하찮은 존재로 만들다, 소외시키다 ⁸ 먼 곳; 거리를 두다 ⁹ 주목할 만한, 중요한, 유명한 ¹⁰ 수행; 성과 ¹¹ 인식의, 인지적인 ¹² 제한하다; 한도, 제한 ¹³ 기울게 하다; 경사지다; 경사 ¹⁴ 가정용 기기, 가전제품 ¹⁵ 애매한, 모호한 ¹⁶ 상업, 무역 ¹⁷ 개인; 개인의; 독특한 ¹⁸ 혁신하다; 도입하다 ¹⁹ 무한한; 막대한 ²⁰ 구별하다, 분간하다 ²¹ 걱정하게 만들다; 관련되다; 관심을 가지다; 걱정; 관심사 ²² 용어; 기간; 학기 ²³ 회수, 복구; 검색 ²⁴ 심미적인, 미학적인; 미학 ²⁵ identifying ²⁶ process ²⁷ certify ²⁸ animates ²⁹ quantity ³⁰ fluctuates

0041 □□□
innate *☆☆
[inéit]

형 타고난, 선천적인 (㈜inborn)

Some people think that self-confidence is **innate**. 학평응용
어떤 사람들은 자신감이 타고나는 것이라고 생각한다.

· **innate** sense 타고난 감각

0042 □□□
advance ***
[ədvǽns]

명 1. 진보, 발전 2. 전진
동 1. 진보하다 2. 전진하다 3. (의견을) 제기하다

Advances in technology contributed immeasurably to baking. 모평응용
기술의 진보는 제빵에 측정할 수 없을 정도로 기여했다.

⊕advanced 형 1. 진보한 2. 고급의

0043 □□□
limb *☆☆
[lim]

명 1. (하나의) 팔다리 2. (큰) 나뭇가지

The surfer lost a **limb** in a shark attack.
그 서퍼는 상어의 공격으로 한쪽 팔[다리]을 잃었다.

0044 □□□
breed **☆
[briːd]
(bred – bred)

동 1. 새끼를 낳다, 번식시키다 2. (문제 등을) 일으키다
명 종(種), 품종

Pandas rarely **breed** when they are kept in zoos.
판다는 동물원에 갇혀 있으면 새끼를 거의 낳지 않는다.
· **breeds** of dog 개의 품종

⊕breeding 명 1. 번식, 사육 2. 품종 개량

0045 □□□
found ***
[faund]

동 1. 세우다, 설립하다 (㈜establish) 2. ((on/upon)) ~에 기반을 두다

She **founded** a company to research and develop new robots.
그녀는 새로운 로봇을 연구하고 개발하기 위해 회사를 세웠다.

⊕foundation 명 1. 설립 2. 토대, 기반 3. 재단

0046 □□□
pervade *☆☆
[pəːrvéid]

동 만연하다, ~ 전체에 퍼지다

After his death, a feeling of sadness **pervaded** the country.
그의 죽음 후 슬픈 감정이 나라 전체에 퍼져 있었다.

⊕pervasive 형 널리 퍼진, 만연한

0047 □□□
deadline ★★☆
[dédlàin]

명 기한, 마감 시간

The brochure says the **deadline** for application is June 11th.
안내책자에는 제출 마감일이 6월 11일이라고 되어 있다. 모평응용

· meet a **deadline** 마감 기한을 맞추다

0048 □□□
regard ★★★
[rigá:rd]

동 간주하다, 여기다 명 1. 고려, 관심 2. 존경

He is **regarded** as one of the most celebrated photographers.
그는 가장 유명한 사진작가들 중 한 명이라 여겨진다. 수능응용

· with[in] **regard** to ~에 대해서, ~에 관해서

⊕regarding 전 ~에 관해서는

0049 □□□
pressure ★★☆
[préʃər]

명 1. 압박, 압력 2. 기압 동 압력을 가하다

Large groups put **pressure** on their members to conform.
큰 규모의 집단은 구성원들이 순응하도록 압력을 가한다. 수능응용

· air **pressure** 기압

⊕press 동 1. 누르다 2. 압박을 가하다 명 언론, 신문

0050 □□□
rehearse ★☆☆
[rihə́:rs]

동 리허설하다, 예행연습하다

They **rehearsed** the final scene several times.
그들은 마지막 장면을 여러 번 예행연습했다.

⊕rehearsal 명 리허설, 예행연습

0051 □□□
nutrition ★★☆
[nju:tríʃən]

명 1. 영양 2. 영양학

Poor **nutrition** can affect the growth and development of teenagers.
부족한 영양은 십 대의 성장과 발육에 영향을 미칠 수 있다.

⊕nutritional 형 영양의, 영양에 관한 ⊕nutritious 형 영양이 풍부한
⊕nutritionist 명 영양학자, 영양사 ⊕malnutrition 명 영양실조(증)

0052 □□□
community ★★★
[kəmjú:nəti]

명 1. 지역 사회, 지역 주민 2. (공통 관심사 등을 공유하는) 공동체

Tourism increases the economic health of our **community**. 학평응용
관광업은 우리 지역 사회의 경제적 건실함을 증진한다.

· the African American **community** 미국 흑인 사회

⊕communal 형 공동의, 공용의

0053 ☐☐☐
statement $^{\star\star\dot\star}$
[stéitmənt]

圀 1. 진술, 서술 2. 성명(서)

Paradoxes are **statements** that seem contradictory but are actually true.
역설은 모순되어 보이지만 실제로는 사실인 진술이다.
· an official **statement** 공식 성명

✪ state 圐말하다, 진술하다

0054 ☐☐☐
efficacy $^{\star\star\dot\star}$
[éfikəsi]

圀 (약이나 치료의) 효험, 효능 (㊒ effectiveness)

The people with a high sense of self-**efficacy** pursue challenging goals. 모평응용
자기 효능감이 높은 사람은 도전적인 목표를 추구한다.

✪ effectual 圀효험이 있는, 효과적인(= effective)

0055 ☐☐☐
continuous $^{\star\dot\star\dot\star}$
[kəntínjuəs]

圀 (끊임없이) 계속되는, 지속적인, 연속적인

Employers require **continuous** work during work hours and forbid non-work activity. 수능응용
고용주들은 근무 시간 동안 끊임없는 일을 요구하고 비업무 활동을 금한다.

✪ continuously 凭계속해서, 연속적으로

0056 ☐☐☐
facility $^{\star\star\dot\star}$
[fəsíləti]

圀 1. ((~s)) 시설, 설비 2. (기계 등의) 기능, 특징 3. 재능 (㊒ talent)

Our resort offers a variety of recreational **facilities**.
우리 리조트는 다양한 오락 시설들을 제공합니다.
· manufacturing **facilities** 제조시설

✪ facilitate 圐가능하게 하다, 용이하게 하다

0057 ☐☐☐
startled $^{\star\dot\star\dot\star}$
[stá:rtld]

圀 깜짝 놀란

He was **startled**, because she knew what he thought. 모평응용
그는 자신이 어떤 생각을 했는지 그녀가 알고 있어서 깜짝 놀랐다.

✪ startle 圐깜짝 놀라게 하다 ✪ startling 圀놀라운, 깜짝 놀라게 하는

0058 ☐☐☐
convince $^{\star\star\dot\star}$
[kənvíns]

圐 1. 납득시키다, 확신시키다 2. 설득하다 (㊒ persuade)

She was **convinced** by Jean's improvement that her new teaching method was a success. 모평응용
그녀는 Jean의 향상을 통해 자신의 새 교수법이 성공적이었음을 확신하게 되었다.

✪ convincing 圀설득력 있는 ✪ convinced 圀확신하는
✪ convincingly 凭납득이 가도록 ✪ conviction 圀1. 확신 2. 유죄 선고

0059 ☐☐☐
challenge ***
[tʃǽlindʒ]

명 1. 도전, 난제 2. (권위 등에 대한) 이의, 도전
동 1. 도전하다, (경쟁을) 걸다 2. ~에 이의를 제기하다

When photography came along in the 19th century, it was a **challenge** to painting. 〔수능응용〕
19세기에 사진술이 등장했을 때, 그것은 회화에 대한 도전이었다.
· **challenge** one's authority ~의 권위에 도전하다

⊕challenging 형 도전적인, 힘들지만 해볼 만한

0060 ☐☐☐
reasonable ***☆
[ríːzənəbl]

형 1. 타당한, 합리적인 (반 unreasonable)
　 2. 적당한, 비싸지 않은 3. 꽤 괜찮은

Using that method appears to be a more **reasonable** and effective approach. 〔수능응용〕
그 방법을 사용하는 것은 더 합리적이고 효과적인 접근법처럼 보인다.
· **reasonable** price 적당한 가격

⊕reasonably 부 1. 합리적으로 2. 꽤

0061 ☐☐☐
defect *☆☆
[díːfekt]

명 결함, 결점

The company lost its reputation after the news about a **defect** in its products. 〔수능응용〕
그 회사는 그들 제품의 결함에 대한 뉴스 보도 이후에 명성을 잃었다.

⊕defective 형 결함이 있는

0062 ☐☐☐
evidence **☆
[évidəns]

명 증거, 근거 (유 proof)

You have absolutely no **evidence**—only a suspicion based on coincidence. 〔모평응용〕
너에겐 우연의 일치에 근거한 의심만 있을 뿐, 전혀 증거가 없다.
· scientific **evidence** 과학적 증거

⊕evident 형 명백한, 분명한

0063 ☐☐☐
particular ***
[pərtíkjələr]

형 1. 특정한 2. 특별한

The value of a **particular** food is an estimation of how good it is. 〔수능응용〕
특정 음식의 가치는 그것이 얼마나 훌륭한가에 대한 평가이다.
· in **particular** 특히, 특별히

⊕particularly 부 특히, 특별히

0064 ☐☐☐
implicit *☆☆
[implísit]

형 1. 암묵적인, 암시된, 내포된 2. (신뢰 등이) 절대적인, 무조건적인

Although we signed no contract, we had an **implicit** agreement.
비록 계약서에 서명하지는 않았지만, 우리는 암묵적인 동의를 했다.

⊕implicitly 부 암시적으로, 함축적으로

0065 □□□

efficient **★★☆**
[ifíʃənt]

혱 1. 효율적인, 능률적인 (world inefficient) 2. 유능한

They found a faster, more **efficient** technique. 모평응용
그들은 더 빠르고, 더 효율적인 기법을 발견했다.
· an **efficient** employee 유능한 직원

✚efficiency 몡 효율(성), 능률 ✚efficiently 閉 효율적으로, 능률적으로

0066 □□□

effect **★★★**
[ifékt]

몡 영향, 효과, 결과

That promotion had an immediate **effect** on sales.
그 판촉 활동은 판매에 즉각적인 효과를 보였다.
· have an **effect** on ~에 영향을 미치다

✚effective 혱 효과적인 ✚effectiveness 몡 유효(성)

0067 □□□

willing **★★☆**
[wíliŋ]

혱 1. 기꺼이 ~하는 (world unwilling) 2. 자진해서 하는, 자발적인 (world unwilling)

They told her they were **willing** to cover for her. 학평응용
그들은 기꺼이 그녀의 일을 대신하겠다고 그녀에게 말했다.
· **willing** participation 자발적인 참여

✚willingly 閉 기꺼이, 선뜻

0068 □□□

attentive **★☆☆**
[əténtiv]

혱 1. 주의를 기울이는 (world inattentive) 2. ((to)) 배려하는, 신경을 쓰는

Jenny was an **attentive** student and excelled in all of her classes.
Jenny는 주의 깊은 학생이었고 모든 수업에서 뛰어났다.

✚attentively 閉 1. 조심스럽게 2. 신경 써서

0069 □□□

fiction **★★☆**
[fíkʃən]

몡 1. 소설 2. 지어낸 일, 허구 (world nonfiction)

We can understand reality better by reading **fiction**.
우리는 소설을 읽음으로써 현실을 더 잘 이해할 수 있다.
· distinguish fact from **fiction** 사실과 허구를 구분하다

✚fictional 혱 1. 소설의 2. 꾸며낸, 허구의 ✚fictionalize 동 소설화하다

0070 □□□

intensify **★★☆**
[inténsəfài]

동 심해지다, 강화하다 (world heighten)

The brain of humans is known to **intensify** one sense at a time.
사람의 뇌는 한 번에 하나의 감각을 강화한다고 알려져 있다. 수능응용

✚intensity 몡 강렬함, 강도 ✚intense 혱 극심한, 치열한

0071 ☐☐☐
navigate ★☆☆
[nǽvəgèit]

동 1. 길을 찾다 2. 항해하다, 비행하다 3. (힘든 일을) 처리하다

GPS helps you **navigate** while driving.
GPS는 네가 운전하는 동안 길을 찾는 것을 돕는다. 수능응용

⊕navigation 명항해, 비행 ⊕navigator 명항해사

0072 ☐☐☐
stock ★★☆
[stɑk]

명 1. 재고(품) 2. 비축물, 저장량 3. 주식 4. 가축
동 (상품의 재고를) 갖추다

This product is out of **stock**, so we need to refill it.
이 제품은 재고가 없어서 우리는 다시 채워 넣어야 한다.
· a **stock** market 주식 시장

0073 ☐☐☐
focus ★★★
[fóukəs]

동 1. 집중하다 2. 초점을 맞추다 명 1. 초점, 중점 2. 집중(력), 전념

Working at home frees you from distraction, allowing you to
focus on your work. 수능응용
재택근무는 방해요소로부터 너를 자유롭게 하여 일에 집중할 수 있게 한다.
· maintain **focus** 집중력을 유지하다

⊕focused 형집중한, 집중적인

0074 ☐☐☐
consequence ★★☆
[kánsəkwèns]

명 결과

The failure to detect toxic food can have deadly
consequences. 수능응용
독이 있는 음식을 감지하지 못하는 것은 치명적인 결과를 초래할 수 있다.
· take the **consequences** 결과를 받아들이다

⊕consequent 형결과의, 결과로 일어나는
⊕consequently 부그 결과로, 따라서

0075 ☐☐☐
contaminate ★☆☆
[kəntǽminèit]

동 1. 오염시키다 2. 악영향을 미치다

The deposit choked and **contaminated** the fresh flow of water. 학평응용
그 침전물은 맑은 물의 흐름을 막고 오염시켰다.

⊕contamination 명 1. 오염 2. 더러움 ⊕contaminated 형오염된

0076 ☐☐☐
collective ★★☆
[kəléktiv]

명 공동 사업체 형 집단의, 공동의

People gradually constructed a **collective** memory of the
event. 수능응용
사람들은 서서히 그 사건에 대한 집단 기억을 구축했다.

ascent vs. assent

0077 ☐☐☐

ascent ★☆☆
[əsént]

몡 1. 오르기, 등반 (맨 descent) 2. 오르막(길) (맨 descent) 3. 상승, 향상

We completed our **ascent** of the mountain.
우리는 산 등반을 끝냈다.
· a steep **ascent** 가파른 오르막길

⊕ ascend 됭 오르다, 올라가다

0078 ☐☐☐

assent ★☆☆
[əsént]

몡 승인, 찬성 (맨 dissent) 됭 동의하다, 찬성하다 (맨 dissent)

The proposal received the **assent** of the board of directors.
그 제안은 이사회의 승인을 받았다.

surrender vs. resist

0079 ☐☐☐

surrender ★★☆
[səréndər]

됭 1. 항복하다, 굴복하다 2. 넘겨주다 몡 1. 항복, 굴복 2. 양도

Finally, the rebel soldiers decided to **surrender**.
결국 반란군들은 항복하기로 결정했다.

0080 ☐☐☐

resist ★★★
[rizíst]

됭 1. 반대하다, 저항하다 2. 잘 견디다

Most Americans have **resisted** adopting the metric system. 수능응용
대부분의 미국 사람들은 미터법을 채택하는 것에 저항해 왔다.
· **resist** heat 열에 잘 견디다

⊕ resistant 혱 1. 저항력 있는 2. 저항하는

[1-24] 다음 단어의 뜻을 우리말로 쓰시오.

1	pressure	_____	13 reasonable	_____
2	nutrition	_____	14 evidence	_____
3	statement	_____	15 particular	_____
4	efficacy	_____	16 implicit	_____
5	continuous	_____	17 efficient	_____
6	facility	_____	18 effect	_____
7	innate	_____	19 willing	_____
8	advance	_____	20 fiction	_____
9	breed	_____	21 intensify	_____
10	found	_____	22 stock	_____
11	convince	_____	23 consequence	_____
12	challenge	_____	24 collective	_____

[25-28] 다음 문장의 빈칸에 알맞은 단어를 쓰시오.

25 After his death, a feeling of sadness p_____ the country.
그의 죽음 후 슬픈 감정이 나라 전체에 퍼져 있었다.

26 He is r_____ as one of the most celebrated photographers.
그는 가장 유명한 사진 작가들 중 한 명이라 여겨진다.

27 Working at home frees you from distraction, allowing you to f_____ on your work.
재택근무는 방해 요소로부터 당신을 자유롭게 하여 일에 집중할 수 있게 한다.

28 The deposit choked and c_____ the fresh flow of water.
그 침전물은 맑은 물의 흐름을 막고 오염시켰다.

[29-30] 괄호 안에서 알맞은 말을 고르시오.

29 The proposal received the (assent / ascent) of the board of directors.

30 Most Americans have (resisted / surrendered) adopting the metric system.

Answers

¹ 압력; 압력을 가하다 ² 영양(학) ³ 진술, 서술; 성명(서) ⁴ 효험, 효능 ⁵ 계속되는, 연속적인 ⁶ 시설, 설비; 기능, 특징; 재능 ⁷ 타고난, 선천적인 ⁸ 진보, 발전; 진보하다; (의견을) 제시하다 ⁹ 새끼를 낳다, 번식시키다, (문제 등을) 일으키다; 품종 ¹⁰ 세우다, 설립하다 ¹¹ 납득시키다; 설득하다 ¹² 도전, 이의; 도전하다; 이의를 제기하다 ¹³ 합리적인; 적당한; 꽤 괜찮은 ¹⁴ 증거 ¹⁵ 특정한 ¹⁶ 암묵적인; 절대적인 ¹⁷ 효율적인; 유능한 ¹⁸ 영향, 효과 ¹⁹ 기꺼이 ~하는; 자진해서 하는 ²⁰ 소설, 허구 ²¹ 심해지다, 강화하다 ²² 재고(품); 비축물; 주식; 가축; (상품의 재고를) 갖추다 ²³ 결과 ²⁴ 공동 사업체; 집단의 ²⁵ pervaded ²⁶ regarded ²⁷ focus ²⁸ contaminated ²⁹ assent ³⁰ resisted

0081 ☐☐☐
ultimate ★★☆
[ʌ́ltəmit]

형 최종의, 궁극적인 (윤 final)

My **ultimate** goal is to win first prize in the contest.
나의 최종 목표는 그 대회에서 일등상을 타는 것이다.

✚ ultimately 부 궁극적으로

0082 ☐☐☐
captive ★☆☆
[kǽptiv]

형 사로잡힌, 억류된, 포로가 된　명 포로

The sailors have been **captive** to the pirates for four months.
선원들은 해적에게 4개월 동안 억류되어왔다.

✚ captivity 명 속박, 가둠

0083 ☐☐☐
calculate ★★☆
[kǽlkjulèit]

동 1. 계산하다, 산출하다　2. 추정하다 (윤 estimate)

Let's **calculate** the cost of the trip in advance.
여행 비용을 미리 계산해보자.

✚ calculation 명 계산, 산출　✚ calculator 명 계산기

0084 ☐☐☐
specific ★★★
[spəsífik]

형 1. 특정한 (윤 particular)　2. 구체적인, 명확한　명 ((~s)) 세부사항

You can choose a **specific** date depending on your
schedule. 모평응용
네 일정에 따라 특정 날짜를 정해도 된다.

✚ specifically 부 1. 분명히, 명확하게　2. 구체적으로 (말하자면)

0085 ☐☐☐
proceed ★★☆
[prəsíːd]

동 1. 계속되다[하다], 진행되다[하다]　2. 나아가다

Preparations for the conference **proceeded** smoothly. 모평응용
학회 준비는 순조롭게 진행되었다.
· **proceed** to a higher level 더 높은 수준으로 나아가다

✚ procedure 명 절차, 진행 방식

0086 ☐☐☐
renewable ★☆☆
[rinjúːəbl]

형 재생 가능한

Oil and natural gas have energy quality advantages over many
renewable technologies. 수능응용
석유와 천연가스는 많은 재생 가능 기술보다 에너지 품질 이점이 있다.

✚ renew 동 재개하다, 갱신하다

0087 ☐☐☐
incredibly ★★☆
[inkrédəbli]

🗒 믿을 수 없을 정도로 (⊕unbelievably), 엄청나게

Her skills improved **incredibly** day after day. 모평응용
날이 갈수록 그녀의 기량이 엄청나게 향상되었다.

⊕incredible 휑 믿을 수 없는, 믿어지지 않을 정도인

0088 ☐☐☐
narrative ★★☆
[nǽrətiv]

🗒 이야기, 서술 🗒 이야기의, 서술적인

This book contains **narratives** related to the history of the town.
이 책에는 그 마을의 역사와 관련된 이야기가 포함되어 있다.

⊕narrate 동 이야기[내레이션]를 하다 ⊕narration 명 이야기하기, 내레이션

0089 ☐☐☐
artifact ★☆☆
[ɑ́ːrtəfæ̀kt]

🗒 공예품, 인공물, (과거의) 유물

An ancient **artifact** was found near the construction site. 수능응용
공사 현장 근처에서 고대 유물이 발견되었다.

· a historical **artifact** 역사적 유물

0090 ☐☐☐
characterize ★★☆
[kǽriktəràiz]

🗒 특징이 되다, 특징짓다

The economy now is **characterized** more by the exchange of information than by goods. 수능응용
오늘날 경제는 상품보다는 정보의 교환으로 더 특징지어진다.

· be **characterized** by ~로 특징지어지다

⊕character 명 1. 성격 2. 특징, 특질 ⊕characteristic 휑 특유의 명 특성

0091 ☐☐☐
behavior ★★★
[bihéivjər]

🗒 행동, 태도

That kind of **behavior** is not appropriate for students. 수능응용
저런 식의 행동은 학생들로서는 적절하지 않다.

⊕behave 동 행동하다 ⊕behavioral 휑 행동의, 행동에 관한

0092 ☐☐☐
justify ★★☆
[dʒʌ́stəfài]

🗒 정당화하다, (언행 등을) 옳다고 하다

You cannot **justify** your action no matter what you say.
네가 뭐라고 말하든지 네 행동을 정당화할 수 없다.

⊕justification 명 1. 정당한 이유 2. 정당화

0093 □□□
portray *☆☆
[pɔːrtréi]

图 1. 묘사하다, 표현하다 (ⓤdepict) 2. (영화 등에서) 연기하다 (ⓤplay)

The painting **portrayed** an ordinary wedding and the guests. 학평응용
그 그림은 평범한 결혼식과 하객들을 묘사했다.

✚portrait 명1. 초상화, 인물 사진 2. 묘사

0094 □□□
situation ***
[sìtʃuéiʃən]

명 1. 상황, 처지 2. 위치

I was trying to be steady, but the **situation** was absolutely critical. 모평응용
나는 침착해지려 애를 쓰고 있었지만, 상황은 절대적으로 위급했다.

✚situate 통1. (상황에) 놓고 보다 2. 위치시키다

0095 □□□
athlete **☆
[ǽθliːt]

명 (운동)선수

She was awarded the first prize and named **athlete** of the century. 학평응용
그녀는 1등 상을 받았고 세기의 운동선수로 명명되었다.

0096 □□□
enact *☆☆
[inǽkt]

통 1. (법을) 제정하다 2. 상연하다, 연기하다

He proposed a new law, but Congress refused to **enact** it.
그가 새 법을 제안했지만 의회는 제정하길 거부했다.

✚enactment 명법률 제정, 입법

0097 □□□
expose **☆
[ikspóuz]

통 1. 드러내다, 노출시키다 2. 폭로하다

Do not **expose** babies' skin to strong sunlight.
아기의 피부를 강한 햇빛에 노출시키지 마세요.
· **expose** a secret 비밀을 폭로하다

✚exposure 명1. 노출 2. 폭로

0098 □□□
participate ***
[pɑːrtísəpèit]

통 참여하다, 참가하다

They **participated** in a literature conference. 수능응용
그들은 문학 학회에 참가했다.

✚participation 명참가 ✚participant 명참가자

0099 ☐☐☐
incident ★★☆
[ínsidənt]

명 일어난 일, 사건

We reported the **incident** to law enforcement. 학평응용
우리는 그 사건을 법 집행 기관에 신고하였다.
· without **incident** 무사히
⊕incidental 형 1. 부수적인 2. 우연히 일어나는

0100 ☐☐☐
speculate ★☆☆
[spékjulèit]

동 1. 추측하다, 짐작하다 (⊕ guess) 2. 투기하다

Scientists **speculate** that the illness is caused by a virus.
과학자들은 그 병이 바이러스에 의한 것이라고 추측하고 있다.
· **speculate** in stocks 주식에 투기하다
⊕speculation 명 추측, 투기 ⊕speculative 형 추측에 근거한, 투기적인

0101 ☐☐☐
prescribe ★★☆
[priskráib]

동 1. (의사가 약을) 처방하다 2. 규정하다

The doctor **prescribed** antibiotics for the patient.
의사는 그 환자에게 항생제를 처방했다.
⊕prescription 명 처방전

0102 ☐☐☐
strive ★★☆
[straiv]
(strove/strived – striven/strived)

동 노력하다, 애쓰다, 분투하다

We are continually **striving** to improve the services we offer to our guests. 학평응용
저희는 고객님께 제공하는 서비스를 개선하려 계속 노력하고 있습니다.
· **strive** to meet the expectation 기대를 만족시키려 노력하다

0103 ☐☐☐
chore ★☆☆
[tʃɔːr]

명 1. (정기적으로 하는) 일, 가사(家事) 2. 하기 싫은 일

Everyone in my family does the household **chores** together.
우리 식구들은 집안일을 모두 함께 한다.

0104 ☐☐☐
active ★★☆
[ǽktiv]

형 1. 활동적인, 적극적인 (⊕ inactive) 2. (약효·물질이) 유효한 (⊕ inactive)

After a successful performance, she became more confident and **active**. 수능응용
성공적인 공연 후에, 그녀는 더 자신감이 생기고 활동적이게 되었다.
⊕activate 동 작동시키다, 활성화하다

0105 □□□

environment ***
[inváiərənmənt]

명 1. (주변) 환경 2. 자연환경

Overstructuring the child's **environment** may limit creativity. 수능응용
아이의 환경을 지나치게 구조화하는 것은 창의성을 제한할지도 모른다.

⊕ environmental 형 1. 자연환경의 2. 주위의

0106 □□□

motivate **☆
[móutəvèit]

동 자극을 주다, 동기를 부여하다

Working out with friends **motivates** you to exercise hard. 수능응용
친구들과 함께 운동하는 것은 운동을 열심히 하도록 자극해준다.

⊕ motivated 형 자극받은, 동기가 부여된 ⊕ motivation 명 자극, 동기 부여

0107 □□□

utopian *☆☆
[ju:tóupiən]

형 유토피아적인, 이상적인

It is this **utopian** aspect of movies that accounts for why we enjoy them so much. 수능응용
우리가 왜 그렇게 많이 영화를 즐기는지를 설명해 주는 것은 바로 영화의 이 이상적인 측면이다.

⊕ utopia 명 이상향

0108 □□□

injure **☆
[índʒər]

동 다치게 하다, 상처를 입히다

The dolphin got so badly **injured** that she couldn't swim. 모평응용
그 돌고래는 너무 크게 다쳐서 헤엄을 칠 수 없었다.
· be severely **injured** in ~으로 심하게 부상을 입다

⊕ injury 명 부상

0109 □□□

fee ***
[fi:]

명 요금, 수수료

The parking **fee** is $10 a day. 수능응용
주차 요금은 하루에 10달러입니다.
· an admission[entrance] **fee** 입장료

0110 □□□

anthropology **☆
[ænθrəpá123i]

명 인류학

I majored in **anthropology** to learn about other societies.
나는 다른 사회들에 대해 배우고자 인류학을 전공했다.

⊕ anthropologist 명 인류학자

0111 □□□
tomb ★☆☆
[tu:m]

명 무덤

The archaeologists are not asked to cooperate with **tomb** robbers. 수능응용
고고학자들은 도굴꾼과 협력하도록 요구 받지 않는다.

0112 □□□
benefit ★★★
[bénəfit]

명 1. 혜택, 이득 2. 보조금 동 이익을 주다[얻다], ~에게 이롭다

She received many **benefits** from the business. 수능응용
그녀는 그 사업으로부터 많은 이득을 얻었다.
· **benefit** from technological advances 기술 발전에서 혜택을 받다

0113 □□□
precisely ★★☆
[prisáisli]

부 1. 정확히 (윤exactly 반imprecisely) 2. 바로, 꼭

Nobody knows **precisely** when he will arrive.
그가 언제 도착하는지 아무도 정확히 모른다.

⊕ precise 형 1. 정확한 2. 바로 그

0114 □□□
ratio ★☆☆
[réiʃou]

명 비(比), 비율

The **ratio** of students to teachers at my school is 20 to 1.
우리 학교 학생과 선생님의 비율은 20대 1이다.
· a **ratio** of 5 to 1 5대 1의 비율

0115 □□□
detail ★★★
[ditéil]

명 1. ((~s)) 상세한 정보 2. 세부사항, 세부항목 동 상세히 알리다

Further **details** will be sent via email at a later date. 학평응용
더 자세한 정보는 차후 이메일을 통해 발송될 것입니다.
· in **detail** 상세히

⊕ detailed 형 상세한, 자세한

0116 □□□
pound ★☆☆
[paund]

동 치다, 두드리다 명 파운드 (화폐·무게 단위)

Heavy rain **pounded** on the roof.
폭우가 지붕을 요란히 두드려댔다.
· a **pound** coin 1파운드짜리 동전

mess vs. mass

0117 ☐☐☐
mess ★★☆
[mes]

⑲ 엉망(진창), 엉망인 상태　⑧ 엉망으로 만들다

I have a hard time relaxing if my house is a **mess**. 〔모평응용〕
나는 집이 엉망이면 편하게 쉬기 힘들다.

0118 ☐☐☐
mass ★★★
[mæs]

⑲ 1. 덩어리　2. 대중　3. 다량, 다수　4. 질량　⑲ 대량의, 대중적인

These bees lay eggs near the pollen **mass**. 〔모평응용〕
이 벌들은 꽃가루 덩어리 근처에 알을 낳는다.
· **mass** behavior 대중 행동

✪ massive ⑲ 거대한, 심각한

cease vs. continue

0119 ☐☐☐
cease ★★☆
[siːs]

⑧ 중단되다, 중단시키다　⑲ 중지

The two countries **ceased** their fighting and signed a treaty.
두 나라는 전투를 중단하고 조약에 서명했다.
· without **cease** 끊임없이

0120 ☐☐☐
continue ★★★
[kəntínjuː]

⑧ 계속되다, 계속하다

He emigrated to the U.S. and **continued** to make films. 〔수능응용〕
그는 미국으로 이주해서 영화를 계속 만들었다.

✪ continuous ⑲ 계속 이어지는, 지속적인

[1-24] 다음 단어의 뜻을 우리말로 쓰시오.

1 proceed _____

2 incredibly _____

3 narrative _____

4 characterize _____

5 ultimate _____

6 captive _____

7 calculate _____

8 specific _____

9 behavior _____

10 justify _____

11 portray _____

12 enact _____

13 expose _____

14 incident _____

15 speculate _____

16 prescribe _____

17 chore _____

18 active _____

19 environment _____

20 motivate _____

21 injure _____

22 benefit _____

23 precisely _____

24 pound _____

[25-28] 다음 문장의 빈칸에 알맞은 단어를 쓰시오.

25 I was trying to be steady, but the s_____ was absolutely critical.
나는 침착해지려 애를 쓰고 있었지만, 상황은 절대적으로 위급했다.

26 They p_____ in a literature conference.
그들은 문학 회의에 참가했다.

27 We are continually s_____ to improve the services we offer to our guests.
저희는 고객님께 제공하는 서비스를 개선하려 계속 노력하여 왔습니다.

28 Further d_____ will be sent via email at a later date.
더 자세한 정보는 차후 이메일을 통해 발송될 것입니다.

[29-30] 괄호 안에서 알맞은 말을 고르시오.

29 I have a hard time relaxing if my house is a (mess / mass).

30 The two countries (continued / ceased) their fighting and signed a treaty.

Answers

[1] 계속하다, 진행하다; 나아가다 [2] 믿을 수 없을 정도로 [3] 이야기, 서술; 이야기의 [4] 특징이 되다, 특징짓다 [5] 최종의, 궁극적인 [6] 사로잡힌, 억류된; 포로 [7] 계산하다, 추정하다 [8] 특정한; 구체적인; 세부사항 [9] 행동, 태도 [10] 정당화하다, 옳다고 하다 [11] 묘사하다; 상연하다 [12] (법을) 제정하다; 상연하다 [13] 드러내다; 폭로하다 [14] 사건 [15] 추측하다; 투기하다 [16] (의사가 약을) 처방하다; 규정하다 [17] 일, 가사; 하기 싫은 일 [18] 활동적인, 적극적인; 유효한 [19] 환경 [20] 자극을 주다, 동기를 부여하다 [21] 상처를 입히다 [22] 혜택; 보조금; 이익을 주다(얻다), ~에게 이롭다 [23] 정확히, 바로 [24] 치다, 두드리다; 파운드 [25] situation [26] participated [27] striving [28] details [29] mess [30] ceased

---

0121 □□□
shed ★☆☆
[ʃed]
(shed – shed)

图 1. 없애다 2. 흘리다 3. (빛을) 비추다 図 1. 헛간, 광 2. 차고

She **shed** tears as she cleaned her mother's feet. 학평응용
그녀는 어머니의 발을 씻겨 드리며 눈물을 흘렸다.
· **shed** light on 1. ~을 비추다 2. ~의 실마리를 던지다

0122 □□□
demand ***
[dimǽnd]

图 요구하다, 필요로 하다 図 1. 요구 (사항) 2. 수요 3. ((~s)) 부담, 어려움

People **demanded** that the results be made public.
사람들은 그 결과를 공개할 것을 요구했다.
· in **demand** 수요가 있는

⊕demanding 형 1. 부담이 되는, 벅찬 2. 요구가 많은

0123 □□□
slam ★☆☆
[slæm]

图 1. 쾅 닫히다, 쾅 닫다 (⊛shut) 2. 쾅 내려놓다 3. 세게 치다

The boy rushed up to his room and **slammed** the door. 학평응용
그 소년은 급히 자신의 방으로 올라가서 문을 쾅 닫았다.

0124 □□□
privilege ★★☆
[prívəlidʒ]

図 특혜, 특전, 특권 图 특권을 주다

It was revealed that they granted some **privileges** to her.
그들이 그녀에게 몇 가지 특혜를 부여했다는 것이 밝혀졌다.

⊕privileged 형 특권을 가진

0125 □□□
suggest ***
[səgdʒést]

图 1. 제안하다 (⊛propose) 2. 암시하다, 나타내다 (⊛indicate)

"Why don't you help me to pick up these things?" She
suggested. 수능응용
"내가 이것들을 줍는 것을 도와주지 않을래?" 그녀가 제안했다.

⊕suggestion 図 1. 제안, 제의 2. 암시

0126 □□□
mercury ★☆☆
[mə́ːrkjəri]

図 수은

Severe **mercury** poisoning occurred in many people who
consumed the fish. 수능응용
그 생선을 섭취한 많은 사람에게 심각한 수은 중독이 발생했다.

0127 □□□
weave ★★☆
[wiːv]
(wove – woven)

동 1. (실·천을) 짜다, 엮다   2. (이야기 등을) 엮다

Ghost spiders **weave** webs out of very short threads.   모평응용
Ghost spider는 매우 짧은 가닥으로 거미집을 짜낸다.
· **weave** history and fiction into stories 역사와 허구를 이야기로 엮다

0128 □□□
offer ★★★
[ɔ́ːfər]

동 제공하다, 제안하다   명 제의, 제안

Our gym **offers** a variety of activities to develop physical ability.   모평응용
우리 체육관은 신체 능력을 발달시키는 다양한 활동을 제공합니다.
· accept an **offer** 제안을 받아들이다

0129 □□□
depth ★★☆
[depθ]

명 깊이

The Mediterranean Sea is warm down to a **depth** of over 5,000m.   학평응용
지중해는 5,000m가 넘는 깊이까지 내려가도 물이 따뜻하다.
· in-**depth** 면밀한, 상세한

0130 □□□
vegetarian ★☆☆
[vèdʒətɛ́əriən]

명 채식주의자   형 채식의

In 2015, the company's sales of **vegetarian** meat alternatives were the lowest ever.   수능응용
2015년에 그 회사의 채식주의자 고기 대용품 판매실적은 사상 최저였다.
· a **vegetarian** restaurant 채식주의자를 위한 식당

0131 □□□
federal ★★☆
[fédərəl]

형 1. 연방의, 연방 정부의   2. 연방(제)의

Federal debt has soared during the recent financial crisis.   모평응용
최근의 재정 위기 동안에 연방 정부의 부채가 치솟았다.
· a **federal** republic 연방 공화국

0132 □□□
species ★★★
[spíːʃiːz]
(pl. species)

명 (생물의) 종(種)

The Amazon is the home of numerous unique **species**.
아마존은 다양한 희귀종들의 서식지이다.
· an endangered **species** 멸종 위기에 처한 종

0133 ☐☐☐
infer ★★☆
[infə́ːr]

동 추론하다, 추측하다

By the look on his face, I could **infer** his interest in our product.
그의 표정에서 나는 우리 제품에 대한 그의 관심을 추측할 수 있었다.

⊕inference 명 추론, 추정

0134 ☐☐☐
deadly ★☆☆
[dédli]

형 1. 치명적인 2. 극도의 부 극도로, 지극히

The failure to detect spoiled or toxic food can have **deadly** consequences. 수능응용
오염되거나 독성이 있는 음식을 가려내지 못하면 치명적인 결과를 가져올 수 있다.
· **deadly** serious 정말 심각한, 정말 진심인

0135 ☐☐☐
discourage ★★☆
[diskɔ́ːridʒ]

동 1. 막다, 단념시키다 2. 용기를 잃게 하다, 낙담시키다 (반 encourage)

The heavy rain **discouraged** us from going out.
그 폭우는 우리가 밖으로 나가는 것을 단념시켰다.

⊕discouragement 명 1. 낙담 2. 방지 ⊕discouraged 형 낙담한

0136 ☐☐☐
seemingly ★★☆
[síːmiŋli]

부 1. 외견상으로, 겉보기에는 2. 보아하니 (유 apparently)

In the book, a **seemingly** normal girl predicts the future.
그 책에서 겉보기에는 평범한 소녀가 미래를 예측한다.

⊕seeming 형 외관상의, 겉보기의

0137 ☐☐☐
communal ★☆☆
[kəmjúːnəl]

형 1. 공동의, 공용의 2. 사회의, 공동체의

Communal facilities like parks will improve the quality of urban living. 학평응용
공원 같은 공동 시설은 도시 생활의 질을 높여줄 것이다.

⊕communally 부 공동으로

0138 ☐☐☐
compel ★★☆
[kəmpél]

동 1. 억지로 시키다, 강요하다 2. (어떤 반응을) 자아내다

The contract **compels** employees to work overtime. 수능응용
그 계약은 근로자들이 초과 근무를 하게 강요한다.

⊕compelling 형 설득력 있는, 강력한
⊕compulsion 명 1. 강제, 강요 2. 충동, 강한 욕구

0139 ☐☐☐
resource ***
[rí:sɔ̀:rs]

명 1. ((~s)) 자원 2. 자산, 자료

Dokdo is rich in natural **resources**.
독도는 천연자원이 풍부하다.
· financial **resources** 재정적 자산

0140 ☐☐☐
paradigm **☆
[pǽrədàim]

명 전형적인 예, 패러다임

The scientists use **paradigms** rather than believing them. 수능응용
과학자들은 전형적인 예를 믿기보다는 이용한다.
· a **paradigm** shift 인식 체계[패러다임]의 대전환

0141 ☐☐☐
formulate *☆☆
[fɔ́:rmjulèit]

동 1. (세심하게) 만들어내다 2. (명확하게) 표현하다, 진술하다

He found it difficult to **formulate** a new theory.
그는 새로운 이론을 만들어내는 것이 어렵다는 것을 알았다.
⊕formula 명 1. (수학) 공식 2. 제조법 ⊕formulation 명 1. 공식화 2. 조제(법)

0142 ☐☐☐
fulfill **☆
[fulfíl]

동 1. 성취하다, 달성하다 2. (약속을) 이행하다 3. 충족시키다, 만족시키다

She was one step closer to **fulfilling** her lifelong dream of
becoming an engineer. 모평응용
그녀는 공학자가 되겠다는 일생의 꿈을 성취하는 것에 한 걸음 더 다가갔다.
· **fulfill** a commitment 약속을 이행하다
⊕fulfilling 형 성취감을 주는 ⊕fulfillment 명 1. 성취(감) 2. 이행 3. 실현

0143 ☐☐☐
current ***
[kə́:rənt]

형 현재의, 지금의 (윤 present)
명 1. (물·공기 등의) 흐름, 해류, 기류 2. 경향

We judge others by the standards of our **current** culture. 수능응용
우리는 타인을 현재 우리 문화의 기준에 따라 판단한다.
· an ocean **current** 해류
⊕currently 부 현재, 지금

0144 ☐☐☐
immerse *☆☆
[imə́:rs]

동 1. (액체 속에) 담그다 2. 몰두하다, 몰두시키다

She **immersed** her feet up to her ankles in hot water.
그녀는 따뜻한 물에 발을 발목까지 담갔다.
· be **immersed** in ~에 깊이 빠지다, 몰두하다
⊕immersion 명 1. 담금 2. 몰두, 몰입

0145 ☐☐☐

praise ★★☆
[preiz]

동 칭찬하다, 높이 평가하다 (⑫criticize) 명 칭찬, 찬사 (⑫criticism)

He is often **praised** as the greatest botanical artist of the time. 모평응용
그는 흔히 당대의 가장 위대한 식물 화가로 칭송된다.

· deserve **praise** 칭찬받을 만하다

0146 ☐☐☐

relate ★★★
[riléit]

동 관련이 있다, 관련짓다

His remarks are not **related** to the topic.
그의 말은 주제와 관련이 없다.

· be **related** to ~와 관련이 있다

⊕relation 명 관계, 관련   ⊕related 형 관련된

0147 ☐☐☐

authority ★★☆
[əθɔ́:rəti]

명 1. 권력, 권한   2. ((~s)) 당국   3. 권위

No one here has the **authority** to give refunds without a receipt. 수능응용
이곳에 있는 누구도 영수증 없이 환불해 줄 권한이 없다.

· health **authorities** 보건 당국

⊕authorize 동 권한을 부여하다   ⊕authoritative 형 권위적인, 권위 있는

0148 ☐☐☐

consolidate ★☆☆
[kənsálidèit]

동 1. 통합하다, 합병하다   2. (권력 등을) 굳건하게 하다, 강화하다

They **consolidated** two parties into one.
그들은 두 정당을 하나로 통합했다.

· **consolidate** one's position ~의 지위를 굳건하게 하다

0149 ☐☐☐

intervene ★★☆
[ìntərvíːn]

동 1. 개입하다, 중재하다   2. (말하는 도중에) 끼어들다 (⑨interrupt)

The teacher **intervened** to help the students solve the problem. 수능응용
선생님은 학생들이 문제를 푸는 것을 돕기 위해 개입했다.

· **intervene** in a dispute 분쟁을 중재하다

⊕intervention 명 개입, 중재, 간섭

0150 ☐☐☐

merely ★★☆
[míərli]

부 단지, 한낱, 그저 (⑨just)

The camera **merely** records an image, whereas the visual system interprets it. 수능응용
카메라는 단지 상을 기록할 뿐이지만, 반면에 시각 체계는 그것을 해석한다.

⊕mere 형 단지 ~에 불과한, 단순한

0151 ☐☐☐
stance *☆☆
[stæns]

뗑 1. 입장, 태도 2. (특히 스포츠에서) 자세

The tone of voice gives information about someone's **stance** toward life. 수능응용
어조는 누군가의 삶에 대한 태도에 관한 정보를 제공해준다.

· take an active **stance** 적극적인 태도를 보이다 학평응용

0152 ☐☐☐
archaeologist **☆
[àːrkiálədʒist]

뗑 고고학자

The **archaeologists** continue to explore the unique site, which lies underwater. 모평응용
고고학자들은 계속 그 독특한 장소를 탐험하고 있는데, 그곳은 물속에 있다.

⊕archaeology 뗑고고학

0153 ☐☐☐
introduce ***
[ìntrədjúːs]

통 1. 소개하다 2. 내놓다, 도입하다

We are pleased to **introduce** our company's recently launched product. 모평응용
저희 회사에서 최근에 출시한 제품을 소개하게 되어 기쁩니다.

· **introduce** a new tax system 새로운 세금 제도를 도입하다

⊕introduction 뗑1. 소개 2. 도입

0154 ☐☐☐
anticipate **☆
[æntísəpèit]

통 1. 예상하다 2. 기대하다, 고대하다 (㈜ look forward to)

The problem is taking much longer to solve than I **anticipated**. 학평응용
그 문제는 해결하는 데 내가 예상했던 것보다 훨씬 더 오래 걸리고 있다.

⊕anticipation 뗑1. 예상, 예측 2. 기대, 고대

0155 ☐☐☐
crude *☆☆
[kruːd]

뗑 1. 대충의, 대강의 2. 천연 그대로의

He drew a **crude** map on a napkin for the tourist.
그는 그 관광객을 위해 냅킨에 대강의 지도를 그려줬다.

· **crude** oil 원유

⊕crudely 틧조잡하게 ⊕crudity 뗑조잡함

0156 ☐☐☐
predator **☆
[prédətər]

뗑 1. 포식자, 포식 동물 2. 약탈자

Some animals hide from **predators** through camouflage. 모평응용
어떤 동물들은 위장을 통해 포식자들로부터 몸을 숨긴다.

deflate vs. inflate

0157 ☐☐☐
deflate *☆☆
[difléit]

동 1. 공기를 빼다 2. (기운 등을) 꺾다, 위축시키다
3. (경제를) 수축시키다

I **deflated** balloons after the party.
나는 파티 후에 풍선들의 바람을 뺐다.
· **deflate** prices 물가를 내리다

⊕deflation 명디플레이션, 통화 수축

0158 ☐☐☐
inflate **☆
[infléit]

동 1. (공기나 가스로) 부풀리다, 부풀다 2. 과장하다
3. (가격을) 올리다

He **inflated** the hot air balloon before his flight.
비행 전에 그는 열기구를 부풀렸다.

⊕inflation 명인플레이션, 통화 팽창

personal vs. personnel

0159 ☐☐☐
personal ***
[pə́rsənəl]

형 1. (특정) 개인에 관한, 개인적인 2. 사적인

My **personal** view is that he is wrong.
내 개인적인 의견은 그가 잘못했다는 것이다.
· **personal** information 개인정보

0160 ☐☐☐
personnel **☆
[pə̀:rsənél]

명 1. (조직의) 인원 2. (회사의) 인사과

We sent medical **personnel** to help the victims of the flood.
우리는 홍수 피해자들을 돕기 위해 의료진을 보냈다.

DAILY TEST

[1-24] 다음 단어의 뜻을 우리말로 쓰시오.

1	suggest	_____	13	communal	_____
2	weave	_____	14	resource	_____
3	offer	_____	15	formulate	_____
4	demand	_____	16	immerse	_____
5	slam	_____	17	praise	_____
6	privilege	_____	18	authority	_____
7	depth	_____	19	consolidate	_____
8	federal	_____	20	intervene	_____
9	species	_____	21	stance	_____
10	infer	_____	22	introduce	_____
11	deadly	_____	23	anticipate	_____
12	discourage	_____	24	crude	_____

[25-28] 다음 문장의 빈칸에 알맞은 단어를 쓰시오.

25 The contract c_____ employees to work overtime.
그 계약은 근로자들이 초과 근무를 하게 강요했다.

26 She was one step closer to f_____ her lifelong dream of becoming an engineer.
그녀는 공학자가 되겠다는 일생의 꿈을 성취하는 것에 한 걸음 더 다가갔다.

27 We judge others by the standards of our c_____ culture.
우리는 타인을 현재 우리 문화의 기준에 따라 판단한다.

28 His remarks are not r_____ to the topic.
그의 말은 주제와 관련이 없다.

[29-30] 괄호 안에서 알맞은 말을 고르시오.

29 I (deflated / inflated) balloons after the party.

30 My (personal / personnel) view is that he is wrong.

Answers

¹ 제안하다; 암시하다 ² (실·천을) 짜다; (이야기 등을) 엮다 ³ 제공[제안]하다; 제의, 제안 ⁴ 요구하다, 필요로 하다; 요구 (사항); 수요 ⁵ 쾅 닫히다[닫다]; 쾅 내려놓다; 세게 치다 ⁶ 특혜, 특전; 특권을 주다 ⁷ 깊이 ⁸ 연방의; 연방제의 ⁹ (생물의) 종(種) ¹⁰ 추론하다, 추측하다 ¹¹ 치명적인; 극도의; 극도로 ¹² 막다, 단념시키다; 용기를 잃게 하다 ¹³ 공동의; 사회의 ¹⁴ 자원; 자산 ¹⁵ (세심하게) 만들어내다; (명확하게) 표현하다 ¹⁶ (액체 속에) 담그다; 몰두하다 ¹⁷ 칭찬하다; 칭찬, 찬사 ¹⁸ 권력, 권한; 당국; 권위 ¹⁹ 통합하다; 굳건하게 하다 ²⁰ 개입하다; (말하는 도중에) 끼어들다 ²¹ 입장, 태도; 자세 ²² 소개하다; 내놓다, 도입하다 ²³ 예상하다; 기대하다 ²⁴ 대충의; 천연 그대로의 ²⁵ compels ²⁶ fulfilling ²⁷ current ²⁸ related ²⁹ deflated ³⁰ personal

DAY 04

0161 ☐☐☐
adequate ★★☆
[ǽdəkwət]

형 충분한, 적당한, 적절한 (⊛ sufficient ⊕ inadequate)

I lack **adequate** information to make reasonable choices. 모평응용
나는 합리적인 선택을 하기에 충분한 정보가 부족하다.
· **adequate** documentation 적절한 증빙 서류

⊕ adequacy 명 충분함, 적당함 ⊕ adequately 부 충분히, 적절히

0162 ☐☐☐
symbolic ★☆☆
[simbálik]

형 상징적인, 상징하는

In this picture, the flower is **symbolic** of desire for love.
이 그림에서 꽃은 사랑에 대한 열망을 상징한다.
· **symbolic** significance 상징적 의미

⊕ symbol 명 1. 상징(물) 2. 기호, 부호 ⊕ symbolize 동 상징하다

0163 ☐☐☐
trait ★★☆
[treit]

명 (성격적·신체적) 특성, 특징

Empathy is a character **trait** that we value in ourselves and in our friends. 모평응용
공감은 우리가 자기 자신과 친구에게서 소중하게 여기는 성격적 특성이다.
· genetic/physical **traits** 유전적/신체적 특징

0164 ☐☐☐
opportunity ★★★
[àpərtjúːnəti]

명 기회 (⊛ chance)

Each participant will be given an equal **opportunity**. 수능응용
각 참가자에게는 평등한 기회가 주어질 것이다.
· seize an **opportunity** 기회를 포착하다[잡다]

0165 ☐☐☐
legend ★★☆
[lédʒənd]

명 1. 전설 2. 전설적인 인물 3. (지도의) 범례

The book is based on a local **legend**.
그 책은 지역의 전설에 근간을 둔다.
· ancient Greek **legends** 고대 그리스 신화

⊕ legendary 형 전설적인

0166 ☐☐☐
fragment ★☆☆
[frǽgmənt]

명 파편, 조각 동 [frægmént] 산산이 부수다, 부서지다

The cup was broken into many tiny **fragments**.
그 컵은 산산조각이 났다.
· **fragments** of glass 유리 파편

⊕ fragmentary 형 (이야기 등이) 단편적인, 부분적인

0167 ☐☐☐
thorough ★★☆
[θə́:rou]

형 철저한, 빈틈없는, 철두철미한

A good presentation requires **thorough** preparation.
훌륭한 발표는 철저한 준비가 필요하다.

⊕ thoroughly 분 면밀하게, 철저하게

0168 ☐☐☐
opposite ★★☆
[ápəzit]

명 정반대(의 것) 형 1. 정반대의 2. 맞은편의 전 ~의 맞은편에

The result was the **opposite** of what I imagined.
그 결과는 내가 상상한 것과 정반대였다.
· the **opposite** direction 반대 방향

⊕ oppose 동 반대하다 ⊕ opposition 명 반대

0169 ☐☐☐
summarize ★☆☆
[sʌ́məràiz]

동 요약하다, 간추리다 (유 sum up)

The author **summarizes** the findings in the first paragraph.
그 저자는 첫 문단에서 연구 결과를 요약한다.
· to **summarize** 요약하자면

⊕ summary 명 요약, 개요 형 1. 간략한, 요약한 2. 즉결의

0170 ☐☐☐
instinct ★★☆
[ínstiŋkt]

명 1. 본능, 타고난 소질 2. 직감

Zoo life is utterly incompatible with an animal's most deeply rooted survival **instincts**. 모평응용
동물원 생활은 동물의 가장 깊이 뿌리박혀 있는 생존 본능과 전혀 맞지 않는다.
· trust one's **instinct** ~의 직감을 믿다

⊕ instinctive 형 본능적인, 본능에 따른 ⊕ instinctively 분 본능적으로

0171 ☐☐☐
cell ★★★
[sel]

명 1. 세포 2. 작은 방[칸] 3. 독방

The rate of annual aging varies among **cells** and organs. 수능응용
매년의 노화 속도는 세포들과 신체 장기들마다 다르다.

⊕ cellular 형 세포의

0172 ☐☐☐
glance ★★☆
[glæns]

명 흘끗 봄 동 1. 흘끗 보다 2. 훑어보다

She took a **glance** at his proposal and refused it.
그녀는 그의 제안서를 흘끗 보고는 거절했다.
· at a **glance** 한눈에, 첫눈에
· **glance** at the TV screen 텔레비전 화면을 흘끗 보다 학평응용

0173 ☐☐☐
disperse ★☆☆
[dispə́:rs]

통 1. 흩어지다, 흩어지게 하다 2. 분산시키다

When the celebration ended, the crowd began to **disperse**.
기념행사가 끝나자 사람들은 흩어지기 시작했다.

↻ dispersal 명 확산, 해산, 분산

0174 ☐☐☐
access ★★★
[ǽksès]

명 1. 접근(권), 접속 2. 출입 3. 【컴퓨터】 액세스 통 접근하다

In the Information Age, people have more equal **access** to knowledge. 학평응용
정보화 시대에, 사람들은 더 평등하게 지식에 접근할 수 있다.

↻ accessible 형 1. 접근할 수 있는 2. 얻기 쉬운, 이용하기 쉬운

0175 ☐☐☐
criterion ★★☆
[kraitíəriən]
(pl. criteria)

명 표준, 기준, 척도

The product failed in four **criteria** in the safety evaluation.
그 제품은 안전성 평가에서 4가지 기준을 통과하지 못했다.

· meet[satisfy, fulfill] a **criterion** 기준을 만족시키다

0176 ☐☐☐
democratic ★☆☆
[dèməkrǽtik]

형 1. 민주주의의, 민주적인 (⊕undemocratic) 2. 평등한 3. 민주당의

In a **democratic** society, people have the right to elect their leaders.
민주사회에서 국민은 그들의 대표를 선출할 권리가 있다.

↻ democracy 명 1. 민주주의 2. 민주주의 국가

0177 ☐☐☐
analyze ★★☆
[ǽnəlàiz]

통 분석하다

The computer program can **analyze** data and extract information. 학평응용
그 컴퓨터 프로그램은 자료를 분석하고 정보를 추출할 수 있다.

↻ analysis 명 분석 ↻ analyst 명 분석가

0178 ☐☐☐
typical ★★★
[típikəl]

형 1. 전형적인, 대표적인 2. 보통의, 일반적인

Tourists think the most **typical** Korean food is kimchi.
관광객들은 가장 대표적인 한국 음식이 김치라고 생각한다.

↻ typically 부 1. 전형적으로 2. 일반적으로

0179 ☐☐☐

statistic ★★☆
[stətístik]

명 1. ((~s)) 통계 2. ((~s)) 통계학

According to official **statistics**, family expenditures are decreasing.
공식적인 통계에 따르면, 가계 지출은 줄어들고 있다.

⊕ statistical 형통계의, 통계적인 ⊕ statistically 부통계적으로
⊕ statistician 명통계학자

0180 ☐☐☐

slippery ★☆☆
[slípəri]

형 1. 미끄러운 2. 파악하기 힘든

The roads are **slippery** because of rain. [수능응용]
비가 와서 길이 미끄럽다.
· a **slippery** concept 파악하기 힘든 개념

0181 ☐☐☐

inevitable ★★☆
[inévitəbl]

형 피할 수 없는, 필연적인 (㈜ unavoidable)

In order to achieve your goal, more practice is **inevitable**.
네 목표를 달성하기 위해, 더 많은 연습은 불가피하다.
· an **inevitable** consequence[result] 불가피한 결과

⊕ inevitably 부불가피하게

0182 ☐☐☐

prospect ★★☆
[práspèkt]

명 1. 가망, 가능성 2. 예상 3. ((~s)) 전망

He has no **prospect** of earning a higher income.
그는 더 많은 수입을 벌 가능성이 없다.
· in **prospect** 예상되어, 가망이 있어

⊕ prospective 형1. 가망이 있는 2. 미래의

0183 ☐☐☐

proposition ★☆☆
[pràpəzíʃən]

명 1. (사업상의) 제안 2. 일, 과제 3. 명제, 진술

I'd like to put a business **proposition** to you.
당신에게 사업상 제의를 하나 하고 싶군요.
· a tough **proposition** 힘든 과제
· mathematical **proposition** 수학적 명제

0184 ☐☐☐

equivalent ★★☆
[ikwívələnt]

형 동등한, 맞먹는 명 같은 것, 동등한 것

Eleven pounds is **equivalent** to approximately five kilograms.
11파운드는 대략 5킬로그램과 같다.

0185 ☐☐☐
credit ***
[krédit]

명 1. 신뢰, 신용 2. 공로, 인정 3. (대학의) 학점
동 1. 믿다 2. ~의 공으로 인정하다

Wise people do not give **credit** to the rumor.
현명한 사람들은 그 소문을 믿지 않는다.
· get **credit** for ~으로 인정받다

0186 ☐☐☐
intake **☆
[íntèik]

명 1. 섭취(량) 2. (채용 등의) 인원수

If you want to lose weight, reduce your fat **intake**. 수능응용
체중을 감량하고 싶다면 지방 섭취를 줄여라.
· a high **intake** of food 음식물 과다 섭취

0187 ☐☐☐
sharply *☆☆
[ʃáːrpli]

부 1. 날카롭게, 신랄하게 2. 급격히

Mom replied, and then **sharply** added a question. 수능응용
엄마는 대답하고 나서 날카롭게 질문을 덧붙였다.
· increase **sharply** 급격히 증가하다

0188 ☐☐☐
confine **☆
[kənfáin]

동 1. 국한하다, 한정하다 (윤 restrict) 2. 가두다, 감금하다

Your presentation should be **confined** to the given subject.
네 발표는 주어진 주제에 국한되어야 한다.
· be **confined** in jail 감옥에 갇혀 있다

⊕ confined 형 1. 한정된 2. 갇힌 ⊕ confinement 명 감금 (상태), 구금

0189 ☐☐☐
advantage ***
[ədvǽntidʒ]

명 유리한 점, 이점, 장점 (반 disadvantage)

Paper still has **advantages** over screens as a reading medium. 학평응용
종이는 여전히 읽기 매체로서 스크린을 능가하는 장점들이 있다.
· have quality **advantages** over ~에 비해 품질 이점이 있다 수능응용
· take **advantage** of ~을 이용하다

⊕ advantaged 형 유리한, 혜택받은

0190 ☐☐☐
disturb **☆
[distə́ːrb]

동 1. 방해하다 2. 불안하게 하다 3. 어지럽히다

She knew the caterpillars did harm to cabbages but didn't wish to **disturb** the natural balance. 수능응용
그녀는 애벌레가 양배추에 해가 된다는 것을 알았지만 자연적 균형을 방해하고 싶지 않았다.

⊕ disturbance 명 1. 방해 2. 소란 3. (심리적) 장애

0191 □□□
schema ★☆☆
[skíːmə]
(pl. schemata)

명 (간단한) 도식, (계획이나 이론의) 개요

A reliance on **schemata** will make the world seem more "normal" than it really is. 수능응용
도식에 의존하는 것은 세상을 실제보다 더 '정상적인' 것으로 보이게 할 것이다.

⊕schematic 도식으로 나타낸, 개략적인

0192 □□□
feature ★★★
[fíːtʃər]

명 1. 특징, 특색 2. 특집 기사 3. 이목구비 동 (~한) 특징을 이루다

The newly released car has no striking **features**.
새로 출시된 그 차는 눈에 띄는 특징을 가지고 있지 않다.
· cute, baby-like **features** 귀엽고 아기 같은 생김새 모평응용

0193 □□□
desperate ★★☆
[déspərət]

형 1. 자포자기한, 절박한 2. 절망적인 3. 필사적인 4. 간절히 원하는

He used his **desperate** experience as a laborer to write a novel. 수능응용
그는 소설을 쓰기 위해 노동자였던 자신의 절망적인 경험을 이용했다.
· be **desperate** to ~하기를 간절히 원하다

0194 □□□
empirical ★☆☆
[impírikəl]

형 경험[실험]에 따른, 실증적인 (반theoretical)

She objected to his idea using her **empirical** evidence.
그녀는 자신의 경험에 따른 근거를 사용하여 그의 의견에 반대했다.
· **empirical** research 실증적 조사

⊕empirically 부경험적으로, 경험에 근거하여

0195 □□□
experiment ★★★
[ikspérəmənt]

명 실험, 시험 동 [ikspérəmènt] 실험하다, 시험하다

Scientific knowledge progresses through successive **experiments**. 모평응용
과학적 지식은 연속적인 실험을 통해 진보한다.
· conduct[carry out] an **experiment** 실험하다

⊕experimental 형실험의, 실험적인

0196 □□□
drawback ★☆☆
[dróːbæk]

명 결점, 문제점

The only **drawback** to the product is its high price.
그 제품의 유일한 결점은 높은 가격이다.

extend vs. extent

0197 □□□
extend ***
[iksténd]

동 1. 확장하다, 확대하다 2. 연장하다 3. (팔 등을) 뻗다

They announced a plan to **extend** a road to the town.
그들은 시내까지 도로를 확장할 계획을 발표했다.

· **extend** a contract 계약을 연장하다

⊕ extension 명 1. 확장, 확대 2. 연장 3. 내선 전화
⊕ extensive 형 광범위한, 폭넓은

0198 □□□
extent ***
[ikstént]

명 정도, 규모

It is difficult to predict the **extent** of the damage.
피해 규모를 예측하기가 어렵다.

· to some **extent** 어느 정도까지, 얼마간

leak vs. lick

0199 □□□
leak **☆
[liːk]

동 1. (액체·가스 등이) 새다 2. 누설하다
명 1. 새는 곳 2. 누출, 누설

The roof is **leaking** even though he recently fixed it.
그가 최근 지붕을 수리했는데도 지붕이 새고 있다.

⊕ leakage 명 누출, 새어나감

0200 □□□
lick *☆☆
[lik]

동 1. 핥다 2. (불길 등이) 집어삼키다

The puppy began to **lick** her hand.
강아지가 그녀의 손을 핥기 시작했다.

[1-24] 다음 단어의 뜻을 우리말로 쓰시오.

1 instinct _____

2 cell _____

3 glance _____

4 disperse _____

5 adequate _____

6 legend _____

7 fragment _____

8 summarize _____

9 criterion _____

10 analyze _____

11 typical _____

12 statistics _____

13 inevitable _____

14 prospect _____

15 proposition _____

16 credit _____

17 intake _____

18 confine _____

19 advantage _____

20 disturb _____

21 feature _____

22 desperate _____

23 empirical _____

24 drawback _____

[25-28] 다음 문장의 빈칸에 알맞은 단어를 쓰시오.

25 Empathy is a character t_____ that we value in ourselves and in our friends.
공감은 우리가 자기 자신과 친구에게서 소중하게 여기는 성격적 특성이다.

26 A good presentation requires t_____ preparation.
훌륭한 발표는 철저한 준비가 필요하다.

27 In the Information Age, people have more equal a_____ to knowledge.
정보화 시대에 사람들은 더 평등하게 지식에 접근할 수 있다.

28 Eleven pounds is e_____ to approximately five kilograms.
11파운드는 대략 5킬로그램과 같다.

[29-30] 괄호 안에서 알맞은 말을 고르시오.

29 They announced a plan to (extend / extent) a road to the town.

30 The puppy began to (lick / leak) her hand.

Answers

[1] 본능; 직감 [2] 세포; 작은 방 [3] 흘끗 봄, 흘끗 보다 [4] 흩어지다; 분산시키다 [5] 충분한, 적당한 [6] 전설; 전설적 인물; (지도의) 범례 [7] 파편, 조각; 산산이 부수다 [8] 요약하다 [9] 표준, 기준, 척도 [10] 분석하다 [11] 전형적인; 보통의 [12] 통계; 통계학 [13] 피할 수 없는, 필연적인 [14] 가망; 예상; 전망 [15] 제안; 과제; 명제 [16] 신뢰; 공로; 믿다; ~의 공으로 인정하다 [17] 섭취(량); 인원수 [18] 국한하다; 가두다 [19] 유리한 점, 장점 [20] 방해하다; 불안하게 하다 [21] 특징; 특집 기사; 이목구비; (~한) 특징을 이루다 [22] 자포자기한; 절망적인; 필사적인 [23] 경험[실험]에 따른, 실증적인 [24] 결점, 문제점 [25] trait [26] thorough [27] access [28] equivalent [29] extend [30] lick

독해 필수 다의어

□□□
object
[άbdʒikt]

명 1. 물체 2. 목적 동 [əbdʒékt] 3. 반대하다

¹ The ship hit a solid **object** and was shaken by the shock.
그 배는 단단한 물체에 부딪쳤고 충격으로 흔들렸다.

² The **object** of the game is to find the treasure.
그 게임의 목적은 보물을 찾는 것이다.

³ They **objected** to the building of a new dam.
그들은 새 댐 건설에 반대했다.

➕ objection 명 반대, 이의
➕ objective 명 목적, 목표 형 1. 객관적인 2. 실재의

□□□
arrange
[əréindʒ]

동 1. 계획하다, 준비하다, 정하다 2. 정리하다, 배열하다 3. 편곡하다

¹ They **arranged** a party to celebrate her victory.
그들은 그녀의 우승을 축하하기 위해 파티를 준비했다.

² **Arrange** the books in order of size.
그 책들을 크기순으로 정리해라.

³ The rock song was **arranged** for the piano.
그 록 노래는 피아노곡으로 편곡되었다.

➕ arrangement 명 1. 준비 2. 배열

□□□
apply
[əplái]

명 1. 지원하다, 신청하다 2. 적용하다, 적용되다 3. 바르다, 칠하다

¹ I will **apply** for a marketing job after graduation.
나는 졸업 후에 마케팅 업무에 지원할 것이다.

² The rule **applies** to all students in our school.
그 규칙은 우리 학교의 모든 학생에게 적용된다.

³ **Apply** the cream to your skin before going to sleep.
잠자리에 들기 전 그 크림을 피부에 바르세요.

➕ applicant 명 신청자, 지원자
➕ application 명 1. 신청(서) 2. 응용, 적용

DAY 06

0201 ☐☐☐
applaud ★☆☆
[əplɔ́ːd]

동 박수갈채 하다 (㉤ clap)

The audience **applauded** him after his performance.
그의 공연 후 관중들은 그에게 박수갈채를 보냈다.

⊕applause 명 박수

0202 ☐☐☐
refer ★★★
[rifə́ːr]

동 1. 《to》 언급하다, 지칭하다 2. 참조하다

The term "artist" **refers** to a broad range of creative individuals. 모평응용
'예술가'라는 용어는 넓은 범위의 창의적인 개인들을 지칭한다.
· **refer** to a dictionary 사전을 참조하다

⊕reference 명 1. 언급 2. 참조, 참고

0203 ☐☐☐
exert ★☆☆
[igzə́ːrt]

동 1. (있는 힘껏) 노력하다 2. (영향력을) 행사하다, 발휘하다

Teachers should **exert** extra effort in getting to know their students. 학평응용
교사들은 그들의 학생들을 알아가는 데 추가적인 노력을 해야 한다.
· **exert** pressure/influence on ~에 압력을 가하다/영향력을 행사하다

⊕exertion 명 1. 노력, 분투 2. (영향력의) 행사

0204 ☐☐☐
mutual ★★☆
[mjúːtʃuəl]

형 1. 상호 간의, 서로의 2. 공통의, 공동의

Our relationship is based on **mutual** respect. 수능응용
우리의 관계는 상호 존중에 근간을 둔다.
· a **mutual** interest 공통 관심사

⊕mutually 부 서로, 상호 간에, 공통으로

0205 ☐☐☐
interpret ★★★
[intə́ːrprit]

동 1. (의미를) 해석하다, 이해하다 2. 통역하다

It is the partner's responsibility to **interpret** the nonverbal message. 모평응용
비언어적 메시지를 해석하는 것은 상대방의 책임이다.
· **interpret** English into Korean 영어를 한국어로 통역하다

⊕interpreter 명 통역사 ⊕interpretation 명 1. 해석, 이해 2. 통역

0206 ☐☐☐
rotate ★☆☆
[róuteit]

동 1. 회전하다, 회전시키다 2. 교대하다, 교대시키다

The Earth **rotates** on its axis once a day.
지구는 자전축을 중심으로 하루에 한 바퀴를 돈다.

⊕rotation 명 1. 회전, 자전 2. 교대

0207 ☐☐☐

clinical ★★☆
[klínikəl]

형 임상의, 임상적인

There are also **clinical** cases that show the other aspects. 모평응용
다른 측면을 보여주는 임상 사례들도 있다.
· a **clinical** psychologist 임상 심리학자

⊕clinically 부임상적으로

0208 ☐☐☐

appear ★★★
[əpíər]

동 1. 나타나다 (반disappear) 2. ~인 것 같다 3. (TV 등에) 출연하다

Just then, Mrs. Cline **appeared** in the doorway.
바로 그때, Cline 선생님이 출입구에 나타났다. 모평응용
· **appear** to-v ~인 것처럼 보이다

⊕appearance 명1. 겉모습, 외모 2. 나타남, 출현 3. 출연, 등장

0209 ☐☐☐

sustain ★★☆
[səstéin]

동 1. 유지하다, 지속하다 2. (무게를) 지탱하다 3. (손해·부상을) 겪다, 입다

Fig trees are important in **sustaining** fruit-eating animals. 모평응용
무화과나무는 과실을 먹는 동물의 생존을 유지하는 데 중요하다.

⊕sustained 형지속적인, 계속적인 ⊕sustainable 형지속 가능한

0210 ☐☐☐

secrete ★☆☆
[sikríːt]

동 1. 분비하다 2. 감추다, 은닉하다

Some animals **secrete** substances that help them attack other animals.
일부 동물은 다른 동물들을 공격하도록 돕는 물질을 분비한다.

⊕secretion 명분비(물)

0211 ☐☐☐

astronomy ★★☆
[əstránəmi]

명 천문학

Galileo was an influential figure in **astronomy**.
갈릴레오는 천문학에서 영향력 있는 인물이었다.

⊕astronomical 형1. 천문학의 2. (수량이) 천문학적인
⊕astronomer 명천문학자

0212 ☐☐☐

interact ★★★
[ìntərǽkt]

동 1. 소통하다, 교류하다 2. 상호작용하다

A good boss needs to **interact** with his or her employees.
좋은 상사는 자신의 직원들과 소통해야 한다.

⊕interaction 명상호작용 ⊕interactive 형상호적인, 상호작용을 하는

0213 ☐☐☐
universal ★★☆
[jùːnivə́ːrsəl]

형 1. 보편적인, 일반적인 2. 전 세계적인, 전반적인

Hunting and gathering was the **universal** mode of human existence. 모평응용
수렵과 채집은 인간 생존의 보편적인 방식이었다.

⊕ universally 튄 보편적으로, 누구에게서나

0214 ☐☐☐
acquaintance ★☆☆
[əkwéintəns]

명 1. 지인, 아는 사람 2. 지식

He is limited to contact and conversation with a few friends and **acquaintances**. 학평응용
그는 몇몇 친구와 지인들과만 연락하고 대화를 한다.

· have a passing **acquaintance** with ~에 관한 조금의 지식이 있다

0215 ☐☐☐
counsel ★★☆
[káunsəl]

동 1. 조언하다 2. 상담하다 명 1. 충고, 조언 2. 변호인

She **counseled** Tom about his career plans.
그녀는 Tom과 그의 진로 계획에 관해 상담했다.

⊕ counselor 명 상담자, 고문 ⊕ counseling 명 상담, 카운슬링

0216 ☐☐☐
variation ★★☆
[vὲəriéiʃən]

명 1. 변화 2. 변형 3. 변주곡

An old man's story that he has told hundreds of times shows little **variation**. 모평응용
노인이 수백 번 한 이야기는 거의 변화가 없다.

· a **variation** on a theme 동일한 주제를 변형한 것

⊕ vary 동 (크기·모양 등이) 서로 다르다

0217 ☐☐☐
toll ★☆☆
[toul]

명 1. 통행료 2. 사상자 수

To get to the island, she went over a bridge paying a **toll** of $2. 모평응용
그 섬에 가기 위해, 그녀는 통행료 2달러를 내고 다리를 건너갔다.

· the death **toll** 사망자 수

0218 ☐☐☐
dedicate ★★☆
[dédəkèit]

동 1. 바치다, 전념하다, 헌신하다 2. 헌정하다

He **dedicated** his life to the protection of rare species.
그는 희귀종 보호에 자신의 삶을 바쳤다.

⊕ dedicated 형 전념하는, 헌신적인 ⊕ dedication 명 전념, 헌신

0219 ☐☐☐

associate *★★★*

[əsóuʃièit]

동 1. ((with)) 연상하다, 관련 짓다   2. 어울리다, 교제하다   명 동료

People **associate** the city of Paris with romantic love.
사람들은 파리라는 도시를 낭만적 사랑과 연결 짓는다.
· be **associated** with ~와 연관되다, 관련되다

⊕association 명 1. 연상 2. 유대 3. 협회

0220 ☐☐☐

withdraw *★★☆*

[wiðdrɔ́ː]
(withdrew – withdrawn)

동 1. 탈퇴하다, 물러나다, 철수하다   2. 철회[취소]하다   3. (돈을) 인출하다

She **withdrew** from the soccer team because of an injury.
그녀는 부상으로 축구팀에서 탈퇴했다.
· **withdraw** from a deal 계약을 철회하다

⊕withdrawal 명 1. 탈퇴, 철수 2. 철회, 취소 3. 인출

0221 ☐☐☐

equity *★☆☆*

[ékwəti]

명 공평, 공정 (㈜ fairness ㈝ inequity)

They may change their behavior to attempt to restore **equity**.
그들은 공평성을 회복하기 위해 자신들의 행동을 바꿀지도 모른다.

⊕equitable 형 공정한, 공평한

0222 ☐☐☐

educational *★★☆*

[èdʒukéiʃənəl]

형 교육의, 교육적인

People believe that "good books" are **educational** and useful to academic success. 모평응용
사람들은 '좋은 책'은 교육적이고 학문적 성공에 유용할 것이라 믿는다.
· an **educational** institution 교육 기관

⊕education 명 교육   ⊕educationally 부 교육적으로

0223 ☐☐☐

support *★★★*

[səpɔ́ːrt]

동 1. 지지하다 2. 지원[후원]하다 3. 지탱하다 4. 부양하다
명 1. 지지 2. 지원 3. 지탱함

The scientist added the hypothesis that **supports** her claim. 모평응용
그 과학자는 그녀의 주장을 뒷받침하는 가설을 추가했다.
· financial **support** 재정적 지원

⊕supportive 형 지지하는, 격려하는   ⊕supporter 명 지지자, 후원자

0224 ☐☐☐

antique *★☆☆*

[æntíːk]

명 골동품 형 골동품인

Our museum will hold an exhibition of **antique** items. 수능응용
우리 박물관은 골동품 전시회를 열 것입니다.
· an **antique** dealer 골동품상

0225 ☐☐☐
fabric ★★☆
[fǽbrik]

명 1. 직물, 천 2. 구조

The **fabric** of this bag is partially made from recycled plastic bottles. 모평응용
이 가방의 직물은 부분적으로 재활용된 플라스틱병으로 만들어진다.
· social **fabric** 사회적 구조

0226 ☐☐☐
account ★★★
[əkáunt]

명 1. 설명 2. 계좌, 계정 3. 고려 동 1. 설명하다 2. (비율을) 차지하다

She gave a detailed **account** of the reasons behind her decision. 학평응용
그녀는 자기 결정 이면에 있는 이유에 대한 상세한 설명을 했다.
· take into **account** ~을 고려하다
· **account** for 1. 설명하다 2. (비율 등을) 차지하다

0227 ☐☐☐
barrier ★★☆
[bǽriər]

명 장애물, 장벽

A strong economic base helps break down social **barriers**. 모평응용
튼튼한 경제적 기반은 사회적 장벽을 허무는 데 도움이 된다.
· a language **barrier** 언어 장벽

0228 ☐☐☐
canal ★☆☆
[kənǽl]

명 수로, 운하

The mangrove forest alongside the **canal** thrilled me as we entered its cool shade. 수능응용
수로를 따라 이어진 맹그로브 숲은 우리가 시원한 그늘에 들어서자 나를 전율케 했다.
· the Panama **Canal** 파나마 운하

0229 ☐☐☐
license ★★☆
[láisəns]

명 면허(증), 인가(증) 동 허가하다

He paid a fine for driving without his driver's **license**.
그는 운전 면허증 없이 운전해서 벌금을 냈다.

⊕licensed 형 허가를 받은

0230 ☐☐☐
craft ★★☆
[kræft]

명 1. (수)공예 2. 보트, 배 3. 기교, 기술 동 정교하게 만들다

They have developed their jewelry **craft** into a profitable business. 모평응용
그들은 그들의 보석 수공예를 수익성 있는 사업으로 개발시켰다.

⊕crafty 형 술수가 뛰어난, 교활한

0231 □□□
intrude ★☆☆
[intrúːd]

통 1. 침입하다, 침해하다 2. 방해하다

Not to **intrude** on the urban design, we built an underground parking lot. 학평응용
도시 설계를 침해하지 않기 위해, 우리는 지하 주차장을 만들었다.
· **intrude** on one's privacy ~의 사생활을 침해하다

⊕intrusion 명1. 침해 2. (무단) 침입 ⊕intruder 명침입자

0232 □□□
beverage ★★☆
[bévəridʒ]

명 음료

We're providing a free **beverage** at our coffee shop on the first floor. 수능응용
1층 커피숍에서 무료 음료를 제공하고 있습니다.

0233 □□□
range ★★★
[reindʒ]

통 (범위가 ~에) 이르다 명 1. 범위, 폭 2. 다양성 3. 산맥

In Siberia, temperatures in January **range** from -20℃ to -35℃. 수능응용
시베리아에서 1월의 기온은 영하 20도에서 35도에 이른다.
· a broad[wide] **range** of 넓은 범위의 ~ · a price **range** 가격대

0234 □□□
authentic ★★☆
[ɔːθéntik]

형 1. 정통의, 진정한 2. 진품인, 진본인 (㊰genuine)

People can enjoy **authentic** Korean food at this restaurant.
이 식당에서 정통 한국 음식을 즐길 수 있다.
· an **authentic** work by Vincent van Gogh 빈센트 반 고흐의 진품

⊕authenticity 명1. 진실성 2. 진품임 ⊕authenticate 통진짜임을 증명하다

0235 □□□
mutation ★☆☆
[mjuːtéiʃən]

명 1. 돌연변이 2. 변화, 변형

At an earlier date of humans, cooking selected **mutations** for smaller guts and mouths. 수능응용
초기 인류 시기에, 요리는 더 작은 창자와 입에 맞는 변화를 선택했다.
· disease-causing **mutations** 질병을 유발하는 돌연변이

⊕mutate 통돌연변이를 일으키다, 변화하다

0236 □□□
slight ★★☆
[slait]

형 약간의, 조금의

Any **slight** movement might make a poisonous snake strike. 학평응용
어떤 작은 움직임이라도 독사가 공격하게 만들지도 모른다.

⊕slightly 부약간, 조금

wander vs. wonder

0237 □□□
wander ★★☆
[wǽndər]

동 1. 돌아다니다, 헤매다   2. (생각이) 다른 데로 흐르다, 산만해지다
명 거닐기

She **wandered** here and there in the city.
그녀는 그 도시에서 여기저기 돌아다녔다.
· with **wandering** minds 산만한 정신을 가진

0238 □□□
wonder ★★★
[wǽndər]

동 1. 궁금하다   2. 놀라다   명 1. 경이   2. 불가사의

He **wondered** whether he was really suitable for teaching. 모평응용
그는 자신이 정말로 교직에 적합한지 궁금했다.
· the greatest **wonders** of the world 세계의 위대한 불가사의 모평응용

expand vs. expend

0239 □□□
expand ★★★
[ikspǽnd]

동 1. 커지다, 팽창하다, 팽창시키다 (반 contract)
  2. (사업 등을) 확장하다

The population of the US **expanded** greatly during the 19th century.
미국의 인구는 19세기 동안 많이 늘어났다.

⊕ expansion 명 확대, 확장, 팽창

0240 □□□
expend ★☆☆
[ikspénd]

동 (많은 돈·시간·에너지를) 쏟다, 들이다

Warm-blooded animals **expend** energy to maintain their body temperature. 학평응용
온혈동물들은 체온을 유지하고자 에너지를 쏟는다.

⊕ expense 명 비용, 경비   ⊕ expenditure 명 지출, 소모

DAY 06

DAILY TEST

[1-24] 다음 단어의 뜻을 우리말로 쓰시오.

1 applaud _____
2 refer _____
3 exert _____
4 mutual _____
5 rotate _____
6 clinical _____
7 appear _____
8 sustain _____
9 astronomy _____
10 universal _____
11 counsel _____
12 variation _____

13 dedicate _____
14 associate _____
15 withdraw _____
16 support _____
17 barrier _____
18 license _____
19 craft _____
20 intrude _____
21 range _____
22 authentic _____
23 mutation _____
24 slight _____

[25-28] 다음 문장의 빈칸에 알맞은 단어를 쓰시오.

25 It is the partner's responsibility to i_____ the nonverbal message.
비언어적 메시지를 해석하는 것은 상대방의 책임이다.

26 A good boss needs to i_____ with his or her employees.
좋은 상사는 자신의 직원들과 소통해야 한다.

27 They may change their behavior to attempt to restore e_____.
그들은 공평성을 회복하기 위해 자신들의 행동을 바꿀지도 모른다.

28 She gave a detailed a_____ of the reasons behind her decision.
그녀는 자기 결정 이면에 있는 이유에 대한 상세한 설명을 했다.

[29-30] 괄호 안에서 알맞은 말을 고르시오.

29 She (wandered / wondered) here and there in the city.

30 The population of the U.S. (expended / expanded) greatly during the 19th century.

Answers

¹ 박수갈채 하다 ² 언급하다, 지칭하다; 참조하다 ³ 노력하다; (영향력을) 행사하다 ⁴ 상호 간의; 공통의 ⁵ 회전하다; 교대하다 ⁶ 임상의 ⁷ 나타나다; ~인 것 같다; 출연하다 ⁸ 유지하다; 지탱하다; 겪다 ⁹ 천문학 ¹⁰ 보편적인; 전 세계적인 ¹¹ 조언하다; 상담하다; 충고; 변호인 ¹² 변화; 변형; 변주곡 ¹³ 바치다; 헌정하다 ¹⁴ 연상하다; 어울리다; 동료 ¹⁵ 탈퇴하다; 철회하다; (돈을) 인출하다 ¹⁶ 지지하다; 지원하다; 부양하다; 지지 ¹⁷ 장애물, 장벽 ¹⁸ 면허(증); 허가하다 ¹⁹ (수)공예; 보트; 정교하게 만들다 ²⁰ 침입하다; 방해하다 ²¹ (범위가 ~에) 이르다; 범위; 다양성 ²² 정통의; 진품인 ²³ 돌연변이; 변형 ²⁴ 약간의 ²⁵ interpret ²⁶ interact ²⁷ equity ²⁸ account ²⁹ wandered ³⁰ expanded

56

클래스카드

0241 ☐☐☐
trigger ★★☆
[trígər]

图 1. 촉발하다, 일으키다 2. 작동시키다 명 1. 도화선, 계기 2. 방아쇠

Reading classical texts **triggers** moments of self-reflection. 모평응용
고전을 읽는 것은 자아 성찰의 순간을 촉발한다.
· the **trigger** for the protest 시위를 촉발한 계기

0242 ☐☐☐
replicate ★☆☆
[réplikèit]

图 1. 모사하다, 복사하다 2. (바이러스 등이) 자기 복제를 하다

They **replicated** the experiment but got different results.
그들은 실험을 똑같이 해봤지만 다른 결과를 얻었다.

✪replication 명 1. 모사, 복사 2. 복제

0243 ☐☐☐
deprive ★★☆
[dipráiv]

图 빼앗다, 박탈하다

Humans are the only species that will deliberately **deprive** themselves of sleep. 학평응용
인간은 의도적으로 스스로에게서 잠을 박탈하려는 유일한 종이다.
· **deprive** A of B A에게서 B를 박탈하다

✪deprivation 명 박탈, 부족

0244 ☐☐☐
complex ★★★
[kəmpléks]

형 1. 복잡한 (⨀complicated) 2. 복합의
명 [kámpleks] 1. 복합 건물 2. 콤플렉스

The instructions are too **complex** to understand. 수능응용
그 설명은 너무 복잡해서 이해할 수 없다.

✪complexity 명 복잡성

0245 ☐☐☐
refund ★★☆
[rí:fʌnd]

명 환불(액) 图 [rifʌ́nd] 환불하다

I insist on receiving a full **refund**. 모평응용
저는 전액 환불을 받기를 요구합니다.
· ask for a **refund** 환불을 요구하다

✪refundable 형 환불 가능한

0246 ☐☐☐
discard ★☆☆
[diská:rd]

图 버리다, 폐기하다 (⨀throw away)

Discard any old clothes that you no longer wear.
더 이상 입지 않는 낡은 옷들은 버려라.

0247 □□□

overload ★★☆
[òuvərlóud]

통 과적하다, 너무 많이 부과하다 명 지나치게 많음

There's an **overload** of sports teams in the area.
그 지역에는 스포츠 팀이 과도하게 많다.
· an **overloaded** truck 과적 트럭

0248 □□□

astonished ★★☆
[əstániʃt]

형 깜짝 놀란 (유 amazed)

I was **astonished** to hear that she had won the lottery.
나는 그녀가 복권에 당첨되었다는 소식을 듣고 깜짝 놀랐다.

⊕ astonish 동 깜짝 놀라게 하다   ⊕ astonishing 형 깜짝 놀랄만한

0249 □□□

neuroscience ★☆☆
[njùərousáiəns]

명 신경과학

Thanks to advances in **neuroscience**, we now know that adult brains can grow and change.
신경과학의 발전 덕분에, 우리는 이제 성인의 뇌가 성장하고 변할 수 있다는 것을 안다.

0250 □□□

mammal ★★☆
[mǽməl]

명 포유동물

Mammals can produce milk to feed their young.
포유동물은 새끼에게 먹일 우유를 만들어낼 수 있다.

0251 □□□

figure ★★★
[fígjər]

명 1. 수치 2. (중요) 인물 3. 모습 4. 도표
동 1. 중요하다 2. 생각[판단]하다

The **figures** in the chart show the latest unemployment rate.
이 차트의 수치는 최근의 실업률을 보여준다.
· key political **figures** 핵심 정계 인물들
· **figure** out 이해하다, 알아내다

0252 □□□

regulate ★★☆
[régjulèit]

동 1. 규제하다, 통제하다 2. 조절하다, 조정하다

The government **regulates** working conditions by law.
정부는 근로환경을 법으로 규제한다.
· **regulate** the temperature 온도를 조절하다

⊕ regulation 명 1. 규제, 통제 2. 규정, 법규

58

0253 ☐☐☐
commute ★☆☆
[kəmjúːt]

동 통근하다 명 통근 (거리)

People who **commuted** along scenic roads recovered more quickly from stressful driving conditions. 학평응용
경치 좋은 도로를 따라 통근하는 사람들이 스트레스가 심한 운전 상황으로부터 좀 더 빠르게 회복했다.

⊕ commuter 명 통근자

0254 ☐☐☐
isolate ★★★
[áisəleit]

동 1. 격리하다, 고립시키다 2. 분리하다

Fear makes you feel alone and **isolates** you from others.
두려움은 너를 외롭게 하고 다른 사람들로부터 고립시킨다.

⊕ isolated 형 1. 외딴, 외떨어진 2. 단독의 3. 고립된, 외로운
⊕ isolation 명 1. 고립 2. 분리

0255 ☐☐☐
spatial ★★☆
[spéiʃəl]

형 공간의, 공간적인

Due to **spatial** constraints, the hall currently accommodates only 50 people.
공간의 제약으로 인해, 현재 그 강당은 오직 50명만 수용한다.

⊕ spatially 부 공간적으로 ⊕ space 명 1. 공간 2. 우주 동 간격을 두다

0256 ☐☐☐
advent ★☆☆
[ǽdvent]

명 출현, 도래

The **advent** of pop art made it possible for fashion to become high art. 수능응용
팝아트의 출현은 패션이 고급 예술이 되는 것을 가능하게 했다.
· the **advent** of globalization 세계화의 도래

0257 ☐☐☐
flip ★★☆
[flip]

동 휙 뒤집다 명 1. 톡 던지기 2. 공중제비

The wave **flipped** the boat over.
파도에 보트가 휙 뒤집혔다.
· the **flip** of a coin 동전 던지기
· the back **flip** 뒤로 재주넘기

0258 ☐☐☐
previous ★★★
[príːviəs]

형 이전의, 앞의 (유 prior)

This job requires **previous** experience in teaching children.
이 업무는 이전에 아이들을 가르쳐본 경험을 요구한다.
· **previous** year 작년

⊕ previously 부 이전에, 미리

0259 ☐☐☐
exclusive ★★☆
[iksklúːsiv]

형 1. 독점적인 2. 배타적인 3. 고급의, 고가의 4. ~을 제외하고 (반 inclusive)
명 독점 기사

The paper carried **exclusive** coverage of the accident.
그 신문은 그 사고를 독점 취재했다.

⊕ exclusively 부 1. 배타적으로 2. 오로지   ⊕ exclusionary 형 배타적인

0260 ☐☐☐
misbehavior ★☆☆
[mìsbihéivjər]

명 버릇없는 태도, 불량한 행동

The article blames pop culture for the **misbehavior** of children.
그 기사는 아이들의 잘못된 행동에 대해 대중 문화의 탓으로 보고 있다.

⊕ misbehave 동 못된 짓을 하다

0261 ☐☐☐
misleading ★★☆
[mislíːdiŋ]

형 호도[오도]하는, 잘못된 정보[인상]를 주는

The advertisement gave people a **misleading** impression of the product.
그 광고는 사람들에게 그 제품에 대한 잘못된 인상을 주었다.

⊕ mislead 동 호도[오도]하다, 잘못된 정보를 주다

0262 ☐☐☐
metaphor ★★☆
[métəfɔːr]

명 은유, 비유

Her writing was very artistic and full of creative **metaphors**.
그녀의 글은 매우 예술적이었고 창의적인 은유로 가득했다.
· poetic **metaphor** 시적 은유

⊕ metaphorical 형 은유[비유]의, 은유[비유]를 쓴

0263 ☐☐☐
tablet ★☆☆
[tǽblit]

명 1. 알약 2. 평판, 서판

Administrative **tablets** were found in the temple complexes at Uruk. 수능응용
Uruk의 사원 단지에서 행정용 (점토)판이 발견되었다.
· take a tablet 알약을 복용하다

0264 ☐☐☐
strengthen ★★☆
[stréŋkθən]

동 강화하다, 강화되다 (반 weaken)

I do push-ups to **strengthen** my arm muscles.
나는 팔 근육을 강화하기 위해 팔굽혀펴기를 한다.
· **strengthen** an argument 주장을 강화하다

⊕ strength 명 1. 힘 2. 내구력 3. 강점, 장점

0265 ☐☐☐
instrument ***
[ínstrəmənt]

명 1. 기구 2. 악기 3. 수단, 방법

The store sells a wide range of medical **instruments**.
그 상점은 다양한 종류의 의료 기기를 판매한다.
· play a musical **instrument** 악기를 연주하다

⊕ instrumental 형 악기의

0266 ☐☐☐
thereby **☆
[ðὲərbái]

부 그렇게 함으로써, 그것 때문에

Sound and color threatened to create just such an illusion, **thereby** destroying the essence of film art. 수능응용
음향과 색채는 바로 그런 착각을 만들겠다고 위협하여 영화 예술의 본질을 파괴했다.

0267 ☐☐☐
erupt *☆☆
[irʌ́pt]

동 1. 일어나다, 발발하다 2. 분출하다, 폭발하다 3. (감정을) 터뜨리다

A war could **erupt** due to the dispute between the two countries.
두 나라 사이의 분쟁으로 전쟁이 발발할지도 모른다.
· **erupt** into laughter 웃음을 터뜨리다

⊕ eruption 명 1. 발발 2. 분출, 폭발

0268 ☐☐☐
entail **☆
[intéil]

동 수반하다, 포함하다 (㊎ involve)

Being a good leader **entails** a lot of responsibility.
좋은 지도자가 되는 것은 많은 책임을 수반한다.
· **entail** a risk 위험을 수반하다

0269 ☐☐☐
prefer ***
[prifə́ːr]

동 (~을) 더 좋아하다, 선호하다

I **prefer** studying alone to studying in groups. 수능응용
나는 그룹으로 공부하는 것보다 혼자 공부하는 것을 선호한다.

⊕ preference 명 선호(도), 애호   ⊕ preferable 형 더 나은, 선호되는

0270 ☐☐☐
intuitive **☆
[intjúːitiv]

형 1. 직감적인, 직관적인 (㊎ instinctive) 2. 직감력이 있는, 감이 뛰어난

This notion is completely **intuitive** so I can understand it easily.
이 개념은 완전히 직관적이라 나는 그것을 쉽게 이해할 수 있다.

⊕ intuitively 부 직관적으로   ⊕ intuition 명 직관력, 직감

0271 ☐☐☐

diversify *☆☆
[divə́ːrsəfài]

동 1. 다각화하다, 다양화하다 2. 변화를 주다

We need to **diversify** our products to increase sales.
매출을 늘리기 위해 우리는 제품을 다양화할 필요가 있다.

⊕ diversification 명 1. 다양화 2. 변화 ⊕ diverse 형 다양한

0272 ☐☐☐

reflect ***
[riflékt]

동 1. 반사하다 2. (거울 등에) 비치다, 비추다 3. 반영하다 4. 숙고하다

Instead of trapping warm air in the atmosphere, fine particles
reflect the sun's light. 모평응용
대기 중의 더운 공기를 가두는 대신에, 미세 입자들은 햇빛을 반사한다.
· **reflect** one's view ~의 견해[관점]를 반영하다

⊕ reflection 명 1. 비친 것, 반사 2. 반영 3. 숙고

0273 ☐☐☐

gossip **☆
[gásip]

명 (남에 대한 좋지 못한) 소문, 험담 동 험담을 하다

She hears a piece of news or **gossip** from the people around
her. 수능응용
그녀는 주위 사람들로부터 소식이나 소문을 듣는다.
· to **gossip** about his friends 그의 친구들에 대해 험담하다

0274 ☐☐☐

correlation *☆☆
[kɔ̀ːrəléiʃən]

명 연관성, 상관관계

There is a strong **correlation** between income and education
level. 수능응용
소득과 교육 수준 사이에는 밀접한 상관관계가 있다.

⊕ correlate 동 (밀접한) 연관성이 있다 ⊕ correlative 형 상관있는

0275 ☐☐☐

generate ***
[dʒénərèit]

동 발생시키다, 만들어 내다 (유 create)

The average school kid **generates** 65 pounds of lunch bag waste
every year. 모평응용
보통의 학생들은 매년 65 파운드 무게의 점심 도시락 가방 쓰레기를 만들어 낸다.
· **generate** electricity 전기를 발생시키다

⊕ generation 명 1. 세대, 대 2. (열·전기 등의) 발생

0276 ☐☐☐

conceptualize *☆☆
[kánseptjuəlàiz]

동 개념화하다

The natural world is **conceptualized** in terms of human social
relations. 수능응용
자연의 세계는 인간의 사회적 관계 측면에서 개념화된다.

⊕ conceptual 형 개념의, 개념적인

수능빈출 혼동어휘/반의어

marvel vs. marble

0277 ☐☐☐
marvel ★★☆
[máːrvəl]

통 경이로워하다, 경탄하다   명 경이(로운 사람[것])

Visitors **marveled** at the size of the diamond.
방문객들은 그 다이아몬드의 크기에 경탄했다.

⊕ marvelous 형 놀라운, 경이로운

0278 ☐☐☐
marble ★★☆
[máːrbl]

명 1. 대리석   2. 구슬

The big columns inside the castle were made of **marble**.
그 성안에 있는 큰 기둥들은 대리석으로 만들어졌다.

permanent vs. temporary

0279 ☐☐☐
permanent ★★★
[pə́ːrmənənt]

형 영구적인

The accident caused **permanent** damage to my hearing.
그 사고는 나의 청각에 영구적인 손상을 가져왔다.

⊕ permanently 부 영구적으로

0280 ☐☐☐
temporary ★★★
[témpərèri]

형 1. 임시의   2. 일시적인

He is currently seeking **temporary** work to do until he moves to Seoul.
그는 현재 서울로 이사할 때까지 할 임시직을 구하고 있다.

⊕ temporarily 부 임시로, 일시적으로

[1-24] 다음 단어의 뜻을 우리말로 쓰시오.

1	refund	_____	13	flip	_____
2	overload	_____	14	exclusive	_____
3	astonished	_____	15	misleading	_____
4	mammal	_____	16	strengthen	_____
5	trigger	_____	17	instrument	_____
6	replicate	_____	18	thereby	_____
7	deprive	_____	19	erupt	_____
8	complex	_____	20	entail	_____
9	regulate	_____	21	prefer	_____
10	isolate	_____	22	intuitive	_____
11	spatial	_____	23	diversify	_____
12	advent	_____	24	correlation	_____

[25-28] 다음 문장의 빈칸에 알맞은 단어를 쓰시오.

25 The f_____ in the chart show the latest unemployment rate.
이 차트의 수치는 최근의 실업률을 보여준다.

26 This job requires p_____ experience in teaching children.
이 업무는 이전에 아이들을 가르쳐본 경험을 요구한다.

27 Instead of trapping warm air in the atmosphere, fine particles r_____ the sun's light.
대기 중의 더운 공기를 가두는 대신에, 미세 입자들은 햇빛을 반사한다.

28 The average school kid g_____ 65 pounds of lunch bag waste every year.
보통의 학생들은 매년 65 파운드 무게의 점심 도시락 가방 쓰레기를 만들어 낸다.

[29-30] 괄호 안에서 알맞은 말을 고르시오.

29 Visitors (marbled / marveled) at the size of the diamond.

30 He is currently seeking (permanent / temporary) work to do until he moves to Seoul.

Answers

¹ 환불(액); 환불하다 ² 과적하다; 지나치게 많음 ³ 깜짝 놀란 ⁴ 포유동물 ⁵ 촉발하다; 작동시키다; 도화선 ⁶ 모사하다; 자기 복제를 하다 ⁷ 빼앗다, 박탈하다 ⁸ 복잡한; 복합의; 복합 건물 ⁹ 규제하다; 조절하다 ¹⁰ 격리하다; 분리하다 ¹¹ 공간의 ¹² 출현, 도래 ¹³ 홱 뒤집다; 톡 던지기; 공중제비 ¹⁴ 독점적인; 배타적인; 독점 기사 ¹⁵ 호도[오도]하는 ¹⁶ 강화하다, 강화되다 ¹⁷ 기구; 악기; 수단 ¹⁸ 그렇게 함으로써, 그것 때문에 ¹⁹ 일어나다; 분출하다; (감정을) 터뜨리다 ²⁰ 수반하다 ²¹ (~을) 더 좋아하다 ²² 직감적인; 직감력이 있는 ²³ 다각화하다 ²⁴ 연관성, 상관관계 ²⁵ figures ²⁶ previous ²⁷ reflect ²⁸ generates ²⁹ marveled ³⁰ temporary

클래스카드

0281 ☐☐☐
equilibrium ★☆☆
[ìːkwilíbriəm]

명 균형, 평정

An organism has the ability to maintain internal **equilibrium** by adjusting its physiological processes. 수능응용
생명체는 생리적 과정들을 조절하여 내적인 균형 상태를 유지하는 능력이 있다.
· **disturb** the equilibrium 균형을 깨뜨리다

0282 ☐☐☐
integrate ★★★
[íntigrèit]

동 1. 통합하다, 통합되다   2. 융합하다

Researchers investigated how to **integrate** learning with play.
연구원들은 학습을 놀이와 결합할 방법을 연구했다.
⊕integration 명1. 통합 2. (인종 등의) 통합 ⊕integrated 형통합된

0283 ☐☐☐
summon ★☆☆
[sʌ́mən]

동 1. 호출하다   2. 소환하다

A doctor was **summoned** to examine me.
한 의사가 나를 진찰하기 위해 호출되었다.
· be **summoned** to appear 소환되다, 법원 출두 명령을 받다

0284 ☐☐☐
dominate ★★☆
[dɑ́mənèit]

동 1. 지배하다, 주도하다   2. 우세하다, 우위를 차지하다

The world computer industry is **dominated** by big companies.
세계 컴퓨터 산업은 대기업들에 의해 지배되고 있다.
⊕domination 명1. 지배 2. 우세 ⊕dominant 형1. 지배적인 2. 우세한

0285 ☐☐☐
factor ★★★
[fǽktər]

명 1. 요소, 요인   2. (정도를 나타내는) 지수

Strength training can help combat risk **factors** for diabetes. 수능응용
체력 훈련은 당뇨병의 위험 요인들과 맞서 싸우는 데 도움을 줄 수 있다.
· genetic/environmental **factors** 유전적인/환경적인 요인

0286 ☐☐☐
recipient ★☆☆
[risípiənt]

명 받는 사람, 수령인

The parents were the **recipients** of generally well-meaning baby care advice.
그 부모들은 대체적으로 선의의 육아 조언을 받는 사람들이었다.

0287 ☐☐☐
gradually ★★☆
[grǽdʒuəli]

🔢 점차적으로, 서서히 (⬇ suddenly)

Doctors predicted he would not survive, but he **gradually** recovered. 학평응용
의사들은 그가 살아남지 못할 거라고 예상했으나, 그는 서서히 회복했다.

➕ gradual 📐점진적인, 점차적인

0288 ☐☐☐
compare ★★★
[kəmpɛ́ər]

🔢 1. 비교하다 2. 비유하다 3. 필적하다, 비교가 되다

With a true sense of self-worth, people don't need to **compare** themselves with others. 모평응용
진정한 자존감이 있다면, 사람들은 스스로를 타인과 비교하지 않아도 된다.

➕ comparison 📐1. 비교, 대조 2. 비유

0289 ☐☐☐
blend ★★☆
[blend]

🔢 섞다, 섞이다, 혼합하다 📐 혼합, 조합

Oil doesn't **blend** well with water.
기름은 물과 잘 섞이지 않는다.
· **blend** in with the crowd 군중과 한데 어우러지다

0290 ☐☐☐
surge ★☆☆
[sərdʒ]

🔢 밀려들다, 급증하다 📐 급증, 급등 (⬇ rush)

An angry crowd **surged** through the gates of the president's palace.
성난 군중이 대통령 궁의 문으로 몰려들었다.
· a **surge** in sales 판매의 급증

0291 ☐☐☐
displace ★★☆
[displéis]

🔢 1. 대신하다, 대체하다 (⬇ replace) 2. 쫓아내다

New technology has mainly **displaced** these methods.
신기술이 이러한 방식들을 주로 대체해 왔다.
· **displaced** person 난민, 피난민

0292 ☐☐☐
derive ★★★
[diráiv]

🔢 1. 《from》 얻다 2. 《from》 기인하다, 유래하다

Many medications contain substances **derived** from plants. 모평응용
많은 약물이 식물에서 얻어진 성분을 포함한다.
· **derive** from ~에서 얻다, ~에서 유래하다

➕ derivative 📐파생물 📐파생한, 모방한

0293 □□□

supplement ★★☆
[sʌ́pləmənt]

명 1. 보충(물), 보완 2. 추가 요금 동 [sʌ́pləmènt] 보충하다

Beta carotene and vitamin E were extracted from fruit and made into **supplements.** 모평응용
베타 카로틴과 비타민 E가 과일에서 추출되어 보충제로 만들어졌다.

· **supplement** earning by ~으로 수입을 보충하다

◎ supplementary 형 보충의, 추가의

0294 □□□

collide ★☆☆
[kəláid]

동 1. 충돌하다, 부딪치다 2. (의견 등이) 상충하다

A truck **collided** with several cars on the road.
트럭이 도로에서 몇 대의 차들과 충돌했다.

◎ collision 명 1. 충돌 2. 상충

0295 □□□

nurture ★★☆
[nə́ːrtʃər]

동 1. 보살피다, 양육하다 2. 육성[양성]하다 명 양육, 양성

Most animals **nurture** their young until they can survive on their own.
대부분의 동물은 새끼들이 혼자 살아남을 수 있을 때까지 그들을 키운다.

· nature and **nurture** 천성과 양육

0296 □□□

foster ★★☆
[fɔ́ːstər]

동 1. 촉진하다, 조성하다 (⊕promote) 2. 기르다 형 보살펴주는

Coaches should **foster** a positive athletic atmosphere for players. 학평응용
코치들은 선수들을 위해 긍정적인 운동 분위기를 조성해야 한다.

· a **foster** father 양아버지

0297 □□□

awkward ★☆☆
[ɔ́ːkwərd]

형 1. 난처한, 곤란한 (⊕difficult) 2. 어색한 3. 서투른

The reporter asked him some **awkward** questions.
리포터는 그에게 몇몇 곤란한 질문들을 했다.

· **awkward** at cooking 요리가 서투른

◎ awkwardly 부 어색하게, 서투르게

0298 □□□

conform ★★☆
[kənfɔ́ːrm]

동 1. (법·규칙 등에) 따르다, 순응하다 2. ~에 일치하다, 같아지다

She refused to **conform** to the traditional standards. 수능응용
그녀는 전통적인 기준을 따르는 것을 거부했다.

◎ conformity 명 (관습·체제 등에의) 순응(함)

depend ★★★
0299 □□□

[dipénd]

图 1. 《on》 의존하다, 의지하다 2. ~에 달려있다

Most magazines **depend** on advertising for revenue. 수능응용
대부분의 잡지는 수익을 광고에 의존한다.

⊕ dependent 图 1. 의존하는 2. ~에 좌우되는
⊕ dependence 图 의존, 종속

---

aggressive ★★☆
0300 □□□

[əgrésiv]

图 1. 공격적인 2. (원하는 것을 이루기 위해) 매우 적극적인

He told his teacher about the **aggressive** behavior of Sam. 학평응용
그는 선생님께 Sam의 공격적인 행동에 관해서 말했다.
· an **aggressive** marketing strategy 적극적인 마케팅 전략

---

token ★☆☆
0301 □□□

[tóukən]

图 1. (화폐 대용의) 토큰 2. 징표, 상징

Token use and consequently writing evolved as a tool of
centralized economic governance. 수능응용
대용 화폐의 사용과 그에 따른 쓰기 활동이 중앙집권화된 경제 지배의 도구로 발달했다.
· a parking **token** 주차용 토큰
· as a **token** of appreciation 감사의 표시로

---

occupy ★★☆
0302 □□□

[ákjupài]

图 1. 차지하다 2. 거주하다 3. (군대 등이) 점령하다

Posting on my blog **occupies** most of my leisure time.
블로그에 포스팅하는 것이 내 여가 시간의 대부분을 차지한다.

⊕ occupation 图 1. 직업 2. 점령, 점거 ⊕ occupied 图 사용 중인

---

perspective ★★★
0303 □□□

[pərspéktiv]

图 1. 관점, 시각 2. 원근법 3. 전망

With a positive **perspective**, you will find a way through
obstacles. 모평응용
긍정적인 시각을 가지면, 장애물을 통과할 방법을 발견할 것이다.
· from a historical **perspective** 역사적인 관점에서

---

unity ★☆☆
0304 □□□

[júːnəti]

图 1. 통합, 결속 2. 통일성

The president stressed national **unity** in the address.
대통령은 연설에서 국민적 화합을 강조했다.

⊕ unite 图 통합하다

0305 □□□

hazard ★★☆
[hǽzərd]

명 위험 (요소) 동 위태롭게 하다

The **hazards** of birds' migration include storms and starvation. 모평응용
새들의 이동에서 위험 요소는 폭풍과 굶주림을 포함한다.
· a fire **hazard** 화재 위험 요소

⊕hazardous 형 위험한, 위험이 따르는

0306 □□□

context ★★★
[kántekst]

명 1. (어떤 일의) 전후 상황, 맥락 2. (글의) 맥락, 문맥

True understanding requires a knowledge of **context**. 모평응용
진정한 이해는 상황에 대한 지식을 요구한다.
· social **context** 사회적 맥락

⊕contextual 형 1. 전후 관계상의 2. 문맥상의

0307 □□□

meaningful ★★☆
[míːniŋfəl]

형 의미 있는, 유의미한 (반 meaningless)

Hearing how you came up with your story would be **meaningful** to our readers. 모평응용
당신이 어떻게 이야기를 구상했는지 듣는 것은 독자들에게 의미가 있을 것입니다.
· draw a **meaningful** result from ~에서 유의미한 결과를 끌어내다

⊕meaningfully 부 의미 있게

0308 □□□

abrupt ★☆☆
[əbrʌ́pt]

형 1. 돌연한, 갑작스러운 2. 퉁명스러운

The TV show came to an **abrupt** end due to the producer's unexpected death.
제작자의 예상치 못한 사망으로 그 TV 쇼는 갑작스러운 종영을 맞았다.
· an **abrupt** reply 퉁명스러운 대답

⊕abruptly 부 1. 갑자기, 불쑥 2. 퉁명스럽게

0309 □□□

distinct ★★☆
[distíŋkt]

형 1. 뚜렷이 다른, 별개의 2. 뚜렷한, 분명한 (반 indistinct)

The snake's large head is **distinct** from the narrow neck. 모평응용
그 뱀의 커다란 머리는 좁은 목과 뚜렷이 구분된다.
· **distinct** smell 뚜렷한 냄새

⊕distinction 명 1. 차이, 대조 2. 뛰어남, 우수
⊕distinctive 형 뚜렷이 구별되는, 독특[특유]한

0310 □□□

paradox ★★☆
[pǽrədὰks]

명 1. 역설적인 것[상황] 2. 역설(逆說), 모순

It is a **paradox** that there are so many poor people in such a wealthy nation.
그런 부유한 나라에 가난한 사람들이 그렇게 많다니 역설적이다.

⊕paradoxical 형 역설의 ⊕paradoxically 부 역설적으로

0311 ☐☐☐
offset ★☆☆
[ɔ́fsèt]

图 상쇄하다, 벌충하다

Social welfare is a set of activities that has been directed to **offsetting** the unequal distributions.
사회 복지는 불평등한 분배를 상쇄하려고 의도되어 온 일련의 활동이다.
· to **offset** a loss 손해를 만회하다

0312 ☐☐☐
incentive ★★☆
[inséntiv]

图 1. 장려(책), 보상물 2. 자극, 동기

Good behavior is often reinforced with **incentives**. 수능응용
좋은 행동은 흔히 보상물을 통해 강화된다.

0313 ☐☐☐
function ★★★
[fʌ́ŋkʃən]

图 기능, 작용, 역할 图 기능하다, 작용하다

The **function** of an antibody is to strengthen the immune system. 수능응용
항체의 기능은 면역 체계를 강화하는 것이다.
· **function** properly 제대로 작동하다
⊕functional 휑기능의, 기능성의

0314 ☐☐☐
profound ★★☆
[prəfáund]

휑 1. (영향·느낌 등이) 엄청난 2. 깊은, 심오한 (⊜ deep)

Fourteenth-century approaches to music had a **profound** impact on music in later centuries. 모평응용
음악에 대한 14세기 접근법은 그 후 세기의 음악에 엄청난 영향을 미쳤다.
⊕profoundly 튄깊이, 극심하게

0315 ☐☐☐
brutal ★☆☆
[brúːtəl]

휑 잔혹한, 악랄한, 잔인할 정도의

The troops survived the **brutal** war after a long resistance.
그 군대는 오랜 항쟁 후에 그 잔혹한 전쟁에서 살아남았다.
⊕brutality 몡잔인성, 만행 ⊕brutally 튄잔인하게

0316 ☐☐☐
rural ★★☆
[rúrəl]

휑 시골의, 지방의, 전원의 (⊞ urban)

A lot of **rural** societies are based on agriculture. 모평응용
많은 시골 사회는 농업을 기반으로 한다.

attract vs. distract

0317 □□□
attract ***
[ətrǽkt]

图 1. 끌다, 끌어모으다　2. 마음을 끌다, 매혹시키다

The bank **attracted** more customers by opening on Saturdays. 모평응용
그 은행은 토요일에 영업함으로써 더 많은 고객들을 끌어들였다.

◆ **attractive** 휑 멋진, 매력적인　◆ **attraction** 몡 1. 매력　2. 명소

0318 □□□
distract **☆
[distrǽkt]

图 (마음·주의를) 흐트러뜨리다, 산만하게 하다

His attention was **distracted** by a noisy quarrel. 수능응용
그의 집중력은 시끄러운 언쟁으로 흐트러졌다.

◆ **distraction** 몡 집중을 방해하는 것, 주의를 산만하게 하는 것

conceal vs. reveal

0319 □□□
conceal **☆
[kənsíːl]

图 1. 감추다, 숨기다　2. 비밀로 하다

She managed to **conceal** her anger in the meeting.
그녀는 그 회의에서 간신히 화를 감추었다.

0320 □□□
reveal ***
[rivíːl]

图 1. 밝히다, 폭로하다　2. 보이다, 드러내다

Trust me. I won't **reveal** the secrets under any circumstances.
나를 믿어라. 나는 어떤 상황에서도 비밀을 누설하지 않을 것이다.

[1-24] 다음 단어의 뜻을 우리말로 쓰시오.

1	summon	_____	13 foster	_____
2	dominate	_____	14 conform	_____
3	factor	_____	15 depend	_____
4	recipient	_____	16 aggressive	_____
5	gradually	_____	17 occupy	_____
6	compare	_____	18 hazard	_____
7	blend	_____	19 context	_____
8	surge	_____	20 abrupt	_____
9	derive	_____	21 paradox	_____
10	supplement	_____	22 incentive	_____
11	collide	_____	23 profound	_____
12	nurture	_____	24 brutal	_____

[25-28] 다음 문장의 빈칸에 알맞은 단어를 쓰시오.

25 Researchers investigated how to i_____ learning with play.
연구원들은 학습을 놀이와 결합할 방법을 연구했다.

26 With a positive p_____, you will find a way through obstacles.
긍정적인 시각을 가지면, 장애물을 통과할 방법을 발견할 것이다.

27 The snake's large head is d_____ from the narrow neck.
그 뱀의 커다란 머리는 좁은 목과 뚜렷이 구분된다.

28 The f_____ of an antibody is to strengthen the immune system.
항체의 기능은 면역 체계를 강화하는 것이다.

[29-30] 괄호 안에서 알맞은 말을 고르시오.

29 His attention was (attracted / distracted) by a noisy quarrel.

30 She managed to (conceal / reveal) her anger in the meeting.

Answers

¹ 호출하다, 소환하다 ² 지배하다; 우세하다 ³ 요소; 지수 ⁴ 받는 사람, 수령인 ⁵ 점차적으로 ⁶ 비교하다; 필적하다 ⁷ 섞다; 혼합 ⁸ 밀려들다; 급증 ⁹ 얻다; 기인하다 ¹⁰ 보충 (물); 추가 요금; 보충하다 ¹¹ 충돌하다; (의견 등이) 상충하다 ¹² 보살피다; 육성하다; 양육 ¹³ 촉진하다; 기르다; 보살펴주는 ¹⁴ 따르다, 순응하다; ~에 일치하다 ¹⁵ 의존하다; ~에 달려있다 ¹⁶ 공격적인; 매우 적극적인 ¹⁷ 차지하다; 거주하다; 점령하다 ¹⁸ 위험 (요소); 위태롭게 하다 ¹⁹ 전후 상황; (글의) 맥락 ²⁰ 돌연한; 퉁명스러운 ²¹ 역설적인 것(상황); 역설, 모순 ²² 장려(책), 보상물; 자극, 동기 ²³ 엄청난; 깊은, 심오한 ²⁴ 잔혹한, 악랄한 ²⁵ integrate ²⁶ perspective ²⁷ distinct ²⁸ function ²⁹ distracted ³⁰ conceal

클래스카드

0321 ☐☐☐
biodiversity ★★☆
[bàiədivə́:rsəti]

명 생물의 다양성

The island is characterized by high **biodiversity**.
그 섬은 생물의 다양성이 높은 것이 특징이다.

0322 ☐☐☐
rigorous ★☆☆
[rígərəs]

형 1. 철저한, 엄격한 (㈜ thorough) 2. 엄한, 혹독한

The car's safety was verified through **rigorous** testing.
그 차의 안정성은 철저한 검사를 통해 확인되었다.
· **rigorous** training 혹독한 훈련

⊕ rigorously 튀 엄격히, 엄밀히 ⊕ rigor 명 1. 철저함 2. 엄함, 혹독함

0323 ☐☐☐
postpone ★★☆
[poustpóun]

동 연기하다, 미루다 (㈜ put back)

The trial has been **postponed** due to her poor health.
그녀의 건강이 좋지 않아서 재판이 연기되었다.
· **postpone** the payment 지불 기한을 늦추다

0324 ☐☐☐
avoid ★★★
[əvɔ́id]

동 1. 피하다, 회피하다 2. 막다

Regular dental exams are the best way to **avoid** gum disease. 확평응용
정기적인 구강 검진은 잇몸 질병을 피할 수 있는 가장 좋은 방법이다.

⊕ avoidable 형 피할 수 있는 ⊕ avoidance 명 회피

0325 ☐☐☐
embarrassed ★★☆
[imbǽrəst]

형 당황스러운, 창피한, 쑥스러운

I was **embarrassed** when I saw the hole in my sock.
나는 내 양말에 난 구멍을 보고 당황했다.

⊕ embarrass 동 당황하게 하다

0326 ☐☐☐
nerve ★☆☆
[nə:rv]

명 1. 신경 2. ((~s)) 긴장, 불안 3. 용기 동 용기를 내어 ~하다

The doctor concluded that Jim had suffered **nerve** damage. 모평응용
의사는 Jim이 신경 손상을 입었다고 결론을 내렸다.

⊕ nervous 형 긴장한, 초조한

0327 □□□

sweep ★★☆

[swiːp]

(swept – swept)

동 1. (휩)쓸다 2. 청소하다 3. 퍼지다 명 1. 쓸기 2. 훑음

The movie she directed **swept** eight Oscars. 수능응용

그녀가 감독한 영화는 여덟 개의 오스카상을 휩쓸었다.

✚ sweeping 형 광범위한

0328 □□□

underlying ★★☆

[ʌ́ndərlàiiŋ]

형 1. 근본적인 2. (다른 것의) 밑에 있는

Each proverb has a deep **underlying** meaning.

각 속담은 깊은 속뜻이 있다.

✚ underlie 동 기초가 되다, 원인이 되다

0329 □□□

preconceived ★☆☆

[prìːkənsíːvd]

형 사전에 형성된, 선입견의

Some people have the **preconceived** notion that art is difficult.

어떤 사람들은 예술이 어렵다는 선입견을 가지고 있다.

· **preconceived** ideas 선입견, 편견

0330 □□□

reluctant ★★☆

[rilʌ́ktənt]

형 꺼리는, 마지못한, 망설이는

He was **reluctant** to tell his friend what had happened. 수능응용

그는 무슨 일이 있었는지 친구에게 말하기를 꺼렸다.

· a **reluctant** agreement 마지못해서 하는 동의

✚ reluctantly 부 마지못해

0331 □□□

impress ★★★

[imprés]

동 깊은 인상을 주다, 감명을 주다

He **impressed** the scientists with his skills at designing experiments. 학평응용

그는 실험을 설계하는 능력으로 과학자들에게 깊은 인상을 주었다.

· be **impressed** by[with] ~에 감명을 받다

✚ impressive 형 인상적인, 감명 깊은 ✚ impression 명 인상, 감명

0332 □□□

theoretical ★★☆

[θìːərétikəl]

형 이론의, 이론적인 (⊕ experimental)

The course is essentially **theoretical** in orientation.

그 과정은 방향이 본질적으로 이론적이다.

✚ theory 이론, 학설

0333 ☐☐☐
converse ★☆☆
[kənvə́:rs]

图 대화를 나누다 (⊛ talk) 혭 정반대의 몡 [kɑ́:nvərs] ((the)) 정반대

People in the room began to **converse** quietly with one another.
방 안의 사람들은 서로 조용히 대화를 나누기 시작했다.

⊕conversation 몡대화 ⊕conversely 閉정반대로

0334 ☐☐☐
international ★★★
[ìntərnǽʃənəl]

혭 국제적인, 국가 간의

His play was an **international** success and has been adapted several times. 학평응용
그의 극본은 국제적인 성공을 거두었고 여러 차례 각색되었다.

⊕internationally 閉국제적으로, 세계적으로

0335 ☐☐☐
impair ★★☆
[impέər]

图 손상하다, 악화시키다

Alcohol can **impair** people's judgment and lead to bad decisions. 수능응용
술은 사람의 판단력을 손상시켜 잘못된 결정을 하게 할 수 있다.
· **impair** one's health ~의 건강을 악화시키다

⊕impaired 혭손상된, 악화된

0336 ☐☐☐
compression ★☆☆
[kəmpréʃən]

몡 1. 압축, 압박 2. (데이터) 압축

He wrapped my injuries to provide **compression**.
그는 압박하기 위해 내 상처를 감쌌다.

⊕compress 图1. 압축하다, 꾹 누르다 2. 압축하다 몡압박 붕대

0337 ☐☐☐
breakthrough ★★☆
[bréikθrù:]

몡 돌파구, 큰 발전, 새 발견

They made a major **breakthrough** in negotiations. 수능응용
그들은 협상에서 중요한 돌파구를 마련했다.
· a medical **breakthrough** 의학적 대발견

0338 ☐☐☐
option ★★★
[ápʃən]

몡 1. 선택(권) 2. 선택 과목

Many stores give the shopper the **option** of paper or plastic bags. 모평응용
많은 가게들은 쇼핑객에게 종이가방 혹은 비닐봉지의 선택권을 준다.
· have no **option** but to-v ~하는 수밖에 없다

⊕optional 혭선택적인, 임의의

0339 ☐☐☐

semester ★★☆
[siméstər]

명 학기

Today was the first day of the new **semester**. 수능응용
오늘은 새 학기의 첫날이었다.

0340 ☐☐☐

penetrate ★☆☆
[pénətrèit]

동 1. 뚫고 들어가다, 관통하다 2. (적진 등에) 침투하다

More water can **penetrate** to the roots of trees in wetter climates. 모평응용
더 습한 기후에서는 더 많은 수분이 나무의 뿌리에 스며들 수 있다.

0341 ☐☐☐

division ★★☆
[divíʒən]

명 1. 분할 2. 분열 3. 분과 4. 나눗셈

Each participant must enter one of the **divisions** below. 모평응용
각 참가자는 아래 분과 중 하나에 가입해야 합니다.
· cell **division** 세포 분열

✚divide 동 나누다 ✚divisive 형 분열을 초래하는

0342 ☐☐☐

comprise ★★☆
[kəmpráiz]

동 1. ~으로 구성되다 (⊛ consist of) 2. 구성[차지]하다 (⊛ constitute)

A football game is **comprised** of exactly sixty minutes of play. 모평응용
미식축구 경기는 정확히 60분 경기로 구성된다.
· **comprise** a large proportion 많은 부분을 차지하다

0343 ☐☐☐

solitary ★☆☆
[sálitèri]

형 1. 외딴, 고독한 2. 혼자의, 혼자서 하는
      3. 혼자 있기를 좋아하는 (⊛ sociable)

The **solitary** island is surrounded by a calm ocean. 수능응용
그 외딴 섬은 고요한 바다로 둘러싸여 있다.
· **solitary** confinement 독방 감금

✚solitude 명 고독

0344 ☐☐☐

pollution ★★☆
[pəlú:ʃən]

명 1. 오염, 공해 2. 오염 물질

Pollution is a problem that greatly affects our health.
오염은 우리의 건강에 큰 영향을 미치는 문제이다.
· reduce **pollution** 오염을 줄이다

✚pollute 동 오염시키다

0345 □□□
instance ***
[ínstəns]

명 사례, 경우 (㊦ example)

There are many **instances** of well-known actors who develop stage fright. 수능응용
무대 공포증이 생긴 유명 배우들의 사례가 많이 있다.
· for **instance** 예를 들어

0346 □□□
storage **☆
[stɔ́:ridʒ]

명 1. 저장, 보관 2. 저장소, 보관소

This closet provides plenty of **storage** space.
이 옷장은 넉넉한 수납공간을 제공한다.
· **storage** capacity (컴퓨터) 저장 용량
✪ store 동 저장하다, 보관하다

0347 □□□
patron *☆☆
[péitrən]

명 후원자, 후원 단체

The painter received many commissions from wealthy **patrons**. 수능응용
그 화가는 부유한 후원자들로부터 많은 의뢰를 받았다.

0348 □□□
auditorium **☆
[ɔ̀:ditɔ́:riəm]

명 객석, 강당

They'll each give their speech in the main **auditorium** this Friday. 모평응용
그들은 이번 금요일에 대강당에서 각자 연설을 할 것이다.

0349 □□□
measure ***
[méʒər]

동 1. 측정하다, 재다 2. 평가하다 (㊦ assess) 명 1. 단위, 척도 2. 조치

Thermometers are supposed to **measure** air temperature. 학평응용
온도계는 기온을 측정하기 위한 것이다.
· preventative **measures** 예방 조치
✪ measurement 명 1. 측정 2. 치수

0350 □□□
persuade **☆
[pərswéid]

동 설득하다

Some of her friends **persuaded** her to become a lawyer. 모평응용
그녀의 친구 몇 명은 그녀에게 변호사가 되라고 설득했다.
✪ persuasive 형 설득력 있는 ✪ persuasion 명 설득

0351 □□□
passive ★☆☆
[pǽsiv]

형 1. 소극적인, 수동적인 (반 active) 2. 순종적인 명 수동태

He has a **passive** attitude, so he never solves his own problems.
그는 소극적인 태도를 지니고 있어서 결코 자신의 문제를 해결하지 않는다.

⊕ passively 문 1. 소극적으로, 수동적으로 2. 순순히

0352 □□□
frequent ★★★
[fríːkwənt]

형 잦은, 빈번한 동 [fríːkwént] (장소에) 자주 다니다

Our ancestors faced **frequent** periods of drought. 모평응용
우리의 조상들은 빈번한 가뭄의 시기에 직면했다.

⊕ frequently 문 자주, 빈번히 ⊕ frequency 명 1. 빈도 2. 자주 일어남, 빈번

0353 □□□
descend ★★☆
[disénd]

동 1. 내려오다, 내려가다, 하강하다 (반 ascend) 2. (어둠이) 내려앉다

The airplane started to **descend** as it neared its destination.
그 비행기는 목적지에 가까워지자 하강하기 시작했다.

· **descend** from ~의 자손이다

⊕ descendant 명 1. 자손, 후예 2. 유래한 것 ⊕ descent 명 1. 하강 2. 혈통

0354 □□□
escalate ★☆☆
[éskəlèit]

동 확대하다, 증가하다 (유 increase, expand)

Over the past few years, the number of migrants has **escalated** rapidly.
지난 몇 년 동안 이민자의 수가 빠르게 증가했다.

⊕ escalation 명 확대, 강화

0355 □□□
institute ★★★
[ínstitjùːt]

명 기관, 협회, (전문)학교 동 (제도·정책 등을) 도입하다

He undertook an experiment at a research **institute**.
그는 연구 기관에서 실험에 착수했다.

· **institute** a system 시스템을 도입하다

⊕ institution 명 1. 기관, 협회 2. 사회 제도, 관습

0356 □□□
discern ★☆☆
[disə́ːrn]

동 1. 알아차리다, 파악하다 (유 detect) 2. 식별하다, 분간하다

She quickly **discerned** that something was wrong.
그녀는 무언가 잘못됐다는 것을 재빨리 알아차렸다.

· **discern** different colors 다른 색들을 분간하다

⊕ discernible 형 인식[식별]할 수 있는

detach vs. attach

0357 □□□
detach ★☆☆
[ditǽtʃ]

图 1. 떼다   2. ~으로부터 거리를 두다, (상황에) 개입하지 않다

She **detached** a yellow note from the monitor.
그녀는 모니터에서 노란색 메모지를 떼어냈다.

✪detached 图 무심한   ✪detachment 图 1. 분리 2. 무심함, 객관적임

0358 □□□
attach ★★★
[ətǽtʃ]

图 1. 붙이다, 첨부하다   2. ~에 애착을 느끼다   3. 연관되다, 연관 짓다

You should **attach** a recent photo to your application form.
너는 지원서에 최근 사진을 부착해야 한다.

✪attachment 图 1. 부착, 첨부 2. 애착

superior vs. inferior

0359 □□□
superior ★★☆
[supíəriər]

图 1. (~보다) 우수한, 우세한   2. 상급의, 상관의

It is natural for weak competitors to lose out and **superior** species to take over. 모평응용
약한 경쟁자들이 패배하고 우수한 종이 장악하는 것은 자연스럽다.

✪superiority 图 우월, 우수(성)

0360 □□□
inferior ★★☆
[infíəriər]

图 1. (~보다) 못한, 열등한   2. 하급의, 지위가 낮은

People sometimes compare themselves to other **inferior** people. 모평응용
사람들은 가끔 열등한 타인들과 자신을 비교한다.

✪inferiority 图 열등, 열세

DAY 09

DAILY TEST

[1-24] 다음 단어의 뜻을 우리말로 쓰시오.

1 embarrassed _____

2 sweep _____

3 preconceived _____

4 biodiversity _____

5 postpone _____

6 avoid _____

7 reluctant _____

8 impress _____

9 theoretical _____

10 converse _____

11 impair _____

12 compression _____

13 option _____

14 penetrate _____

15 division _____

16 solitary _____

17 pollution _____

18 instance _____

19 storage _____

20 persuade _____

21 frequent _____

22 descend _____

23 institute _____

24 discern _____

[25-28] 다음 문장의 빈칸에 알맞은 단어를 쓰시오.

25 The car's safety was verified through r_____ testing.
그 차의 안전성은 철저한 검사를 통해 확인되었다.

26 Each proverb has a deep u_____ meaning.
각 속담은 깊은 속뜻이 있다.

27 They made a major b_____ in negotiations.
그들은 협상에서 중요한 돌파구를 마련했다.

28 Thermometers are supposed to m_____ air temperature.
온도계는 기온을 측정하기 위한 것이다.

[29-30] 괄호 안에서 알맞은 말을 고르시오.

29 She (attached / detached) a yellow note from the monitor.

30 It is natural for weak competitors to lose out and (superior / inferior) species to take over.

Answers

[1] 당황스러운, 창피한 [2] (휩)쓸다; 청소하다; 쓸기; 휩쓸음 [3] 사전에 형성된, 선입견의 [4] 생물의 다양성 [5] 연기하다, 미루다 [6] 피하다; 막다 [7] 꺼리는, 마지못한, 망설이는 [8] 깊은 인상을 주다, 감명을 주다 [9] 이론의, 이론적인 [10] 대화를 나누다; 정반대의; 정반대 [11] 손상하다, 악화시키다 [12] 압축, 압박 [13] 선택(권); 선택 과목 [14] 뚫고 들어가다; 침투하다 [15] 분할; 분열; 분과; 나눗셈 [16] 외딴; 혼자의; 혼자 있기를 좋아하는 [17] 오염, 공해; 오염 물질 [18] 사례, 경우 [19] 저장; 저장소 [20] 설득하다 [21] 잦은, 빈번한; (장소에) 자주 다니다 [22] 내려오다; (어둠이) 내려앉다 [23] 기관, 협회; (제도 등을) 도입하다 [24] 알아차리다; 식별하다 [25] rigorous [26] underlying [27] breakthrough [28] measure [29] detached [30] superior

80

0361 □□□
endow ★☆☆
[indáu]

동 기부하다

They plan to **endow** a scholarship fund in memory of their daughter.
그들은 딸을 추모하기 위해 장학기금을 기부할 계획이다.
· be **endowed** with intelligence 지능을 타고나다

⊕ endowment 명 기부; (타고난) 자질

0362 □□□
inform ★★★
[inf ɔ́ːrm]

동 1. 알려주다 2. 영향을 미치다

We are pleased to **inform** you that you have received a scholarship. 학평응용
저희는 당신이 장학금을 받았다는 것을 알려드리게 되어 기쁩니다.

⊕ information 명 정보 ⊕ informative 형 유익한, 교육적인

0363 □□□
fallacy ★☆☆
[fǽləsi]

명 1. 틀린 생각[믿음] (윤 misconception) 2. (인식 상의) 오류

It is a **fallacy** that money can always make you happy.
돈이 항상 당신을 행복하게 만들어 줄 수 있다는 것은 틀린 생각이다.
· a logical **fallacy** 논리상의 오류

0364 □□□
compound ★★☆
[kámpaund]

명 1. 혼합물, 화합물 2. 복합체 형 복합의, 합성의
동 [kəmpáund] 1. (상황을) 악화시키다 2. 혼합하다

Plants generate **compounds** to protect themselves from animals. 학평응용
식물은 동물로부터 자신을 보호하기 위해 화합 물질을 발생시킨다.
· a compound word 합성어

0365 □□□
combine ★★★
[kəmbáin]

동 1. 결합하다, 결합시키다 2. (두 가지 이상의 특징을) 갖추다, 겸비하다

He developed a performance style that **combined** comedy with classical music. 모평응용
그는 코미디와 고전 음악을 결합한 공연 스타일을 개발했다.
· **combine** forces 힘을 합치다

⊕ combination 명 1. 결합 2. 혼합

0366 □□□
impulse ★☆☆
[ímpʌls]

명 1. 충동, 욕구 (윤 urge) 2. 충격, 자극

It was hard for them to resist the **impulse** to laugh.
그들은 웃고 싶은 충동을 억누르기 힘들었다.
· on **impulse** 충동적으로

⊕ impulsive 형 충동적인

cope ★★☆
[koup]

동 잘 대처하다, 잘 처리하다 (⊕ manage)

We need better methods to **cope** with complaints. 수능응용
우리는 불만 사항에 대처할 수 있는 더 나은 방법이 필요하다.
· **cope** with difficulties 어려움에 대처하다

---

register ★★★
[rédʒistər]

동 1. 등록하다, 신고하다 2. (수치 등을) 기록하다 명 명부

To **register** your booth for the festival, please email the festival manager. 모평응용
축제에 여러분의 부스를 등록하려면 축제 관리자에게 이메일을 보내주세요.
· **register** a birth/death 출생/사망 신고를 하다

✪ registration 명 등록, 신고

---

carve ★★☆
[kɑːrv]

동 1. 조각하다, 깎아 만들다 2. 새기다 3. (고기를) 썰다

She **carved** a statue out of stone in her workroom.
그녀는 자신의 작업실에서 돌로 조각상을 조각했다.

✪ carving 명 조각품

---

magnitude ★☆☆
[mǽɡnətjùːd]

명 1. (엄청난) 규모, 중요도 2. (지진의) 강도

A defining element of catastrophes is the **magnitude** of their harmful consequences. 수능응용
큰 재해를 결정짓는 요소는 그 폐해의 규모이다.

---

commission ★★☆
[kəmíʃən]

명 1. 위원회 2. 수수료 3. 의뢰, 주문 동 의뢰하다

The government set up a special **commission** that looked into the case.
정부는 그 사건을 조사하는 특별 위원회를 구성했다.
· charge **commission** on sales 판매에 수수료를 부과하다

---

structure ★★★
[strʌ́ktʃər]

명 1. 구조 2. 건축[구조]물 3. 체계 동 구조화하다, 조직하다 (⊕ organize)

At the zoo, you can observe the creature's bone **structure**. 모평응용
동물원에서 너는 그 동물의 뼈 구조를 관찰할 수 있다.
· **social** structure 사회 구조

0373 ☐☐☐
colleague ★★☆
[káli:g]

명 동료

He worked very hard and earned the respect of his **colleagues**. 학평응용
그는 매우 열심히 일했고 동료들의 존경을 받았다.

0374 ☐☐☐
transcribe ★☆☆
[trænskráib]

통 1. 필기하다, 받아 적다 2. 베껴 쓰다 3. 편곡하다

In copying a book by hand, a well-trained monk could **transcribe** around four pages per day. 수능응용
책을 손으로 베껴 씀에 있어서, 잘 훈련된 수도승은 하루에 4장 분량을 필사할 수 있었다.

⊕ transcript 명 필기록

0375 ☐☐☐
disorder ★★☆
[disɔ́:rdər]

명 1. (신체 기능의) 장애, 질환 2. 무질서, 혼란 (반 order)

Recreation reduces the chances of developing stress-related **disorders**. 수능응용
휴양은 스트레스와 관련된 질환들의 발병 가능성을 낮춰준다.
· public **disorder** 공공의 무질서

0376 ☐☐☐
index ★★☆
[índeks]

명 1. 색인 2. (물가 등의) 지수
통 1. 색인을 만들다 2. (임금 등을) 물가와 연계시키다

A list of symbols used on the map is given in the **index**.
본 지도에 쓰인 부호 목록은 색인에 나와 있다.
· the Dow Jones **index** 다우존스 지수

0377 ☐☐☐
overtake ★☆☆
[òuvərtéik]
(overtook – overtaken)

통 앞지르다, 능가하다, 추월하다

Total exports **overtook** total imports this year.
올해 총수출량이 총수입량을 능가했다.

0378 ☐☐☐
alert ★★☆
[əlɔ́:rt]

형 기민한, 방심하지 않는, 경계하는 통 (위험 등을) 알리다 명 경계, 경보

You should stay **alert** even when doing simple work.
너는 단순한 업무를 할 때도 방심하지 않아야 한다.
· on (the) **alert** 경계하여

0379
struggle ***
[strʌ́gl]

동 1. 애쓰다, 분투하다 2. 싸우다 명 1. 노력, 분투 2. 싸움

They **struggled** to find missing puzzle pieces. 학평응용
그들은 빠진 퍼즐 조각들을 찾으려고 애썼다.

⊕ struggling 형 고군분투하는, 어려움을 겪는

0380
linguistic ★★☆
[liŋgwístik]

형 1. 언어의 2. 언어학의

She insisted that children have an innate **linguistic** ability.
그녀는 아이들이 타고난 언어 능력을 갖추고 있다고 주장했다.
· **linguistic** fluency 언어적 유창성

⊕ linguistics 명 언어학

0381
gravity ★☆☆
[grǽvəti]

명 1. 중력 2. 심각성, 중대성 (㊷ seriousness)

The theories of **gravity** of Newton and Einstein respectively constitute very different versions of reality. 수능응용
뉴턴과 아인슈타인의 중력 이론은 각각 현실에 대한 아주 다른 견해를 구성한다.
· the **gravity** of the situation 상황의 심각성

0382
appoint ★★☆
[əpɔ́int]

동 1. 임명하다, 지명하다 2. (시간·장소 등을) 정하다

He was **appointed** a member of the commission. 학평응용
그는 위원회의 일원으로 임명되었다.

⊕ appointment 명 1. 임명 2. 약속

0383
insight ***
[ínsàit]

명 통찰력, 식견, 통찰

Insight is actually the result of ordinary analytical thinking. 모평응용
통찰력이란 사실 평범한 분석적 사고의 결과이다.

⊕ insightful 형 통찰력 있는, 예리한

0384
alliance ★☆☆
[əláiəns]

명 1. 동맹, 협정 2. 동맹 단체, 연합회

They are in **alliance** with a Chinese company.
그들은 한 중국 기업과 동맹을 맺고 있다.
· a military **alliance** 군사 동맹체

⊕ ally 명 동맹국, 협력자 동 지지하다

0385 ☐☐☐
deficiency ★★☆
[difíʃənsi]

명 1. 결핍, 부족 2. 결함

A **deficiency** of Vitamin B can lead to depression symptoms.
비타민 B 결핍은 우울증 증상으로 이어질 수 있다.

⊕ deficient 형 부족한, 결핍된

0386 ☐☐☐
potential ★★★
[pəténʃəl]

형 잠재적인, 가능성이 있는 (유 possible) 명 가능성, 잠재력

It's difficult to estimate the **potential** impacts of the invention. 수능응용
그 발명품의 잠재적인 영향을 가늠하는 것은 어렵다.
· have the **potential** to ~할 잠재력을 가지고 있다

⊕ potentially 부 잠재적으로, 가능성 있게

0387 ☐☐☐
declare ★★☆
[diklέər]

동 1. 선언하다, 발표하다 2. 분명히 말하다 3. (세관 등에) 신고하다

The WHO has **declared** a sleep loss epidemic throughout industrialized nations. 학평응용
세계 보건 기구는 산업화된 나라 전역에 수면 부족 유행병을 선포했다.

⊕ declaration 명 1. 선언, 포고 2. 신고서

0388 ☐☐☐
pastime ★☆☆
[pǽstàim]

명 취미, 오락, 기분 전환

Board games are a popular **pastime** among kids and adults.
보드게임은 아이들과 어른들에게 인기 있는 오락이다.

0389 ☐☐☐
compose ★★☆
[kəmpóuz]

동 1. 구성하다 (유 constitute) 2. 작곡하다 3. 쓰다, 작문하다

Water is **composed** of hydrogen and oxygen.
물은 수소와 산소로 구성된다.
· **compose** a song 노래를 작곡하다

⊕ composition 명 1. 구성 2. 작곡 3. 작품 ⊕ composer 명 작곡가

0390 ☐☐☐
extract ★★☆
[ikstrǽkt]

동 1. 뽑다, 추출하다 2. 발췌하다 명 [ékstrækt] 1. 추출물 2. 발췌

We have become efficient in **extracting** oil from the deep sea. 학평응용
우리는 깊은 바다로부터 석유를 추출하는 것에 있어 효율적이게 되었다.
· **extract** information 정보를 발췌하다

⊕ extraction 명 뽑아내기, 추출

iconic ★☆☆
[aikánik]

형 ~의 상징이 되는, 우상의

He has achieved **iconic** status in the movie business.
그는 영화계에서 우상적인 지위를 얻었다.

⊕ icon 아이콘, 우상

---

profile ★★☆
[próufail]

명 1. (얼굴의) 옆모습 2. 프로필, 간략한 소개

A crack in the wall looked like the **profile** of a nose. 모평응용
벽에 금이 간 것이 코의 옆모습처럼 보였다.
· a job **profile** 업무 개요

---

extreme ★★★
[ikstrí:m]

형 1. 극도의, 극심한 2. 극단적인 3. 맨 끝의 명 극단(적인 상황)

Desert animals have adapted to **extreme** weather conditions.
사막의 동물들은 극심한 기후 조건에 적응해 왔다.
· an **extreme** case/situation 극단적인 사례/상황

⊕ extremely 뷔 극도로, 대단히

---

panel ★★☆
[pǽnəl]

명 1. (사각형) 판 2. (공청회 등의) 토론인단

Rare metals are key ingredients in green technologies such as solar **panels**. 수능응용
희귀 금속은 태양전지판 같은 녹색 기술의 주요 요소이다.
· an advisory **panel** 자문단

---

scroll ★☆☆
[skroul]

명 두루마리 통 (컴퓨터 화면을) 스크롤하다

Incredible amount of time was required to copy a **scroll** or book by hand. 수능응용
손으로 두루마리나 책을 베끼려면 엄청난 양의 시간이 필요했다.

---

exaggerate ★★☆
[igzǽdʒərèit]

통 과장하다

The comedian **exaggerated** the story to make it funny.
그 코미디언은 재미있게 하려고 이야기를 과장했다.

⊕ exaggerated 형 과장된 ⊕ exaggeration 명 과장(법)

simulate vs. stimulate

0397 □□□
simulate ★★☆
[símjulèit]

동 1. 흉내 내다, 가장하다, 모방하다   2. 모의실험을 하다

The environments in zoos are designed to **simulate** the wild. 모평응용
동물원의 환경은 야생을 모방하여 설계된다.

⊕simulation 명모의실험, 시뮬레이션   ⊕simulated 형가상의, 모의의

0398 □□□
stimulate ★★☆
[stímjulèit]

동 1. 자극하다 (반suppress)   2. 흥미를 불러일으키다   3. 활성화하다

The advertisement for their new product **stimulated** our curiosity.
그들의 신제품 광고는 우리들의 호기심을 자극했다.

⊕stimulation 명자극, 흥분   ⊕stimulus 명자극제, 자극(이 되는 것)

credible vs. credulous

0399 □□□
credible ★★☆
[krédəbl]

형 믿을 수 있는, 신빙성 있는 (반incredible)

Most people in the court thought he was a **credible** witness.
법정에 있던 대부분의 사람이 그가 믿을만한 증인이라 생각했다.

0400 □□□
credulous ★☆☆
[krédʒuləs]

형 잘 믿는, 잘 속는 (반incredulous)

Being **credulous** can sometimes be dangerous.
잘 믿는 것은 때때로 위험할 수 있다.

[1-24] 다음 단어의 뜻을 우리말로 쓰시오.

1	register	_____	13	overtake	_____
2	magnitude	_____	14	alert	_____
3	commission	_____	15	struggle	_____
4	structure	_____	16	linguistic	_____
5	colleague	_____	17	appoint	_____
6	endow	_____	18	alliance	_____
7	inform	_____	19	deficiency	_____
8	fallacy	_____	20	potential	_____
9	compound	_____	21	compose	_____
10	cope	_____	22	extract	_____
11	transcribe	_____	23	profile	_____
12	disorder	_____	24	exaggerate	_____

[25-28] 다음 문장의 빈칸에 알맞은 단어를 쓰시오.

25 He developed a performance style that c_____ comedy with classical music.
그는 코미디와 고전 음악을 결합한 공연 스타일을 개발했다.

26 I_____ is actually the result of ordinally analytical thinking.
통찰력이란 사실 평범한 분석적 사고의 결과이다.

27 The WHO has d_____ a sleep loss epidemic throughout industrialized nations.
세계보건기구는 산업화된 나라 전역에 수면 부족 유행병을 선포했다.

28 Desert animals have adapted to e_____ weather conditions.
사막의 동물들은 극심한 기후 조건에 적응해 왔다.

[29-30] 괄호 안에서 알맞은 말을 고르시오.

29 The environments in zoos are designed to (stimulate / simulate) the wild.

30 Most people in the court thought he was a (credulous / credible) witness.

Answers

¹ 등록하다; 기록하다; 명부 ² 규모, 중요도; (지진의) 강도 ³ 위원회; 수수료; 의뢰; 의뢰하다 ⁴ 구조; 건축물; 체계; 구조화하다, 조직하다 ⁵ 동료 ⁶ 기부하다 ⁷ 알려주다; 영향을 미치다 ⁸ 틀린 생각[믿음]; 오류 ⁹ 혼합물; 복합체; 복합의; (상황을) 악화시키다; 혼합하다 ¹⁰ 대처[처리]하다 ¹¹ 필기하다; 베껴 쓰다; 편곡하다 ¹² 장애, 질환; 무질서, 혼란 ¹³ 앞지르다, 능가하다 ¹⁴ 기민한, 방심하지 않는; (위험 등을) 알리다; 경계, 경보 ¹⁵ 애쓰다; 싸우다; 노력; 싸움 ¹⁶ 언어의, 언어학의 ¹⁷ 임명하다; 정하다 ¹⁸ 동맹, 협정; 동맹 단체 ¹⁹ 결핍; 결함 ²⁰ 잠재적인, 가능성이 있는; 가능성, 잠재력 ²¹ 구성하다; 작곡하다; 작문하다 ²² 뽑다, 추출하다; 발췌하다; 추출물; 발췌 ²³ (얼굴의) 옆모습; 프로필, 간략한 소개 ²⁴ 과장하다 ²⁵ combined ²⁶ Insight ²⁷ declared ²⁸ extreme ²⁹ simulate ³⁰ credible

독해 필수 다의어

state
[steit]

명 1. 상태 2. 국가 3. 주(州) 통 4. 말하다, 진술하다

1 She is in a **state** of depression.
그녀는 의기소침한 상태이다.

2 Germany is one of the EU **states**.
독일은 유럽 연합국 중 하나이다.

3 How many **states** are there in the USA?
미국에는 몇 개의 주가 있습니까?

4 He **stated** his opinion without hesitation.
그는 서슴없이 자신의 의견을 말했다.

capital
[kǽpitəl]

명 1. 수도 명형 2. 자본(의) 3. 대문자(의) 형 4. 사형의

1 Ottawa is the **capital** of Canada.
오타와는 캐나다의 수도이다.

2 The company had a hard time attracting foreign **capital**.
그 회사는 외국자본을 유치하는 데 어려움을 겪었다.

3 He wrote his name in **capital** letters.
그는 자기 이름을 대문자로 썼다.

4 They oppose **capital** punishment.
그들은 사형 제도에 반대한다.

field
[fi:ld]

명 1. 들판, 밭 2. 분야, 영역 3. 경기장, 필드

1 Some cows are grazing in the **field**.
몇몇 소들이 들판에서 풀을 뜯고 있다.

2 She is an expert in the **field** of medicine.
그녀는 의약 분야의 전문가이다.

3 The **field** was full of cheering crowds.
경기장은 환호하는 관중들로 가득했다.

0401 ☐☐☐
pretend ★★☆
[priténd]

통 1. ~인 체하다 2. (사실이 아닌 것을) 주장하다

She **pretended** that nothing had happened.
그녀는 아무 일도 일어나지 않은 체했다.

0402 ☐☐☐
align ★☆☆
[əláin]

통 1. 일직선으로 하다, 나란히 하다, 정렬시키다 2. ~와 제휴하다

If you can **align** your expectations with reality, you will be better off in the end. 모평응용
기대와 현실을 일직선으로 맞출 수 있다면 결국에는 더 좋아질 것이다.

⊕alignment 명 1. 일렬로 놓기, 정렬 2. 제휴

0403 ☐☐☐
hesitate ★★☆
[hézitèit]

동 망설이다, 머뭇거리다

At first, I **hesitated** to tell my friend about the bad news. 모평응용
처음에 나는 친구에게 그 나쁜 소식을 말하는 것을 망설였다.

⊕hesitation 명 망설임, 주저

0404 ☐☐☐
assess ★★★
[əsés]

통 1. 평가하다, 사정하다 2. 재다, 가늠하다 (웃judge)

We **assess** employee performance and award raises annually. 학평응용
우리는 1년에 한 번 직원의 성과를 평가하고 임금을 인상한다.

⊕assessment 명 1. 평가, 사정 2. 판단

0405 ☐☐☐
stare ★★☆
[stɛər]

동 빤히 쳐다보다, 응시하다   명 빤히 쳐다봄, 응시

She was in the classroom **staring** out of the window. 모평응용
그녀는 창밖을 응시하며 교실에 있었다.

0406 ☐☐☐
persevere ★☆☆
[pə̀ːrsəvíər]

동 인내하며 계속하다, 끈기 있게 노력하다

Even though he was tired, he **persevered** and finished the race.
그는 지쳤지만 인내심을 가지고 완주했다.

⊕persevering 형 끈기 있는, 불굴의 ⊕perseverance 명 인내

0407 ☐☐☐
intrinsic ★★☆
[intrínzik]

형 본질적인, 고유한 (반extrinsic)

Metaphor is **intrinsic** to creative writing.
은유는 창작의 본질적인 요소이다.
· **intrinsic** value 고유한 가치

⊕intrinsically 본질적으로

0408 ☐☐☐
lyric ★★☆
[lírik]

명 1. 서정시 2. (노래의) 가사 형 서정시의, 가사의

Then the next time we hear the song, we hear a **lyric** we didn't catch the first time. 모평응용
그리고 다음 번에 그 노래를 들을 때, 우리가 처음에는 알아채지 못한 가사를 듣게 된다.

⊕lyrical 형 서정적인, 아름답고 열정적인

0409 ☐☐☐
refugee ★☆☆
[rèfjudʒíː]

명 난민, 망명자

The volunteers delivered supplies to the **refugees**. 학평응용
그 자원봉사자들은 난민들에게 물품을 전달했다.
· a **refugee** camp 난민 수용소

0410 ☐☐☐
offense ★★☆
[əféns]

명 1. 위반, 범죄 2. 무례 3. 【스포츠】공격

The punishment for her first **offense** was light.
그녀의 초범에 대한 처벌은 가벼웠다.

⊕offend 동 1. 기분을 상하게 하다 2. 범죄를 저지르다
⊕offensive 형 1. 모욕적인 2. 공격적인

0411 ☐☐☐
profession ★★★
[prəféʃən]

명 1. 직업, 전문직 2. (특정 직종) 종사자들

He is in the legal **profession**.
그는 법조계에 있다.

⊕professional 형 직업의, 전문가의, 프로의 명 전문직 종사자

0412 ☐☐☐
inquire ★★☆
[inkwáiər]

동 1. 묻다, 문의하다 2. ((into)) 조사하다

The passenger **inquired** if he could leave his stuff in the ship's safe. 모평응용
그 승객은 자신의 물건을 배의 금고에 보관할 수 있는지 물었다.

⊕inquiry 명 1. 문의, 질문 2. 조사

0413 ☐☐☐

trivial ★☆☆
[tríviəl]

형 하찮은, 사소한, 시시한 (⊕ unimportant)

They didn't know what was important and what was **trivial**. 학평응용
그들은 무엇이 중요하고 무엇이 사소한지 몰랐다.

0414 ☐☐☐

aspect ★★★
[ǽspekt]

명 1. 면(面), 측면 2. (사물의) 방향

Health affects every **aspect** of our lives.
건강은 우리 삶의 모든 면에 영향을 미친다.
· consider **aspects** of ~의 측면을 고려하다

0415 ☐☐☐

suspect ★★☆
[sʌspékt]

동 1. 의심하다, 혐의를 두다 2. 짐작하다, 생각하다 명 [sʌ́spekt] 용의자

The investigators **suspect** the CEO took a bribe.
수사관들은 그 대표이사가 뇌물을 받은 것으로 의심한다.
· a murder **suspect** 살인 용의자

✚ suspicious 형 의혹을 갖는, 의심스러운

0416 ☐☐☐

transnational ★☆☆
[trænsnǽʃənəl]

형 초국가적인, 다국적의

The beneficiaries are more likely to be **transnational** publishing
companies. 수능응용
수혜자는 다국적 출판사들일 가능성이 더 높다.

0417 ☐☐☐

quarter ★★☆
[kwɔ́ːrtər]

명 1. 4분의 1 2. 15분 3. 25센트 동전 4. 분기 동 4등분하다

After cutting the apple into **quarters**, he peeled each section.
사과를 4등분으로 자른 후 그는 껍질을 하나씩 벗겼다.
· three **quarters** 4분의 3

✚ quarterly 형 분기별의

0418 ☐☐☐

purchase ★★★
[pə́ːrtʃəs]

동 구입하다, 구매하다 명 1. 구입, 구매 2. 구입품

Tickets can be **purchased** from the student union office. 수능응용
입장권은 학생회 사무실에서 구입 가능합니다.
· early **purchase** discount 조기 구매 할인

0419 ☐☐☐
implement ★★☆
[ímpləmènt]

동 이행하다, 실행하다 **명** [ímpləmənt] 도구, 용구

The company will **implement** some changes after the holiday break. 학평응용

그 회사는 휴가 이후부터 몇 가지 변화를 시행할 것이다.

⊕ implementation 명 이행, 실행

0420 ☐☐☐
excavate ★☆☆
[ékskəvèit]

동 1. 발굴하다 2. 파다, 파내다

His team **excavated** an eleventh-century AD wreck. 수능응용

그의 팀은 서기 11세기 난파선을 발굴했다.

⊕ excavation 명 1. 발굴 2. 땅파기

0421 ☐☐☐
squeeze ★★☆
[skwi:z]

동 1. 꼭 짜다, 짜내다 2. 밀어 넣다, 집어넣다
명 1. 꼭 쥐기 2. (재정적인) 압박

She **squeezed** some paint onto the pallet.

그녀는 팔레트에 물감을 짰다.
· **squeeze** out tears (억지로) 눈물을 짜내다

0422 ☐☐☐
bound ★★☆
[baund]

형 1. 꼭 ~할 것 같은 2. ~할 (법적) 의무가 있는 3. ~ 행(行)의
동 1. 껑충 뛰다 2. 경계를 이루다 **명** 도약, 껑충 뜀

People are **bound** to suffer from nightmares after traumatic events.

충격적인 사건 이후에 사람들은 악몽에 시달릴 가능성이 크다.
· a plane **bound** for Vienna 비엔나행 비행기

0423 ☐☐☐
allot ★☆☆
[əlát]

동 할당하다, 배당하다 (㋠ allocate)

The farmer **allotted** one third of his land to growing corn.

그 농부는 자신의 땅의 3분의 1을 옥수수를 기르는 데에 할당했다.

0424 ☐☐☐
sack ★★☆
[sæk]

명 1. 자루 2. 해고, 파면 **동** 해고하다

The children gladly thanked her, and lifted their **sacks** to take home. 모평응용

아이들은 즐겁게 그녀에게 감사를 표했고 집에 가져갈 자루를 집어들었다.
· get the **sack** 해고당하다

0425 ☐☐☐
significant ★★★
[signífikənt]

형 1. 중요한 (반 insignificant) 2. (수량·비율이) 상당한 (반 insignificant)

Many people take photos during **significant** life moments to preserve the experience.
많은 사람들은 삶의 중요한 순간에 그 경험을 보존해 두려고 사진을 찍는다. 수능응용

· show a **significant** improvement 상당한 향상을 보이다

✚significance 명 1. 중요성 2. 의미 ✚significantly 부 1. 중요하게 2. 상당히

0426 ☐☐☐
attain ★★☆
[ətéin]

동 1. 획득하다, 이루다 2. (특정 수준 등에) 도달하다

Material wealth can help you **attain** higher levels of happiness. 수능응용
물질적 풍요는 네가 더 높은 수준의 행복을 얻는 것을 도와줄 수 있다.

0427 ☐☐☐
inventory ★☆☆
[ínvəntɔːri]

명 1. 물품 목록 2. 재고 (유 stock)

There was a race to publish the complete map and **inventory** of the human genome.
인간 게놈의 완전한 지도와 목록을 발행하기 위한 경쟁이 있었다.

· **inventory** control 재고 관리

0428 ☐☐☐
royal ★★☆
[rɔ́iəl]

형 1. 왕의, 왕실의 2. 왕립의 명 왕족

The queen was escorted by the **royal** knights.
그 여왕은 왕실 기사단의 호위를 받았다.

✚royalty 명 왕족

0429 ☐☐☐
charity ★★★
[tʃǽrəti]

명 1. 자선 단체 2. 구호품 3. 자선(행위), 자비심

All money raised will be donated to **charity**. 수능응용
마련된 모든 기금은 자선 단체에 기부될 것이다.

✚charitable 형 자비로운, 관대한

0430 ☐☐☐
desirable ★★☆
[dizáiərəbl]

형 바람직한, 가치 있는 (반 undesirable)

The museum is a **desirable** place for field trips. 학평응용
그 박물관은 현장학습에 바람직한 장소이다.

0431 ☐☐☐
authoritative ★☆☆
[əθɔ́ːrətèitiv]

형 1. 권위 있는 2. 권위적인, 위압적인

The finished map appears to express an **authoritative** truth about the world.
완성된 지도는 세계에 대한 대한 권위 있는 진실을 표현한 것으로 보인다.

· an **authoritative** tone of voice 권위적인 어조의 목소리

⊕ authority 명 권한, 권위

0432 ☐☐☐
obvious ★★★
[ábviəs]

형 명백한, 분명한

They finally found the **obvious** evidence of the crime.
그들은 마침내 그 범죄에 대한 명백한 증거물을 찾았다.

⊕ obviously 부 명백하게, 분명히

0433 ☐☐☐
complicated ★★☆
[kámpləkèitid]

형 복잡한, 복잡하게 얽힌 (帝 complex 반 uncomplicated)

The directions were too **complicated** to understand.
그 지시사항은 너무 복잡해서 이해할 수 없었다.

· explain **complicated** ideas simply 복잡한 개념을 간단히 설명하다 모평응용

⊕ complicate 동 복잡하게 만들다

0434 ☐☐☐
wrinkle ★☆☆
[ríŋkl]

명 (피부·옷의) 주름 동 주름지다, 주름지게 하다

Her grandfather's face was a mass of **wrinkles**.
그녀의 할아버지의 얼굴은 주름투성이였다.

0435 ☐☐☐
argue ★★★
[áːrgjuː]

동 1. 주장하다 2. 말다툼하다, 언쟁하다

Environmentalists **argue** that no waste disposal system can be absolutely safe. 모평응용
환경학자들은 그 어떤 폐기물 처리 시스템도 절대적으로 안전할 수 없다고 주장한다.

· **argue** over[about] ~에 대해 언쟁하다

⊕ argument 명 1. 주장 2. 말다툼, 언쟁

0436 ☐☐☐
unrivaled ★☆☆
[ənráivəld]

형 경쟁자가 없는, 무적의 (帝 unsurpassed)

He was given **unrivaled** access to rock's biggest artists. 수능응용
그는 필적할 만한 사람이 없을 정도로 록 음악의 가장 인기 있는 예술가들에게 접근할 수 있었다.

numerous vs. numerical

0437 □□□

numerous ***
[njú:mərəs]

형 많은

There have been **numerous** studies of this phenomenon. 학평응용
이 현상에 대한 수많은 연구들이 있었다.

0438 □□□

numerical *☆☆
[nju:mérikəl]

형 수의, 수와 관련된, 숫자로 나타낸

The books in this library are arranged in **numerical** order.
이 도서관의 책들은 번호 순서대로 정리되어 있다.

induce vs. deduce

0439 □□□

induce **☆
[indjú:s]

통 1. 설득하여 ~하게 하다, 유도하다   2. 유발하다, 야기하다

One purpose of laughter is to **induce** a playful state in others as well. 모평응용
웃음의 한 가지 목적은 다른 이들에게서도 명랑한 상태를 유도하는 것이다.

0440 □□□

deduce **☆
[didjú:s]

통 추론[추정]하다, 연역하다

The police **deduced** that she was involved in the case.
경찰은 그녀가 그 사건에 연루되어 있다고 추정했다.

⊕deduction 명 추론, 연역

DAILY TEST

[1-24] 다음 단어의 뜻을 우리말로 쓰시오.

1	refugee	13	complicated
2	assess	14	bound
3	trivial	15	charity
4	intrinsic	16	profession
5	hesitate	17	royal
6	offense	18	allot
7	attain	19	desirable
8	inquire	20	authoritative
9	stare	21	inventory
10	aspect	22	argue
11	purchase	23	squeeze
12	excavate	24	obvious

[25-28] 다음 문장의 빈칸에 알맞은 단어를 쓰시오.

25 She p_____ that nothing had happened.
그녀는 아무 일도 일어나지 않은 체했다.

26 The company will i_____ some changes after the holiday break.
그 회사는 휴가 이후부터 몇 가지 변화를 시행할 것이다.

27 Many people take photos during s_____ life moments to preserve the experience.
많은 사람들은 삶의 중요한 순간에 그 경험을 보존해 두려고 사진을 찍는다.

28 Even though he was tired, he p_____ and finished the race.
그는 지쳤지만 인내심을 가지고 완주했다.

[29-30] 괄호 안에서 알맞은 말을 고르시오.

29 There have been (numerous / numerical) studies of this phenomenon.

30 The police (induced / deduced) that she was involved in the case.

DAY 12

0441 ☐☐☐
continual ★☆☆
[kəntínjuəl]

형 1. 거듭되는, 반복되는   2. 끊임없는, 부단한

A lot of customers complained about the **continual** problems of the machine.
많은 고객들이 그 기기의 반복되는 결함에 대해 불평했다.

⊕ **continually** 문 끊임없이, 지속적으로

0442 ☐☐☐
necessary ★★★
[nésəsèri]

형 1. 필요한, 필수적인 (윤 essential)   2. 불가피한, 피할 수 없는 (윤 inevitable)

Developing interpersonal skills is **necessary** to fuel cooperation. 모평응용
대인 관계 기술의 발달은 협력을 촉진하는 데 필수적이다.

⊕ **necessarily** 문 반드시, 불가피하게   ⊕ **necessity** 명 1. 필요(성) 2. 필수품

0443 ☐☐☐
depart ★☆☆
[dipá:rt]

동 1. 떠나다, 출발하다 (반 arrive)   2. (직장을) 떠나다, 그만두다

The last train for Beijing will **depart** at 10:00 p.m.
베이징으로 가는 마지막 기차는 오후 10시에 떠날 것이다.
· the company's **departing** president (이번에) 그만두는 그 회사의 대표

⊕ **departure** 명 떠남, 출발

0444 ☐☐☐
tactic ★★☆
[tǽktik]

명 ((~s)) 전술, 전략, 작전

We tried all kinds of **tactics** in order to win the game.
우리는 경기를 이기기 위해 온갖 전략을 시도했다.

⊕ **tactical** 형 전략적인, 전술적인

0445 ☐☐☐
comfort ★★★
[kʌ́mfərt]

명 1. 편안함   2. 위로   3. 위안을 주는 사람[물건]   동 위로하다

Listening to music gives me a feeling of **comfort**.
음악을 듣는 것은 나에게 편안한 마음이 들게 해준다.
· **comfort** each other 서로를 위로하다

0446 ☐☐☐
dissolve ★☆☆
[dizálv]

동 1. 녹다, 녹이다   2. (조직 등을) 해산시키다, 분해하다

Dissolve the chocolate in milk over low heat.
약한 불에서 초콜릿을 우유에 녹여라.

0447 ☐☐☐

immense ★★☆
[iméns]

형 거대한, 어마어마하게 큰 (㊌ enormous)

An aircraft appeared in the **immense** sky. 학평응용

한 항공기가 광활한 하늘에 나타났다.

⊕ **immensely** 문 엄청나게, 대단히

0448 ☐☐☐

contain ★★★
[kəntéin]

동 1. ~이 들어 있다, 포함하다   2. (감정을) 억누르다

Tap water usually **contains** minerals such as calcium and iron. 학평응용

수돗물은 보통 칼슘과 철분 같은 미네랄을 포함하고 있다.

⊕ **container** 명 1. 그릇, 용기   2. 화물용 컨테이너

0449 ☐☐☐

elevate ★★☆
[éləvèit]

동 1. (정도를) 높이다, 고양하다   2. (들어) 올리다
　　3. 승진시키다 (㊌ promote)

The study shows smoking **elevates** blood pressure.

그 연구는 흡연이 혈압을 높인다는 것을 보여준다.

⊕ **elevated** 형 높은, 높아진   ⊕ **elevation** 명 1. 승진, 승격   2. 해발 높이, 고도

0450 ☐☐☐

divert ★☆☆
[divə́ːrt]

동 1. 방향을 바꾸게 하다, 전환하다   2. (생각을) 다른 데로 돌리다

The police **diverted** traffic while the highway was being repaired.

고속도로가 보수되는 동안 경찰은 차량을 우회시켰다.

· **divert** one's attention ~의 주의를 돌리다

0451 ☐☐☐

paddle ★★☆
[pǽdl]

동 1. 노를 젓다   2. 물장구치다   명 1. (보트의) 노   2. 첨벙거리기

I **paddled** back to shore when I saw something approaching me in the water. 수능응용

나는 물속에서 내게 다가오는 무언가를 보고 다시 해안가로 노를 저었다.

0452 ☐☐☐

chemical ★★★
[kémikəl]

형 화학의, 화학적인   명 1. 화학물질   2. 화학제품

Ginseng contains a **chemical** substance called saponin.

인삼은 사포닌이라 불리는 화학적인 물질을 함유하고 있다.

· toxic **chemicals** 독성 화학물질

⊕ **chemist** 명 화학자   ⊕ **chemistry** 명 화학

0453 ☐☐☐
outlet ★★☆
[áutlet]

몡 1. (가스·감정 등의) 배출구, 발산 수단 2. 직판점, 할인점 3. 콘센트

The lake is fed by rivers and has no **outlet**. 수능응용
그 호수는 강에서 물이 유입되고 (물이) 나가는 출구는 없다.
· a retail **outlet** 소매(직판)점

0454 ☐☐☐
epidemic ★☆☆
[èpidémik]

몡 1. 유행병, 전염병 2. 급속한 확산[유행]

To prevent measles **epidemics**, 95 percent of the population must be immunized. 학평응용
홍역의 확산을 막기 위해서는, 인구의 95퍼센트가 면역되어야 한다.

0455 ☐☐☐
deposit ★★☆
[dipázit]

몡 1. 보증금 2. 예금(액) 3. 퇴적물
몽 1. 예금하다 2. 놓다, 두다 3. 퇴적시키다

I signed up and paid the non-refundable **deposit** for the program. 수능응용
나는 그 프로그램을 신청하고 환불되지 않는 보증금을 냈다.
· a **deposit** of oil 석유 매장 층

0456 ☐☐☐
esteem ★★☆
[istíːm]

몡 존경, 존중, 좋은 평판 몽 존경하다, 존중하다, 좋게 평가하다

People hold in **esteem** those who show abundant motivations required by the principle. 수능응용
사람들은 그 원칙이 요구하는 풍부한 동기를 보여주는 사람을 존경한다.
· hold a person in **esteem** ~을 높이 평가하다

0457 ☐☐☐
emigrate ★☆☆
[émigrèit]

몽 (타국으로) 이민을 가다, 이주하다

She **emigrated** to the U.S. and settled in Chicago.
그녀는 미국으로 이민을 가서 시카고에 정착했다.

⊕ emigration 몡 (타국으로의) 이민, 이주

0458 ☐☐☐
accustomed ★★☆
[əkʌ́stəmd]

혱 1. 익숙한 2. 평소의

I'm not **accustomed** to getting up so early.
나는 그렇게 일찍 일어나는 데 익숙하지 않다.
· become[get, grow] **accustomed** to ~하는 데 익숙해지다

0459 ☐☐☐
copyright ***
[kápiràit]
몡 저작권 톙 저작권 보호를 받는 통 저작권으로 보호하다

The contents of the book will be protected by **copyright**.
그 책의 내용은 저작권에 의해 보호받을 것이다.
· infringement of **copyright** 저작권 침해

0460 ☐☐☐
distinctive **☆
[distíŋktiv]
톙 독특한, 구별되는

The composers created something new and **distinctive** while continuing the tradition. 모평응용
그 작곡가들은 전통을 계승하면서도 새롭고 독특한 것들을 만들어냈다.
· a **distinctive** feature 독특한 특징

0461 ☐☐☐
anonymously *☆☆
[ənánəməsil]
톾 익명으로

She wrote the letter **anonymously** so that they wouldn't find out who she was.
그녀가 누구인지 그들이 알 수 없도록 그녀는 익명으로 편지를 썼다.
⊕anonymous 톙익명의, 익명으로 된

0462 ☐☐☐
originate **☆
[ərídʒənèit]
통 1. 비롯하다, 유래하다 2. 고안하다, 창시하다

Both oil and coal **originate** from ancient creature debris.
기름과 석탄은 둘 다 고대 생물의 잔해에서 비롯한다.
· **originate** in (~ 장소)에서 유래하다, 기원하다
⊕original 톙1. 원래의 2. 독창적인 ⊕origin 몡기원, 발생, 유래

0463 ☐☐☐
organize ***
[ɔ́ːrgənàiz]
통 1. 준비하다 2. 정리하다, 배열하다 3. (단체를) 조직하다

I **organized** a mentor program that helps special-needs students. 학평응용
나는 장애 학생들을 돕는 멘토 프로그램을 준비했다.
· **organize** a group 단체를 조직하다
⊕organization 몡조직, 기구

0464 ☐☐☐
barely *☆☆
[béərli]
톾 1. 거의 ~ 않다 2. 간신히, 겨우

The music was so loud that I **barely** heard what she said.
음악 소리가 너무 커서 나는 그녀가 말한 것을 거의 듣지 못했다.

0465 ☐☐☐

adversity ★★☆
[ædvə́:rsəti]

명 역경, 고난, 불운

When people face **adversity**, a pet takes on a huge meaning. 수능응용
사람들이 역경에 직면할 때, 애완동물은 큰 의미를 가진다.

0466 ☐☐☐

review ★★★
[rivjú:]

동 1. 검토하다 2. 비평하다 3. 복습하다 명 1. 검토 2. 비평 3. 복습

Applications will be **reviewed** on a first-come, first served basis. 학평응용
지원서는 선착순으로 검토될 것이다.
· a book **review** 서평(書評)

0467 ☐☐☐

cite ★★☆
[sait]

동 1. 인용하다 (㈜ quote) 2. (이유·예를) 들다

He **cited** a passage from a T.S. Eliot poem.
그는 T.S. Eliot의 시에서 한 구절을 인용했다.
· **cite** an example 예를 들다
⊕ citation 명 인용(문)

0468 ☐☐☐

endeavor ★☆☆
[endévər]

명 노력, 시도 동 노력하다, 애쓰다

The copyright protection sometimes frustrates new creative **endeavors** like parodies. 수능응용
저작권 보호는 때때로 패러디 같은 새로운 창의적인 시도를 좌절시킨다.

0469 ☐☐☐

reassure ★★☆
[rì:əʃúər]

동 안심시키다

A pet's continuing affection **reassures** those enduring hardship that their core essence has not been damaged. 수능응용
애완동물의 지속적인 애정은 고난을 견디고 있는 사람들에게 그들의 핵심적인 본질이 손상되지 않았다고 안심시켜 준다.

⊕ reassuring 형 안심시키는 ⊕ reassurance 명 안심시키기

0470 ☐☐☐

manifest ★★☆
[mǽnəfèst]

동 나타내다, 드러내다 형 명백한, 분명한 (㈜ obvious)

Emotional eaters **manifest** their anxiety in night eating. 수능응용
감정적으로 식사를 하는 사람들은 야식으로 그들의 불안감을 드러낸다.
· a **manifest** error 명백한 잘못

⊕ manifestation 명 징후, 외적 형태 ⊕ manifestly 부 명백히, 분명하게

0471 ☐☐☐
discord ★☆☆
[dískɔːrd]

몡 1. 불일치, 불화   2. 불협화음

There has been constant **discord** among the committee members.
위원회 회원들 사이에 끊임없는 불화가 있어 왔다.

0472 ☐☐☐
irritated ★★☆
[íritèitid]

혱 1. 짜증이 난   2. 따끔따끔한

I was completely **irritated** with his mistakes.
나는 그의 실수들에 완전히 짜증이 났다.

⊕ irritate 동 1. 짜증 나게 하다 2. 자극하다   ⊕ irritating 혱 짜증 나게 하는

0473 ☐☐☐
constant ★★★
[kánstənt]

혱 1. 규칙적으로 되풀이되는, 끊임없는 (⊕ continual)   2. 일정한

I'm tired of his **constant** complaints. 학평응용
나는 그의 끊임없는 불평에 넌더리가 난다.
· a **constant** temperature 일정한 온도

⊕ constantly 분 끊임없이

0474 ☐☐☐
expenditure ★★☆
[ikspénditʃər]

몡 1. 지출, 비용   2. 소비

Nearly 40 percent of federal **expenditures** were financed by
borrowing. 모평응용
연방정부 지출의 거의 40 퍼센트는 대출로 조달되었다.
· public **expenditure** 공공 비용

⊕ expend 동 (많은 돈·시간·에너지를) 쏟다[들이다]
⊕ expense 몡 (어떤 일에 드는) 돈, 비용

0475 ☐☐☐
enlighten ★☆☆
[inláitən]

동 1. 설명하다, 이해시키다   2. 계몽하다

She **enlightened** her students on scientific principles.
그녀는 학생들에게 과학 원리를 설명했다.

⊕ enlightened 혱 계몽된, 깨우친   ⊕ enlightening 혱 계몽적인, 깨우침을 주는

0476 ☐☐☐
diagnose ★★☆
[dáiəgnòus]

동 1. 진단하다   2. 원인을 밝혀내다

The doctor did a test and **diagnosed** her with a serious mental
disease. 수능응용
의사는 검사를 했고, 그녀가 심각한 정신 질환이 있다고 진단했다.

⊕ diagnosis 몡 진단

neutral vs. neural

0477 ☐☐☐
neutral ★★★
[njúːtrəl]

형 중립적인, 중립의 명 중립

The host of a debate must remain politically **neutral**.
토론의 진행자는 정치적으로 중립을 지켜야 한다.

0478 ☐☐☐
neural ★★☆
[njúːərəl]

형 신경(계)의

She has been treated for a **neural** disease.
그녀는 신경질환으로 치료를 받아 왔다.

absorb vs. absurd

0479 ☐☐☐
absorb ★★★
[əbsɔ́ːrb]

동 1. 흡수하다 2. (정보를) 받아들이다

These hiking socks **absorb** sweat well. 수능응용
이 등산 양말은 땀을 잘 흡수한다.

0480 ☐☐☐
absurd ★★☆
[əbsɔ́ːrd]

형 터무니없는, 황당한 (윤ridiculous) 명 ((the)) 부조리

His suggestion was so **absurd** that I couldn't help laughing.
그의 제안이 너무 터무니없어서 나는 웃지 않을 수 없었다.

DAILY TEST

[1-24] 다음 단어의 뜻을 우리말로 쓰시오.

1 epidemic _____

2 organize _____

3 dissolve _____

4 contain _____

5 constant _____

6 divert _____

7 expenditure _____

8 tactic _____

9 deposit _____

10 esteem _____

11 originate _____

12 reassure _____

13 anonymously _____

14 emigrate _____

15 endeavor _____

16 adversity _____

17 copyright _____

18 cite _____

19 comfort _____

20 review _____

21 manifest _____

22 discord _____

23 elevate _____

24 chemical _____

[25-28] 다음 문장의 빈칸에 알맞은 단어를 쓰시오.

25 I was completely i_____ with his mistakes.
나는 그의 실수들에 완전히 짜증났다.

26 The doctor did a test and d_____ her with a serious mental disease.
의사는 검사를 했고, 그녀가 심각한 정신 질환이 있다고 진단했다.

27 I am not a_____ to getting up so early.
나는 그렇게 일찍 일어나는 데 익숙하지 않다.

28 An aircraft appeared in the i_____ sky.
한 항공기가 광활한 하늘에 나타났다.

[29-30] 괄호 안에서 알맞은 말을 고르시오.

29 The host of a debate must remain politically (neural / neutral).

30 These hiking socks (absurd / absorb) sweat well.

Answers

¹ 유행병; 급속한 확산 ² 준비하다; 정리하다; (단체를) 조직하다 ³ 녹다, 녹이다; 해산시키다 ⁴ ~이 들어 있다, 포함하다; (감정을) 억누르다 ⁵ 규칙적으로 되풀이되는, 끊임없는; 일정한 ⁶ 방향을 바꾸게 하다; (생각을) 다른 데로 돌리다 ⁷ 지출, 비용; 소비 ⁸ 전술, 전략, 작전 ⁹ 보증금; 예금(액); 퇴적물; 예금하다; 놓다; 퇴적시키다 ¹⁰ 존경, 좋은 평판; 존경하다, 좋게 평가하다 ¹¹ 비롯하다, 유래하다; 고안하다 ¹² 안심시키다 ¹³ 익명으로 ¹⁴ 이민을 가다; 이주하다 ¹⁵ 노력, 시도; 노력하다 ¹⁶ 역경, 고난, 불운 ¹⁷ 저작권; 저작권 보호를 받는; 저작권으로 보호하다 ¹⁸ 인용하다; (이유·예를) 들다 ¹⁹ 편안함; 위로; 위로하다 ²⁰ 검토하다; 비평하다; 복습하다; 검토; 비평; 복습 ²¹ 나타내다, 드러내다; 명백한, 분명한 ²² 불일치, 불화; 불협화음 ²³ (정도를) 높이다; (들어) 올리다; 승진시키다 ²⁴ 화학의; 화학물질; 화학제품 ²⁵ irritated ²⁶ diagnosed ²⁷ accustomed ²⁸ immense ²⁹ neutral ³⁰ absorb

0481 □□□
behalf ★★☆
[biháef]

명 1. 측, 편 2. 이익

I am sending this email on **behalf** of my daughter. 학평응용
제 딸을 대신하여 이 이메일을 보냅니다.

0482 □□□
manuscript ★☆☆
[máenjuskrìpt]

명 1. 원고 2. 필사본

The author sent her **manuscript** to several publishers.
그 작가는 자신의 원고를 출판사 몇 군데에 보냈다.
· in **manuscript** 원고의 형태로

0483 □□□
scatter ★★☆
[skǽtər]

동 1. (흩)뿌리다 2. (사람·동물 등이) 흩어지다, 흩어지게 하다

The farmer **scattered** seeds over the field. 수능응용
그 농부는 밭에 씨를 뿌렸다.

0484 □□□
gene ★★★
[dʒi:n]

명 유전자, 유전 인자

She discovered a **gene** that affects athletic ability.
그녀는 운동 능력에 영향을 미치는 유전자를 발견했다.

⊕genetic 형 유전(학)적인 ⊕genetically 부 유전(학)적으로

0485 □□□
cater ★★☆
[kéitər]

동 (행사에) 맞춤음식을 제공하다

Because Weir didn't try to **cater** to everyone, he wrote something that delighted his core audience. 학평응용
Weir는 모든 사람들의 환심을 사려고 하지 않았기 때문에, 자신의 핵심 독자들을 기쁘게 하는 것을 썼다.
· **cater** to ~에게 맞추어 제공하다, ~에 영합하다

0486 □□□
halt ★☆☆
[hɔ:lt]

명 정지, 중단 동 정지시키다, 멈추다

The train had gone about a thousand yards when it suddenly ground to a **halt**. 학평응용
기차는 천 야드쯤 갔을 때 갑자기 서서히 멈추었다.

0487 ☐☐☐

companion ★★☆
[kəmpǽnjən]

명 1. 동반자, 동료, 친구 2. (쌍을 이루는 것의) 한쪽, 한 짝

Dogs are the best **companion** animals for humans.
개는 인간에게 최고의 반려동물이다.

⊕ companionship 명 동료애, 우정

0488 ☐☐☐

acknowledge ★★☆
[əknɑ́lidʒ]

동 1. 인정하다 2. 감사를 표하다

Wood is a material that is widely **acknowledged** to be
eco-friendly. 모평응용
목재는 친환경적이라고 널리 인정받는 자재이다.

⊕ acknowledg(e)ment 명 1. 인정 2. 감사

0489 ☐☐☐

intact ★☆☆
[intǽkt]

형 손상되지 않은, 온전한 (⊕ undamaged)

Establishing protected areas with **intact** ecosystems is essential
for species conservation. 학평응용
온전한 생태계가 있는 보호구역을 만드는 것은 종 보존에 필수적이다.

0490 ☐☐☐

assert ★★☆
[əsə́:rt]

동 1. 주장하다, 단언하다 2. (권리 등을) 행사하다

She **asserted** that some celebrities were involved in the case.
그녀는 몇몇 유명 인사들이 그 사건에 개입되어 있다고 주장했다.

⊕ assertive 형 확신에 찬, 적극적인

0491 ☐☐☐

exchange ★★★
[ikstʃéindʒ]

동 1. 교환하다, 맞바꾸다 2. 환전하다
명 1. 교환, 교류 2. 환전 3. 거래소

Close relationships develop when we can **exchange** emotional
messages easily. 모평응용
친밀한 관계는 우리가 감정적인 메시지를 쉽게 교환할 수 있을 때 발전한다.
· the **exchange** of information 정보의 교환
· **exchange** rates 환율

0492 ☐☐☐

sole ★★☆
[soul]

형 1. 단 하나의, 유일한 (⊕ only) 2. 독점적인

The **sole** use of play items initiates the loss of creativity. 수능응용
놀잇감을 한 방식으로만 사용하는 것은 창의력의 상실을 유발한다.
· have the **sole** rights to ~에 대한 독점권을 갖다

⊕ solely 부 1. 혼자서, 단독으로 2. 오로지, 단지

0493 ☐☐☐
flesh *☆☆
[fleʃ]

명 1. (사람·동물의) 살, 살코기 2. 피부 3. (과일의) 과육

Tigers eat the **flesh** of the other animals.
호랑이는 다른 동물들의 살코기를 먹는다.

0494 ☐☐☐
locate ***
[lóukeit]

동 1. ~의 위치를 찾아내다 2. (특정 위치에) 두다, 설치하다

The police finally **located** the missing child. 수능응용
경찰은 마침내 그 미아의 위치를 찾아냈다.
· be **located** in[on, at] ~에 위치하다
⊕ location 명 위치, 장소

0495 ☐☐☐
stiff **☆
[stif]

형 1. 뻣뻣한, 뻑뻑한 2. 뻐근한, 결린

The windows were **stiff** and the girl couldn't get them open.
창문이 뻑뻑해서 소녀는 열 수가 없었다.
· a **stiff** neck 뻐근한 목
⊕ stiffen 동 뻣뻣해지다

0496 ☐☐☐
evoke *☆
[ivóuk]

동 (감정·기억 등을) 일깨우다, 환기하다 (帝 arouse)

This movie **evokes** both tragic and romantic feelings. 수능응용
이 영화는 비극적이고 로맨틱한 감정 둘 다를 불러일으킨다.

0497 ☐☐☐
primitive **☆
[prímətiv]

형 원시 사회의, 원시적인 (반 advanced, modern) 명 원시인

The **primitive** tribal population in Africa has declined steadily. 수능응용
아프리카의 원시 부족의 인구는 꾸준히 감소했다.
· **primitive** weapons 원시적인 무기

0498 ☐☐☐
majority ***
[mədʒɔ́:rəti]

명 대부분, 다수 (반 minority)

The **majority** of students agreed with her suggestion.
대다수의 학생들이 그녀의 제안에 동의했다.

0499 ☐☐☐
sequence ★★☆
[síːkwəns]

명 1. 순서, 차례 2. 연속, 연속적인 사건들 3. 후속되는 결과

The girl put the alphabet cards in **sequence**.
그 소녀는 알파벳 카드를 순서대로 놓았다.
· a **sequence** of events 일련의 사건들

➐ sequential 형 순차적인

0500 ☐☐☐
imperative ★☆☆
[impérətiv]

형 1. 필수의, 반드시 해야 하는 (⊕ vital) 2. (태도가) 명령적인
명 1. 긴급한 일 2. 명령

It is **imperative** that we should take actions immediately. 모평응용
우리는 반드시 바로 조치를 취해야 한다.
· a biological **imperative** 생물학적 명령, 본능

0501 ☐☐☐
vivid ★★☆
[vívid]

형 1. 생생한 (⊕ vague) 2. 선명한, 강렬한

I have **vivid** memories of my childhood.
나는 어린 시절에 관한 생생한 기억이 있다.
· **vivid** yellow sunflowers 선명한 노란색의 해바라기

➐ vividly 부 1. 생생하게 2. 선명하게

0502 ☐☐☐
choir ★★☆
[kwaiər]

명 합창단, 성가대

Somewhere in the college, a **choir** was singing. 학평응용
대학교 안 어딘가에서 합창단이 노래하고 있었다.

0503 ☐☐☐
mortgage ★☆☆
[mɔ́ːrgidʒ]

명 담보대출(금), 주택 융자(금) 동 저당 잡히다

We applied for a **mortgage** to purchase the house.
우리는 그 집을 사기 위해 담보대출을 신청했다.

0504 ☐☐☐
anchor ★★☆
[ǽŋkər]

명 1. 닻 2. (뉴스의) 앵커, 진행자
동 1. ~을 단단히 고정시키다 2. 닻을 내리다

His novels are **anchored** in everyday experience.
그의 소설들은 일상적 경험에 단단히 기반을 두고 있다.
· drop **anchor** 닻을 내리다

0505 □□□
frustrated ***
[fr/\strèitid]

형 좌절한, 짜증이 난, 불만스러운

When he finally hung up, he looked **frustrated**. 모평응용
마침내 그가 전화를 끊었을 때 그는 좌절한 것처럼 보였다.

⊕ frustrate 동 좌절감을 주다, 좌절시키다   ⊕ frustration 명 좌절, 낙담

0506 □□□
abandon **☆
[əbǽndən]

동 1. 버리다 2. 떠나다 3. 그만두다, 포기하다

The kitten was **abandoned** in a parking lot. 수능응용
그 새끼 고양이가 주차장에 버려져 있었다.

· **abandon** an attempt 계획을 포기하다

⊕ abandoned 형 버려진, 유기된

0507 □□□
immortal *☆☆
[imɔ́ːrtəl]

형 1. 죽지 않는, 불사의 (반 mortal) 2. 불멸의, 불후의

Zeus is an **immortal** god who lives on Mt. Olympus.
제우스는 올림포스 산에 사는 불사의 신이다.

⊕ immortality 명 1. 불멸(성) 2. 불후의 명성

0508 □□□
spark **☆
[spɑːrk]

명 1. 불꽃 2. 기폭제 동 1. 촉발시키다, 유발하다 2. 불꽃을 일으키다

Others' creations can **spark** inspiration that leads to new ideas and innovation. 수능응용
다른 사람들의 창작물은 새로운 아이디어와 혁신으로 이어지는 영감을 불러일으킬 수 있다.

· a shower of **sparks** 무수히 쏟아지는 불꽃

0509 □□□
maintain ***
[meintéin]

동 1. (수준 등을) 유지하다, 지키다 2. (건물 등을) 유지 관리하다
　 3. 주장하다

It is important that you **maintain** flexibility in your plans. 학평응용
네 계획에 융통성을 유지하는 것이 중요하다.

· **maintain** innocence 무죄를 주장하다

⊕ maintenance 명 1. 보존, 유지 2. (건물 등의) 유지 관리

0510 □□□
addict **☆
[ǽdikt]

명 중독자

My little brother is a smartphone **addict**.
내 남동생은 스마트폰 중독자이다.

⊕ addiction 명 중독   ⊕ addicted 형 중독된

0511 ☐☐☐
hinder ★☆☆
[híndər]

동 방해하다, 저해하다

Small branches snapped off and fell into the pools, **hindering** the flow of water. 학평응용
작은 가지들은 부러져서 웅덩이로 떨어졌고 물의 흐름을 방해했다.

⊕hindrance 명방해, 저해

0512 ☐☐☐
fundamental ★★★
[fÀndəméntəl]

형 1. 근본적인, 본질적인 2. 핵심적인, 필수적인

The **fundamental** themes of these two novels are the same. 수능응용
이 두 소설의 근본적인 주제는 같다.
· **fundamental** to survival 생존에 필수적인

⊕fundamentally 부근본적으로, 본질적으로

0513 ☐☐☐
activate ★★☆
[ǽktəvèit]

동 1. 작동시키다 (반deactivate) 2. (화학 작용 등을) 활성화하다

You can **activate** the device with your voice. 학평응용
여러분은 목소리로 이 장치를 작동시킬 수 있습니다.

0514 ☐☐☐
grin ★☆☆
[grin]

동 활짝 웃다, 크게 웃다 명 활짝 웃음

He **grinned** from ear to ear.
그는 귀에 입이 걸리게 활짝 웃었다.
· a **grin** on one's face ~의 얼굴에 띤 미소

0515 ☐☐☐
indicate ★★★
[índikèit]

동 1. 나타내다 2. 가리키다, 지시하다 3. 표시하다

In many cultures, a ring **indicates** marital status. 학평응용
많은 문화권에서 반지는 혼인 여부를 나타낸다.

⊕indication 명표시, 징조 ⊕indicator 명1. 지표 2. 계기 장치

0516 ☐☐☐
generic ★☆☆
[dʒənérik]

형 일반적인, 포괄적인

Economists use the **generic** term "utility" to refer to usefulness. 학평응용
경제학자들은 유용성을 표현하기 위해 '효용'이란 포괄적인 용어를 사용한다.

invention vs. convention

0517 ☐☐☐
invention ***
[invénʃən]

몡 1. 발명, 고안 2. 발명품

The new **invention** allows people to use less electricity.
그 새 발명품은 사람들이 더 적은 전기를 사용하게 해준다.

⊕invent 동 발명하다 ⊕inventor 명 발명가

0518 ☐☐☐
convention **☆
[kənvénʃən]

몡 1. 대회, 협의회 2. 관습 3. 조약 (㈜treaty)

She traveled to New York to attend a legal **convention**.
그녀는 법률 회의에 참석하기 위해 뉴욕으로 갔다.
· a social/cultural **convention** 사회적/문화적 관습

⊕conventional 형 관습적인, 기존의

imitate vs. initiate

0519 ☐☐☐
imitate **☆
[ímitèit]

동 1. 모방하다, 본뜨다 2. (사람을) 흉내 내다

They insisted that their rival **imitated** their products.
그들은 경쟁사가 자신들의 제품들을 모방했다고 주장했다.

⊕imitation 명 1. 모방 2. 모조품

0520 ☐☐☐
initiate **☆
[iníʃieit]

동 1. 시작하다, 착수하다 2. 전수하다, 가르치다

She makes detailed plans before **initiating** new projects.
그녀는 새로운 일을 시작하기 전에 세세한 계획을 세운다.

⊕initiation 명 1. 시작, 착수 2. 입문, 입회

[1-24] 다음 단어의 뜻을 우리말로 쓰시오.

1	activate	_____	13	spark	_____
2	scatter	_____	14	grin	_____
3	vivid	_____	15	anchor	_____
4	intact	_____	16	stiff	_____
5	maintain	_____	17	abandon	_____
6	indicate	_____	18	immortal	_____
7	behalf	_____	19	sequence	_____
8	flesh	_____	20	assert	_____
9	frustrated	_____	21	hinder	_____
10	evoke	_____	22	fundamental	_____
11	gene	_____	23	sole	_____
12	majority	_____	24	primitive	_____

[25-28] 다음 문장의 빈칸에 알맞은 단어를 쓰시오.

25 The police finally l_____ the missing child.
경찰은 마침내 그 미아의 위치를 찾아냈다.

26 It is i_____ that we should take actions immediately.
우리는 반드시 바로 조치를 취해야 한다.

27 The train had gone about a thousand yards when it suddenly ground to a
h_____ .
기차는 천 야드쯤 갔을 때 갑자기 서서히 멈추었다.

28 Wood is a material that is widely a_____ to be eco-friendly.
목재는 친환경적이라고 널리 인정되는 자재이다.

[29-30] 괄호 안에서 알맞은 말을 고르시오.

29 The new (invention / convention) allows people to use less electricity.

30 She makes detailed plans before (initiating / imitating) new projects.

Answers

[1] 작동시키다; 활성화하다 [2] (흩)뿌리다; 흩어지다, 흩어지게 하다 [3] 생생한; 선명한 [4] 손상되지 않은, 온전한 [5] 유지하다; 유지 관리하다; 주장하다 [6] 나타내다; 가리키다; 표시하다 [7] 측, 편; 이익 [8] 살, 살코기; 피부; 과육 [9] 좌절한, 짜증이 난, 불만스러운 [10] 일깨우다, 환기하다 [11] 유전자, 유전 인자 [12] 대부분, 다수 [13] 불꽃; 기폭제; 촉발시키다; 불꽃을 일으키다 [14] 활짝 웃다; 활짝 웃음 [15] 닻; (뉴스의) 진행자; ~을 단단히 고정시키다; 닻을 내리다 [16] 뻣뻣한; 빠근한 [17] 버리다; 떠나다; 그만두다 [18] 죽지 않는, 불멸의 [19] 순서; 연속; 후속되는 결과 [20] 주장하다; (권리 등을) 행사하다 [21] 방해하다, 저해하다 [22] 근본적인; 핵심적인 [23] 단 하나의, 유일한; 독점적인 [24] 원시 사회의, 원시적인; 원시인 [25] located [26] imperative [27] halt [28] acknowledged [29] invention [30] initiating

DAY 14

클래스카드

0521 ☐☐☐
proficient *☆☆
[prəfíʃənt]

형 능숙한, 숙달된

We are looking for applicants who are **proficient** in Spanish.
우리는 스페인어에 능숙한 지원자들을 찾고 있다.

⊕proficiency 명 능숙, 숙달 ⊕proficiently 부 능숙하게, 숙련되게

0522 ☐☐☐
adjust ***
[ədʒʌ́st]

동 1. 조절[조정]하다, 맞추다 2. 적응하다 (㊰adapt)

As a company **adjusts** its price, its competitors do the same
without risking customer defections. 모평응용
한 회사가 가격을 조절할 때, 경쟁사들도 고객 이탈의 위험 없이 똑같이 한다.

· **adjust** to a new environment 새로운 환경에 적응하다

⊕adjustment 명 1. 조정, 조절 2. 적응

0523 ☐☐☐
prolong *☆☆
[prəlɔ́:ŋ]

동 연장하다, 연장시키다 (㊰lengthen)

The operation will **prolong** her life by 10 years.
그 수술은 그녀의 삶을 10년 연장할 것이다.

⊕prolonged 형 장기적인, 장기간의 ⊕prolongation 명 연장

0524 ☐☐☐
wealth **☆
[welθ]

명 1. 부, 재산 2. 풍부한 양

Using his **wealth**, he began purchasing hundreds of paintings. 모평응용
자신의 부를 이용하여 그는 수백 점의 그림을 구입하기 시작했다.

⊕wealthy 형 부유한

0525 ☐☐☐
spot ***
[spɑt]

동 발견하다, 알아채다 명 1. 장소, 지점 2. 반점

After class, I **spotted** Dave in the hallway. 수능응용
수업 후에 나는 복도에서 Dave를 발견했다.

· a good **spot** for a picnic 소풍하기 좋은 장소

0526 ☐☐☐
refrain *☆☆
[rifréin]

동 삼가다, 자제하다 명 1. 자주 반복되는 말 2. 후렴

While taking this medicine, you must **refrain** from driving.
이 약을 먹는 동안에 너는 운전을 삼가야 한다.

0527 □□□

defense ★★☆

[diféns]

명 1. 방어, 보호 2. 변호 3. 【스포츠】 수비

The best **defense** is a good offense.
최선의 방어는 효과적인 공격이다.

✪ defend 동 1. 방어하다 2. 변호하다 ✪ defensive 형 1. 방어적인 2. 수비의

0528 □□□

budget ★★★

[bʌ́dʒit]

명 1. 예산 2. 예산안 동 예산을 짜다

The actual spending by our department was less than half the allocated **budget**. 모평응용
우리 부서의 실제 지출은 할당된 예산의 절반보다 더 적었다.

· on a **budget** 한정된 예산으로

0529 □□□

nominate ★★☆

[nɑ́mənèit]

동 1. 지명하다 2. 임명하다

He was **nominated** for an Academy Award seven times. 모평응용
그는 일곱 차례 아카데미상 후보자로 지명되었다.

✪ nomination 명 1. 지명, 임명 2. 수상 후보작[후보자]

0530 □□□

rigid ★☆☆

[rídʒid]

형 1. 엄격한 2. 융통성 없는 3. 잘 구부러지지 않는, 뻣뻣한 (반 flexible)

Many students think the school's rules are too **rigid**.
많은 학생들은 교칙이 너무 엄격하다고 생각한다.

· **rigid** with shock 충격으로 경직된

✪ rigidly 부 1. 융통성 없이 2. 완고하게

0531 □□□

surround ★★☆

[səráund]

동 1. 둘러싸다 2. 포위하다

She **surrounded** her house with a fence.
그녀는 자신의 집을 울타리로 둘러쌌다.

✪ surrounding 명 ((~s)) 주위(의 상황), 환경 형 인근의, 주변의

0532 □□□

satisfy ★★★

[sǽtisfài]

동 1. 만족시키다 2. 충족시키다

His recent performances have failed to **satisfy** audiences.
그의 최근 공연들은 관객들을 만족시키지 못했다.

· **satisfy** the need of ~의 요구를 충족시키다

✪ satisfaction 명 만족, 충족 ✪ satisfactory 형 만족스러운, 충분한

0533 □□□

suburb ★★☆
[sʌ́bəːrb]

명 교외, 교외 주택지역

She plans to live in the **suburbs** after her retirement.
그녀는 퇴직 후에 교외에서 살 계획이다.

0534 □□□

soothe ★☆☆
[suːð]

동 1. 달래다, 진정시키다 2. (통증 등을) 완화하다

I turned toward her in shock, but she did not cuddle or **soothe**. 모평응용
나는 충격을 받아 그녀를 향해 돌아봤지만, 그녀는 안아주거나 달래주지 않았다.

0535 □□□

deplete ★★☆
[diplíːt]

동 고갈시키다, 격감시키다

We tend to eat sweets when our energy becomes **depleted**. 수능응용
우리는 에너지가 고갈되면 단것을 먹는 경향이 있다.

0536 □□□

prejudice ★★☆
[prédʒədis]

명 편견, 선입관 동 편견을 갖게 하다

They have fought against racial **prejudice** for years.
그들은 수년간 인종적 편견에 맞서 싸워왔다.

0537 □□□

shatter ★☆☆
[ʃǽtər]

동 산산이 부서지다, 산산조각 내다

The vase **shattered** into tiny bits.
꽃병은 작은 조각으로 산산이 부서졌다.
· **shatter** one's dream/hopes ~의 꿈/희망을 산산조각내다
⊕shattered 형 산산이 조각난, 엄청난 충격을 받은

0538 □□□

criticize ★★☆
[krítisàiz]

동 비판하다, 비난하다 (반 praise)

His opinions were not well-received and were severely **criticized**. 모평응용
그의 의견들은 환영받지 않았고 혹독하게 비판을 받았다.
⊕criticism 명 비판, 비난 ⊕critic 명 비평가, 평론가

0539 ☐☐☐
fuel ***
[fjúːəl]

圀 연료 图 1. 연료를 공급하다 2. 부추기다, 부채질하다

Ocean acidification results from the burning of fossil **fuels**. 학평응용
해양 산성화는 화석 연료의 연소로 발생한다.
· **fuel** collaboration 협력을 촉진하다

0540 ☐☐☐
geology **☆
[dʒiálədʒi]

圀 지질학

In **geology** class, I learned the names of different types of rocks.
지질학 수업 시간에 나는 각기 다른 종류의 암석의 이름을 배웠다.

⊕geologist 圀지질학자 ⊕geological 圀지질학의

0541 ☐☐☐
novelty *☆☆
[návəlti]

圀 1. 새로움, 참신함 2. 새로운 것

Psychologists suggested that curiosity is stimulated by **novelty**. 모평응용
심리학자들은 호기심이 새로움에 의해 자극을 받는다고 주장했다.

⊕novel 圀기발한, 참신한 圀소설

0542 ☐☐☐
split **☆
[split]
(split – split)

图 1. (견해 차이로) 분열되다 2. 나뉘다, 나누다 3. 결별하다
圀 1. 분열 2. 분할, 몫

The government is **split** over strategies to revive the economy.
정부는 경제를 회생시키는 전략을 두고 분열되었다.
· **split** into halves 반으로 나누다

0543 ☐☐☐
bias ***
[báiəs]

圀 1. 편견, 선입관 2. 성향 图 편견을 갖게 하다

It is hard to remove deep-rooted **bias** from a person's mind. 수능응용
개인의 마음속에서 깊이 뿌리박힌 편견을 없애는 것은 어렵다.
· a **bias** against ~에 대한 편견

⊕biased 圀편향된, 편견을 가진

0544 ☐☐☐
obscure *☆☆
[əbskjúər]

圀 1. 모호한 2. 잘 알려지지 않은 图 1. 모호하게 하다 2. 안 보이게 하다

She thought his statement very **obscure**.
그녀는 그의 진술이 아주 모호하다고 생각했다.
· **obscure** the view 시야를 가리다

⊕obscurity 圀1. 모호함 2. 무명, 잊혀짐

0545 □□□
draft ★★☆
[dræft]

명 1. 원고, 초안 2. 징병 동 1. 초안을 작성하다 2. 징병하다

I wrote a **draft**, which was open to revisions. 학평응용
나는 초안을 썼고, 그것은 수정의 여지가 있는 것이었다.
· too old to be **drafted** 징병 되기에는 나이가 너무 많은 학평응용

0546 □□□
represent ★★★
[rèprizént]

동 1. 대표하다 2. 대변하다 3. 상징하다, 나타내다

He was chosen to **represent** our district.
그는 우리 구를 대표하도록 선출되었다.

⊕ representative 형 대표하는 명 대표자
⊕ representation 명 1. 대표 2. 묘사, 표현

0547 □□□
ashamed ★★☆
[əʃéimd]

형 부끄러운, 창피한

She felt **ashamed** to be looking at the scene. 수능응용
그녀는 그 장면을 바라보고 있는 것에 부끄러움을 느꼈다.
· be **ashamed** of ~을 부끄러워하다

0548 □□□
shiver ★☆☆
[ʃívər]

동 (추위·공포 등으로) 떨다, 전율하다 (⊕tremble) 명 떨림, 전율

It became so dark that we began to **shiver** at the sense of dread. 학평응용
날이 너무나 어두워져서 우리는 두려움에 떨기 시작했다.
· feel a **shiver** 전율을 느끼다

0549 □□□
vacuum ★★☆
[vǽkjuəm]

명 1. 진공 2. 공백, 고립상태 동 (진공청소기로) 청소하다

Space is considered a **vacuum** because the density of matter is very low.
물질의 밀도가 매우 낮아 우주는 진공상태라고 여겨진다.
· in a **vacuum** 1. 진공상태에서 2. 외부와 단절된 상태에서

0550 □□□
obstacle ★★☆
[ábstəkl]

명 장애(물), 방해(물)

She successfully overcame many **obstacles** in her life. 학평응용
그녀는 자신의 인생에서 많은 장애물들을 성공적으로 극복했다.
· a major **obstacle** 주요 장애물, 최대 걸림돌

0551 ☐☐☐
ragged ★☆☆
[rǽgid]

형 1. 너덜너덜한, 해진 2. 누더기를 걸친 3. 울퉁불퉁한

After playing soccer, I found all of my clothes became **ragged**.
축구를 한 뒤, 나는 내 옷이 전부 너덜너덜해졌다는 것을 알았다.
· a **ragged** edge 울퉁불퉁한 테두리

⊕rag 명 해진 천, 누더기

0552 ☐☐☐
raw ★★☆
[rɔ:]

형 1. 가공되지 않은 2. 날것의 3. 원초적인 4. 경험이 없는

The company imports **raw** materials from India.
그 회사는 인도에서 원료를 수입한다.
· **raw** data 미가공 데이터

0553 ☐☐☐
accord ★★★
[əkɔ́:rd]

동 1. ((with)) 일치하다, 부합하다 2. (권위 등을) 부여하다 명 일치, 합의

The result of the match didn't **accord** with my expectation.
그 경기 결과는 나의 예상과 일치하지 않았다.

⊕accordance 명 일치, 조화 ⊕accordingly 부 그에 따라

0554 ☐☐☐
concrete ★★☆
[kànkrí:t]

형 1. 구체적인 (반 abstract) 2. 콘크리트로 된 명 콘크리트

Examples can make our understanding more **concrete**. 학평응용
예시들은 우리의 이해를 좀 더 구체적으로 만들 수 있다.
· a **concrete** building 콘크리트 빌딩

⊕concretely 부 구체적으로, 명확하게

0555 ☐☐☐
sob ★☆☆
[sɑb]

동 1. 흐느껴 울다 2. 흐느끼며 말하다 명 흐느낌, 흐느껴 울기

The boy began **sobbing** when his brother took his toy.
그의 형이 장난감을 뺏자 그 소년은 흐느껴 울기 시작했다.

0556 ☐☐☐
fluid ★★☆
[flú:id]

명 액체, 유동체 형 1. 유동적인 2. (움직임이) 부드러운

For the baby to eat it, we have to make it a **fluid**.
그 아기가 그것을 먹을 수 있도록 유동식으로 만들어야 한다.

⊕fluidity 명 1. 유동성, 가변성 2. 부드러움

compliment vs. complement

0557 □□□
compliment *☆☆
[kámpləmənt]

명 1. 찬사, 칭찬의 말 2. 경의 동 [kámpləment] 칭찬하다

It was hard to get **compliments** from her. 모평응용
그녀로부터 칭찬을 받기란 어려웠다.

0558 □□□
complement **☆
[kámpləmènt]

동 보완하다, (더 좋아지게) 덧붙이다 명 [kámpləmənt] 보완, 보완물

The sweet sauce perfectly **complemented** the steak.
달콤한 소스가 스테이크에 완벽하게 더해졌다.

⊕complementary 형 상호 보완적인

principle vs. principal

0559 □□□
principle ***
[prínsəpl]

명 1. 원리, 원칙 2. 신념, 신조, 행동방침

Students should master the **principles** of addition before moving to multiplication. 모평응용
학생들은 곱셈으로 넘어가기 전에 덧셈의 원리를 통달해야 한다.

0560 □□□
principal **☆
[prínsəpəl]

형 1. 주요한, 주된 (⊛main) 2. 중요한 명 1. 교장 2. 단체의 장(長)

Tourism is the **principal** industry of this country.
여행업은 이 나라의 주요 산업이다.

DAILY TEST

[1-24] 다음 단어의 뜻을 우리말로 쓰시오.

1 raw _____

2 shiver _____

3 ragged _____

4 spot _____

5 nominate _____

6 surround _____

7 fuel _____

8 ashamed _____

9 split _____

10 concrete _____

11 prejudice _____

12 adjust _____

13 vacuum _____

14 draft _____

15 bias _____

16 soothe _____

17 satisfy _____

18 represent _____

19 suburb _____

20 shatter _____

21 prolong _____

22 criticize _____

23 proficient _____

24 deplete _____

[25-28] 다음 문장의 빈칸에 알맞은 단어를 쓰시오.

25 The result of the match didn't a_____ with my expectation.
그 경기 결과는 나의 예상과 일치하지 않았다.

26 She successfully overcame many o_____ in her life.
그녀는 자신의 인생에서 많은 장애물들을 성공적으로 극복했다.

27 While taking this medicine, you must r_____ from driving.
이 약을 먹는 동안에 너는 운전을 삼가야 한다.

28 Many students think the school's rules are too r_____ .
많은 학생들은 교칙이 너무 엄격하다고 생각한다.

[29-30] 괄호 안에서 알맞은 말을 고르시오.

29 The sweet sauce perfectly (complemented / complimented) the steak.

30 Tourism is the (principle / principal) industry of this country.

Answers
¹ 가공되지 않은; 날것의; 원초적인; 경험이 없는 ² 떨다, 전율하다; 떨림, 전율 ³ 너덜너덜한; 누더기를 걸친; 울퉁불퉁한 ⁴ 발견하다; 장소; 반점 ⁵ 지명하다, 임명하다 ⁶ 둘러싸다; 포위하다 ⁷ 연료; 연료를 공급하다; 부추기다 ⁸ 부끄러운, 창피한 ⁹ 분열되다; 나뉘다; 결별하다; 분열; 분할 ¹⁰ 구체적인; 콘크리트로 된; 콘크리트 ¹¹ 편견; 선입관; 편견을 갖게 하다 ¹² 조절[조정]하다; 적응하다 ¹³ 진공; 공백; (진공청소기로) 청소하다 ¹⁴ 원고, 초안; 징병; 초안을 작성하다; 징병하다 ¹⁵ 편견; 성향; 편견을 갖게 하다 ¹⁶ 달래다; 완화하다 ¹⁷ 만족시키다, 충족시키다 ¹⁸ 대표하다; 대변하다; 상징하다 ¹⁹ 교외, 교외 주택지역 ²⁰ 산산이 부서지다, 산산조각 내다 ²¹ 연장하다, 연장시키다 ²² 비판하다, 비난하다 ²³ 능숙한, 숙달된 ²⁴ 고갈시키다, 격감시키다 ²⁵ accord ²⁶ obstacles ²⁷ refrain ²⁸ rigid ²⁹ complemented ³⁰ principal

클래스카드

0561 ☐☐☐
tension ★★☆
[ténʃən]

명 긴장, 긴장 상태

There is mounting political **tension** between the two countries.
그 두 국가 사이에 정치적 긴장 상태가 고조되고 있다.
· ease the **tension** 긴장을 완화하다

➕ tense 형 1. 긴장된, 긴박한 2. 경직된, 굳은

0562 ☐☐☐
mist ★☆☆
[mist]

명 1. 옅은 안개 2. (스프레이 등의) 분무 통 부옇게 되다

The valley was shrouded in **mist**.
계곡은 옅은 안개에 휩싸여 있었다.

➕ misty 형 안개가 자욱한, 뿌옇게 흐려진

0563 ☐☐☐
optimal ★★☆
[áptəməl]

형 최선의, 최상의, 최적의 (㊙ optimum)

The **optimal** temperature for bacteria growth varies.
박테리아 성장의 최적 온도는 다양하다.
· **optimal** conditions 최적의 상태

0564 ☐☐☐
reserve ★★★
[rizə́ːrv]

통 1. 예약하다 2. 따로 남겨두다 3. (권한 등을) 보유하다 명 비축, 저장물

Booking is essential, so **reserve** your ticket online. 수능응용
예약은 필수이오니, 온라인으로 입장권을 예약하세요.
· oil **reserves** 석유 매장량

➕ reservation 명 예약 ➕ reserved 형 예약된, 지정된

0565 ☐☐☐
chamber ★★☆
[tʃéimbər]

명 1. 회의실 2. ~실, 방

The members of congress gathered in the **chamber**.
의회 의원들이 회의실로 모여들었다.

0566 ☐☐☐
theorize ★☆☆
[θíːəràiz]

통 이론을 제시하다, 이론을 세우다

Einstein **theorized** that time changes according to its observers.
아인슈타인은 관찰자에 따라 시간이 변화한다는 이론을 제시했다.

➕ theory 명 이론, 학설

0567 ☐☐☐
millennium ★★☆
[miléniəm]

명 천 년간

Australian aboriginal technology developed and elaborated steadily over the following **millennium**. 수능응용

호주 원주민의 기술은 그 뒤로 천 년이 넘게 꾸준히 발전되고 정교해졌다.

0568 ☐☐☐
infection ★★☆
[infékʃən]

명 1. (병의) 전염, 감염 2. 전염병

He cleaned the wound and changed the dressing to prevent **infection**.

그는 감염을 막기 위해 상처를 씻고 붕대를 교체했다.

✪infect 통감염시키다 ✪infectious 형전염성의, 전염병의

0569 ☐☐☐
graze ★☆☆
[greiz]

통 1. (가축이) 풀을 먹다 2. (가축을) 방목하다

All the cattle owners were permitted to **graze** their animals free of charge. 수능응용

모든 가축 소유주들은 가축을 무료로 방목할 수 있도록 허용되었다.

0570 ☐☐☐
landmark ★★☆
[lǽndmàːrk]

명 1. 주요 지형지물 2. 획기적인 사건

The researchers first collected a list of campus **landmarks** from students. 모평응용

연구자들은 먼저 캠퍼스의 주요 지형지물 목록을 학생들에게서 수집하였다.

• a **landmark** decision 획기적인 결정

0571 ☐☐☐
observe ★★★
[əbzɔ́ːrv]

통 1. 보다, 관찰하다 2. (법률·규칙 등을) 준수하다 (윤obey)

She **observed** how children acted in a new environment.

그녀는 아이들이 새로운 환경에서 어떻게 행동하는지를 관찰했다.

· **observe** a rule 규칙을 준수하다

✪observer 명관측자 ✪observation 명관찰, 관측

0572 ☐☐☐
ripe ★★☆
[raip]

형 1. (과일 등이) 잘 익은, 숙성된 2. ~하기에 시기가 적합한

The color of fruit suggests whether it is **ripe**. 학평응용

과일의 색은 그것이 익었는지를 보여준다.

✪ripen 통익다, 숙성하다, 익히다

0573 ☐☐☐
stun *☆☆
[stʌn]

동 1. 놀라게 하다 2. 기절시키다

The winning goal in the final minutes **stunned** the crowd.
마지막 몇 분의 우승 골은 관중을 놀라게 했다.

✚stunned 형깜짝 놀란 ✚stunning 형1. 깜짝 놀랄 2. 굉장히 아름다운

0574 ☐☐☐
consistent ***
[kənsístənt]

형 1. 일관된, 한결같은 (반inconsistent) 2. 일치하는 (반inconsistent)

Parents and teachers should be **consistent** in their behavior.
부모와 교사는 자신의 행동에 일관성이 있어야 한다.
· **consistent** with ~와 일치[부합]하는

✚consistently 부일관되게, 지속적으로 ✚consistency 명일관성

0575 ☐☐☐
corporation **☆
[kɔ̀ːrpəréiʃən]

명 (큰 규모의) 기업, 법인

The government proposed to cut taxes for **corporations**.
그 정부는 기업들을 위해 세금을 낮추는 것을 제안했다.

✚corporate 형1. 회사[법인]의 2. 공동의

0576 ☐☐☐
stubborn *☆☆
[stʌ́bərn]

형 1. 완고한, 고집스러운 2. 없애기[다루기] 힘든, 고질적인 (유tough)

She was too **stubborn** to accept the situation.
그녀는 너무 완고해서 그 상황을 받아들이지 않았다.

✚stubbornly 부완고하게, 완강하게

0577 ☐☐☐
transaction **☆
[trænzǽkʃən]

명 1. 거래, 매매 (유deal) 2. 처리 (과정)

The details of the **transaction** are on your receipt.
거래 세부 내역은 영수증에 나와 있습니다.
· a commercial **transaction** 상거래

✚transact 동거래하다

0578 ☐☐☐
expert ***
[ékspəːrt]

명 전문가 **형** 1. 전문적인, 숙련된 2. 전문가의

You can be advised on eating plans by our health **experts**. 모평응용
당신은 우리의 건강 전문가들에게 식단에 대해 조언을 받을 수 있다.

✚expertise 명전문 지식[기술]

0579 ☐☐☐

reunion ★★☆
[riːjúːnjən]

図 1. 재회 모임, 동창회 2. 재결합, 재통합

Because elephant groups break up and reunite frequently, **reunions** are important for them. `수능응용`
코끼리 무리는 자주 헤어지고 재회하므로, 그들에게는 재결합이 중요하다.

· a family **reunion** 가족 재회 모임

0580 ☐☐☐

warranty ★☆☆
[wɔ́ːrənti]

図 보증서

The product **warranty** says that you can get spare parts for free. `수능응용`
그 제품 보증서에는 네가 여분의 부품을 무료로 얻을 수 있다고 되어 있다.

· under **warranty** 보증 기간인

0581 ☐☐☐

uncover ★★☆
[ʌnkʌ́vər]

图 1. 덮개를 벗기다, 뚜껑을 열다 2. (비밀 등을) 알아내다

The novel seeks to **uncover** and construct the concealed totality of life. `모평응용`
소설은 삶의 숨겨진 전체를 드러내어 구성하려고 한다.

➕ uncovered 톙 아무것도 덮여있지 않은

0582 ☐☐☐

mainstream ★★☆
[méinstrìːm]

図 주류, 대세 图 주류에 편입시키다

Green products involve higher ingredient costs than those of **mainstream** products. `모평응용`
친환경 제품은 주류 제품보다 더 높은 원료비를 수반한다.

0583 ☐☐☐

discrete ★☆☆
[diskríːt]

톙 별개의, 개별적인 (㊀ separate)

The process can be broken down into a number of **discrete** steps.
그 프로세스는 여러 개별 단계로 나누어질 수 있다.

➕ discreteness 명 개별성 ➕ discretely 뷔 개별적으로

0584 ☐☐☐

domesticate ★★☆
[dəméstəkèit]

图 1. (동물을) 길들이다, 사육하다 2. (작물을) 재배하다 (㊀ cultivate)

Cattle were **domesticated** as work animals for agriculture. `모평응용`
소들은 농사를 위해 일하는 동물로 길들여졌다.

· **domesticate** crops 작물을 재배하다

➕ domestication 명 길들이기, 사육 ➕ domestic 톙 1. 길든 2. 국내의

0585 □□□
recommend ***
[rèkəménd]

통 1. 권하다, 권고하다 2. 추천하다

The website strongly **recommends** that all users reset their passwords. 학평응용
그 웹사이트는 모든 사용자가 비밀번호를 재설정할 것을 강력하게 권고한다.
· **recommend** a good restaurant 좋은 식당을 추천하다

⊕recommendation 명1. 권고, 조언 2. 추천

0586 □□□
embed **☆
[imbéd]

통 (단단히) 박다, 끼우다, 깊이 새겨 넣다

Science is **embedded** within a social fabric and influences the society. 모평응용
과학은 사회 구조에 깊이 박혀 있으며 사회에 영향을 준다.
· deeply **embedded** in our culture 우리의 문화에 깊게 박혀 있는

0587 □□□
verify *☆☆
[vérəfài]

통 1. (사실임을) 입증하다, 증명하다 (㈀confirm) 2. (진실인지) 확인하다

The hypothesis has been **verified** by many scientists.
그 가설은 많은 과학자들에 의해 증명되었다.

⊕verifiable 형입증할 수 있는 ⊕verification 명1. 검증, 증명 2. 확인

0588 □□□
differ **☆
[dífər]

통 1. 다르다, 차이가 있다 2. 의견이 다르다

Vocal pitch **differs** when people lie and when they tell the truth. 학평응용
사람이 거짓말을 할 때와 진실을 말할 때 목소리의 높이가 다르다.
· **differ** from ~와 다르다

0589 □□□
decrease ***
[dikrí:s]

통 감소하다, 감소시키다 (㈀reduce) (㈂increase) 명 [dí:kri:s] 감소

The birthrate has steadily **decreased** since the 1980s.
출생률은 1980년대 이래로 꾸준히 감소해왔다.
· show a **decrease** 감소를 보이다

0590 □□□
ironic **☆
[airánik]

형 1. 아이러니한, 모순적인 2. 비꼬는, 풍자적인

It sounds **ironic**, but you can achieve success better if you've experienced much failure. 모평응용
모순적으로 들리지만, 당신이 많은 실패를 경험했다면 성공을 더 잘 성취할 수 있다.

⊕irony 명1. 아이러니 2. 비꼼, 풍자 ⊕ironically 부모순[역설]적으로

0591 ☐☐☐
transparent *☆☆
[trænspέ:ərənt]

형 1. 투명한 (⊕clear) 2. 명백한, 명료한 (⊕clear)

The entrance door is made of **transparent** glass.
그 출입문은 투명한 유리로 되어 있다.
· **transparent** rules 명료한 규칙들
⊕transparency 명 투명(도), 투명성

0592 ☐☐☐
relieve ***
[rilí:v]

동 1. 경감하다, 완화하다 2. 안도하다, 안심시키다

She took a pill to **relieve** her severe pain. 수능응용
그녀는 극심한 고통을 완화하기 위해 약을 먹었다.
· **relieve** tension 긴장을 풀다
⊕relief 명 1. 경감, 완화 2. 안도, 안심 ⊕relieved 형 안심하는

0593 ☐☐☐
infrastructure **☆
[ínfrəstrÀktʃər]

명 사회기반시설

The availability of transportation **infrastructure** is fundamental for tourism. 모평응용
교통 기반시설의 이용 가능성은 관광 산업에 있어 필수적이다.
· establish an **infrastructure** 기반시설을 구축하다

0594 ☐☐☐
texture *☆☆
[tékstʃər]

명 1. (직물의) 감촉 2. (음식의) 질감 3. 조화, 어우러짐

The scarf's fabric had the smooth **texture** of silk.
그 스카프 천은 부드러운 실크의 감촉이었다.
· a crunchy/creamy **texture** 아삭아삭한/크림 같은 질감

0595 ☐☐☐
trade ***
[treid]

명 거래, 무역 (⊕commerce) 동 1. 거래하다, 무역하다 2. 교환하다

Trade between the two countries has decreased since 2017.
그 두 국가 간의 무역은 2017년 이래로 감소해왔다.
· a **trade** agreement 무역 협정

0596 ☐☐☐
superficial *☆☆
[sù:pərfíʃəl]

형 1. 깊이 없는, 얄팍한 2. 피상적인, 표면적인

The study is only a **superficial** analysis of the problem.
그 연구는 그 문제에 대한 얄팍한 분석에 지나지 않는다.
· **superficial** relationship 피상적 관계
⊕superficially 부 피상적으로, 표면적으로

assume vs. consume

0597 ☐☐☐
assume ***
[əsúːm]

동 1. 가정하다, 추정하다   2. (책임·역할 등을) 떠맡다

It is **assumed** that this picture was painted 300 years ago.
이 그림은 300년 전에 그려진 것으로 추정된다.
· **assume** responsibility for ~에 대한 책임을 떠맡다

0598 ☐☐☐
consume ***
[kənsúːm]

동 1. 소비하다, 다 써버리다   2. 먹다, 마시다

In economic systems, goods are produced, distributed, and **consumed**. 모평응용
경제체제에서 상품들은 생산되고 분배되며 소비된다.
· **consume** food and water 음식과 물을 섭취하다

⊕consumption 명소비, 소모 ⊕consumer 명소비자

expire vs. inspire

0599 ☐☐☐
expire **☆
[ikspáiər]

동 1. (기간이) 만료되다, 끝나다 (윤run out)   2. 죽다

His driver's license **expires** in December.
그의 운전면허는 12월에 만료된다.

⊕expiration 명만료, 만기

0600 ☐☐☐
inspire ***
[inspáiər]

동 1. 고무하다, 격려하다   2. 영감을 주다, (감정·사상을) 불어넣다

Her great speech **inspired** a lot of young people.
그녀의 멋진 연설은 많은 젊은이들을 고무시켰다.

⊕inspiration 명영감, 영감을 주는 사람[것]

DAILY TEST

클래스카드
매칭 게임
DAY 11-15

[1-24] 다음 단어의 뜻을 우리말로 쓰시오.

1	mainstream	_____	13	millennium	_____
2	optimal	_____	14	infrastructure	_____
3	infection	_____	15	decrease	_____
4	discrete	_____	16	transaction	_____
5	ripe	_____	17	embed	_____
6	domesticate	_____	18	reunion	_____
7	reserve	_____	19	verify	_____
8	observe	_____	20	landmark	_____
9	chamber	_____	21	stubborn	_____
10	differ	_____	22	ironic	_____
11	recommend	_____	23	graze	_____
12	expert	_____	24	uncover	_____

[25-28] 다음 문장의 빈칸에 알맞은 단어를 쓰시오.

25 She took a pill to r_____ her severe pain.
그녀는 극심한 고통을 완화하기 위해 약을 먹었다.

26 The study is a only s_____ analysis of the problem.
그 연구는 그 문제에 대한 얄팍한 분석에 지나지 않는다.

27 There is mounting political t_____ between the two countries.
그 두 국가 사이에 정치적 긴장 상태가 고조되고 있다.

28 Parents and teachers should be c_____ in their behavior.
부모와 교사는 자신의 행동에 일관성이 있어야 한다.

[29-30] 괄호 안에서 알맞은 말을 고르시오.

29 It is (assumed / consumed) that this picture was painted 300 years ago.

30 His driver's license (expires / inspires) in December.

Answers

1주류, 대세; 주류에 편입시키다 2 최선의, 최적의 3 전염; 전염병 4 별개의, 개별적인 5 잘 익은; ~하기에 시기가 적합한 6 (동물을) 길들이다; (작물을) 재배하다 7 예약하다; 따로 남겨두다; 보유하다; 비축 8 보다, 관찰하다; 준수하다 9 회의실; ~실, 방 10 다르다, 차이가 있다; (의견이) 다르다 11 권하다; 추천하다 12 전문가; 전문적인; 전문가의 13 천 년간 14 사회기반시설 15 감소하다, 감소시키다 16 거래; 처리 (과정) 17 (단단히) 박다, 끼우다, 깊이 새겨 넣다 18 재회 모임, 동창회; 재결합 19 입증하다; 확인하다 20 주요 지형지물; 획기적인 사건 21 완고한; 없애기 힘든 22 아이러니한, 모순적인; 비꼬는 23 (가축이) 풀을 먹다; (가축을) 방목하다 24 덮개를 벗기다; (비밀 등을) 알아내다 25 relieve 26 superficial 27 tension 28 consistent 29 assumed 30 expires

□□□
charge
[tʃɑːrdʒ]

통 1. 청구하다 2. 기소[고발]하다 3. 충전하다 명 4. 요금 5. 책임

[1] He **charged** me $200 to repair my car.
그는 자동차 수리하는 데 내게 200달러를 청구했다.

[2] She was **charged** with fraud.
그녀는 사기 혐의로 기소되었다.

[3] **Charge** the battery before using this device.
이 장치를 사용하기 전에 배터리를 충전해라.

[4] You can visit the museum free of **charge** on Sundays.
너는 일요일마다 박물관을 무료로 방문할 수 있다.

[5] She took **charge** of the office while her boss was sick.
그녀의 상사가 아팠을 때 그녀가 사무실을 책임졌다.

□□□
operate
[ápərèit]

통 1. 작동하다 2. 운영하다, 경영하다 3. 수술하다

[1] The factory doesn't **operate** the machine on weekends.
그 공장은 주말에 그 기계를 작동시키지 않는다.

[2] He **operates** a Korean restaurant in Paris.
그는 파리에서 한식당을 운영한다.

[3] The surgeon **operated** on the patient successfully.
그 외과 의사는 환자를 성공적으로 수술했다.

⊕ operation 명 1. 작동 2. 운영, 영업 3. 수술

□□□
engage
[ingéidʒ]

통 1. 종사하다, 참여하다 2. (관심 등을) 끌다 3. 고용하다 4. 약혼시키다

[1] His father is currently **engaged** in politics.
그의 아버지는 현재 정치에 종사하고 있다.

[2] Computer games easily **engage** kids.
컴퓨터 게임은 쉽게 아이들의 관심을 끈다.

[3] She **engaged** the man as a secretary.
그녀는 그 남자를 비서로 고용했다.

[4] We overcame our difficulties and got **engaged**.
우리는 어려움을 딛고 약혼했다.

DAY 16

클래스카드

DAY 16

0601 ☐☐☐
aquarium ★☆☆
[əkwɛ́riəm]

명 수족관

I'm going to the beach and visiting an **aquarium** in the morning. [수능응용]
나는 아침에 해변에 가서 수족관을 방문하려고 해요.

0602 ☐☐☐
respond ★★★
[rispánd]

동 1. 응답하다   2. 반응하다 (⊕ react)

Steve **responded** to me with a smile. [수능응용]
Steve는 내게 미소로 응답했다.

⊕ response 명 응답   ⊕ respondent 명 응답자

0603 ☐☐☐
automate ★☆☆
[ɔ́ːtəmèit]

동 (일을) 자동화하다

To assign whatever tasks can be **automated** to the machines can cause problems. [수능응용]
자동화될 수 있는 모든 작업을 기계에 할당하는 것은 문제를 일으킬 수 있다.

⊕ automation 명 자동화   ⊕ automatical 형 자동적인

0604 ☐☐☐
convey ★★☆
[kənvéi]

동 1. (생각·감정 등을) 전달하다   2. 실어 나르다, 운반하다

A graph can **convey** complicated information much better than words.
그래프는 복잡한 정보를 말보다 훨씬 더 잘 전달할 수 있다.
· **convey** the goods by ship 화물을 배로 운반하다

0605 ☐☐☐
predict ★★★
[pridíkt]

동 예측하다, 예보하다 (⊕ foretell)

New equipment was purchased to better **predict** earthquakes.
지진을 더 잘 예측하기 위하여 새 장비가 구매되었다.

⊕ predictable 형 예측할 수 있는, 예측 가능한   ⊕ prediction 명 예측
⊕ predictor 명 예측 변수

0606 ☐☐☐
counteract ★☆☆
[kàuntərǽkt]

동 (악영향에) 대항하다, 상쇄하다, (효력을) 중화하다

We use baking soda to **counteract** the acidity of lemon. [학평응용]
우리는 레몬의 산성을 중화하기 위해 베이킹소다를 사용한다.

DAY **16**   131

0607 ☐☐☐
devise ★★☆
[diváiz]

동 생각해 내다, 고안하다

He **devised** a compound microscope with a new focusing mechanism. 학평응용
그는 새로운 초점을 맞추는 장치가 있는 복합 현미경을 고안했다.

➕ device 명 장치

0608 ☐☐☐
complete ★★★
[kəmplíːt]

동 완료하다, 끝내다 형 1. 완전한, 완벽한 2. 완료된

Participants who **complete** their hike will receive a medal. 수능응용
하이킹을 끝마친 참가자들은 메달을 받을 것이다.
· **complete** control/agreement 완벽한 통제/의견 일치

➕ completely 부 완전히 ➕ completion 명 완성, 완료

0609 ☐☐☐
faith ★★☆
[feiθ]

명 믿음, 신뢰

The president's speech helped restore the people's **faith** in the government.
대통령의 연설은 정부에 대한 사람들의 신뢰를 회복하는 데 도움이 되었다.

➕ faithful 형 충실한, 충직한 ➕ faithfully 부 충실히, 성실하게

0610 ☐☐☐
customize ★☆☆
[kʌ́stəmàiz]

동 주문 제작하다

Customizing the product, modifying or transforming it according to the user, was routine. 수능응용
제품을 주문 제작하는 것, 즉 사용자에 맞게 제품을 수정하거나 변형하는 것은 일상적이었다.

0611 ☐☐☐
committee ★★☆
[kəmíti]

명 위원회

The **committee** approved the new copyright law.
위원회는 새로운 저작권법을 승인했다.
· the International Olympic **Committee** 국제 올림픽 위원회

0612 ☐☐☐
mechanism ★★★
[mékənìzəm]

명 1. (기계) 장치 2. 방식, 메커니즘 3. (생물의) 기제(機制), 구조

He identified differences in the neural **mechanisms** of lonely and non-lonely people. 학평응용
그는 외로운 사람들과 외롭지 않은 사람들의 신경 구조의 차이를 알아보았다.

0613 ☐☐☐

advocate ★★☆
[ǽdvəkèit]

图 지지하다, 옹호하다 명 [ǽdvəkət] 지지자, 옹호자

Many people **advocated** a change in the education policy.
많은 사람들이 교육 정책의 변화를 지지했다.

⊕ advocacy 명 지지, 옹호

0614 ☐☐☐

questionable ★☆☆
[kwéstʃənəbl]

형 의심스러운, 미심쩍은 (⊛ debatable)

The equation between public leadership and dominance is
questionable. 수능응용
대중적인 지도력과 지배력 사이의 방정식[동일시]은 의심스럽다.

0615 ☐☐☐

imply ★★☆
[implái]

图 1. 암시하다, 시사하다 (⊛ suggest) 2. 넌지시 나타내다

I was shocked to find out that the word could **imply** something
negative. 수능응용
나는 그 단어가 부정적인 것을 암시할 수 있다는 것을 알고 놀랐다.

⊕ implication 명 1. 암시, 함축된 의미 2. 영향, 결과

0616 ☐☐☐

impose ★★☆
[impóuz]

图 1. (세금·의무 등을) 지우다, 부과하다 2. 강요하다

The government will **impose** a new tax on imported goods.
정부는 수입 물품에 새로운 세금을 부과할 것이다.

0617 ☐☐☐

gigantic ★☆☆
[dʒaigǽntik]

형 거대한 (⊛ enormous, huge)

A small sculpture no bigger than a hand can be more monumental
than a **gigantic** pile of stones. 수능응용
겨우 사람 손만한 작은 조각이 거대한 돌무더기보다 더 기념비적일 수 있다.

0618 ☐☐☐

pesticide ★★☆
[péstisàid]

명 농약, 살충제 (⊛ insecticide)

The local market sells crops raised without any **pesticides** or
chemical fertilizer.
그 지역 시장은 살충제나 화학비료 없이 길러진 농작물을 판매한다.

⊕ pest 명 1. 해충 2. 성가신 것[사람]

0619 □□□
construct ***
[kənstrʌ́kt]

图 1. 건설하다 2. 구성하다

It took three months to **construct** the house. 수능응용
그 집을 짓는 데 3개월이 걸렸다.

❂construction 圆 1. 건설, 공사, 건축물[양식] 2. 구조, 구성
❂constructive 圈건설적인

0620 □□□
chronic **☆
[kránik]

圈 만성적인 (앤 acute)

He has had a **chronic** heart disease for years.
그는 수년째 만성 심장 질환을 앓고 있다.

❂chronically 图만성적으로

0621 □□□
oversee *☆☆
[òuvərsíː]

图 (작업을) 감독하다 (윤 supervise)

Experimenters must submit their proposed experiments to
thorough examination by **overseeing** bodies. 수능응용
실험자는 자신들의 계획된 실험을 제출해 감독 기관에 의한 철저한 조사를 받아야 한다.

0622 □□□
vessel **☆
[vésəl]

图 1. (대형) 선박 2. 혈관 3. (액체를 담는) 그릇, 용기

The navy **vessel** was prepared for the long voyage.
그 해군 선박은 긴 항해에 준비되어 있었다.
· a blood **vessel** 혈관

0623 □□□
appreciate ***
[əpríːʃièit]

图 1. 감사하다 2. 이해하다, 인식하다 3. 진가를 알아보다, 인정하다

I **appreciate** your support for me and your faith in me. 모평응용
저에 대한 당신의 지지와 신뢰에 감사드립니다.
· **appreciate** the significance of ~의 중요성을 인식하다

0624 □□□
sprint *☆☆
[sprint]

图 전력 질주하다 圆 단거리 경주, 전력 질주

Fast muscle fibers are for short bursts of intense activity, like
sprinting. 수능응용
빠른 근섬유는 단거리 경주와 같은 짧고 폭발적인 격렬한 활동에 사용된다.

0625 ☐☐☐
scent ***☆
[sent]

명 향기, 냄새 통 1. 냄새를 맡다 2. (비밀 등을) 눈치채다

Most flowers use **scents** to attract pollinators. 모평응용
대부분의 꽃은 꽃가루 매개자를 끌어들이기 위해 향기를 사용한다.

0626 ☐☐☐
instruction ***
[instrʌ́kʃən]

명 1. 《~s》 설명(서) 2. 지시 (㊨ order) 3. 가르침, 교육

Following the **instructions**, he made a flower with the paper. 모평응용
그 설명에 따라, 그는 종이로 꽃을 만들었다.
· safety **instructions** 안전지침
⊕ **instruct** 통가르치다, 지시하다 ⊕ **instructive** 형교훈적인, 유익한

0627 ☐☐☐
dismiss **☆
[dismís]

통 1. 무시하다, 일축하다 2. 해고하다 3. 해산시키다

We often **dismiss** new ideas simply because they do not fit within the general framework. 모평응용
우리는 흔히 새로운 아이디어가 일반적인 틀에 맞지 않는다는 이유만으로 그것들을 무시한다.
· **dismiss** an employee 직원을 해고하다
⊕ **dismissal** 명1. 무시, 일축 2. 해고 3. 해산

0628 ☐☐☐
hatred *☆☆
[héitrid]

명 혐오, 증오 (㊬ love)

'War follows from feelings of **hatred**', wrote Carl Schmitt. 수능응용
Carl Schmitt는 '전쟁은 증오감에서 비롯된다'고 썼다.

0629 ☐☐☐
conceive **☆
[kənsíːv]

통 1. 상상하다 2. 생각해내다, 고민하다

We couldn't **conceive** of playing without our captain.
우리는 주장 없이 경기하게 될 것이라고는 상상도 못 했다.
⊕ **conception** 명1. 개념, 구상 2. 이해

0630 ☐☐☐
informal **☆
[infɔ́ːrməl]

형 1. 비공식적인 (㊬formal) 2. 격식을 차리지 않는, 편안한

They had an **informal** discussion about that issue.
그들은 그 사안에 대해 비공식적인 논의를 했다.
· **informal** clothes 편안한 옷차림
⊕ **informally** 튄비공식적으로

0631 □□□

commonsense ★☆☆
[kámənsens]

형 상식적인, 양식 있는

Although **commonsense** knowledge may have merit, it also has weaknesses. 수능응용
상식적인 지식은 장점이 있을 수도 있지만 약점도 또한 있다.
· **commonsense** solutions 상식적인 해결책

0632 □□□

spectacle ★★☆
[spéktəkl]

명 1. (인상적인) 장관, 광경   2. 구경거리, 행사

The rising sun presented a magnificent **spectacle**.
떠오르는 태양은 멋진 장관을 선사했다.

◑spectacular 형 장관의, 인상적인

0633 □□□

prior ★★★
[práiər]

형 1. (시간·순서가) 전의, 사전의 (⑲previous)   2. (~보다) 우선하는

The lecture was hard to understand without **prior** knowledge.
그 강의는 사전지식 없이는 이해하기 힘들었다.
· **prior** to ~에 앞서

◑priority 명 1. 우선 사항 2. 우선(권) ◑prioritize 동 우선순위를 매기다

0634 □□□

offspring ★★☆
[ɔ́:fspriŋ]
(pl. offspring)

명 1. 자식   2. (동물의) 새끼

The trout will produce more **offspring** when populations are threatened. 모평응용
송어는 개체 수가 위협을 받을 때 더 많은 새끼들을 생산할 것이다.

0635 □□□

paralyze ★☆☆
[pǽrəlàiz]

동 1. 마비시키다   2. 무력하게 만들다

I tried to paddle back to shore but my arms were **paralyzed**. 수능응용
다시 해안가로 노를 저으려 했지만 내 팔은 마비되어 있었다.

◑paralysis 명 1. 마비 2. (기능의) 마비 (상태)

0636 □□□

polish ★★☆
[páliʃ]

동 광나게 닦다, 다듬다 명 광택제

He was **polishing** his car.
그는 차에 광을 내고 있었다.
· nail **polish** (손톱에 바르는) 매니큐어

수능빈출 혼동어휘/반의어

imaginary vs. imaginable

0637 ☐☐☐
imaginary ★★☆
[imǽdʒənèri]

형 상상의, 가상의

Many young children do enjoy playing with their **imaginary** friends.
많은 어린아이들이 가상의 친구와 노는 것을 진정 즐긴다.

0638 ☐☐☐
imaginable ★★☆
[imǽdʒənəbl]

형 상상할 수 있는 (반 unimaginable)

It was the most luxurious hotel room **imaginable**.
그것은 상상할 수 있는 가장 고급스러운 호텔 방이었다.

stationary vs. stationery

0639 ☐☐☐
stationary ★☆☆
[stéiʃənèri]

형 움직이지 않는, 정지된

After we land, don't get out of your seat until the airplane is **stationary**.
착륙 후에 비행기가 정지할 때까지 자리에서 벗어나지 마십시오.

0640 ☐☐☐
stationery ★★☆
[stéiʃənèri]

명 문방구, 문구류

A little notebook in the **stationery** department caught my eye. 수능응용
문구류 매장의 작은 공책이 내 눈을 사로잡았다.

DAILY TEST

[1-24] 다음 단어의 뜻을 우리말로 쓰시오.

1 advocate _____
2 respond _____
3 counteract _____
4 imply _____
5 scent _____
6 convey _____
7 impose _____
8 instruction _____
9 gigantic _____
10 mechanism _____
11 informal _____
12 dismiss _____
13 construct _____
14 spectacle _____
15 devise _____
16 customize _____
17 chronic _____
18 paralyze _____
19 hatred _____
20 commonsense _____
21 appreciate _____
22 oversee _____
23 faith _____
24 vessel _____

[25-28] 다음 문장의 빈칸에 알맞은 단어를 쓰시오.

25 The lecture was hard to understand without p_____ knowledge.
그 강의는 사전 지식 없이는 이해하기 힘들다.

26 We couldn't c_____ of playing without our captain.
우리는 주장 없이 경기하게 될 것이라고는 상상도 못 했다.

27 Participants who c_____ their hike will receive a medal.
하이킹을 끝마친 참가자들은 메달을 받을 것이다.

28 New equipment was purchased to better p_____ earthquake.
지진을 더 잘 예측하기 위하여 새 장비가 구매되었다.

[29-30] 괄호 안에서 알맞은 말을 고르시오.

29 It was the most luxurious hotel room (imaginary / imaginable).

30 After we land, don't get out of your seat until the airplane is (stationary / stationery).

Answers

¹ 지지하다, 옹호하다; 지지자 ² 응답하다; 반응하다 ³ 대항하다, 상쇄하다, (효력을) 중화하다 ⁴ 암시하다, 넌지시 나타내다 ⁵ 향기; 냄새를 맡다; 눈치채다 ⁶ (생각 등을) 전달하다; 실어 나르다 ⁷ (세금 등을) 지우다, 부과하다; 강요하다 ⁸ 설명(서); 지시; 가르침 ⁹ 거대한 ¹⁰ (기계) 장치; 방식; (생물의) 기제, 구조 ¹¹ 비공식적인; 격식을 차리지 않는 ¹² 무시하다; 해고하다; 해산시키다 ¹³ 건설하다; 구성하다 ¹⁴ (인상적인) 장관; 구경거리 ¹⁵ 생각해 내다, 고안하다 ¹⁶ 주문 제작하다 ¹⁷ 만성적인 ¹⁸ 마비시키다; 무력하게 만들다 ¹⁹ 혐오, 증오 ²⁰ 상식적인, 양식 있는 ²¹ 감사하다; 이해하다; 진가를 알아보다 ²² (작업을) 감독하다 ²³ 믿음, 신뢰 ²⁴ (대형) 선박; 혈관; 그릇 ²⁵ prior ²⁶ conceive ²⁷ complete ²⁸ predict ²⁹ imaginable ³⁰ stationary

138

0641 ☐☐☐
urgent ★★☆
[ə́ːrdʒənt]

형 긴박한, 다급한

The car burst into flames and the situation turned **urgent**.
차에서 갑자기 불길이 치솟았고 상황이 긴박해졌다.
· be in **urgent** need of ~이 긴급히 필요하다
⊕urgently 튄 긴박하게, 다급하게 ⊕urgency 명 긴급(성)

0642 ☐☐☐
catastrophe ★☆☆
[kətǽstrəfi]

명 재앙, 참사 (㈜disaster)

The hurricane was the biggest **catastrophe** in the nation's history.
그 허리케인은 그 나라 역사상 가장 큰 재앙이었다.
⊕catastrophic 형 큰 재앙의

0643 ☐☐☐
outrage ★★☆
[áutreidʒ]

통 격분하게 만들다 명 1. 격분, 격노 2. 잔인무도한 일

People were **outraged** by the referee's biased call.
사람들은 심판의 편파 판정에 격분했다.
⊕outrageous 형 1. 터무니없는 2. 난폭한

0644 ☐☐☐
hypothesis ★★★
[haipáθəsis]
(pl. hypotheses)

명 가설 (㈜theory)

Her further research confirmed her **hypothesis**.
그녀의 추가적인 연구가 가설을 입증했다.
⊕hypothesize 통 가설을 세우다

0645 ☐☐☐
chief ★★☆
[tʃiːf]

형 1. 주요한, 주된 (㈜main) 2. (직급 등이) 최고위의 명 장(長), 우두머리

We figured out the **chief** cause of the accident.
우리는 그 사고의 주된 원인을 알아냈다.
· a **chief** editor 편집장
⊕chiefly 튄 주로

0646 ☐☐☐
tyrant ★☆☆
[táiərənt]

명 폭군, 독재자 (㈜dictator)

He is loved by some, and seen as a **tyrant** by others.
그는 어떤 이에게는 사랑 받고 있고, 다른 사람들에게는 독재자로 보여진다.
⊕tyranny 명 압제, 독재

0647 ☐☐☐

substance ***☆**
[sʌ́bstəns]

명 1. 물질 (⑪material) 2. 실체 3. 요지, 본질

Fridges are useful for storing perishable **substances** such as milk. 학평응용
냉장고는 우유처럼 상하기 쉬운 물질을 저장하는 데 유용하다.
· in **substance** 사실상, 본질적으로

⊕substantial 형 1. 상당한 2. 본질적인, 중요한

0648 ☐☐☐

harvest ***☆**
[hɑ́ːrvist]

명 1. 수확물 2. 수확, 추수(기) 동 수확하다, 거둬들이다

Farmers expect a good **harvest** of rice this year.
농부들은 올해 쌀 풍작을 예상한다.
· at **harvest** time 수확기에

0649 ☐☐☐

potent *☆☆
[póutnt]

형 강력한, 효력이 뛰어난 (⑪impotent)

Rhythm and rhyme are **potent** memory boosters.
리듬과 라임은 강력한 기억력 증진제이다.

0650 ☐☐☐

neglect ***☆**
[niglékt]

동 1. 방치하다, 돌보지 않다 2. 소홀히 하다, 경시하다
명 1. 방치, 돌보지 않음 2. 소홀, 경시

The garage has been **neglected** for months.
그 차고는 몇 달 동안 방치되었다.
· **neglect** one's duty ~의 임무를 소홀히 하다

⊕neglectful 형 태만한, 소홀한 ⊕negligence 명 태만, 부주의

0651 ☐☐☐

encourage ****
[inkə́ːridʒ]

동 1. 용기를 주다, 격려하다 2. 장려하다, 권장하다

Praise may **encourage** children to continue an activity. 수능응용
칭찬은 아이들이 활동을 계속하도록 용기를 줄 수 있다.

⊕encouragement 명 격려, 장려

0652 ☐☐☐

archive ***☆**
[ɑ́ːrkaiv]

명 기록 보관소 동 기록 보관소에 보관하다

Researchers have to search **archives** of aerial photographs to get necessary information. 수능응용
연구자들은 필요한 정보를 얻기 위해 항공사진 보관소를 검색해야 한다.

⊕archival 형 기록의, 기록 보관소의

0653 ☐☐☐
utilitarian *☆☆
[juːtìlitέəriən]

형 1. 실용적인 2. 공리주의의

Considered a **utilitarian** material, steel is widely used.
실용적인 재료로 여겨지는 철강은 널리 사용된다.

⊕utilitarianism 명공리주의 ⊕utility 명유용성, 효용

0654 ☐☐☐
phenomenon ***
[finámənàn]
(pl. phenomena)

명 1. 현상 2. 경이로운 것

Migration is an ancient **phenomenon** and common throughout history. 학평응용
이주는 아주 오래된 현상이고 역사를 통틀어 흔한 일이다.
· a social/supernatural **phenomenon** 사회적인/초자연적인 현상

⊕phenomenal 형경이적인, 경탄스러운

0655 ☐☐☐
disgust **☆
[disgʌ́st]

동 혐오감을 주다, 역겹게 하다 명 혐오감, 역겨움, 메스꺼움

I am **disgusted** by glamorous representations of violence. 수능응용
나는 폭력을 아름답게 표현하는 것에 혐오감을 느낀다.
· vomit with **disgust** 메스꺼워서 구역질하다

⊕disgusting 형1. 혐오스러운 2. 메스꺼운, 역겨운

0656 ☐☐☐
revolve *☆☆
[riválv]

동 (축을 중심으로) 돌다, 돌리다, 회전하다, 회전시키다

The satellite **revolves** around the Earth, sending signals.
그 인공위성은 신호를 보내면서 지구 주위를 돈다
⊕revolution 명1. 혁명 2. (행성의) 공전 3. 회전 ⊕revolving 형회전하는

0657 ☐☐☐
contour **☆
[kántuər]

명 1. 윤곽 2. 등고선

A **contour** line connects all points that lie at the same elevation. 수능응용
등고선은 동일한 고도에 있는 모든 점들을 연결한다.
· the **contour** of the coastline 해안선의 윤곽

0658 ☐☐☐
realize ***
[ríːəlàiz]

동 1. 깨닫다, 인식하다 2. 실현하다, 달성하다 (유achieve)

It took only a minute to **realize** what was happening. 학평응용
무슨 일이 일어나고 있는지 깨닫는 데는 얼마 걸리지 않았다.
· **realize** one's dream ~의 꿈을 실현하다

⊕realization 명1. 깨달음, 인식 2. 실현

0659 ☐☐☐
sensation ★★☆
[senséiʃən]

명 1. 감각, 느낌 2. 센세이션, 선풍적인 관심

Virtual reality games allow players to feel **sensations** of motion. 모평응용
가상 현실 게임은 이용자들에게 움직이는 느낌을 느끼게 해준다.
· create[cause] a **sensation** 센세이션을 불러일으키다

⊕sensational 형 1. 선풍적인 2. 선정적인, 자극적인

0660 ☐☐☐
posture ★☆☆
[pástʃər]

명 자세, 태도

While improving **posture** takes work, the results can be far-reaching.
자세를 개선하는 것은 노력이 필요하지만, 그 결과는 커다란 영향을 미칠 수 있다.

⊕postural 형 자세의

0661 ☐☐☐
curse ★★☆
[kəːrs]

명 1. 욕 2. 저주 통 1. 욕하다 (유 swear) 2. 저주하다

He promised that he wouldn't **curse**.
그는 욕을 하지 않겠다고 약속했다.
· be under a **curse** 저주받고 있다

⊕cursed 형 저주받은, 지긋지긋한

0662 ☐☐☐
prohibit ★★☆
[prouhíbit]

통 금지하다, ~하지 못하게 하다 (유 ban, forbid)

They were **prohibited** from leaving the country.
그들은 출국을 금지당했다.

⊕prohibition 명 금지

0663 ☐☐☐
inward ★☆☆
[ínwərd]

형 1. 마음속의 (반 outward) 2. 안쪽으로 향한 (반 outward)
부 1. 마음속으로 2. 안쪽으로, 내부로

Doing yoga in her quiet room, she felt an **inward** peace.
조용한 방에서 요가를 하면서, 그녀는 마음속의 평화를 느꼈다.

⊕inwardly 부 마음속으로, 내심

0664 ☐☐☐
exclude ★★☆
[iksklúːd]

통 1. 제외하다, 배제하다 (반 include) 2. (참여·출입 등을) 막다

Some of the information is **excluded** from this email.
이 이메일에는 몇몇 정보들이 빠져있다.

⊕exclusion 명 제외, 배제 ⊕exclusive 형 1. 배타적인 2. 독점적인

0665 ☐☐☐

explore ★★★
[ikspló:r]

동 1. 탐험하다, 탐사하다   2. 탐구하다

I've always wanted to **explore** the Amazon. 수능응용
나는 항상 아마존을 탐험하기를 원해왔다.

⊕ exploration 명 1. 탐험, 탐사 2. 탐구   ⊕ explorer 명 탐험가

0666 ☐☐☐

flourish ★★☆
[flá:riʃ]

동 1. 번영하다, 번창하다 (⊕ thrive)   2. 잘 자라다

Science cannot **flourish** in an authoritarian climate. 학평응용
과학은 권위주의적인 환경에서 번영할 수 없다.

⊕ flourishing 형 번창하는, 성공적인

0667 ☐☐☐

leisurely ★☆☆
[lí:ʒərli]

형 한가한   부 느긋하게

Sipping coffee **leisurely** at a café, Kate was enjoying the view. 모평응용
카페에서 느긋하게 커피를 조금씩 마시면서, Kate는 경치를 즐기고 있었다.

· at a **leisurely** pace 여유로운 속도로

0668 ☐☐☐

straightforward ★★☆
[strèitfɔ́:rwərd]

형 1. 간단한, 쉬운 (⊕ complicated)   2. 솔직한

Resident-bird habitat selection is seemingly a **straightforward** process. 수능응용
텃새들의 서식지 선택은 외견상 간단한 과정이다.

· give a **straightforward** account 솔직한 진술을 하다

⊕ straightforwardly 부 단도직입적으로

0669 ☐☐☐

progress ★★★
[prágres]

명 1. 진보, 발달   2. 진행   동 [prəgrés] 1. 진보하다, 발달하다   2. 진행되다

China has made dramatic economic **progress**.
중국은 급격한 경제 발전을 이루었다.

· **progress** slowly 천천히 진행되다

⊕ progressive 형 1. 진보적인 2. 점진적인   ⊕ progression 명 진전, 진행

0670 ☐☐☐

margin ★★☆
[má:rdʒin]

명 1. 여백   2. (득표 등의) 차이   3. 이윤   4. 가장자리, 끝

He wrote notes in the **margins** of the book.
그는 책의 여백에 필기했다.

· by a large/narrow **margin** 큰/근소한 차이로

⊕ marginal 형 1. 미미한 2. 수익이 안 나는   ⊕ marginally 부 아주, 조금

0671 □□□
itinerary *☆☆
[aitínərèri]

圐 여행 일정표, 여행 계획

He is busy making out the **itinerary** right now.
그는 지금 당장은 여행 일정을 짜느라 바쁘다.

0672 □□□
fascinating ***
[fǽsənèitiŋ]

혱 매력적인, 흥미로운

It was **fascinating** to see how ordinary clay could turn into a pot. 모평응용
평범한 점토가 어떻게 도자기로 변하는지 보는 것은 흥미로웠다.

⊕fascinated 혱매료된, 매혹된 ⊕fascination 圐매력, 매혹

0673 □□□
intermediate **☆
[ìntərmíːdiət]

혱 1. 중급의 2. 중간의 圐 중급자

She is taking an **intermediate** French course.
그녀는 중급 프랑스어 수업을 듣고 있다.
· an **intermediate** stage[step] 중간 단계

0674 □□□
reign *☆☆
[rein]

圐 통치 기간 통 다스리다, 군림하다

She was a popular ruler throughout her **reign**.
그녀는 자신의 통치 기간 내내 인기 있는 통치자였다.
· the **reigning** champion 현 챔피언

0675 □□□
manipulate ***
[mənípjulèit]

통 1. (부정하게) 조작하다, 조종하다 2. 잘 다루다

The politician tried to **manipulate** public opinion.
그 정치인은 여론을 조작하려고 했다.
· **manipulate** one's behavior ~의 행동을 조종하다
⊕manipulation 圐조종, 조작

0676 □□□
apparatus *☆☆
[æpərǽtəs]

圐 1. 기구, 장치 (⊛ equipment) 2. (정부 등의) 조직체

Repeated measurements with the same **apparatus** neither reveal nor do they eliminate a systematic error. 학평응용
같은 도구로 반복적으로 측정해도 체계상의 오류가 드러나거나 제거되지 않는다.
· the **apparatus** of government 정부 기관

capability vs. capacity

0677 ☐☐☐
capability ★★☆
[kèipəbíləti]

명 능력, 재능, 역량

My coworker lacks the **capability** to handle the project.
내 동료는 그 프로젝트를 처리할 능력이 부족하다.

⊕ capable 형 1. ~할 수 있는 2. 유능한

0678 ☐☐☐
capacity ★★☆
[kəpǽsəti]

명 1. 수용력 2. 용적, 용량 3. 능력

The stadium was filled to **capacity** for the finals.
결승전 때 경기장은 최대 수용인원까지 찼다.

confident vs. confidential

0679 ☐☐☐
confident ★★☆
[kánfidənt]

형 1. 확신하는 2. 자신감 있는

She is **confident** that her new business will be a big success.
그녀는 자신의 새로운 사업이 큰 성공을 할 거라 확신한다.

⊕ confidence 명 자신감

0680 ☐☐☐
confidential ★★☆
[kànfidénʃəl]

형 비밀의, 기밀의

The spy broke into the office and stole some **confidential** files.
스파이는 사무실에 침입해서 몇몇 기밀문서를 훔쳤다.

⊕ confidentiality 명 비밀

DAY 17

DAILY TEST

[1-24] 다음 단어의 뜻을 우리말로 쓰시오.

1 urgent _____

2 revolve _____

3 harvest _____

4 sensation _____

5 margin _____

6 potent _____

7 prohibit _____

8 disgust _____

9 neglect _____

10 progress _____

11 tyrant _____

12 exclude _____

13 realize _____

14 substance _____

15 posture _____

16 straightforward _____

17 hypothesis _____

18 intermediate _____

19 archive _____

20 outrage _____

21 curse _____

22 encourage _____

23 reign _____

24 catastrophe _____

[25-28] 다음 문장의 빈칸에 알맞은 단어를 쓰시오.

25 The politician tried to m_____ public opinion.
그 정치인은 여론을 조작하려 했다.

26 I've always wanted to e_____ the Amazon.
나는 항상 아마존을 탐험하기를 원해 왔다.

27 Migration is an ancient p_____ and common throughout history.
이주는 아주 오래된 현상이고 역사를 통틀어 흔한 일이다.

28 Science can not f_____ in an authoritarian climate.
과학은 권위주의적인 환경에서 번영할 수 없다.

[29-30] 괄호 안에서 알맞은 말을 고르시오.

29 The stadium was filled to (capability / capacity) for the finals.

30 The spy broke into the office and stole some (confidential / confident) files.

클래스카드

0681 ☐☐☐
affirm ^{★☆☆}
[əfə́ːrm]

통 단언하다, 확언하다 (유 confirm)

The businessperson **affirmed** his desire to launch a new business.
그 사업가는 신사업을 시작하려는 열망을 확언했다.

✚ affirmation 명 단언, 확언 ✚ affirmative 형 긍정[동의]하는 명 긍정, 동의

0682 ☐☐☐
aim ^{★★★}
[eim]

통 1. 목표로 삼다, 지향하다 2. 겨누다
명 1. 목표, 목적 (유 purpose) 2. 겨냥

We **aim** to significantly reduce the amount of waste. 학평응용
우리는 쓰레기의 양을 크게 줄이는 것을 목표로 하고 있다.
· an ultimate **aim** 궁극적인 목표

✚ aimless 형 목적[목표]이 없는

0683 ☐☐☐
coincidence ^{★☆☆}
[kouínsidəns]

명 1. 우연의 일치 2. 동시 발생 3. (생각 등의) 일치

By **coincidence**, my friend and I wore the same dress.
우연의 일치로 내 친구와 나는 같은 드레스를 입었다.
· It is no **coincidence** that ~은 우연이 아니다

✚ coincide 동 1. 동시에 일어나다 2. (생각 등이) 일치하다
✚ coincident 형 동시에 일어나는

0684 ☐☐☐
radioactive ^{★★☆}
[rèidiouǽktiv]

형 방사성의, 방사능이 있는

Radioactive waste disposal has become one of the key environmental battlegrounds. 모평응용
방사성 폐기물 처리는 환경 관련 주요 논쟁거리의 하나가 되었다.
· **radioactive** substance 방사성 물질

0685 ☐☐☐
award ^{★★★}
[əwɔ́ːrd]

통 수여하다 명 1. 상 2. 수여

Henry Dunant was **awarded** the first Nobel Peace Prize in 1901.
Henry Dunant는 1901년에 첫 번째 노벨 평화상을 받았다.

0686 ☐☐☐
congestion ^{★☆☆}
[kəndʒéstʃən]

명 1. 혼잡 2. 【의학】 (충혈·울혈 등에 의해) 막힘

He expresses concern that tourists may cause traffic **congestion**. 수능응용
그는 관광객들이 교통 혼잡을 초래할지도 모른다고 우려를 표한다.
· nasal **congestion** 코막힘

✚ congested 형 1. 혼잡한 2. 충혈된, 막힌

realistic ★★☆
[rìəlístik]

혭 1. 현실적인, 현실성 있는 2. 사실적인, 실제 그대로의 (逬 unrealistic)

When writing film scripts, I always try to make the characters as **realistic** as possible. 모평응용
영화 대본을 쓸 때, 나는 항상 등장인물들을 가능한 사실적으로 만들려고 노력한다.
· a **realistic** asessment 현실적인 평가

⊕reality 몡 현실, 실제

---

appropriate ★★★
[əpróupriət]

혭 적절한, 적합한, 알맞은 (逬 inappropriate)

We often fail to take **appropriate** measures to reduce potential losses from natural disasters. 수능응용
우리는 흔히 자연재해로부터의 잠재적인 손실을 줄이기 위한 적절한 조치를 취하지 못한다.

⊕appropriately 뷴 적당하게, 알맞게

---

exploit ★★☆
[iksplɔ́it]

됭 1. (부당하게) 이용하다, 착취하다 2. (자원 등을) 개발하다
몡 [éksplɔit] 위업, 공적

He **exploited** my weaknesses to win the election.
그는 선거에서 이기기 위해 내 약점을 이용했다.

⊕exploitation 몡 불법 이용, 착취 ⊕exploitative 혭 착취적인, 착취하는

---

controversial ★☆☆
[kàntrəvə́:rʃəl]

혭 논란이 많은

The book was quite **controversial** but became a best-seller this month.
그 책은 꽤 논란이 많았지만 이번 달에 베스트셀러가 되었다.
· a **controversial** topic/figure 논란이 많은 주제/인물

⊕controversy 몡 논란

---

coverage ★★☆
[kʌ́vəridʒ]

몡 1. (방송·신문 등의) 보도 2. 범위

It is necessary for advertisers to build up **coverage** of their target markets over time. 수능응용
광고주들은 목표 시장의 점유 범위를 시간을 두고 구축하는 것이 필요하다.
· media **coverage** 언론 보도

---

adapt ★★★
[ədǽpt]

됭 1. 적응하다, 적응시키다 2. (용도·상황에) 맞추다, 조정하다 3. 각색하다

He **adapted** to his new circumstances very quickly.
그는 새로운 환경에 매우 빠르게 적응했다.
· **adapt** a novel into a movie 소설을 영화로 각색하다

⊕adaptation 몡 1. 적응 2. 각색

0693 ☐☐☐
staple ★★☆
[stéipl]

형 주된, 주요한 명 스테이플러 침

Staple crops are not being produced in a sufficient amount in this field. 수능응용

주요 작물이 이 경작지에서는 충분히 생산되지 않고 있다.

· **staple** commodities 주요 상품

0694 ☐☐☐
disguise ★☆☆
[disgáiz]

동 1. 변장하다, 위장하다 2. 숨기다 명 변장, 위장

The spy **disguised** himself by wearing a fake beard.

그 스파이는 가짜 턱수염을 달아서 변장했다.

· in **disguise** 변장을 하고

0695 ☐☐☐
alienate ★★☆
[éiljənèit]

동 1. 멀어지게 하다 2. 소외감을 느끼게 하다

The politician's scandals have **alienated** a lot of traditional supporters.

그 정치인의 스캔들로 기존 지지자들이 많이 떨어져 나갔다.

⊕alienation 명 1. 멀리함 2. 소외감 ⊕alienated 형 소외된

0696 ☐☐☐
interplay ★★☆
[íntərplei]

명 상호 작용 (㊀ interaction)

This effect is caused by the **interplay** of two related cognitive processes. 모평응용

이러한 결과는 연관된 두 인지 과정의 상호 작용으로 발생된다.

0697 ☐☐☐
correlate ★☆☆
[kɔ́:rəlèit]

동 1. 연관성이 있다 2. 서로 연관시키다

The study shows stress **correlates** with disturbed sleep.

그 연구는 스트레스가 수면 방해와 연관성이 있다는 것을 보여준다.

⊕correlation 명 연관성, 상관관계 ⊕correlative 형 상관있는

0698 ☐☐☐
viewpoint ★★☆
[vjú:pɔ̀int]

명 관점, 시각 (= point of view)

You may have noticed the coexistence of multiple **viewpoints** in historical writing. 수능응용

여러분은 역사 저술에 다양한 관점이 공존하는 것을 알아차렸을 수도 있다.

· from the **viewpoint** of ~의 관점에서 보면

0699 □□□
article ***
[ɑ́ːrtikl]

명 1. 글, 기사 2. 물품, 품목 (⊕item) 3. (조약·계약 등의) 조항

They reviewed two online **articles** describing opposing theories of learning. 학평응용

그들은 반대되는 학습 이론을 설명하는 두 개의 온라인 기사를 검토했다.

· **articles** of clothing 의류

0700 □□□
ecology **☆
[ikɑ́lədʒi]

명 1. 생태(계) 2. 생태학

Pollutants in the atmosphere are threatening the **ecology** of the region.

공기 중 오염물질들이 그 지역의 생태계를 위협하고 있다.

⊕ecological 형 1. 생태계의 2. 생태학의 ⊕ecologist 명 생태학자

0701 □□□
cosmopolitan *☆☆
[kɑ̀zməpɑ́lətən]

형 세계적인, 국제적인 명 범세계주의자

As the opposite of local networks, **cosmopolitan** networks have little capacity to comfort and sustain members. 모평응용

지역 네트워크와 반대되는 것으로서, 범세계적인 네트워크는 구성원들을 위로하고 지탱할 능력이 거의 없다.

· a **cosmopolitan** resort 세계적인[국제적인] 휴양지

0702 □□□
passionate **☆
[pǽʃənit]

형 열정적인, 열렬한

He was **passionate** about taking photos. 수능응용

그는 사진 찍는 것에 대해 열정적이었다.

· a **passionate** believer 열렬한 신봉자

⊕passion 명 열정, 격정 ⊕passionately 부 열렬히, 격렬하게

0703 □□□
appeal ***
[əpíːl]

동 1. 호소[간청]하다 2. 항소하다 3. 마음에 들다
명 1. 호소 2. 항소 3. 매력

Persuasion works by **appealing** to our emotion as well as to our reason. 모평응용

설득은 우리의 이성뿐만 아니라, 감정에도 호소함으로써 작용한다.

· win on **appeal** 항소에서 이기다, 승소하다

⊕appealing 형 1. 매력적인 2. 호소하는

0704 □□□
habitual *☆☆
[həbítʃuəl]

형 1. 습관적인 2. 상습적인

Habitual coffee drinkers find it hard to wake up without caffeine.

습관적인 커피 이용자는 카페인 없이는 잠을 깨기 힘들어한다.

· a **habitual** criminal 상습범

⊕habitually 부 습관적으로, 으레

0705 ☐☐☐
prehistoric ★★☆
[prì:histɔ́:rik]

형 선사 시대의

We need to consider limiting public access to **prehistoric** sites in this area. 모평응용
이 지역의 선사 시대 유적지에 대한 일반인의 접근을 제한하는 것을 고려할 필요가 있다.

⊕ prehistory 선사 시대, 초기 단계

0706 ☐☐☐
relevant ★★★
[réləvənt]

형 관련 있는, 적절한 (반 irrelevant)

The student copied the **relevant** material in the student library. 학평응용
그 학생은 관련 자료를 도서관에서 복사했다.

· **relevant** to ~와 관련된

⊕ relevance 명 관련성

0707 ☐☐☐
refresh ★★☆
[rifréʃ]

동 1. 생기를 되찾게 하다 2. (잔을) 다시 채우다 3. ~의 기억을 새롭게 하다

Taking a walk will **refresh** you, and you may get some new ideas. 모평응용
산책은 생기를 되찾아줄 것이고, 당신에게 새로운 생각이 떠오를 수도 있다.

· **refresh** one's memory 기억을 되살리다

⊕ refreshing 형 신선한, 원기를 북돋우는 ⊕ refreshment 명 다과; 원기 회복

0708 ☐☐☐
dialect ★☆☆
[dáiəlèkt]

명 방언, 사투리

The teacher often speaks in a nonstandard **dialect**.
그 선생님께서는 비표준적인 방언으로 자주 말씀하신다.

0709 ☐☐☐
repertoire ★★☆
[répərtwɑ̀:r]

명 레퍼토리, 연주곡목

The **repertoire** varied according to the performing medium and from region to region. 모평응용
연주곡목은 연주 도구 및 지역에 따라 달라졌다.

0710 ☐☐☐
amphibian ★★☆
[æmfíbiən]

명 양서류

Animals with backbones (fishes, **amphibians**, and mammals) all share the same basic skeleton. 모평응용
등뼈가 있는 동물들(물고기, 양서류, 포유류)은 모두 같은 기본 골격을 공유한다.

0711 ☐☐☐
comply ^{★☆☆}
[kəmplái]

图 따르다, 응하다, 준수하다

Failure to **comply** with our rules will disqualify the entry. 모평응용
우리의 규정을 따르지 않으면 입장이 제한될 것입니다.
· **comply** with the trend/request 유행에 따르다/요구에 응하다

⊕compliance 圐따름, 준수 ⊕compliant 圐따르는, 순응하는

0712 ☐☐☐
neuron ^{★★☆}
[njúərɑn]

图 뉴런, 신경 세포

When we learn a new skill, our **neurons** communicate to form
networks of connected information. 수능응용
우리가 새로운 기술을 배울 때, 우리의 신경 세포들은 연결된 정보망을 형성하기 위해
소통한다.
· motor **neuron** 운동 신경 세포

0713 ☐☐☐
submit ^{★★★}
[səbmít]

图 1. 제출하다 2. 《to》 굴복하다, 복종하다 (爾give in) 3. 진술하다

Your artwork must be **submitted** by October 31. 학평응용
당신의 미술 작품은 10월 31일까지 제출되어야 합니다.
· **submit** to rules 규칙에 복종하다

⊕submission 圐1. 제출(물) 2. 순종

0714 ☐☐☐
subtle ^{★★☆}
[sʌ́tl]

图 1. 미묘한, 감지하기 어려운 (爾obvious) 2. 교묘한

Subtle expressions of emotion are made through facial
expression. 모평응용
미묘한 감정 표현은 얼굴 표정을 통해 이루어진다.
· a **subtle** change 미묘한 변화

⊕subtly 團미묘하게

0715 ☐☐☐
diameter ^{★☆☆}
[daiǽmitər]

图 지름

We sell car wheels ranging in **diameter** from a foot to 2.5 feet.
우리는 지름이 1에서 2.5피트에 이르는 자동차 바퀴를 판매합니다.

0716 ☐☐☐
dramatically ^{★★☆}
[drəmǽtikəli]

團 크게, 극적으로

He says that two personal letters **dramatically** changed his life. 수능응용
그는 두 통의 개인적인 편지가 그의 인생을 크게 바꾸었다고 말한다.

⊕dramatic 圐1. 극적인 2. 인상적인

industrious vs. industrial

0717 ☐☐☐
industrious ★☆☆
[indʌ́striəs]

형 근면한, 부지런한

He is **industrious**, so he completes all of his work on time.
그는 부지런해서 모든 일을 제시간에 끝낸다.

0718 ☐☐☐
industrial ★★★
[indʌ́striəl]

형 1. 산업의, 공업의   2. 공업용의

The **industrial** waste contaminated the river. 수능응용
그 산업 폐기물이 그 강을 오염시켰다.

✛industry 명 산업 ✛industrialize 동 산업화하다[되다]

prey vs. pray

0719 ☐☐☐
prey ★★★
[prei]

명 1. 먹이   2. 희생(물)   동 ((on)) 잡아먹다, 희생물로 삼다

Small fish of the **prey** species are usually concentrated in compact units. 모평응용
먹이가 되는 종의 작은 물고기들은 보통 조밀한 단위로 모여 있다.

0720 ☐☐☐
pray ★★☆
[prei]

동 1. 기도하다, 빌다   2. 간절히 바라다

They **prayed** that their son's legs would somehow heal. 학평응용
그들은 아들의 다리가 어떻게든 낫기를 기도했다.

✛prayer 명 기도, 기도문

DAY 18

[1-24] 다음 단어의 뜻을 우리말로 쓰시오.

1	staple _____	13	habitual _____
2	coincidence _____	14	comply _____
3	adapt _____	15	viewpoint _____
4	realistic _____	16	relevant _____
5	correlate _____	17	coverage _____
6	radioactive _____	18	appeal _____
7	passionate _____	19	affirm _____
8	refresh _____	20	interplay _____
9	submit _____	21	congestion _____
10	article _____	22	cosmopolitan _____
11	controversial _____	23	aim _____
12	dramatically _____	24	disguise _____

[25-28] 다음 문장의 빈칸에 알맞은 단어를 쓰시오.

25 S_____ expressions of emotion are made through facial expression.
미묘한 감정 표현은 얼굴 표정을 통해 이루어진다.

26 We often fail to take a_____ measures to reduce potential losses from natural disasters.
우리는 흔히 자연재해로부터의 잠재적인 손실을 줄이기 위한 적절한 조치를 취하지 못한다.

27 The politician's scandals have a_____ a lot of traditional supporters.
그 정치인의 스캔들로 기존 지지자들이 많이 떨어져 나갔다.

28 He e_____ my weakness to win the election.
그는 선거에서 이기기 위해 내 약점을 이용했다.

[29-30] 괄호 안에서 알맞은 말을 고르시오.

29 The (industrial / industrious) waste contaminated the river.

30 Small fish of the (pray / prey) species are usually concentrated in compact units.

Answers

¹ 주된, 주요한; 스테이플러 침 ² 우연의 일치; 동시 발생; (생각 등의) 일치 ³ 적응하다; 조정하다; 각색하다 ⁴ 현실적인; 사실적인 ⁵ 연관성이 있다; 서로 연관시키다 ⁶ 방사성의; 방사능이 있는 ⁷ 열정적인, 열렬한 ⁸ 생기를 되찾게 하다; (잔을) 다시 채우다; ~의 기억을 새롭게 하다 ⁹ 제출하다; 굴복하다; 진술하다 ¹⁰ 글, 기사; 물품; 조항 ¹¹ 논란이 많은 ¹² 크게, 극적으로 ¹³ 습관적인, 상습적인 ¹⁴ 따르다, 응하다, 준수하다 ¹⁵ 관점, 시각 ¹⁶ 관련 있는, 적절한 ¹⁷ (방송·신문 등의) 보도; 범위 ¹⁸ 호소하다; 항소하다; 마음에 들다; 호소; 항소; 매력 ¹⁹ 단언하다, 확언하다 ²⁰ 상호 작용 ²¹ 혼잡; 막힘 ²² 세계적인, 국제적인; 범세계주의자 ²³ 목표로 삼다; 겨누다; 목표; 겨냥 ²⁴ 변장하다; 숨기다; 변장, 위장 ²⁵ Subtle ²⁶ appropriate ²⁷ alienated ²⁸ exploited ²⁹ industrial ³⁰ prey

DAY 19

클래스카드

0721 ☐☐☐
chunk ★★☆
[tʃʌŋk]

명 1. (두툼한) 덩어리 2. 상당히 많은 양

This means spending a large **chunk** of time on creative work. 모평응용
이것은 창조적인 일에 많은 시간을 할애하는 것을 의미한다.
· a **chunk** of 많은, 상당한 · a **chunk** of cheese 치즈 한 덩어리

✚ chunky 휑 두툼한, 덩어리가 있는

0722 ☐☐☐
garment ★☆☆
[gɑ́ːrmənt]

명 옷, 의복

Before producing the **garment**, you have to take your measurements.
옷을 만들기 전에, 너는 네 치수를 재야 한다.

0723 ☐☐☐
arouse ★★☆
[əráuz]

동 1. 불러일으키다 2. 깨우다

The story **aroused** an empathetic reaction in us. 수능응용
그 이야기는 우리의 공감 반응을 불러일으켰다.
· be **aroused** from a sleep 잠에서 깨다

0724 ☐☐☐
landscape ★★★
[lǽndskèip]

명 1. 풍경, 경치 2. 풍경화, 산수화 동 조경하다

We were amazed by the beauty of the rural **landscape**.
우리는 시골 경치의 아름다움에 놀랐다.
· a **landscape** painter 풍경화가

0725 ☐☐☐
instantaneous ★★☆
[ìnstəntéiniəs]

휑 즉각적인

Information is so accessible and communication is **instantaneous**. 모평응용
정보는 접근하기 매우 쉽고 의사소통은 즉각적으로 이루어진다.
· an **instataneous** response 즉각적인 반응

✚ instantaneously 휑 즉각적으로

0726 ☐☐☐
erode ★☆☆
[iróud]

동 1. 침식되다, 침식시키다 2. 약화되다, (서서히) 약화시키다

After years of hard rain, much of the soil had **eroded**.
몇 년간의 폭우 후 토양의 많은 부분이 침식되었다.

✚ erosion 명 1. 침식, 부식 2. 약화, 감소

0727 ☐☐☐
tide ★★☆
[taid]

명 1. 조수(의 간만), 조류 2. (여론의) 흐름 3. 풍조, 경향

Why does the ocean have **tides**? 모평응용
왜 바다에는 조류가 발생하는가?
· go with the **tide** 세상의 풍조(風潮)를 따르다

0728 ☐☐☐
sparkling ★★☆
[spáːrkliŋ]

형 1. 반짝이는 2. 거품이 이는, 탄산이 든 3. 재기 넘치는

Along the coast of British Columbia lies a land of forest green and **sparkling** blue. 모평응용
British Columbia 해안을 따라 녹색과 반짝이는 푸른색의 육지가 펼쳐진다.
· **sparkling** mineral water 탄산이 든 광천수
· a **sparkling** personality 재기 넘치는 인물

⊕ sparkle 동 반짝이다 명 반짝거림, 광채

0729 ☐☐☐
foremost ★☆☆
[fɔ́ːrmòust]

형 1. 가장 중요한, 으뜸가는 2. 맨 앞의, 선두의

Ensuring the safety of the passengers is our **foremost** responsibility.
승객의 안전을 보장하는 것이 우리의 가장 중요한 책무이다.
· the **foremost** expert 최고 전문가

0730 ☐☐☐
toddler ★★☆
[tádlər]

명 걸음마를 배우는 아이

This place will be fun, educational, and most importantly safe for the **toddlers**. 모평응용
이곳은 걸음마를 배우는 아이들에게 재미있고, 교육적이며, 무엇보다 안전한 곳이 될 것입니다.

0731 ☐☐☐
connect ★★★
[kənékt]

동 1. 잇다, 연결하다 2. 관련짓다 3. 접속하다

The bridge was built to **connect** the island to the mainland.
그 다리는 섬을 본토와 연결하기 위해 지어졌다.
· **connect** to the Internet 인터넷에 접속하다

⊕ connection 명 1. 연결 2. 관련성 3. 접속
⊕ connected 형 1. 연결된 2. 관련이 있는

0732 ☐☐☐
cheat ★★☆
[tʃiːt]

동 1. 부정행위를 하다 2. 속이다 (유 deceive) 명 사기(꾼)

He **cheated** on the test by looking at others' tests.
그는 시험에서 다른 사람들의 시험지를 보는 부정행위를 했다.

0733 ☐☐☐
durable ★☆☆
[djúːərəbl]

형 내구성이 있는, 오래가는

Users want their products to be **durable** and strong. 학평응용
사용자들은 제품이 내구성이 있고 튼튼하길 원한다.

⊕ durability 명 내구성, 내구력   ⊕ duration 명 지속 시간[기간]

0734 ☐☐☐
proportion ★★★
[prəpɔ́ːrʃən]

명 1. 비율, 부분 2. 균형 3. ((~s)) 크기, 정도

A large **proportion** of agricultural land was left completely uncultivated. 모평응용
농지의 많은 부분이 전혀 경작되지 않은 채 놓여 있었다.

· a sense of **proportion** (일의 경중을 판단하는) 균형 감각

⊕ proportional 형 1. 비례하는 2. 균형 잡힌

0735 ☐☐☐
realm ★★☆
[relm]

명 1. (지식·활동 등의) 영역, 범위 2. 왕국

In the **realm** of psychology, she is a pretty famous professor.
심리학의 영역에서 그녀는 꽤 유명한 교수이다.

0736 ☐☐☐
diverge ★☆☆
[divə́ːrdʒ]

동 갈라지다, 나뉘다

The two species **diverged** from the same ancestor.
그 두 종은 같은 조상에서 갈라져 나왔다.

⊕ divergence 명 갈라져 나오기, 분화

0737 ☐☐☐
drift ★★☆
[drift]

동 1. 표류하다, 떠돌다 2. 이동하다 명 1. 퇴적(물) 2. 흐름, 경향

She lay on her back and watched the clouds **drift** by.
그녀는 등을 대고 누워 구름이 떠가는 것을 보았다.

· the **drift** of public opinion 여론의 동향

0738 ☐☐☐
shift ★★★
[ʃift]

명 1. 변화 2. 교대 근무 동 1. 옮기다, 바꾸다 2. (의견 등이) 바뀌다

With that one crucial **shift** in thinking, my whole attitude changed. 모평응용
그 하나의 중요한 생각의 변화로, 내 모든 태도가 바뀌었다.

· a night/day **shift** 야간/주간 교대 근무

0739 ☐☐☐

aural ★★☆
[ɔ́ːrəl]

형 청각의

Most world music is still basically **aural.** 모평응용
대부분의 세계 음악은 여전히 기본적으로는 청각적이다.
· **aural** and visual images 청각 및 시각적 이미지

⊕ aurally 부 청각적으로

0740 ☐☐☐

foe ★☆☆
[fou]

명 적(敵), 상대 (⊕ enemy)

She defeated her **foe** and became the new champion.
그녀는 상대를 물리치고 새로운 챔피언이 되었다.
· friend and **foe** 아군과 적

0741 ☐☐☐

favorable ★★☆
[féivərəbl]

형 1. 호의적인 (⊕ unfavorable) 2. 유리한

The negotiations have progressed smoothly in a **favorable** atmosphere. 수능응용
협상은 우호적인 분위기에서 순조롭게 진행되었다.
· **favorable** conditions 유리한 조건

⊕ favor 명 1. 호의 2. 지지 동 1. 호의를 보이다 2. 선호하다

0742 ☐☐☐

violate ★★☆
[váiəlèit]

동 1. 어기다, 위반하다 2. 침해하다

We feel guilty when our conduct **violates** moral principles. 수능응용
우리는 우리 행동이 도덕 원칙을 어길 때 죄책감을 느낀다.
· **violate** one's privacy ~의 사생활을 침해하다

⊕ violation 명 1. 위반 2. 침해

0743 ☐☐☐

gracious ★☆☆
[gréiʃəs]

형 1. 자애로운, 너그러운 2. 품위 있는, 우아한

She was **gracious** enough to forgive their mistakes.
그녀는 그들의 실수를 용서해줄 정도로 자애로웠다.

⊕ grace 명 우아함, 품위

0744 ☐☐☐

ritual ★★☆
[rítʃuəl]

명 1. (종교적) 의식 2. 의례적인 일 형 1. 의식적인 2. 의례적인

The priest performed a **ritual** at the ceremony. 수능응용
그 신부는 행사에서 종교의식을 거행했다.

⊕ ritually 부 1. 의식에 따라 2. 의식적으로 ⊕ ritualize 동 의례적으로 하다

0745 ☐☐☐
graduate ***
[grǽdʒueit]

통 졸업하다　명 [grǽdʒuət] (대학) 졸업생

John **graduated** from college with a master's degree in education. 학평응용
John은 교육학 석사 학위를 받고 대학을 졸업했다.

· a **graduate** in business administration 경영학 전공 대졸자

⊕graduation 명 1. 졸업　2. 졸업식

0746 ☐☐☐
segment **☆
[ségmənt]

명 1. 부분　2. 조각　통 [ségment] 나누다, 분할하다

He showed me two line **segments**, and asked which line is longer. 수능응용
그는 나에게 끈 두 조각을 보여주고, 어느 끈이 더 긴지 물었다.

⊕segmented 형 부분으로 나누어진　⊕segmentation 명 분할(된 부분)

0747 ☐☐☐
expedition *☆☆
[èkspidíʃən]

명 1. 원정(대), 탐험(대)　2. (짧은) 여행 (㈜ trip)

When Napoleon invaded Egypt, some scholars accompanied the **expedition**. 수능응용
나폴레옹이 이집트를 침략했을 때, 몇몇 학자들이 그 원정에 동행했다.

· go on an **expedition** 원정을 떠나다, 탐험 여행을 하다

0748 ☐☐☐
execute **☆
[éksəkjùːt]

통 1. 처형하다　2. 실시하다, 실행하다 (㈜ implement)

The serial killer was **executed** for his crimes.
그 연쇄 살인범은 그의 죄로 처형되었다.

⊕execution 명 1. 처형　2. 실행, 실시　⊕executable 형 실행 가능한

0749 ☐☐☐
retail ***
[ríːtèil]

명 소매(小賣)　통 1. (특정 가격에) 팔리다　2. 소매하다

He ran a **retail** shoe store near my house. 학평응용
그는 우리 집 근처에서 구두 소매상을 운영했다.

⊕retailer 명 소매상, 소매업, 소매 상점

0750 ☐☐☐
textile **☆
[tékstail]

명 1. 직물, 옷감　2. ((~s)) 섬유 산업

Textiles and clothing function as a protector of our body. 모평응용
옷감과 옷은 우리의 몸을 보호하는 기능을 한다.

· the **textile** industry 섬유 산업

0751 □□□
excel ★☆☆
[iksél]

동 뛰어나다, 탁월하다

He **excels** at research, using logic to conquer complex problems. 모평응용
그는 연구에 뛰어난데, 복잡한 문제를 해결하기 위해 논리를 사용한다.

⊕excellent 형뛰어난, 우수한 ⊕excellence 명뛰어남, 아주 우수함

0752 □□□
grant ★★★
[grænt]

동 1. (정식으로) 주다, 수여하다 2. 승인하다 명 보조금, 지원금

The company has **granted** him access to its database.
그 회사는 그에게 회사 데이터베이스에 접속할 수 있는 권한을 주었다.
· take ~ for **granted** ~을 당연시하다
· **grant** one's request for a raise ~의 임금 인상 요청을 승인하다 학평응용

0753 □□□
subordinate ★★☆
[səbɔ́ːrdənət]

명 부하, 하급자 형 1. (지위가) 하위의 2. 부수적인 (㈞secondary)
동 [səbɔ́ːrdənèit] 경시하다

The **subordinates** gazed at the queen at a distance. 수능응용
그 부하들은 그 여왕을 멀리서 바라봤다.

⊕subordination 명1. 하위, 종속 2. 경시함

0754 □□□
egocentric ★☆☆
[ìːgouséntrik]

형 자기중심의, 이기적인 (㈞self-centered)

When you are making moral decisions, **egocentric** strategies backfire. 모평응용
도덕적인 결정을 내릴 때 이기적인 전략은 역효과를 낸다.

⊕egocentricity 명1. 자기중심적임 2. 자기 본위

0755 □□□
politics ★★★
[pálitiks]

명 1. 정치 2. 정치적 견해 3. 정치학 (㈞political science)

Ancient Greek thinkers laid the foundations for modern Western **politics**, philosophy, and science. 모평응용
고대 그리스 사상가들은 현대 서양 정치, 철학, 그리고 과학의 토대를 마련했다.

⊕political 형1. 정치적인 2. 정치에 관심이 있는 ⊕politician 명정치인, 정치가

0756 □□□
earnestly ★☆☆
[ɔ́ːrnistli]

부 1. 진지하게, 진정으로 2. 열심히, 열성적으로

He devoted himself **earnestly** to photographing the birth of his child. 수능응용
그는 아이의 탄생 사진을 찍는 데 진지하게 몰두했다.

⊕earnest 형1. 진지한, 진심 어린 2. 열성적인, 간절한

popularity vs. population

0757 ☐☐☐
popularity ★★☆
[pὰpjulǽrəti]

명 인기

This film has gained widespread **popularity** around the world.
이 영화는 세계적으로 널리 인기를 얻고 있다.

0758 ☐☐☐
population ★★★
[pὰpjuléiʃən]

명 1. 인구수, 개체 수 2. 주민

Less than half of the world's **population** has access to the Internet. 모평응용
세계 인구의 절반이 안 되는 사람들이 인터넷에 접속한다.

· **population** growth 인구 증가

⊕ populate 통 1. 살다, 거주하다 2. 이주시키다

respectful vs. respective

0759 ☐☐☐
respectful ★★☆
[rispéktfəl]

형 존경심을 보이는, 공손한 (반 disrespectful)

He gave a **respectful** bow to his elders.
그는 어른들에게 정중한 인사를 했다.

⊕ respect 명 1. 존경 2. 배려, 존중 통 존경하다, 존중하다

0760 ☐☐☐
respective ★★☆
[rispéktiv]

형 각자의, 각각의

They will meet tomorrow with their **respective** lawyers. 모평응용
그들은 각자의 변호사와 함께 내일 만날 것이다.

⊕ respectively 부 각각

DAY 19

[1-24] 다음 단어의 뜻을 우리말로 쓰시오.

1	chunk		13	politics
2	proportion		14	erode
3	retail		15	favorable
4	egocentric		16	ritual
5	garment		17	shift
6	tide		18	expedition
7	diverge		19	excel
8	execute		20	gracious
9	durable		21	arouse
10	instantaneous		22	segment
11	aural		23	drift
12	grant		24	foremost

[25-28] 다음 문장의 빈칸에 알맞은 단어를 쓰시오.

25 In the r_____ of psychology, she is a pretty famous professor.
심리학의 영역에서 그녀는 꽤 유명한 교수이다.

26 We feel guilty when our conduct v_____ moral principles.
우리는 우리 행동이 도덕 원칙을 어길 때 죄책감을 느낀다.

27 He c_____ on the test by looking at others' tests.
그는 시험에서 다른 사람들의 시험지를 보는 부정행위를 했다.

28 The s_____ gazed at the queen at a distance.
그 부하들은 여왕을 멀리서 바라봤다.

[29-30] 괄호 안에서 알맞은 말을 고르시오.

29 This film has gained widespread (population / popularity) around the world.

30 He gave a (respective / respectful) bow to his elders.

Answers

¹ 덩어리; 상당히 많은 양 ² 비율; 균형; 크기, 정도 ³ 소매(小賣); (특정 가격에) 팔리다, 소매하다 ⁴ 자기중심의, 이기적인 ⁵ 옷, 의복 ⁶ 조수, 조류; (여론의) 흐름; 풍조 ⁷ 갈라지다, 나뉘다 ⁸ 처형하다; 실시하다 ⁹ 내구성이 있는, 오래가는 ¹⁰ 즉각적인 ¹¹ 청각의 ¹² 수여하다; 승인하다; 보조금 ¹³ 정치; 정치적 견해; 정치학 ¹⁴ 침식되다, 침식시키다; 약화되다, 약화시키다 ¹⁵ 호의적인; 유리한 ¹⁶ (종교적) 의식; 의례적인 일; 의식적인, 의례적인 ¹⁷ 변화; 교대근무, 옮기다; (의견 등이) 바뀌다 ¹⁸ 원정(대), 탐험(대); (짧은) 여행 ¹⁹ 뛰어나다, 탁월하다 ²⁰ 자애로운; 품위 있는 ²¹ 불러일으키다; 깨우다 ²² 부분; 조각; 나누다 ²³ 표류하다, 떠돌다; 이동하다; 퇴적(물); 흐름 ²⁴ 가장 중요한, 으뜸가는; 맨 앞의 ²⁵ realm ²⁶ violates ²⁷ cheated ²⁸ subordinates ²⁹ popularity ³⁰ respectful

DAY 20

클래스카드

DAY 20

0761 ☐☐☐
impersonal ★☆☆
[impə́:rsənəl]

혱 1. 인간미 없는, 냉담한 2. 개인적인 것이 개입되지 않은 (맨 personal)

Some people dislike email because they feel it is **impersonal**.
어떤 사람들은 인간미가 없다고 이메일을 좋아하지 않는다.

⊕ impersonally 閂 인간미 없게, 냉담하게

0762 ☐☐☐
certificate ★★★
[sərtífikit]

몡 자격증, 수료증, 증명서

After completing the course, they received their graduation
certificates. 〔수능응용〕
과정을 마친 후 그들은 졸업장을 받았다.
· a gift **certificate** 상품권, 경품권

0763 ☐☐☐
incompatible ★☆☆
[ìnkəmpǽtəbl]

혱 1. (성격이) 안 맞는 (맨 compatible) 2. 양립할 수 없는 3. 호환이 안 되는

The partners were utterly **incompatible**, so they ended their
partnership.
그 파트너들은 극도로 맞지 않아서 동업 관계를 끝냈다.

0764 ☐☐☐
contradict ★★☆
[kɑ̀ntrədíkt]

동 1. 반박하다, 부정하다 2. 모순되다, 상반되다

The two ideas directly **contradict** one another. 〔학평응용〕
그 두 생각은 서로 직접적으로 모순된다.
· two **contradicting** statements 두 개의 상반되는 진술

⊕ contradiction 몡 1. 반박, 부정 2. 모순
⊕ contradictory 혱 모순되는, 상반되는

0765 ☐☐☐
artificial ★★★
[ɑ̀:rtəfíʃəl]

혱 1. 인공의, 인조의 (맨 natural) 2. 인위적인 3. 거짓된, 꾸민

The farmer keeps livestock in the barn and uses **artificial**
lighting. 〔학평응용〕
그 농부는 헛간에서 가축을 기르며 인공조명을 사용한다.
· **artificial** intelligence 인공 지능(AI)

⊕ artificially 閂 인위적으로

0766 ☐☐☐
infancy ★☆☆
[ínfənsi]

몡 1. 유아기 2. (사업 등의) 초창기

Growth is the process of human development from **infancy** to
adulthood. 〔모평응용〕
성장이란 유아기에서 성인기까지의 인간 발달 과정이다.
· in **infancy** 유아기에

⊕ infant 혱 1. 유아의 2. 초창기의 몡 유아

0767 ☐☐☐
depress ★★☆
[diprés]

동 1. 우울하게 하다 2. 침체시키다 3. 하락시키다

It **depresses** me to see so many children die of hunger.
너무 많은 아이들이 굶주림으로 죽는 것을 보는 것은 나를 우울하게 한다.

· **depress** a market 시장을 침체시키다

⊕depressed 형1. 낙담한 2. 침체된 ⊕depression 명1. 우울 2. 불경기

0768 ☐☐☐
estimate ★★★
[éstəmèit]

동 평가하다, 추정하다 명 [éstəmət] 1. 추정(치), 평가 2. 견적서

For children it is difficult to **estimate** the consequences of their actions. 수능응용
아이들에게 자기 행동의 결과를 가늠하기란 쉽지 않다.

· a rough **estimate** 대략적인 추정치

⊕estimated 형견적의, 추측의 ⊕estimation 명1. 판단, 평가 2. 평가치

0769 ☐☐☐
seal ★★☆
[siːl]

동 1. 밀봉[밀폐]하다 2. 봉[봉인]하다 명 1. 도장 2. 봉인 3. 물개

Farmers protected the seeds from animals by **sealing** them in pots. 모평응용
농부들은 씨앗들을 항아리에 밀봉하여 동물들로부터 보호했다.

· **seal** an envelope 봉투를 봉하다

0770 ☐☐☐
intimidate ★☆☆
[intímidèit]

동 위협하다, 겁주다

They tried to **intimidate** me, but I didn't care and ignored them.
그들은 나를 위협하려 했지만 나는 신경 쓰지 않고 그들을 무시해버렸다.

⊕intimidation 명협박, 위협 ⊕intimidating 형위협적인

0771 ☐☐☐
strip ★★☆
[strip]

동 1. 옷을 벗다 (⑨undress) 2. (껍질 등을) 벗기다 명 가느다란 조각

By the end of the Roman Imperium, Italy had been **stripped** of forest cover. 수능응용
로마제국 말기에는 이탈리아를 덮고 있던 삼림이 벌채되었다.

· a **strip** of material 가느다란 천 조각 하나

0772 ☐☐☐
arise ★★★
[əráiz]
(arose – arisen)

동 발생하다, 일어나다

We canceled our plans because an unexpected problem **arose**.
예상치 못한 문제가 발생했기 때문에 우리는 계획을 취소했다.

0773 ☐☐☐
vigorous ★★☆
[vígərəs]

형 1. (논쟁 등이) 활발한, 격렬한 2. (사람 등이) 혈기 왕성한, 건강한

Get **vigorous** exercise three days a week to stay healthy.
건강을 유지하기 위해 일주일에 3일은 격렬한 운동을 하라.

⊕ vigor 명 정력, 힘, 활기

0774 ☐☐☐
mold ★☆☆
[mould]

명 1. 거푸집, 틀 2. 곰팡이 동 (틀에 넣어) 만들다

The sculptor poured the concrete into a **mold**.
그 조각가는 틀에 콘크리트를 부었다.
· protect the plant against **mold** 식물을 곰팡이로부터 보호하다 학평응용

0775 ☐☐☐
guilty ★★☆
[gílti]

형 1. 죄책감이 드는 2. 유죄의 (반 innocent)

All the cups were broken, so Kate felt **guilty** for her negligence. 수능응용
모든 컵이 깨져서 Kate는 자신의 부주의함에 죄책감을 느꼈다.
· find ~ **guilty** of ~에게 유죄 판결을 내리다

⊕ guilt 명 1. 죄책감, 죄의식 2. 유죄

0776 ☐☐☐
shrink ★★☆
[ʃriŋk]
(shrank/shrunk – shrunk)

동 1. 줄다, 오그라들다 2. (규모·양이) 감소하다 3. 움츠러들다

This shirt will not **shrink** if washed with warm water. 수능응용
이 셔츠는 따뜻한 물에 세탁해도 줄지 않는다.

⊕ shrinkage 명 1. 감소, 위축 2. 감소량

0777 ☐☐☐
liable ★☆☆
[láiəbl]

형 1. ~하기 쉬운, ~하는 경향이 있는 2. 책임이 있는

If you punish children too severely, they are **liable** to rebel.
아이들을 너무 심하게 벌준다면 그들은 반항하기 쉽다.

⊕ liability 명 1. 의무, 책임 2. 부채, 채무

0778 ☐☐☐
executive ★★☆
[igzékjutiv]

명 1. (회사의) 경영진, 간부 2. ((the)) 행정부 형 경영의, 간부의

Executives should present their vision for the company in detail. 모평응용
경영진은 회사를 위한 그들의 비전을 자세히 제시해야 한다.

⊕ execute 동 1. 처형하다 2. 실시하다, 실행하다

0779 ☐☐☐

eventually ★★★

[ivéntʃuəli]

🔢 결국, 마침내 (⊕ finally, at last)

It took me a long time, but I **eventually** got into that university. 모평응용

오랜 시간이 걸렸지만, 나는 결국 그 대학에 진학했다.

⊕ eventual 혱 최후[최종]의

0780 ☐☐☐

resume ★★☆

[rizjú:m]

🔢 1. 재개하다, 다시 시작하다 2. 다시 돌아가다 몡 [rézumèi] 이력서

She **resumed** work after the baby was born.

그녀는 아기가 태어난 후에 일을 다시 시작했다.

0781 ☐☐☐

gratitude ★☆☆

[grǽtitjùːd]

몡 고마움, 감사, 감사하는 마음 (⊜ ingratitude)

I would like to express my **gratitude** to everyone who made a donation.

기부해주신 모든 분께 제 고마움을 표하고 싶습니다.

· with **gratitude** 감사하여

⊕ grateful 혱 감사하는, 고맙게 여기는

0782 ☐☐☐

suspend ★★☆

[səspénd]

🔢 1. 잠시 중단하다 2. 정직[정학]시키다 3. 매달다

The factory has **suspended** production due to lack of demand.

공장은 수요 부족 때문에 생산을 잠시 중단했다.

· be **suspended** from school 정학당하다

⊕ suspension 몡 1. 중지, 중단 2. 정직, 정학

0783 ☐☐☐

domain ★★★

[douméin]

몡 1. 영역, 범위 2. 소유지 3. 도메인

Many tribes do not view political power as the valuable **domain**. 수능응용

많은 부족이 정치 권력을 가치 있는 영역으로 여기지 않는다.

· the public **domain** (사회적) 공유, 공유재산

0784 ☐☐☐

hygiene ★☆☆

[háidʒiːn]

몡 위생, 위생 상태

People live longer now because they have better **hygiene**.

사람들은 위생 상태가 더 좋아져서 이제 더 오래 산다.

· oral[dental] **hygiene** 구강 위생

⊕ hygienic 혱 위생의

0785 ☐☐☐
inhibit *******
[inhíbit]

图 1. 억제하다, 저해하다 2. 못하게 하다

Digital devices may subtly **inhibit** reading comprehension. 확평응용
디지털 기기들은 미묘하게 독해력을 저해할 수 있다.

0786 ☐☐☐
annual *******
[ǽnjuəl]

图 1. 매년의, 연례의 2. 연간의, 한 해의

We will be hosting our 7th **Annual** Art Exhibition for one week. 수능응용
저희는 제7회 연례 예술 전시회를 일주일간 개최할 것입니다.
· average **annual** rainfall 연평균 강우량

✚**annually** 閉 매년, 해마다

0787 ☐☐☐
dispose *******
[dispóuz]

图 1. ((of)) 처리하다, 처분하다 2. 배치하다

She **disposed** of the chemicals carefully after the experiment ended.
그녀는 실험이 끝난 후 그 화학약품들을 조심스럽게 처분했다.

✚**disposal** 명 처리, 처분, 폐기 ✚**disposable** 형 일회용의

0788 ☐☐☐
linkage *******
[líŋkidʒ]

명 1. 연결 2. 관련(성) (㈜connection)

This thesis is about the **linkage** between laughter and health.
이 논문은 웃음과 건강의 연관성에 관한 것이다.

✚**link** 图 1. 연결하다 2. 관련짓다 명 1. 관련(성) 2. 연결

0789 ☐☐☐
consent *******
[kənsént]

图 동의하다, 허락하다 명 1. 승낙, 동의 (㈜assent 만dissent) 2. 합의

Her parents did not **consent** to the doctor's suggestion. 학평응용
그녀의 부모는 그 의사의 제안에 동의하지 않았다.
· written **consent** 서면 동의, 동의서

✚**consensus** 명 의견 일치, 합의

0790 ☐☐☐
rage *******
[reidʒ]

명 분노, 격노 图 몹시 화를 내다

His **rage** is drawn from memories of his humiliating defeat. 수능응용
그의 분노는 자신의 수치스러운 패배의 기억에서 비롯된다.
· cry with **rage** 분해서 울다

0791 ☐☐☐

indispensable ★☆☆
[ìndispénsəbl]

형 필수적인, 없어서는 안 될 (⊕ dispensable)

Science is an **indispensable** source of information for contemporary writers. 모평응용
과학은 현대 작가들에게 필수적인 정보원이다.

0792 ☐☐☐

stroke ★★☆
[strouk]

명 1. 뇌졸중 2. (반복 운동의) 한 동작 3. 치기, 때리기 동 쓰다듬다

After suffering a **stroke**, he could no longer move his right arm.
뇌졸중을 겪은 후, 그는 더 이상 오른팔을 움직일 수 없었다.
· **stroke** one's hair ~의 머리를 쓰다듬다

0793 ☐☐☐

assign ★★★
[əsáin]

동 1. 할당하다, 배정하다, 부과[부여]하다 2. 선임하다, 임명하다

He **assigned** us an essay about why the Roman Empire fell. 모평응용
그는 우리에게 로마제국이 왜 몰락했는지에 대한 에세이 과제를 부과했다.

⊕assignment 명 1. 임무 2. 과제 3. 할당, 배정

0794 ☐☐☐

accuse ★★☆
[əkjú:z]

동 1. 고발[고소]하다, 기소하다 2. 비난하다

The prosecutor **accused** them of robbing the bank.
검사는 은행 강도 혐의로 그들을 기소했다.

⊕accusation 명 1. 고발, 고소 2. 비난

0795 ☐☐☐

minister ★☆☆
[mínistər]

명 1. 장관, 각료 2. 성직자, 목사

The **minister** of finance announced the new budget.
재무부 장관은 새 예산안을 발표했다.
· the prime **minister** 국무총리

0796 ☐☐☐

panic ★★☆
[pǽnik]

동 공포에 질리다 명 1. (갑작스러운) 공포 2. 공황 상태

Don't **panic**. Just follow our directions. 수능응용
겁먹지 마세요. 저희 지시만 따르세요.
· in (a) **panic** 겁에 질려

genuine vs. genius

0797 ☐☐☐

genuine ★★☆
[ʤénjuin]

형 1. 진짜의, 진품의 (반 fake)   2. 진실한, 진심의

The artwork proved to be a **genuine** Vincent van Gogh.
그 미술품은 진짜 빈센트 반 고흐의 것으로 판명되었다.

➕genuinely 부정말로, 진정으로

0798 ☐☐☐

genius ★★☆
[ʤíːnjəs]

명 1. 천재   2. 천재성   3. 특별한 재능

Geniuses are not necessarily successful in life. 　모평응용

천재들이 반드시 인생에서 성공하는 것은 아니다.
· the **genius** of Mozart 모차르트의 천재성

conscience vs. conscious

0799 ☐☐☐

conscience ★★☆
[kánʃəns]

명 1. 양심   2. (양심의) 가책

Follow your own **conscience**, whatever they say.
그들이 뭐라고 하든 너 자신의 양심에 따라라.

0800 ☐☐☐

conscious ★★☆
[kánʃəs]

형 1. 의식하는, 지각하는 (반 unconscious)   2. 의식이 있는

(반 unconscious)

He is too **conscious** of the opinions of others.
그는 다른 사람들의 의견을 지나치게 의식한다.

➕consciousness 명의식, 자각   ➕consciously 부의식적으로

DAY 20

[1-24] 다음 단어의 뜻을 우리말로 쓰시오.

1 vigorous	_____	13 arise	_____
2 intimidate	_____	14 dispose	_____
3 inhibit	_____	15 seal	_____
4 artificial	_____	16 executive	_____
5 incompatible	_____	17 accuse	_____
6 strip	_____	18 gratitude	_____
7 hygiene	_____	19 indispensable	_____
8 shrink	_____	20 rage	_____
9 contradict	_____	21 guilty	_____
10 domain	_____	22 suspend	_____
11 annual	_____	23 depress	_____
12 liable	_____	24 resume	_____

[25-28] 다음 문장의 빈칸에 알맞은 단어를 쓰시오.

25 It took me a long time, but I e_____ got into that university.
오랜 시간이 걸렸지만, 나는 결국 그 대학에 진학했다.

26 For children, it is difficult to e_____ the consequence of their actions.
아이들에게 자기 행동의 결과를 가늠하기란 쉽지 않다.

27 He a_____ us an essay about why the Roman Empire fell.
그는 우리에게 로마제국이 왜 몰락했는지에 대한 에세이 과제를 부과했다.

28 Her parents did not c_____ to the doctor's suggestion.
그녀의 부모는 그 의사의 제안에 동의하지 않았다.

[29-30] 괄호 안에서 알맞은 말을 고르시오.

29 The artwork proved to be a (genius / genuine) Vincent van Gogh.

30 He is too (conscious / conscience) of the opinions of others.

Answers

[1] (논쟁 등이) 활발한; 혈기 왕성한 [2] 위협하다, 겁주다 [3] 억제하다; 못하게 하다 [4] 인공의; 인위적인; 거짓된 [5] (성격이) 안 맞는; 양립할 수 없는; 호환이 안 되는 [6] 옷을 벗다; (껍질 등을) 벗기다; 가느다란 조각 [7] 위생 (상태) [8] 줄다; 감소하다; 움츠러들다 [9] 반박하다; 모순되다 [10] 영역; 소유지; 도메인 [11] 매년의; 연간의 [12] ~하기 쉬운, ~하는 경향이 있는; 책임이 있는 [13] 발생하다, 일어나다 [14] 처리하다; 배치하다 [15] 밀봉하다; 봉인하다; 도장, 봉인; 물개 [16] 경영진; 행정부; 경영의 [17] 고발하다; 비난하다 [18] 고마움, 감사하는 마음 [19] 필수적인, 없어서는 안 될 [20] 분노; 몹시 화를 내다 [21] 죄책감이 드는; 유죄의 [22] 잠시 중단하다; 정직시키다; 매달다 [23] 우울하게 하다; 침체시키다; 하락시키다 [24] 재개하다; 다시 돌아가다; 이력서 [25] eventually [26] estimate [27] assigned [28] consent [29] genuine [30] conscious

독해 필수 다의어

□□□
degree
[digríː]

명 1. (온도계 등의) 도 2. 정도, 수준 3. 학위

¹ Set the indoor temperature at either 22 or 23 **degrees**.
실내 온도를 22도나 23도에 맞춰라.

² This job demands a high **degree** of skill.
이 일은 고도의 기술을 요한다.

³ He has a master's **degree** in engineering.
그는 공학 분야에 석사 학위가 있다.

□□□
respect
[rispékt]

명 동 1. 존경(하다) 2. 존중(하다) 명 3. 점, 대목

¹ The students of the school **respect** their teacher.
그 학교 학생들은 그들의 선생님을 존경한다.

² My parents **respect** my decisions without question.
나의 부모님께서는 내 결정을 의심 없이 존중해 주신다.

³ In many **respects**, the twins are different.
많은 점에서 그 쌍둥이들은 다르다.

⊕ respected 형 존경받는 ⊕ respectable 형 존경할만한, 훌륭한

□□□
suit
[suːt]

동 1. 어울리다 2. 적합하다 명 3. 정장 (한 벌) 4. 소송

¹ That red coat really **suits** you.
저 빨간색 코트는 너에게 정말 잘 어울린다.

² This exercise **suits** people with knee problems.
이 운동은 무릎에 이상이 있는 사람들에게 적합하다.

³ She bought a new **suit** for the job interview.
그녀는 취업 면접을 위해 새 정장을 샀다.

⁴ The lawyer lost a **suit** last week.
그 변호사는 지난주에 소송에서 패했다.

⊕ suitable 형 적당한, 적절한

0801 ☐☐☐
slope ★★☆
[sloup]

명 경사지, 비탈 (⑪incline) 동 경사지다, 기울어지다

Skiers went to the edge of a difficult **slope**. 수능응용
스키 타는 사람들은 급경사의 끝까지 갔다.
· a steep **slope** 가파른 경사

0802 ☐☐☐
surplus ★☆☆
[sə́ːrplʌs]

명 1. 나머지, 여분, 과잉 (⑪excess) 2. 흑자 형 과잉의, 잉여의

Sales were less than expected, so the store has a large **surplus** of products.
판매량이 예상했던 것보다 적어서, 그 가게는 남는 제품이 많다.
· a budget **surplus** 잉여 예산

0803 ☐☐☐
reside ★★☆
[rizáid]

동 살다, 거주하다

In the past, the royal family **resided** in a large palace. 수능응용
과거에 그 왕족은 큰 궁에 살았다.

❶resident 명거주민 ❶residence 명1. 거주 2. 주택, 거주지

0804 ☐☐☐
presence ★★★
[prézəns]

명 (그 자리에) 있음, 존재, 참석 (⑪absence)

This test will reveal the **presence** of toxins in the sample.
이 실험은 그 샘플에 독이 있는지 밝혀낼 것이다.

❶present 형 (그 자리에) 있는, 참석한

0805 ☐☐☐
adolescent ★★☆
[æ̀dəlésənt]

명 청소년 형 청소년기의

Most **adolescents** suffer from chronic sleep deprivation. 수능응용
대부분의 청소년이 만성적인 수면 부족을 겪는다.

❶adolescence 명청소년기

0806 ☐☐☐
roam ★☆☆
[roum]

동 1. 돌아다니다, 배회하다 2. (시선이) 천천히 훑다

Lions once **roamed** the countryside attacking villagers. 모평응용
사자들이 한때 마을 사람들을 공격하며 시골을 돌아다녔다.

0807 □□□
legitimate ★★☆
[lidʒítəmət]

형 1. 타당한, 합당한 (㈜reasonable) 2. 합법적인

I have a **legitimate** reason for being late today.
나는 오늘 늦은 타당한 이유가 있다.
· the **legitimate** government 합법 정부

0808 □□□
depict ★★☆
[dipíkt]

동 1. (그림으로) 그리다, 묘사하다 2. (말로) 묘사하다

He **depicted** humorous crowd scenes in various locations, including a beach and a train station. 모평응용
그는 해변과 기차역을 포함하여 다양한 장소에 있는 재미있는 군중 장면을 묘사하였다.

❍ depiction 명 묘사, 서술

0809 □□□
surpass ★☆☆
[sərpǽs]

동 능가하다, 뛰어넘다

The city's population will **surpass** 10 million by the year 2030. 수능응용
2030년에는 그 도시의 인구가 1,000만 명을 넘을 것이다.
· **surpass** expectations 기대를 넘어서다

0810 □□□
finance ★★☆
[fáinæns]

명 1. 재무, 재정 2. ((~s)) 자금 동 자금을 대다 (㈜fund)

A professional accountant is in charge of the company's **finances**. 모평응용
전문 회계사가 그 회사의 재무를 맡고 있다.
· be **financed** by borrowing 대출에 의해 자금이 충당되다 모평응용

❍ financial 형 재무의, 재정의 ❍ financing 명 자금 조달

0811 □□□
notion ★★★
[nóuʃən]

명 개념, 관념, 생각 (㈜idea)

The **notion** of success varies from person to person.
성공에 대한 개념은 사람에 따라 다르다.

❍ notional 형 개념상의, 관념적인

0812 □□□
guardian ★★☆
[gáːrdiən]

명 1. 보호자, 후견인 2. 수호자

Children must be accompanied by a **guardian**. 수능응용
어린이는 보호자를 동반해야 합니다.
· **guardian** angel 수호천사

0813
paste ★☆☆
[peist]

명 1. 반죽 2. (접착용) 풀 통 1. (풀로) 붙이다 2. 【컴퓨터】 붙여 넣다

Mix the flour and warm water to make a **paste**.
반죽을 만들기 위해 밀가루와 따뜻한 물을 섞으세요.
· copy and **paste** 복사하여 붙여 넣다

0814
remove ★★★
[rimúːv]

통 1. 제거하다, 없애다 (㊌ get rid of) 2. (옷 등을) 벗다 3. 해고하다

He tried to **remove** a stain on his shirt.
그는 셔츠의 얼룩을 제거하려고 애썼다.
· **remove** an obstacle 장애물을 제거하다
⊕ removal 명 1. 제거 2. 해임

0815
asset ★★☆
[ǽset]

명 재산, 자산

Your reputation is your most valuable **asset**—so guard it
well. 모평응용
당신의 명성은 당신의 가장 귀중한 자산이므로, 잘 지키도록 하라.
· cultural **asset** 문화재

0816
molecular ★☆☆
[məlékjulər]

형 분자의, 분자로 된

Water and alcohol have different **molecular** structures.
물과 알코올은 서로 다른 분자 구조를 가진다.
⊕ molecule 명 분자

0817
rub ★★☆
[rʌb]

통 문지르다, 맞비비다 명 문지르기, 비비기

He was **rubbing** his face with both hands.
그는 양손으로 얼굴을 문지르고 있었다.
· **rub** off on ~에게 영향을 주다, ~에게 옮다

0818
spread ★★★
[spred]
(spread – spread)

통 1. 확산되다, 퍼뜨리다 2. 펼치다 3. 펴 바르다 명 확산, 전파

The flu **spreads** very quickly, especially with a large amount of
contact. 모평응용
유행성 독감은 특히 접촉의 양이 많으면 매우 빨리 확산된다.
· **spread** a rumor 소문을 퍼뜨리다

0819 ☐☐☐
wound ★★☆
[wu:nd]

명 상처, 부상　동 1. 상처를 입히다　2. 감정을 상하게 하다 (㈜ hurt)

This herb was used to treat **wounds** and burns in the past.
이 허브는 과거에 상처와 화상을 치료하는 데 사용되었다.

· be badly **wounded** 심하게 상처를 입다

0820 ☐☐☐
stroll ★☆☆
[stroul]

동 거닐다, 산책하다　명 (한가로이) 거닐기, 산책

His daily routine includes **strolling** through the village. 모평응용
그의 하루 일과는 마을을 산책하는 것을 포함한다.

0821 ☐☐☐
discourse ★★☆
[dískɔːrs]

명 담론, 담화

She was hoping for some lively educational **discourse** at the meeting.
그녀는 그 회의에서 좀 활발한 교육적 담론을 기대하고 있었다.

· **discourse** on ~에 대해 담론을 펼치다

0822 ☐☐☐
furious ★★☆
[fjúːəriəs]

형 1. 몹시 화가 난, 격노한　2. 맹렬한

He was **furious** when he realized that he had been deceived.
그는 자신이 속았었다는 것을 깨닫자 몹시 화가 났다.

· at a **furious** rate 맹렬한 속도로

⊕ **furiously** 부 1. 미친 듯이 노하여　2. 맹렬하게

0823 ☐☐☐
taboo ★☆☆
[təbúː]

형 1. 금지된　2. 피해야 할　명 금기 (사항)

Cows are considered sacred in India, so it is **taboo** to eat beef.
소는 인도에서 신성하게 여겨지므로 소고기를 먹는 것은 금기이다.

· break[violate] a **taboo** 금기를 깨다

0824 ☐☐☐
candidate ★★☆
[kǽndidèit]

명 1. (선거) 후보자, 출마자　2. 지원자

We vote for the **candidate** or policy that will benefit us the most. 학평응용
우리는 우리에게 가장 이득이 되는 후보자나 정책에 투표한다.

· a presidential **candidate** 대선 출마자

0825 ☐☐☐
overwhelm ^{***}
[òuvərwélm]

동 1. 압도하다, 휩싸다　2. 어쩔 줄 모르게 하다

The actor's powerful voice **overwhelmed** the audience.
그 배우의 힘 있는 목소리는 관객을 압도했다.

⊕ overwhelming 형 압도적인, 굉장한　⊕ overwhelmed 형 압도된

0826 ☐☐☐
continent ^{**☆}
[kántənənt]

명 대륙

Antarctica is the only **continent** that is not divided into separate nations.
남극은 개별 국가로 나뉘지 않은 유일한 대륙이다.

· the **continent** of Asia 아시아 대륙

⊕ continental 형 대륙의, 대륙성의

0827 ☐☐☐
steer ^{*☆☆}
[stiər]

동 1. 조종하다, 몰다　2. 나아가게 하다　3. 이끌다

He **steered** his car carefully toward the lake.
그는 호수 쪽으로 차를 조심스럽게 몰았다.

· **steer** conversation away from ~한 주제를 피해 대화를 이끌다

0828 ☐☐☐
interval ^{**☆}
[íntərvəl]

명 1. 간격　2. (어떤 일 가운데) 사이, 잠깐

Those who eat smaller quantities at regular **intervals** tend to gain less weight. 　모평응용
보다 적은 양을 일정한 간격으로 먹는 사람들은 살이 덜 찌는 경향이 있다.

· at **intervals** of ~의 간격으로

0829 ☐☐☐
restrict ^{***}
[ristríkt]

동 제한하다, 한정하다

We **restrict** the number of students in each class.
우리는 각 학급 내 학생 수를 제한한다.

· **restrict** traffic 통행을 제한하다

⊕ restricted 형 제한된, 한정된　⊕ restriction 명 1. 제한　2. 제약, 구속

0830 ☐☐☐
drown ^{**☆}
[draun]

동 익사하다, 익사시키다

My fear of water goes back to my childhood, when I almost **drowned** twice. 　모평응용
물에 대한 나의 두려움은 내가 두 번이나 거의 익사할 뻔했던 어린 시절로 거슬러 올라간다.

⊕ drowning 명 익사

0831 ☐☐☐
spine ★☆☆
[spain]

명 1. 척추, 등뼈 (윤backbone) 2. 가시

She can't stand up straight because her **spine** is not strong.
그녀는 척추가 튼튼하지 않아서 똑바로 서지 못한다.

⊕spineless 형1. 척추가 없는 2. 가시가 없는 3. 용기가 없는

0832 ☐☐☐
perceive ★★★
[pərsíːv]

동 1. (~으로) 여기다 2. 감지하다, 인지하다

Surgery was **perceived** as the only treatment for the disease.
수술이 그 질병에 대한 유일한 치료법으로 여겨졌다.
· **perceive** a subtle change 미묘한 변화를 감지하다

⊕perception 명1. 지각, 자각 2. 인식 ⊕perceptual 형지각의

0833 ☐☐☐
disclose ★★☆
[disklóuz]

동 1. 밝히다, 폭로하다 (윤reveal) 2. 공개하다 (윤reveal)

The donor didn't want to **disclose** her identity.
그 기부자는 자신의 정체를 밝히고 싶어 하지 않았다.
· **disclose** a secret 비밀을 폭로하다

⊕disclosure 명폭로

0834 ☐☐☐
rebellion ★☆☆
[ribéljən]

명 1. 반란 2. 반대, 저항

The **rebellion** was successful, and a new government was formed.
반란은 성공적이었고 새 정부가 구성되었다.
· **rebellion** against traditional values 전통적 가치관에 대한 저항

⊕rebel 동1. 반란을 일으키다 2. 저항하다 명반역자, 반군

0835 ☐☐☐
proper ★★★
[prápər]

형 적절한, 알맞은, 제대로 된 (반improper)

With **proper** training, you will be able to perform CPR quickly. 모평응용
적절한 훈련을 통해 너는 신속하게 심폐 소생술을 수행할 수 있을 것이다.
· in one's **proper** place ~가 제자리에 있는

⊕properly 부적절히, 알맞게

0836 ☐☐☐
perish ★☆☆
[périʃ]

동 1. 죽다 2. 사라지다, 소멸되다

The ship sank in the ocean, and all of the sailors **perished**.
배가 바다에 가라앉아서 모든 선원이 죽었다.

⊕perishable 형상하기 쉬운, 변질되기 쉬운

detect vs. protect

0837 □□□
detect ★★☆
[ditékt]

통 발견하다, 알아내다, 감지하다

We can't **detect** tastes well when we have a runny nose. 학평응용
우리는 콧물이 나면 맛을 잘 감지하지 못한다.

⊕detection 명 발견, 감지   ⊕detective 명 1. 탐정   2. 형사, 수사관

0838 □□□
protect ★★★
[prətékt]

통 1. 보호하다, 지키다   2. (보험 등이) 보장하다 (윤cover)

To **protect** its historic character, the city has set detailed criteria for the installation of signs. 학평응용
그곳의 역사적인 특징을 보존하기 위해, 그 도시는 간판의 설치에 대한 세부적인 기준을 정했다.

⊕protection 명 보호
⊕protective 형 1. 보호용의   2. 보호하는, 방어적인

sensible vs. sensitive

0839 □□□
sensible ★★☆
[sénsəbl]

형 1. 분별 있는, 현명한   2. (옷 등이) 실용적인
   3. 인지하는 (반insensible)

They need a **sensible** person to settle their conflicts.
그들은 그들의 갈등을 해결해 줄 현명한 사람이 필요하다.
· be **sensible** of ~을 인지하고 있는

0840 □□□
sensitive ★★☆
[sénsətiv]

형 1. 예민한, 민감한   2. 세심한, 배려심 많은

Both eyes and camera lenses are **sensitive** to light.
눈과 카메라 렌즈 모두 빛에 민감하다.
· **sensitive** issues 민감한 문제

DAILY TEST

[1-24] 다음 단어의 뜻을 우리말로 쓰시오.

1	notion		13	legitimate	
2	reside		14	steer	
3	candidate		15	rub	
4	perceive		16	finance	
5	remove		17	rebellion	
6	drown		18	wound	
7	perish		19	roam	
8	stroll		20	depict	
9	presence		21	proper	
10	interval		22	disclose	
11	asset		23	discourse	
12	furious		24	adolescent	

DAY 21

[25-28] 다음 문장의 빈칸에 알맞은 단어를 쓰시오.

25 We r_____ the number of students in each class.
우리는 각 학급 내 학생 수를 제한한다.

26 The actor's powerful voice o_____ the audience.
그 배우의 힘 있는 목소리는 관객을 압도했다.

27 The flu s_____ very quickly, especially with a large amount of contact.
유행성 독감은 특히 접촉의 양이 많으면 매우 빨리 확산한다.

28 The city's population will s_____ 10 million by the year 2030.
2030년에는 그 도시의 인구가 1,000만 명을 넘을 것이다.

[29-30] 괄호 안에서 알맞은 말을 고르시오.

29 We can't (detect / protect) tastes well when we have a runny rose.

30 Both eyes and camera lenses are (sensible / sensitive) to light.

Answers

1 개념, 관념, 생각 2 살다, 거주하다 3 (선거) 후보자; 지원자 4 (~으로) 여기다; 감지하다 5 제거하다; (옷 등을) 벗다; 해고하다 6 익사하다, 익사시키다 7 죽다; 사라지다, 소멸되다 8 거닐다; (한가로이) 거닐기, 산책 9 (그 자리에) 있음, 존재, 참석 10 간격; (어떤 일 가운데) 사이, 잠깐 11 재산, 자산 12 몹시 화가 난; 맹렬한 13 타당한; 합법적인 14 조종하다; 나아가게 하다; 이끌다 15 문지르다; 문지르기 16 재무; 자금; 자금을 대다 17 반란; 반대 18 상처; 상처를 입히다; 감정을 상하게 하다 19 돌아다니다; (시선이) 천천히 훑다 20 (그림으로) 그리다; (말로) 묘사하다 21 적절한, 알맞은 22 밝히다, 폭로하다; 공개하다 23 담론, 담화 24 청소년; 청소년기의 25 restrict 26 overwhelmed 27 spreads 28 surpass 29 detect 30 sensitive

DAY 21 **179**

DAY 22

클래스카드

0841 □□□
vomit *☆☆
[vάmit]

통 토하다, 게우다 명 구토물

I **vomited** repeatedly due to food poisoning. 수능응용
나는 식중독 때문에 계속해서 토했다.

0842 □□□
circumstance ***
[sə́:rkəmstæ̀ns]

명 ((~s)) 상황, 환경, 정황

To be courageous under all **circumstances** requires strong determination. 수능응용
모든 상황에서 용감하게 되는 것은 강한 결단력을 요한다.

⊕circumstantial 형정황적인, 상황에 관련된

0843 □□□
carrier *☆☆
[kǽriər]

명 1. 수송[운송] 회사 2. 운반하는 것 3. 항공모함

Air Canada is one of the largest **carriers** in Canada.
에어 캐나다는 캐나다에서 가장 큰 운송 회사 중 하나이다.

0844 □□□
liberate **☆
[líbərèit]

통 해방시키다, 자유롭게 하다

Financial security can **liberate** us from meaningless work. 수능응용
재정적 안정은 무의미한 일로부터 우리를 해방시켜줄 수 있다.

⊕liberty 명자유 ⊕liberal 형개방적인, 자유 민주적인

0845 □□□
career ***
[kəríər]

명 1. 직업 2. 경력, 이력

He decided to begin his **career** as a journalist. 수능응용
그는 기자로서 일을 시작하기로 결심했다.

0846 □□□
lengthen *☆☆
[léŋkθən]

통 길게 하다, 늘이다 (반shorten)

The researchers **lengthened** the period of daylight. 수능응용
연구자들은 햇빛을 비추는 시간을 늘렸다.

⊕length 명길이, 기간

0847

mimic ★★☆
[mímik]

동 흉내 내다, 똑같이 행동하다 (유 imitate)　명 모방자, 흉내쟁이

It can be impolite to **mimic** someone's accent.
남의 억양을 흉내 내는 것은 무례할 수도 있다.
· **mimic** one's voice ~의 목소리를 흉내 내다

⊕ mimicry 명 흉내

0848

delight ★★★
[diláit]

명 1. 기쁨, 즐거움　2. 기쁨을 주는 것　동 기쁘게 하다 (유 please)

He takes great **delight** in the act of donating money.
그는 돈을 기부하는 행동에서 큰 기쁨을 얻는다.

⊕ delighted 형 기쁜, 즐거워하는

0849

visualize ★★☆
[víʒuəlàiz]

동 마음속에 그려보다, 상상하다 (유 imagine)

She tried to **visualize** the scene he was describing.
그녀는 그가 묘사하고 있는 장면을 마음속에 그려보려고 애썼다.

⊕ visual 형 시각의 명 시각 자료　⊕ visualization 명 시각화

0850

outspoken ★☆☆
[àutspóukən]

형 노골적으로[거침없이] 말하는 (유 blunt)

Politicians should pay attention to the influence of **outspoken** minorities. 수능응용
정치인들은 거침없이 말하는 소수집단의 영향력에 유의해야 한다.
· **outspoken** comments 거침없는 논평

⊕ outspokenly 부 거리낌 없이　⊕ outspokenness 명 거리낌 없음, 노골적임

0851

governance ★★☆
[gʌ́vərnəns]

명 통치, 관리; 통치 방식

The world has become a nation based on laws and **governance**. 모평응용
세상은 법과 통치에 기반한 나라가 되었다.
· corporate **governance** 기업의 지배구조

0852

urban ★★★
[ə́ːrbən]

형 도시의, 도회지의 (반 rural)

Her family moved to an **urban** city outside of Los Angeles. 모평응용
그녀의 가족은 로스앤젤레스 외곽의 도시로 이사를 갔다.
· **urban** planning 도시 계획

⊕ urbanize 동 도시화하다　⊕ urbanization 명 도시화

0853 □□□
emphasize ★★☆
[émfəsàiz]

图 1. 강조하다, 역설하다 (㉠stress) 2. 크게 말하다

What aspect of the product should we **emphasize**? 모평응용
우리는 제품의 어떤 측면을 강조해야 하는가?

⊕emphasis 몡 강조, 역점

0854 □□□
afloat ★☆☆
[əflóut]

휑 1. 물에 뜬 2. (사업 등이) 빚은 안 질 정도의

While **afloat**, a reindeer is uniquely vulnerable, moving slowly with its antlers held high. 수능응용
물에 떠 있을 때, 순록은 뿔을 높이 쳐들고 천천히 움직이므로 특히 공격받기 쉽다.
· stay **afloat** 물에 떠 있다; 파산하지 않다

0855 □□□
misconception ★★☆
[mìskənsépʃən]

몡 오해

With an increasing demand for organic food, **misconceptions** about it are spreading.
유기농 식품 수요가 늘어남에 따라, 그에 대한 오해도 퍼지고 있다.
· a popular **misconception** 흔한 오해

0856 □□□
rainforest ★★☆
[réinfɔ(:)rist]

몡 열대 우림

Among the four types of ethical produce in the U.K., **Rainforest** Alliance recorded the highest sales. 수능응용
영국의 네 가지 유형의 윤리적 제품 중에서, 열대우림연합이 최다 판매를 기록했다.

0857 □□□
outbreak ★☆☆
[áutbrèik]

몡 (전쟁·질병 등의) 발생, 발발

The conflict between the two countries eventually led to the **outbreak** of war.
양국간 갈등이 결국에는 전쟁의 발발로 이어졌다.
· the **outbreak** of COVID-19 코로나19의 발발

0858 □□□
precede ★★☆
[prisí:d]

图 1. ~보다 먼저 일어나다, 선행하다 2. ~ 앞에 가다

A short speech will **precede** our main presentation today.
오늘의 주요 발표에 앞서 짧은 연설이 있을 것입니다.

⊕preceding 휑 이전의, 앞선, 선행하는   ⊕precedent 몡 전례, 선례

0859 ☐☐☐

desire ***

[dizáiər]

명 바람, 욕구, 열망 동 바라다, 원하다

The poet had the **desire** to live forever on the page.
그 시인은 지면 위에서 영원히 살아있고자 하는 열망이 있었다.
· the **desire** to make money 돈을 벌고자 하는 욕구 수능응용

⊕desired 휑 바랐던, 희망했던 ⊕desirable 휑 바람직한, 가치 있는

0860 ☐☐☐

vanish **☆

[vǽniʃ]

동 사라지다 (㈜ disappear)

Most mammoths **vanished** from Siberia about 10,000 years ago.
대부분의 매머드는 약 만 년 전 시베리아에서 사라졌다.
· **vanishing** wildlife species 사라지는 야생동물종

0861 ☐☐☐

tuck *☆☆

[tʌk]

동 1. 밀어 넣다, 집어넣다 2. 끼워 넣다

At school, we have to **tuck** our shirts into our pants.
학교에서 우리는 셔츠를 바지 안으로 집어넣어야 한다.

0862 ☐☐☐

embody **☆

[imbádi]

동 1. 구체화[구현]하다, 상징하다 2. 포함하다, 담다

Our national flag **embodies** the spirit of democracy.
우리나라 국기는 민주주의 정신을 구현하고 있다.

0863 ☐☐☐

conflict ***

[kənflíkt]

동 대립하다, 충돌하다 명 [kánflikt] 1. 갈등, 충돌 2. 싸움, 전투

Your behavior **conflicts** with our moral principle.
네 행동은 우리의 도덕적 원칙과 상충한다. 수능응용
· political **conflict** 정치적 갈등

0864 ☐☐☐

vein *☆☆

[vein]

명 1. 정맥, 혈관 2. (식물의) 잎맥 3. 방식, 태도

A **vein** is a vessel that carries blood to the heart.
정맥은 피를 심장으로 나르는 혈관이다.
· in the same **vein** 같은 방식으로

0865 □□□
pregnant ★★☆
[prégnənt]

형 임신한

He was very glad to hear that his wife was **pregnant**.
그는 부인이 임신했다는 것을 듣고 굉장히 기뻤다.

⊕ pregnancy 명 임신

0866 □□□
status ★★★
[stǽtəs]

명 1. (법적·사회적) 지위, 신분[자격]   2. (사물의) 상태

In a part of Africa, a person's **status** is elevated with advancing years. 수능응용
아프리카 일부 지역에서는 나이가 들어감에 따라 사람의 지위가 올라간다.

· current **status** 현재 상태, 현황

0867 □□□
mindset ★★☆
[máindset]

명 사고방식 (㈜ mentality)

It's a real advantage to graduate from college with the **mindset** of a daring adventurer. 모평응용
과감한 모험가의 사고방식을 가지고 대학을 졸업하는 것이 진정한 장점이다.

· a conservative **mindset** 보수적 사고방식

0868 □□□
pasture ★☆☆
[pǽstʃər]

명 초원, 목초지   동 (가축이) 풀을 뜯게 하다

The extra grazing contributed to the deterioration of the **pasture**. 수능응용
추가적인 방목은 목초지 악화에 일조했다.

0869 □□□
involuntary ★★☆
[inváləntèri]

형 1. 자기도 모르게 하는, 자발적이지 않은   2. 본의가 아닌 (㈜ voluntary)

One neural system is under voluntary control and the other works under **involuntary** control. 모평응용
한 신경계는 자발적인 통제하에 있고 다른 신경계는 비자발적인 통제하에 있다.

· give an **involuntary** shudder 자기도 모르게 몸을 떨다

⊕ involuntarily 형 자기도 모르게, 무의식적으로

0870 □□□
overstate ★★☆
[òuvərstéit]

동 과장하다 (㈜ exaggerate ㈜ understate)

The role of science can sometimes be **overstated**. 수능응용
과학의 역할은 가끔 과장될 수 있다.

· **overstate** the case 실제보다 부풀려 말하다

0871 ☐☐☐
arithmetic *☆☆
[əríθmətik]

명 산수, 계산

Writing, **arithmetic**, science—all are recent inventions. 수능응용
쓰기, 산수, 과학, 이 모든 것은 최근에 발명된 것이다.
· mental **arithmetic** 암산

⊕arithmetical 형산수의 ⊕arithmetically 분산술적으로

0872 ☐☐☐
duration **☆
[djuəréiʃən]

명 지속 기간[시간]

The **duration** of copyright protection has increased steadily. 수능응용
저작권 보호 기간은 꾸준히 증가해왔다.
· for the **duration** of ~의 기간[시간] 내내

0873 ☐☐☐
apologize ***
[əpálədʒàiz]

동 사과하다

We brought the girl flowers and **apologized** for hurting her. 모평응용
우리는 그 소녀에게 꽃을 갖다 주며 그녀를 다치게 한 것을 사과했다.

⊕apology 명사과, 사죄

0874 ☐☐☐
pave **☆
[peiv]

동 (도로 등을) 포장하다

The workers **paved** the road with asphalt.
그 작업자들은 아스팔트로 길을 포장했다.
· **pave** the way 길을 닦아주다(상황을 조성하다)

⊕pavement 명1. 포장도로 2. 인도

0875 ☐☐☐
spike *☆☆
[spaik]

명 1. 못 2. (배구의) 스파이크 동 못을 박다

The basic-level students of this volleyball camp are taught how to serve, toss and **spike**. 수능응용
이 배구 캠프의 기초반 학생들은 서브, 토스 그리고 스파이크 하는 법을 배운다.
· a metal **spike** 금속 대못

0876 ☐☐☐
sophisticated **☆
[səfístəkèitid]

형 1. 세련된, 교양 있는 2. 정교한, 복잡한

The new car is popular because of its **sophisticated** design.
그 신차는 세련된 디자인으로 인기가 있다.
· **sophisticated** technology/equipment 정교한 기술/장치

sociable vs. social

0877 ☐☐☐
sociable ★☆☆
[sóuʃəbl]

형 사교적인, 사교에 능한 (반 unsociable)

We are looking for volunteers who are **sociable** and committed. 모평응용

우리는 사교적이며 헌신적인 자원봉사자들을 찾고 있습니다.

0878 ☐☐☐
social ★★★
[sóuʃəl]

형 1. 사회의, 사회적인   2. 사교의, 사교와 관련된

Uniforms are used to communicate a particular **social** role. 모평응용

제복은 특정한 사회적 역할을 전달하기 위해 사용된다.

aboard vs. abroad

0879 ☐☐☐
aboard ★★☆
[əbɔ́ːrd]

부 전 (배·기차·비행기 등에) 탑승한, 승선한

When you get **aboard** the plane, please fasten your seatbelt first.

비행기에 탑승하시면, 먼저 안전띠를 착용해주십시오.

0880 ☐☐☐
abroad ★★☆
[əbrɔ́ːd]

부 해외에, 해외로

John often goes **abroad** on business.

John은 출장으로 해외에 자주 간다.

DAILY TEST

[1-24] 다음 단어의 뜻을 우리말로 쓰시오.

1	mimic	13	pregnant
2	urban	14	tuck
3	vein	15	governance
4	involuntary	16	misconception
5	overstate	17	status
6	precede	18	embody
7	emphasize	19	outbreak
8	career	20	conflict
9	carrier	21	apologize
10	vanish	22	duration
11	visualize	23	outspoken
12	lengthen	24	liberate

[25-28] 다음 문장의 빈칸에 알맞은 단어를 쓰시오.

25 The new car is popular because of its s_____ design.
그 신차는 세련된 디자인으로 인기가 있다.

26 To be courageous under all c_____ requires strong determination.
모든 상황에서 용감하게 되는 것은 강한 결단력을 요한다.

27 He takes great d_____ in the act of donating money.
그는 돈을 기부하는 행동에서 큰 기쁨을 얻는다.

28 The poet has the d_____ to live forever on the page.
그 시인은 지면 위에서 영원히 살아있고자 하는 열망이 있었다.

[29-30] 괄호 안에서 알맞은 말을 고르시오.

29 Uniforms are used to communicate a particular (social / sociable) role.

30 John often goes (abroad / aboard) on business.

DAY 23

클래스카드

0881 ☐☐☐
render ★★☆
[réndər]

동 1. (어떤 상태가 되게) 하다, 만들다   2. 주다, 제공하다   3. 표현하다

She was **rendered** speechless by the shocking news. 수능응용
그녀는 그 충격적인 소식에 할 말을 잃게 되었다.
· **render** emotion in the color 색으로 감정을 표현하다

0882 ☐☐☐
neurological ★☆☆
[njùərəládʒikəl]

형 신경의, 신경학의

The disabling **neurological** symptoms are called Minamata disease. 수능응용
이 장애를 초래하는 신경학적 증상은 미나마타병이라 불린다.

⊕ neurology 신경(병)학 ⊕ neurologist 신경학자, 신경과 전문의

0883 ☐☐☐
physiology ★★☆
[fìziálədʒi]

명 1. 생리학   2. 생리(生理)

She studied **physiology** to understand how the body works. 수능응용
그녀는 신체가 어떻게 기능하는지 알기 위해 생리학을 공부했다.

⊕ physiological 형 1. 생리학의   2. 생리적인

0884 ☐☐☐
assemble ★★★
[əsémbl]

동 1. 모이다, 모으다   2. 조립하다 (반 disassemble)

A psychologist **assembled** groups of twelve men for her research. 수능응용
한 심리학자는 그녀의 연구를 위해 12명의 남성 집단을 모았다.

⊕ assembly 명 1. 의회, 입법 기관   2. 집회   3. (기계 등의) 조립

0885 ☐☐☐
premise ★★☆
[prémis]

명 (주장의) 전제

We grant privilege to the professions based on the **premise** that they would serve for the society. 모평응용
우리는 전문직이 이 사회에 봉사할 것이라는 전제하에 그들에게 특권을 부여한다.
· a false **premise** 잘못된 전제

0886 ☐☐☐
dramatize ★☆☆
[dræmətàiz]

동 1. 극화하다, 각색하다   2. 과장하다, 극적으로 보이게 하다

The writer **dramatized** actual incidents in his fiction. 수능응용
그 작가는 자신의 소설에서 실제 사건들을 극화해 썼다.

0887 ☐☐☐
circular ★★☆
[sə́:rkjulər]

형 1. 원형의, 둥근 2. 순환하는

The study found that **circular** seating arrangements activated people's need to belong. 학평응용
그 연구는 원형의 좌석 배치가 사람들의 소속 욕구를 활성화했다는 것을 알아냈다.

⊕circulate 동 1. 순환하다 2. 유포하다 ⊕circulation 명 1. 순환 2. 유통

0888 ☐☐☐
interior ★★☆
[intíəriər]

명 내부 형 내부의 (반 exterior)

The **interior** is starkly simple.
내부가 삭막할 정도로 단순하다.
· **interior** walls 실내 벽

0889 ☐☐☐
necessitate ★☆☆
[nisésətèit]

동 ~을 필요하게 만들다

Altering behavior **necessitates** getting people to repeat behaviors for long periods. 학평응용
행동을 바꾸는 것은 사람들이 오랫동안 행동을 반복하게 하는 것을 필요로 한다.

⊕necessity 명 필요, 필요품

0890 ☐☐☐
aquatic ★★☆
[əkwǽtik]

형 물속에 사는, 수생의

The divers observed the beautiful **aquatic** life under the water.
잠수부들은 물속에서 아름다운 수중 생물들을 관찰했다.

0891 ☐☐☐
ensure ★★★
[inʃúər]

동 확실하게 하다, 보장하다 (유 make sure)

The FDA sets regulations for bottled water to **ensure** that it is safe. 학평응용
FDA는 병에 든 물이 안전하다는 것을 보장하기 위해 그것들에 대한 규정을 정해둔다.

0892 ☐☐☐
quest ★★☆
[kwest]

명 1. 탐구, 탐색 2. 추구

Our **quest** to reveal the truth will continue.
진실을 밝혀내기 위한 우리의 탐구는 계속될 것이다.

DAY 23

0893 □□□
arctic ★☆☆
[ɑ́ːrktik]

몡 ((the A~)) 북극 (지방) 혱 1. ((A~)) 북극의, 북극 지방의 2. 몹시 추운

Across the **Arctic**, polar bear numbers are in decline. `모평응용`
북극 전역에 걸쳐, 북극곰의 개체 수가 감소하고 있다.
· the exploration in areas of the **Arctic** 북극 지방으로의 탐험

0894 □□□
atmosphere ★★★
[ǽtməsfìər]

몡 1. 공기, 대기 2. 분위기, 환경

Industrial pollution has increased the proportion of carbon in the **atmosphere**. `모평응용`
산업공해는 대기 중의 탄소 비율을 증가시켰다.
· a cozy/hostile **atmosphere** 포근한/적대적인 분위기
⊕ atmospheric 혱 1. 대기의 2. 분위기 있는

0895 □□□
blueprint ★★☆
[blúːprìnt]

몡 청사진, 설계도, 계획

The **blueprints** for our shells spring from our minds. `모평응용`
우리의 껍데기[겉모습]에 대한 청사진은 마음으로부터 나온다.
· a **blueprint** for change 변화의 청사진

0896 □□□
airborne ★☆☆
[έərbɔ̀rn]

혱 비행 중인, 공기로 운반되는

Such contamination may result from **airborne** transport from remote power plants. `수능응용`
그러한 오염은 먼 곳에 있는 발전소에서 공기를 통해 전파된 결과일 수 있다.
· **airborne** viruses 공기로 전염되는 바이러스

0897 □□□
soar ★★☆
[sɔːr]

됭 1. 급등하다, 치솟다 (⑲plunge) 2. 날아오르다 3. 솟아 있다

The number of patent applications in China **soared** dramatically from 2003 to 2011. `학평응용`
중국의 특허 출원 수는 2003년에서 2011년까지 급격히 치솟았다.
· **soar** to the moon 달로 날아오르다

0898 □□□
confront ★★★
[kənfrʌ́nt]

됭 1. (문제·어려움 등에) 직면하다 2. 맞서다

She was **confronted** with many challenges during the project.
그녀는 프로젝트 중 많은 난관에 직면했다.
· **confront** a risky situation 위험 상황에 맞닥뜨리다 `수능응용`
⊕ confrontation 몡 대치, 대립

0899 ☐☐☐
primate ★★☆
[práimeit]

명 영장류

Tool-making is one of the distinguishing features of the **primate**. 모평응용
도구 제작은 영장류의 두드러진 특징 중 하나이다.

0900 ☐☐☐
mischievous ★☆☆
[místʃivəs]

형 1. 짓궂은, 말썽꾸러기의 2. 악의 있는

The **mischievous** boy often got into trouble.
그 말썽꾸러기 소년은 자주 곤경에 빠졌다.
· (a) **mischievous** smile 짓궂은 웃음

0901 ☐☐☐
constraint ★★☆
[kənstréint]

명 강제, 제약, 속박 (㈜ restriction)

Customers found the traditional Monday-Friday bank opening hours to be a **constraint**. 모평응용
고객들은 전통적인 은행의 월-금요일 영업시간을 제약이라고 느꼈다.

0902 ☐☐☐
arbitrary ★★☆
[áːrbətrèri]

형 1. 임의의 2. 제멋대로의, 독단적인

I assigned an **arbitrary** number to each box.
나는 각 상자에 임의의 숫자를 부여했다.

0903 ☐☐☐
preview ★☆☆
[príːvjùː]

명 1. 시사회, 시연(試演) 2. 예고편 동 시연을 보이다, 시사회를 열다

I disguised myself at **previews** of my film to hear the public's honest opinions. 수능응용
나는 대중의 솔직한 의견을 듣기 위해 내 영화 시사회에서 변장을 했다.

0904 ☐☐☐
clone ★★☆
[kloun]

명 복제, 클론 동 (생물을) 복제하다

Genetic engineers utilize gene manipulation to **clone** domestic animals.
유전공학자들은 가축들을 복제하기 위해 유전자 조작을 이용한다.
⊕clonal 형 복제의 ⊕clonally 부 복제에 의하여

0905 ☐☐☐

habitat ***
[hǽbitæt]

명 서식지

Food is usually scarce in the desert **habitat**. 모평응용
사막의 서식지에는 보통 식량이 부족하다.

0906 ☐☐☐

cosmetic **☆
[kɑzmétik]

명 화장품 형 1. 겉치레의, 허울뿐인 2. 성형의

These reforms are not merely **cosmetic**.
이 개혁들은 단순한 겉치레가 아니다.
· **cosmetic** products 화장품들

✪cosmetically 튀화장으로, 외형적으로

0907 ☐☐☐

mash *☆☆
[mæʃ]

동 으깨다 명 으깬 감자(mashed potato)

You can learn about the aerodynamics of flying **mashed** potatoes from a food fight. 수능응용
여러분은 음식물 던지기 장난에서 으깬 감자를 날리는 공기 역학에 관해 배울 수 있다.

✪mashed 형 으깨어진

0908 ☐☐☐

tragedy **☆
[trǽdʒidi]

명 1. 비극, 비극적인 일, 참사 2. 비극 작품 (반comedy)

A great **tragedy** took place in our city last week. 수능응용
지난주에 우리 시에 커다란 비극적인 일이 일어났다.

✪tragic 형 비극적인, 비극의

0909 ☐☐☐

belong ***
[bilɔ́ːŋ]

동 ((to)) (~에) 속하다, (~에) 소속되다

Deseada is an island which **belongs** to the Lesser Antilles. 모평응용
Deseada는 소앤틸리스 제도에 속한 섬이다.
· **belong** to a different category 다른 범주에 속하다

✪belonging 명 ((~s)) 소유물, 재산

0910 ☐☐☐

approximately **☆
[əprɑ́ksimətli]

튀 거의, 대략

The painter spent **approximately** seven years painting this work. 수능응용
그 화가는 이 작품을 그리는 데 대략 7년을 보냈다.

✪approximate 형 대략의, 근사치의 동 (수량 등이) ~에 가깝다, 어림잡다

0911 ☐☐☐
hollow ★☆☆
[hálou]

형 1. 속이 빈 2. 움푹한, 우묵한 명 움푹 들어간 곳 (㊨dip)

Bamboo has a hard shell but it is **hollow** inside.
대나무는 딱딱한 껍질을 가졌지만 속은 비어있다.

0912 ☐☐☐
sufficient ★★★
[səfíʃənt]

형 충분한 (㊨enough ㊝insufficient)

In Kenya, a staple crop, such as maize, is not being produced in a **sufficient** amount. 수능응용
케냐에서는 옥수수와 같은 주요 작물이 충분한 양으로 생산되지 않고 있다.

0913 ☐☐☐
reckless ★★☆
[réklis]

형 무모한, 신중하지 못한 (㊨rash)

He showed a **reckless** disregard for the safety of others.
그는 다른 사람의 안전을 무모할 정도로 무시했다.
· **reckless** driving 난폭 운전

⊕recklessly 튄무모하게 ⊕recklessness 명무모함

0914 ☐☐☐
deforestation ★☆☆
[difɔ̀(:)ristéiʃən]

명 삼림 벌채

The **deforestation** left the soil exposed to harsh weather. 수능응용
삼림 벌채로 인해 토양은 거친 날씨에 노출되었다.

0915 ☐☐☐
recall ★★★
[rikɔ́:l]

동 1. 기억해 내다 2. 소환하다 3. 회수하다 명 1. 기억 2. 소환 3. 회수

He **recalled** the day he met his first love. 수능응용
그는 자신의 첫사랑을 만난 날을 기억해 냈다.
· **recall** defective products 불량품을 회수하다

0916 ☐☐☐
atypical ★☆☆
[eitípikəl]

형 이례적인 (㊝typical)

To know whether the subject's responses are typical or **atypical** is critical to the experiment. 수능응용
피실험자의 반응이 전형적인지 혹은 이례적인지를 아는 것이 그 실험에서는 매우 중요하다.

elect vs. erect

0917 □□□
elect ***
[ilékt]

동 (투표로) 선출하다 형 당선된

The nation will **elect** a new president tomorrow.
그 국가는 내일 새 대통령을 선출할 것이다.

⊕ election 명 선거

0918 □□□
erect **☆
[irékt]

동 1. (건조물을) 세우다 2. 확립하다 형 똑바로 선

A statue will be **erected** in honor of the brave citizen.
그 용감한 시민을 기리기 위한 동상이 세워질 것이다.

vulnerable vs. immune

0919 □□□
vulnerable **☆
[vʌ́lnərəbl]

형 취약한, 연약한

This wooden furniture is extremely **vulnerable** to humidity.
이 원목 가구는 습기에 극도로 취약하다.

0920 □□□
immune **☆
[imjúːn]

형 1. 면역(성)의 2. 영향을 받지 않는

Stress can damage the **immune** response. 모평응용
스트레스는 면역반응을 손상시킬 수 있다.
· **immune** system 면역 체계

⊕ immunize 동 면역력을 갖게 하다 ⊕ immunity 명 면역(성)

DAILY TEST

[1-24] 다음 단어의 뜻을 우리말로 쓰시오.

1	interior	13	belong
2	approximately	14	soar
3	neurological	15	tragedy
4	constraint	16	habitat
5	mischievous	17	atmosphere
6	premise	18	necessitate
7	hollow	19	recall
8	preview	20	ensure
9	reckless	21	cosmetic
10	circular	22	clone
11	primate	23	quest
12	aquatic	24	render

[25-28] 다음 문장의 빈칸에 알맞은 단어를 쓰시오.

25 I assigned an a_____ number to each box.
나는 각 상자에 임의의 숫자를 부여했다.

26 A psychologist a_____ groups of twelve men for her research.
한 심리학자는 그녀의 연구를 위해 12명의 남성 집단을 모았다.

27 In Kenya, a staple crop, such as maize, is not being produced in a s_____ amount.
케냐에서는 옥수수와 같은 주요 작물이 충분한 양으로 생산되지 않고 있다.

28 She was c_____ with many challenges during the project.
그녀는 프로젝트 중 많은 난관에 직면했다.

[29-30] 괄호 안에서 알맞은 말을 고르시오.

29 A statue will be (elected / erected) in honor of the brave citizen.

30 This wooden furniture is extremely (immune / vulnerable) to humidity.

Answers
¹ 내부의; 내부의 ² 거의, 대략 ³ 신경의, 신경학의 ⁴ 강제, 제약, 속박 ⁵ 짓궂은; 악의 있는 ⁶ (주장의) 전제 ⁷ 속이 빈; 움푹한; 움푹 들어간 곳 ⁸ 시사회; 예고편; 시연을 보이다 ⁹ 무모한, 신중하지 못한 ¹⁰ 원형의; 순환하는 ¹¹ 영장류 ¹² 물속에 사는 ¹³ (~에) 속하다, (~에) 소속되다 ¹⁴ 급등하다; 날아오르다; 솟아 있다 ¹⁵ 비극; 비극 작품 ¹⁶ 서식지 ¹⁷ 공기, 대기; 분위기, 환경 ¹⁸ ~을 필요하게 만들다 ¹⁹ 기억해 내다; 소환하다; 회수하다; 기억; 소환; 회수 ²⁰ 확실하게 하다, 보장하다 ²¹ 화장품; 겉치레의; 성형의 ²² 복제; (생물을) 복제하다 ²³ 탐구, 탐색; 추구 ²⁴ (어떤 상태가 되게) 하다; 주다; 표현하다 ²⁵ arbitrary ²⁶ assembled ²⁷ sufficient ²⁸ confronted ²⁹ erected ³⁰ vulnerable

클래스카드

0921 ☐☐☐
upstream ^{★☆☆}
[ʌ́pstri:m]

부 상류로 (반 downstream)

Hundreds of fish tails were flashing and catching light from the sun, moving **upstream**. 수능응용
수백 개의 물고기 꼬리가 번쩍거리고 태양으로부터 빛을 받으며, 상류로 이동하고 있었다.

0922 ☐☐☐
enhance ^{★★★}
[inhǽns]

동 (질·가치 등을) 높이다, 향상하다

Music sometimes appears to **enhance** physical and mental skills. 모평응용
음악은 때때로 신체적, 정신적 기술을 향상시키는 것처럼 보인다.

⊕ enhancement 명 향상, 증대

0923 ☐☐☐
vain ^{★☆☆}
[vein]

형 1. 헛된, 소용없는 (유 useless) 2. 허영심이 많은 (유 conceited)

He persuaded her to stay at hospital, but his efforts were in **vain**.
그는 그녀가 병원에 있도록 설득했으나, 그의 노력은 헛된 것이었다.
· in **vain** 헛되이, 보람 없이

⊕ vainly 부 허사로, 헛되이

0924 ☐☐☐
notify ^{★★☆}
[nóutəfài]

동 알리다, 통지하다 (유 inform)

While she was performing CPR, I **notified** the nearby hospital. 모평응용
그녀가 심폐소생술을 하는 동안, 나는 인근 병원에 알렸다.

⊕ notification 명 고지, 통지

0925 ☐☐☐
decline ^{★★★}
[dikláin]

동 1. 감소하다, 쇠퇴하다 2. 거절하다 명 감소, 하락, 쇠퇴

The sales of ice cream **declined** this month. 수능응용
이번 달에 아이스크림 판매량이 감소했다.
· in **decline** 하락하고 있는, 쇠퇴하는

0926 ☐☐☐
consecutive ^{★☆☆}
[kənsékjutiv]

형 연이은, 연속적인

It takes 21 **consecutive** days to begin a new habit. 학평응용
새로운 습관을 들이는 데는 연속 21일이 걸린다.

0927 □□□

nourish ★★☆
[nə́:riʃ]

통 1. 영양분을 공급하다, 육성하다   2. (감정·생각 등을) 키우다

This cream contains ingredients to **nourish** the skin.
이 크림에는 피부에 영양을 공급하는 성분들이 들어 있다.

⊕nourishment 명영양(분), 자양분

0928 □□□

modify ★★★
[mádəfài]

통 1. 변경하다, 수정하다   2. 수식하다

We need to **modify** our hypothesis when it turns out to be
inconsistent with the facts. 학평응용
우리는 가설이 사실들과 일치하지 않는다고 판명되면 가설을 수정해야 한다.

⊕modification 명변경, 수정

0929 □□□

inseparable ★★☆
[insépərəbl]

형 뗄 수 없는, 분리할 수 없는 (반 separable)

Life is **inseparable** from death.
삶은 죽음과 분리할 수 없다.

⊕inseparably 부밀접하게, 뗄 수 없게   ⊕separate 동분리하다

0930 □□□

sewage ★☆☆
[súːidʒ]

명 하수, 오물

This chemical is used in **sewage** treatment.
이 화학 물질은 하수 처리에 사용된다.

0931 □□□

mastery ★★☆
[mǽstəri]

명 1. 숙달, 통달 (유 command)   2. 지배(력)

Regularity is the key to **mastery**. 모평응용
규칙성은 숙달의 열쇠이다.
· **mastery** of a foreign language 외국어에 대한 통달

⊕master 명주인; 달인 동~에 숙달하다

0932 □□□

contrary ★★★
[kántreri]

형 반대의   명 ((the)) 반대되는 것

Contrary to what we expected, it didn't rain today. 수능응용
우리가 예상했던 것과 반대로 오늘 비가 오지 않았다.
· on the **contrary** 그와 반대로

⊕contrast 명대조, 차이(점) 동대조하다

0933 □□□
makeup ★★☆
[méikəp]

명 1. 화장, 분장 2. 구성 3. 기질

Collection **makeup** is the hardest thing to change quickly. 모평응용
(도서관의) 소장 도서 구성은 빨리 변경하기 가장 어려운 것이다.
· put on **makeup** 화장하다, 분장하다
· a national **makeup** 국민성

0934 □□□
figurative ★☆☆
[fígjurətiv]

형 비유적인 (반 literal)

The event will change your route—in both the literal and **figurative** sense.
그 행사는 문자 그대로나 비유적 의미로나 여러분의 경로를 바꿀 것입니다.

0935 □□□
reproduce ★★☆
[rì:prədjú:s]

동 1. 번식하다 2. 복사하다 3. 재생하다, 다시 만들어 내다

When food is scarce, most species **reproduce** more slowly. 모평응용
먹이가 부족하면 대부분의 종은 더 천천히 번식한다.
· **reproduce** a photograph 사진을 복사하다

⊕ reproduction 명 1. 번식 2. 복사 3. 재생
⊕ reproductive 형 생식의, 번식의

0936 □□□
intersection ★★☆
[ìntərsékʃən]

명 교차로, 교차 지점

Traffic lights have been placed at all major **intersections**.
모든 주요 교차로에 신호등이 설치되었다.

0937 □□□
cram ★☆☆
[kræm]

동 1. 밀어 넣다, 잔뜩 들어가다 2. 벼락치기 공부를 하다

These massive structures, **crammed** into small sites, can result in very little open space. 학평응용
이러한 거대한 구조물들이 작은 부지에 꽉 차서 빈터가 거의 없게 될 수 있다.
· **cram** for an exam 시험에 대비해서 벼락치기 공부를 하다

0938 □□□
devastate ★★☆
[dévəstèit]

동 1. 황폐시키다, 완전히 파괴하다 2. 엄청난 충격을 주다

The earthquake **devastated** 24,000 square miles of wilderness. 모평응용
그 지진은 24,000제곱 마일의 황무지를 황폐시켰다.

⊕ devastated 형 엄청난 충격을 받은
⊕ devastating 형 1. 파괴적인 2. 충격적인

0939 □□□
philosophy ***
[filásəfi]

명 1. 철학 2. 인생관, 인생 철학

Aesthetics is the branch of **philosophy** that deals with beauty. 모평응용
미학은 아름다움을 다루는 철학의 분야이다.

⊕ philosopher 명 철학자 ⊕ philosophical 형 철학의

0940 □□□
hatch **☆
[hætʃ]

동 1. 부화하다, 부화시키다 2. (음모·계획 등을) 꾸미다 명 출입구

The birds will look after the cuckoo chick when it **hatches.** 학평응용
그 새들은 뻐꾸기 새끼가 부화하면 그것을 보살필 것이다.
· **hatch** a plot 음모를 꾸미다

0941 □□□
reframe *☆☆
[ri:fréim]

동 1. 다시 구성하다 2. 사진을 새로운 액자에 넣다

She tries to **reframe** the debate about the care of vulnerable children.
그녀는 취약한 아이들을 돌보는 것에 관한 논의를 재구성하려 한다.

0942 □□□
literally **☆
[lítərəli]

부 1. 문자 그대로, 말 그대로 2. 실제로

She and I are **literally** friends, but people think we are dating.
그녀와 나는 말 그대로 친구인데, 사람들은 우리가 사귄다고 생각한다.

⊕ literal 형 1. 문자 그대로의, 말 그대로의 2. 실제의

0943 □□□
illustrate ***
[íləstrèit]

동 1. (예시를 들어) 설명하다, 분명히 보여주다 2. 삽화를 넣다

The painters wanted to **illustrate** social conditions within their art. 학평응용
그 화가들은 그들의 예술에 사회 상황을 보여주고 싶어 했다.

⊕ illustration 명 1. 실례 2. 삽화

0944 □□□
systematize *☆☆
[sístəmətàiz]

동 체계화하다, 조직화하다 (⊕ organize)

Scientific explanations organize and **systematize** our knowledge of the empirical world. 수능응용
과학적 설명은 경험적 세계에 대한 우리의 지식을 조직하고 체계화한다.

⊕ systematization 명 조직화, 체계화

0945 ☐☐☐

drought ★★☆
[draut]

명 가뭄

It rained, putting an end to the month-long **drought**.
비가 와서 한 달간 이어진 가뭄이 해소되었다.
· a severe **drought** 심각한 가뭄

0946 ☐☐☐

contact ★★★
[kántækt]

명 1. 연락 2. 접촉 3. 연줄 동 연락하다

I finally made **contact** with my friend in Canada.
나는 마침내 캐나다에 있는 내 친구와 연락이 닿았다.
· come in **contact** with ~와 접촉하다

0947 ☐☐☐

reconcile ★★☆
[rékənsàil]

동 1. 화해시키다 2. (두 가지 이상의 생각을) 조화시키다, 일치시키다

We **reconciled** after she apologized to me.
그녀가 나에게 사과한 후에 우리는 화해했다.

➕reconciliation 명 1. 화해 2. 조화

0948 ☐☐☐

elicit ★☆☆
[ilísit]

동 (반응을) 이끌어내다

He's been trying to **elicit** the support of other committee members.
그는 다른 위원회 구성원들의 지지를 끌어내려고 노력해 왔다.

➕elicitation 명 끌어내기   ➕elicitable 형 끌어낼 수 있는

0949 ☐☐☐

monetary ★★☆
[mánətèri]

형 1. 통화의, 화폐의 2. 금전(상)의, 재정(상)의

The new government announced a plan to reform the **monetary** system.
새 정부는 화폐 제도를 개편하기 위한 계획을 발표했다.
· **monetary** value 금전적 가치

0950 ☐☐☐

shortage ★★☆
[ʃɔ́ːrtidʒ]

명 부족, 결핍 (ⓤ lack)

There was a **shortage** of water and food due to the long drought.
그 오랜 가뭄으로 인해 물과 음식이 부족했다.

0951 □□□
veil ★☆☆
[veil]

명 베일, 면사포 동 베일을 씌우다, 가리다

Cinema is valuable for its ability to reveal what reality itself **veils.** 수능응용
영화는 현실 자체가 가리고 있는 것을 드러내는 능력 때문에 가치가 있다.
· a **veil** of secrecy 비밀의 베일

0952 □□□
kinship ★★☆
[kínʃip]

명 1. 친족(임), 친족 관계 2. 연대감

The bonds of **kinship** can be stronger than any other relationship.
친족 간의 결속은 어떤 다른 관계보다 더 강할 수 있다.
· a sense of **kinship** 친족 의식

⊕kin 명친족, 혈족

0953 □□□
describe ★★★
[diskráib]

동 말하다, 서술하다, 묘사하다

The term "multitasking" was used to **describe** computers, not people. 수능응용
'멀티태스킹'이라는 용어는 사람이 아니라 컴퓨터를 묘사하기 위해 사용되었다.
· **describe** in detail 자세하게 묘사하다

⊕description 명서술, 묘사, 표현 ⊕descriptive 형묘사하는

0954 □□□
competence ★★☆
[kámpitəns]

명 능력, 능숙도, 역량 (반incompetence)

Communication skills are one of the keys to social **competence.**
의사소통 능력은 사회적 역량의 핵심 중 하나이다.
· linguistic **competence** 언어 능력

⊕competent 형능숙한, 유능한 ⊕competency 명능력, 역량

0955 □□□
envision ★☆☆
[invíʒən]

동 마음속에 그리다, 구상하다 (유envisage)

He **envisions** an equal society, free of poverty and disease.
그는 가난과 질병이 없는 평등한 사회를 마음속에 그리고 있다.

0956 □□□
empower ★★☆
[impáuər]

동 ~에게 권한을 주다, 힘을 갖게 하다 (반disempower)

Democracy **empowers** people by letting them choose their government representatives.
민주주의는 국민들이 그들 정부의 대표를 뽑을 수 있게 함으로써 그들에게 권한을 부여한다.

⊕empowerment 명권한 부여

electronic vs. electrical

0957 ☐☐☐
electronic ★★★
[ilektránik]

혱 1. 전자의 2. 전자 공학의

They are reading **electronic** books on their tablet PCs.
그들은 태블릿 PC로 전자책을 읽고 있다.

0958 ☐☐☐
electrical ★★☆
[iléktrikəl]

혱 1. 전기의 2. 전기를 이용하는

Some faulty **electrical** wiring led to a fire breaking out. 수능응용
결함이 있는 전선으로 인해 화재가 발생했다.

absolute vs. relative

0959 ☐☐☐
absolute ★★☆
[ǽbsəlùːt]

혱 1. 절대적인 2. 완전한, 완벽한 3. 완전, 순

There is no **absolute** standard for beauty.
아름다움에 대한 절대적인 기준은 없다.

⊕ absolutely 閉 절대적으로

0960 ☐☐☐
relative ★★★
[rélətiv]

혱 1. 상대적인, 비교 상의 2. ((to)) 관련된
몡 1. 친척 2. (동식물의) 동족

The snowmobiles offered **relative** advantages over the
reindeer sleds. 모평응용
눈 자동차는 순록 썰매에 비해 상대적 이점을 제공했다.
· close **relatives** 가까운 친척

⊕ relatively 閉 상대적으로, 비교적

DAILY TEST

[1-24] 다음 단어의 뜻을 우리말로 쓰시오.

1 consecutive _____

2 empower _____

3 contrary _____

4 figurative _____

5 makeup _____

6 mastery _____

7 modify _____

8 notify _____

9 reproduce _____

10 decline _____

11 competence _____

12 reframe _____

13 contact _____

14 literally _____

15 inseparable _____

16 intersection _____

17 monetary _____

18 hatch _____

19 reconcile _____

20 cram _____

21 vain _____

22 elicit _____

23 enhance _____

24 envision _____

[25-28] 다음 문장의 빈칸에 알맞은 단어를 쓰시오.

25 The painters wanted to i_____ social conditions within their art.
그 화가들은 그들의 예술에 사회 상황을 보여주고 싶어 했다.

26 The term "multitasking" was used to d_____ computers, not people.
"멀티태스킹"이라는 용어는 사람이 아니라 컴퓨터를 묘사하기 위해 사용되었다.

27 The earthquake d_____ 24,000 square miles of wilderness.
그 지진은 24,000제곱 마일의 황무지를 황폐시켰다.

28 This cream contains ingredients to n_____ the skin.
이 크림에는 피부에 영양을 공급하는 성분들이 들어 있다.

[29-30] 괄호 안에서 알맞은 말을 고르시오.

29 Some faulty (electrical / electronic) wiring led to a fire breaking out.

30 There is no (relative / absolute) standard for beauty.

Answers

¹ 연속적인 ² ~에게 권한을 주다 ³ 반대의; 반대되는 것 ⁴ 비유적인 ⁵ 화장; 구성; 기질 ⁶ 숙달, 통달; 지배(력) ⁷ 변경하다; 수식하다 ⁸ 알리다, 통지하다 ⁹ 번식하다; 복사하다; 재생하다 ¹⁰ 감소하다; 거절하다; 감소, 하락 ¹¹ 능력, 역량 ¹² 다시 구성하다; 사진을 새로운 액자에 넣다 ¹³ 연락; 접촉; 연줄; 연락하다 ¹⁴ 문자 그대로; 말 그대로; 실제로 ¹⁵ 분리할 수 없는 ¹⁶ 교차로 ¹⁷ 통화의, 화폐의; 재정(상)의 ¹⁸ 부화하다, 부화시키다; (음모·계획 등을) 꾸미다 ¹⁹ 화해시키다; 조화시키다, 일치시키다 ²⁰ 밀어 넣다; 벼락치기 공부를 하다 ²¹ 헛된, 소용없는; 허영심이 많은 ²² (반응을) 이끌어내다 ²³ (질·가치 등을) 높이다 ²⁴ 마음속에 그리다, 구상하다 ²⁵ illustrate ²⁶ describe ²⁷ devastated ²⁸ nourish ²⁹ electrical ³⁰ absolute

DAY 25

클래스카드

0961 ☐☐☐
trauma ★★☆
[tráumə]

명 1. 정신적 외상, 트라우마 2. 충격적인 경험

The victims suffer from an inevitable social and mental
trauma. 수능응용
희생자들은 피할 수 없는 사회적, 정신적 외상으로 고통 받는다.

⊕traumatic 형정신적 외상을 초래할 정도의, 대단히 충격적인

0962 ☐☐☐
inorganic ★☆☆
[ìnɔːrɡǽnik]

형 무기질의 (반 organic)

Inorganic nitrogen supplies are essential for maintaining
productivity of a certain kind of crop. 수능응용
특정 작물의 생산성 유지에 무기질 질소 공급은 필수적이다.

· **inorganic** fertilizers 무기질 비료

0963 ☐☐☐
static ★★☆
[stǽtik]

형 정적인, 고정된 (반 dynamic) 명 1. 잡음 2. 정전기

Tradition is not **static**, but has constantly gone through minute
variations. 모평응용
전통은 고정되어 있지 않고 끊임없이 아주 작은 변화를 겪어 왔다.

0964 ☐☐☐
crisis ★★★
[kráisis]

명 위기, 최악의 고비

The country is now in a financial **crisis**.
그 국가는 현재 금융 위기에 처해 있다.

0965 ☐☐☐
inspect ★★☆
[inspékt]

동 1. 자세히 살피다, 점검하다 2. 검열하다

You must **inspect** the car closely before buying it.
차를 사기 전에 자세히 차를 살펴봐야 한다.
· **inspect** thoroughly 철저히 검사하다

⊕inspection 명1. 점검 2. 검열 ⊕inspector 명조사관, 감독관

0966 ☐☐☐
outweigh ★☆☆
[àutwéi]

동 ~보다 더 크다, ~을 능가하다

Teamwork **outweighs** the work of one individual.
팀워크는 한 개인의 작업을 능가한다.
· far **outweigh** 훨씬 더 중요하다

204

0967 ☐☐☐
exotic ★★☆
[igzátik]

형 외국의, 이국적인

The tour guide took us to many **exotic** locations in India.
여행 안내자는 우리를 인도의 많은 이국적인 장소로 데려갔다.
· **exotic** species 외래종

0968 ☐☐☐
tremendous ★★☆
[triméndəs]

형 1. 엄청난, 막대한 2. 굉장히 훌륭한

John went back to work with **tremendous** enthusiasm and confidence. 모평응용
John은 엄청난 열정과 자신감을 갖고 업무에 복귀했다.
· a **tremendous** amount of 막대한 양의

⊕tremendously 뷰엄청나게, 굉장히

0969 ☐☐☐
infringe ★☆☆
[infrínʤ]

동 위반하다, 침해하다

She insisted that he **infringed** the copyright of her music.
그녀는 그가 자신의 음악 저작권을 침해했다고 주장했다.
· **infringe** on one's rights ~의 권리를 침해하다

⊕infringement 명위반, 침해

0970 ☐☐☐
despair ★★☆
[dispέər]

명 절망, 체념 동 절망하다, 체념하다

She was in deep **despair** over her son's death. 수능응용
그녀는 아들의 죽음으로 깊은 절망에 빠져 있었다.

⊕desperate 형1. 자포자기한 2. 필사적인 3. 간절히 바라는

0971 ☐☐☐
propose ★★★
[prəpóuz]

동 1. (계획·생각을) 제안하다, 제시하다 2. 작정하다 3. 청혼하다

It has been **proposed** that sleep functions to conserve energy. 학평응용
수면은 에너지를 보존하는 기능을 한다고 제시되어 왔다.

⊕proposal 명1. 제안 2. 청혼

0972 ☐☐☐
tangible ★★☆
[tǽnʤəbl]

형 1. 분명히 실재하는, 유형(有形)의 (⊕intangible) 2. 만질 수 있는

She accused me of the crime without **tangible** evidence.
그녀는 물증 없이 나를 그 범죄 혐의로 고소했다.
· **tangible** assets 유형 재산

⊕tangibly 뷰1. 만져서 알 수 있게 2. 명백히

0973 ☐☐☐
fragrance ★☆☆
[fréigrəns]

명 1. 향기 (⊛ scent) 2. 향수 (⊛ perfume)

The males spend their lives collecting flower **fragrances**.
수컷들은 꽃 향기를 모으면서 일생을 보낸다.

⊕ fragrant 형 향기로운

0974 ☐☐☐
device ★★★
[diváis]

명 1. 장치, 장비 2. 방법, 방책

Audio **devices** may only be used with headphones. 수능응용
오디오 장치는 헤드폰과 함께 사용해야만 합니다.

· an electronic **device** 전자 기기

0975 ☐☐☐
particle ★★☆
[pá:rtikl]

명 1. 아주 작은 조각, 입자 2. 미립자

Dust **particles** can get into our body when we breathe.
우리가 숨을 쉴 때 먼지 입자들이 우리 몸으로 들어올 수도 있다.

0976 ☐☐☐
fleeting ★☆☆
[flí:tiŋ]

형 순식간의, 잠깐 동안의 (⊛ brief)

We paid a **fleeting** visit to New York.
우리는 뉴욕에 잠깐 들렀다.

· a **fleeting** glimpse 잠깐 흘긋 봄

0977 ☐☐☐
synthetic ★★☆
[sinθétik]

형 합성의, 인조의 (⊞ natural) 명 ((~s)) 합성물

Teflon is a slippery **synthetic** substance employed as a coating on cooking utensils. 모평응용
Teflon은 조리 기구의 코팅 막으로 쓰이는 미끈거리는 합성 물질이다.

⊕ synthetically 부 합성으로

0978 ☐☐☐
donate ★★★
[dóuneit]

동 기부하다, 기증하다

Please **donate** clothes and bags to help local students.
지역 학생들을 돕기 위해 옷과 가방을 기부해주세요.

· **donate** blood 헌혈하다

⊕ donation 명 기부, 기증 ⊕ donor 명 기부자, 기증자

0979 ☐☐☐
tame ★★☆
[teim]

통 길들이다, 다스리다　형 길들여진 (반 wild)

You should learn how to **tame** your mind while playing chess. 모평응용
너는 체스를 둘 때 네 마음을 다스리는 법을 배워야 한다.
· a **tame** elephant 길들여진 코끼리

0980 ☐☐☐
coexist ★☆☆
[kòuigzíst]

통 동시에 존재하다, 공존하다

A variety of cultures **coexist** in the United States.
미국에는 다양한 문화가 공존한다.

⊕ coexistence 명 공존

0981 ☐☐☐
equate ★★☆
[ikwéit]

통 동일시하다

Many people **equate** challenges with problems, but they are different.
많은 사람들이 도전을 문제와 동일시하지만 그것들은 다르다.

⊕ equation 명 1. 동일시　2. 방정식

0982 ☐☐☐
drain ★★☆
[drein]

통 1. 물을 빼내다　2. (시간·돈·힘 등을) 빼내 가다, 소모하다　명 배수관

They'll **drain** the swimming pool to clean it.
그들은 수영장을 청소하기 위해 물을 뺄 것이다.
· **drain** resources 자원을 고갈시키다

⊕ drained 형 진이 빠진, 녹초가 된

0983 ☐☐☐
vaccine ★☆☆
[væksíːn]

명 백신

Food and **vaccines** would spoil without refrigeration. 모평응용
음식과 백신은 냉장하지 않으면 상할 것이다.
· a flu **vaccine** 독감 백신

⊕ vaccinate 통 예방 주사를 맞히다　⊕ vaccinal 형 백신의

0984 ☐☐☐
retain ★★☆
[ritéin]

통 1. 유지하다, 보유하다 (유 maintain)　2. 기억하다

It is hard to **retain** optimism when we are declining in health. 수능응용
우리는 건강이 쇠퇴하고 있을 때 낙관주의를 유지하기가 힘들다.

⊕ retention 명 1. 보유, 보존　2. 기억(력)

0985 ☐☐☐
qualify ***
[kwáləfài]

동 1. 자격이 있다, 자격을 얻다[주다] 2. 단서를 달다

She earned a medical degree and **qualified** as a doctor in 1892. 모평응용
그녀는 의학 학위를 받고 1892년에 의사 자격을 얻었다.

❂qualification 명자격(증) ❂qualified 형자격이 있는, 적임의

0986 ☐☐☐
shallow **☆
[ʃǽlou]

형 1. 얕은 2. 얄팍한, 피상적인

Grasses in savannas have **shallow** roots. 모평응용
사바나 지역의 풀은 얕은 뿌리를 갖고 있다.
· **shallow** mind 피상적인 생각

❂shallowly 부1. 얕게 2. 깊이 없이, 피상적으로

0987 ☐☐☐
venue *☆☆
[vénjuː]

명 장소, 개최지

Success now breeds success later, even if the fields or **venues** change.
현재의 성공은 이후의 성공을 낳는데, 분야나 장소가 바뀌더라도 그렇다.

0988 ☐☐☐
aspire **☆
[əspáiər]

동 열망하다, 염원하다, 동경하다

She **aspires** to be the next CEO of the company.
그녀는 회사의 차기 CEO가 되기를 열망한다.

❂aspiring 형포부가 큰, 야심 찬 ❂aspiration 명포부, 열망

0989 ☐☐☐
devote ***
[divóut]

동 바치다, 헌신하다 (⑨dedicate)

She **devoted** herself to her country's independence. 수능응용
그녀는 조국의 독립을 위해 일생을 바쳤다.

❂devoted 형헌신적인 ❂devotion 명1. 헌신, 전념 2. 헌신적 사랑

0990 ☐☐☐
coordinate **☆
[kouɔ́ːrdənèit]

동 1. 조직하다, 조정하다 2. 조화되다, 조화시키다
형 [kouɔ́ːrdənət] 동등한

She **coordinated** all the events for the charity bazaar.
그녀는 자선 바자회를 위한 모든 행사를 조직했다.

❂coordination 명합동, 조화 ❂coordinator 명조정하는 사람, 책임자

0991 □□□
reclaim *☆☆
[rikléim]

图 1. 되찾다 2. 매립하다 3. 재활용하다 (⊕ recycle)

Bakers and consumers are looking to **reclaim** some of the flavors of old-fashioned breads. 모평응용
제빵사와 소비자들은 옛날 빵맛의 일부를 되찾을 방안을 찾고 있다.
· **reclaimed** land 매립지, 간척지

0992 □□□
concentrate ***
[kánsəntrèit]

图 1. (정신을) 집중하다 2. (한 곳에) 모으다, 집중되다 3. 농축하다

The brain isn't built to **concentrate** on two things at once. 모평응용
뇌는 한꺼번에 두 가지에 집중하도록 만들어지지 않았다.
· **concentrate** one's efforts ~의 노력을 집중하다

⊕ concentration 명 1. 집중(력) 2. 집중, 밀집 3. 농도

0993 □□□
pill **☆
[pil]

명 알약, 정제 (⊕ tablet)

I just need to take these **pills** and get enough rest. 수능응용
나는 그냥 이 약들을 먹고 충분히 쉬면 된다.
· take a **pill** 알약을 복용하다

0994 □□□
inscribe *☆☆
[inskráib]

图 새기다, 써넣다

The trophy was **inscribed** with her name.
그 트로피에는 그녀의 이름이 새겨져 있었다.
· be **inscribed** with ~이 새겨져 있다

⊕ inscription 명 새겨진 글, 새기기

0995 □□□
cultivate ***
[kʌ́ltəvèit]

图 1. 경작하다, 일구다 2. 재배하다 3. (재능 등을) 양성하다

It is impossible to **cultivate** such barren land.
그런 척박한 땅을 경작하는 것은 불가능하다.
· **cultivate** the creativity 창의력을 기르다

⊕ cultivation 명 1. 경작, 재배 2. 양성 ⊕ cultivator 명 경작자

0996 □□□
humility *☆☆
[hju:míləti]

명 겸손 (⊕ humbleness ⊕ arrogance)

The **humility** of the great artist impressed everyone.
위대한 예술가의 겸손함이 모든 이들에게 감명을 주었다.

uninterested vs. disinterested

0997 ☐☐☐
uninterested ★☆☆
[ʌníntərìstid]

형 흥미가 없는, 관심이 없는, 무관심한 (반 interested)

She seems **uninterested** in the opinions of others.
그녀는 다른 사람들의 의견에 관심이 없는 것 같다.

0998 ☐☐☐
disinterested ★☆☆
[disíntərèstid]

형 사심이 없는, 객관적인 (유 objective)

Referees have to make **disinterested** decisions.
심판은 사심 없는 판정을 내려야 한다.

intimate vs. initial

0999 ☐☐☐
intimate ★★★
[íntəmət]

형 1. 친밀한, 친숙한   2. 정통한   3. 사적인

The small, dark restaurant has an **intimate** atmosphere.
그 작고 어두운 식당은 친밀한 분위기이다.

⊕ intimately 뷔 친밀하게   ⊕ intimacy 몡 1. 친밀함   2. 친밀한 행동

1000 ☐☐☐
initial ★★★
[iníʃəl]

형 처음의, 초기의   몡 이름의 첫 글자, 이니셜

The **initial** cost of investing in real estate can be very high.
부동산에 투자하는 초기 비용은 매우 높을 수 있다.

⊕ initially 뷔 처음에, 초기에

DAILY TEST

[1-24] 다음 단어의 뜻을 우리말로 쓰시오.

1	static	13	qualify
2	tremendous	14	humility
3	infringe	15	equate
4	device	16	despair
5	crisis	17	donate
6	particle	18	exotic
7	propose	19	retain
8	inspect	20	reclaim
9	inscribe	21	coordinate
10	synthetic	22	drain
11	tame	23	shallow
12	tangible	24	outweigh

[25-28] 다음 문장의 빈칸에 알맞은 단어를 쓰시오.

25 She d_____ herself to her country's independence.
그녀는 조국의 독립을 위해 일생을 바쳤다.

26 The brain isn't built to c_____ on two things at once.
뇌는 한꺼번에 두 가지의 일에 집중하도록 만들어지지 않았다.

27 It is impossible to c_____ such barren land.
그런 척박한 땅을 경작하는 것은 불가능하다.

28 She a_____ to be the next CEO of the company.
그녀는 회사의 차기 CEO가 되기를 열망한다.

[29-30] 괄호 안에서 알맞은 말을 고르시오.

29 Referees have to make (uninterested / disinterested) decisions.

30 The (initial / intimate) cost of investment in real estate can be very high.

Answers

1 정적인, 고정된; 잡음; 정전기 2 엄청난; 굉장히 훌륭한 3 위반하다, 침해하다 4 장치, 장비; 방책 5 위기 6 입자; 미립자 7 (계획·생각을) 제안하다, 제시하다; 청혼하다 8 자세히 살피다, 점검하다; 검열하다 9 새기다, 써넣다 10 합성의, 인조의; 합성물 11 길들이다; 길들여진 12 유형(有形)의; 만질 수 있는 13 자격을 얻다; 단서를 달다 14 겸손 15 동일시하다 16 절망, 체념; 절망하다, 체념하다 17 기부하다 18 이국적인 19 유지하다, 보유하다 20 되찾다; 매립하다; 재활용하다 21 조직하다; 조화되다; 동등한 22 물을 빼내다; (시간·돈·힘 등을) 빼내 가다; 배수관 23 얕은; 얄팍한, 피상적인 24 ~보다 더 크다, ~을 능가하다 25 devoted 26 concentrate 27 cultivate 28 aspires 29 disinterested 30 initial

□□□
release
[rilíːs]

동 1. 석방하다, 풀어주다 2. 공개하다, 발표하다 3. 발매하다, 개봉하다
   4. (감정을) 발산하다

[1] She **released** the small fish back into the river.
그녀는 그 작은 물고기를 다시 강에 풀어주었다.

[2] Police **released** the identities of the criminals to the public.
경찰은 범죄자들의 신상 정보를 대중에 공개했다.

[3] His new album will be **released** next month.
그의 새 앨범은 다음 달에 발매될 것이다.

[4] Crying can be a good way to **release** your stress.
울음은 스트레스를 해소하는 좋은 방법일 수 있다.

□□□
cast
[kæst]
(cast – cast)

동 1. 역을 배정하다   2. 던지다   3. (눈·시선을 ~으로) 향하게 하다
   4. 투표하다

[1] The director **cast** him as a photographer in her movie.
그 감독은 자신의 영화에서 그에게 사진사 역할을 배정했다.

[2] We **cast** a net for squid into the water.
우리는 오징어 낚시를 위해 물속으로 그물을 던졌다.

[3] Hearing a plane, they **cast** their eyes toward the sky.
비행기 소리를 듣자 그들의 눈은 하늘을 향했다.

[4] Many people **cast** their votes for the candidate.
많은 사람들이 그 후보자에게 투표했다.

□□□
branch
[bræntʃ]

명 1. 나뭇가지 2. 지점, 지사 3. 부문

[1] The **branch** was broken by the strong winds.
강풍으로 나뭇가지가 부러졌다.

[2] He will transfer to an overseas **branch** next year.
그는 내년에 해외 지점으로 전근 갈 것이다.

[3] Nuclear physics is a **branch** of physics.
핵물리학은 물리학의 한 부문이다.

클래스카드

1001 ☐☐☐
abide ★☆☆
[əbáid]

통 1. 견디다, 참다　2. ((by)) (규칙·약속 등을) 지키다, 준수하다

I can't **abide** people who are selfish.
나는 이기적인 사람들을 참을 수 없다.
· law-**abiding** 법을 준수하는

1002 ☐☐☐
intense ★★★
[inténs]

형 1. 극심한, 강렬한　2. 치열한　3. 열정적인, 진지한

The higher the temperature of the food, the more **intense** the flavor. 모평응용
음식의 온도가 더 높을수록, 맛이 더 강렬하다.
· a strong, **intense** young man 강하고 열정적인 젊은이 학평응용

⊕intensity 명 1. 강함, 강렬함　2. 강도　⊕intensive 형 1. 집중적인　2. 집약적인
⊕intensely 부 1. 강하게, 강렬하게　2. 열정적으로

1003 ☐☐☐
abnormal ★☆☆
[æbnɔ́:rməl]

형 비정상적인, 이상한 (반 normal)

I was diagnosed with an **abnormal** level of cholesterol.
나는 콜레스테롤 수치가 비정상적이라고 진단받았다.
· **abnormal** behavior 이상 행동

⊕abnormally 부 비정상적으로, 이상하게

1004 ☐☐☐
fade ★★☆
[feid]

통 1. 서서히 사라지다　2. (색이) 바래다

As time passed, his passion seemed to **fade** gradually. 모평응용
시간이 지나가면서, 그의 열정은 점차 사라지는 것처럼 보였다.

1005 ☐☐☐
heritage ★★★
[héritidʒ]

명 유산(遺産)

Bulguksa was designated as a UNESCO World **Heritage** Site.
불국사는 유네스코 세계문화유산으로 지정되었다.
· cultural **heritage** 문화유산

1006 ☐☐☐
bilingual ★☆☆
[bailíŋgwəl]

형 1. 2개 언어를 할 줄 아는　2. 2개 언어의　명 2개 언어를 하는 사람

She is **bilingual**, so she decided to become an interpreter.
그녀는 2개 언어를 할 수 있어서 통역가가 되기로 결심했다.

1007 □□□
fame ★★☆
[feim]

명 명성 (㈜ reputation)

Despite his **fame** as a professor, he actually studied little. 모평응용
교수로서의 그의 명성에도 불구하고, 사실 그는 연구를 거의 하지 않았다.

⊕ famous 형 유명한

1008 □□□
internal ★★★
[intə́:rnəl]

형 1. 내부의 (㊙ external) 2. 국내의 (㈜ domestic) 3. 체내의 4. 내면의

The company went bankrupt because of **internal** problems.
내부 문제로 인해 그 회사는 파산했다.
· an **internal** clock 체내 시계, 생체 시계

⊕ internally 부 1. 내부로, 내적으로 2. 국내에서
⊕ internalize 동 내면화하다, 내재화하다

1009 □□□
decay ★★☆
[dikéi]

명 1. 부패, 부식 2. 쇠퇴 동 1. 부패하다, 썩다 2. 쇠퇴하다

Eating sweet food can cause tooth **decay**. 수능응용
단 음식을 먹는 것은 충치를 유발할 수 있다.
· protect ~ against **decay** ~을 부식으로부터 보호하다

1010 □□□
blunt ★☆☆
[blʌnt]

형 1. 무딘, 뭉툭한 (㊙ sharp) 2. 직설적인, 퉁명스러운 동 무디게 하다

She tried to cut wood with a **blunt**, dull axe. 학평응용
그녀는 뭉툭하고 무딘 도끼로 나무를 베려고 했다.
· to be **blunt** 사실대로 말하면

1011 □□□
discriminate ★★☆
[diskríməneit]

동 1. 차별하다 2. 식별하다 (㈜ differentiate)

A person should not be **discriminated** against on the basis of race.
사람은 인종을 근거로 차별받지 않아야 한다.

⊕ discrimination 명 1. 차별 2. 식별 ⊕ discriminatory 형 차별적인

1012 □□□
expertise ★★★
[èkspə:rtíːz]

명 전문 지식[기술]

Your life-saving **expertise** can deliver vital support in emergencies. 모평응용
네 구명 전문 기술은 응급 상황에서 필수적인 지원이 될 수 있다.
· **expertise** in ~에 대한 전문 지식[기술]

⊕ expert 명 전문가 형 전문가의, 숙련된

1013 ☐☐☐
convict ★★☆
[kənvíkt]

통 유죄를 선고하다 (반 acquit) 명 [kánvikt] 죄인, 죄수

The man was **convicted** of kidnapping.
그 남자는 유괴에 대해 유죄를 선고받았다.
· an escaped **convict** 탈옥수

⊕conviction 명 1. 유죄 선고[판결] 2. 확신, 신념

1014 ☐☐☐
clan ★☆☆
[klæn]

명 씨족, 일족

They lived in small **clan**-based groups. 모평응용
그들은 소규모의 씨족 단위로 살았다.

1015 ☐☐☐
fierce ★★☆
[fiərs]

형 1. (행동 등이) 격렬한 2. (동물 등이) 사나운

After **fierce** battles, the soldiers' focus wavered for a moment. 모평응용
격렬한 전투 후, 그 군사들의 집중력은 잠시 흔들렸다.
· a **fierce** criticism 거센 비판

⊕fiercely 부 1. 격렬하게 2. 사납게

1016 ☐☐☐
grab ★★☆
[græb]

동 1. 움켜쥐다, 붙잡다 2. (기회를) 잡다

She **grabbed** a spoon and tasted a spoonful of soup. 모평응용
그녀는 숟가락을 움켜잡고 수프 한 숟갈을 맛보았다.
· **grab** an opportunity 기회를 잡다

1017 ☐☐☐
bombard ★☆☆
[bámbɑːrd]

동 1. 포격하다, 폭격하다 2. (비난·질문 등을) 퍼붓다

The jets **bombarded** the city until it surrendered.
그 전투기들은 그 도시가 항복할 때까지 폭격했다.
· **bombard** ~ with questions ~에게 질문 공세를 퍼붓다

1018 ☐☐☐
tissue ★★☆
[tíʃuː]

명 1. (세포) 조직 2. 화장지 3. 얇은 종이

It takes several months for damaged nerve **tissue** to recover.
손상된 신경 조직이 회복되는 데는 몇 달이 걸린다.

norm ***
[nɔːrm]

명 1. 표준, 일반적인 것 2. 《~s》 규범

Smoking bans have become the **norm** in a lot of countries.
흡연 금지법은 많은 나라에서 일반적인 일이 되고 있다.
· social **norms** 사회적 규범

⊕ normal 형 보통의, 정상의

---

import **☆
[impɔ́ːrt]

통 수입하다 명 [ímpɔːrt] 1. 수입 2. 《~s》 수입품

They **import** all the meat from Australia.
그들은 모든 고기를 호주에서 수입해 온다.
· agricultural **imports** 수입 농산물

---

asymmetry *☆☆
[eisímətri]

명 1. 불균형 (반 symmetry) 2. 비대칭 (반 symmetry)

Many of Picasso's paintings used **asymmetry** to create a new look.
많은 피카소 작품이 새로운 모습을 창조하려고 불균형을 이용했다.

⊕ asymmetric(al) 형 1. 불균형한 2. 비대칭적인
⊕ asymmetrically 부 1. 불균형하게 2. 비대칭적으로

---

blast **☆
[blæst]

통 폭발시키다, 폭파하다 명 1. 폭발 2. 큰 소리

The miners **blasted** the mountain with explosives.
광부들은 폭발물로 산을 폭파했다.
· nuclear **blast** 핵폭발

---

interfere ***
[ìntərfíər]

통 1. 방해하다 2. 참견하다, 간섭하다

Anxiety can **interfere** with our ability to concentrate.
불안은 우리의 집중하는 능력을 방해할 수 있다.
· **interfere** in one's business ~의 일에 참견하다

⊕ interference 명 1. 방해 2. 참견, 간섭

---

sovereign *☆☆
[sávərin]

형 (국가가) 자주적인, 독립된 명 주권자, 군주, 국왕

All **sovereign** countries can make their own laws.
모든 독립 국가들은 그들만의 법을 만들 수 있다.
· **sovereign** power[control] 주권

⊕ sovereignty 명 통치권, 자주권

1025 □□□
unify ★★☆
[júːnəfài]

동 통일하다, 단일화하다 (유 unite 반 divide)

They are looking for a way to **unify** the two groups.
그들은 그 두 집단을 통합할 방법을 찾고 있다.

⊕ unification 명 통일, 결합

1026 □□□
evaluate ★★★
[ivǽljuèit]

동 평가하다

You shouldn't **evaluate** the taste of the tea with a mere sip of it.
너는 단지 한 모금으로 그 차의 맛을 평가해서는 안 된다.

⊕ evaluation 명 평가

1027 □□□
fatal ★★☆
[féitəl]

형 1. 치명적인, 죽음에 이르는   2. (부정적으로) 결정적인, 중대한

He made a big mistake, and it was a **fatal** one. 모평응용
그는 큰 실수를 범했는데, 그것은 치명적인 것이었다.

⊕ fatally 부 치명적으로   ⊕ fatality 명 1. 사망자(수) 2. 치사율 3. 숙명

1028 □□□
carton ★☆☆
[káːrtən]

명 1. 상자   2. (음식이나 음료를 담는) 갑, 통

The expiration date of the eggs is printed on the front of the **carton**.
달걀의 유통기한은 상자 전면에 인쇄되어 있다.
· a milk **carton** 우유갑

1029 □□□
enforce ★★☆
[infɔ́ːrs]

동 1. (법률 등을) 시행하다, 집행하다   2. (행동 등을) 강요하다

The law seems good, but it'll be difficult to **enforce**.
그 법안은 좋아 보이지만 시행하기에는 어려울 것이다.
· **enforce** cooperation 협조를 강요하다

⊕ enforcement 명 1. (법률의) 시행 2. 강제

1030 □□□
flaw ★★☆
[flɔː]

명 1. 결함, 단점 (유 defect)   2. 흠, 상처

A fatal **flaw** was identified in the software updated last month.
지난달에 업데이트된 소프트웨어에서 치명적인 결함이 확인되었다.

⊕ flawless 형 흠이 없는, 완벽한, 나무랄 데가 없는

1031
astray ★☆☆
[əstréi]

부 길을 잃고, 옳은 길에서 벗어나

As we know, even the best-laid plans can go **astray**. 학평응용
우리가 알다시피, 심지어 가장 잘 짜인 계획도 잘못된 방향으로 갈 수 있다.
· lead ~ **astray** ~을 잘못된 길로 이끌다, 타락시키다

1032
explode ★★☆
[iksplóud]

동 1. 폭발하다, 폭파하다   2. 급격히 증가하다   3. (감정을) 터뜨리다

The bomb **exploded** and killed dozens of people in the square.
폭탄이 폭발하여 광장에 있던 수십 명의 사람들을 죽였다.
· **explode** with anger/laughter 분노가 폭발하다/폭소가 터지다
⊕ explosion **명** 1. 폭발, 폭파 2. 폭등, 폭발적인 증가 3. (감정의) 폭발

1033
ingredient ★★★
[ingrí:diənt]

명 1. (음식의) 재료, 성분   2. 구성 요소, 필요 자질

Air transportation carries fresh **ingredients** around the world. 모평응용
항공 수송은 신선한 재료를 전 세계에 실어 나른다.
· essential **ingredients** for success 성공에 필수적인 요소들

1034
parallel ★★☆
[pǽrəlèl]

형 1. 평행한   2. 유사한   **명** 유사점, 필적하는 것
동 1. 유사하다   2. 평행하게 뻗어있다

The road and the railroad run **parallel** to each other. 수능응용
길과 철도가 서로 평행하게 뻗어 있다.
· have no **parallel** 유례가 없다, 비할 데 없다

1035
choke ★☆☆
[tʃouk]

동 1. 숨이 막히다, 질식하다, 질식시키다   2. 목을 조르다

He was **choking** on the bones of the fish he swallowed.
그는 삼킨 생선 뼈에 숨 막혀 하고 있었다.

1036
premium ★★☆
[prí:miəm]

명 보험료, 할증료   **형** 아주 높은; 고급의

Decades of war put a new **premium** on training large groups of elite engineers. 수능응용
수십 년간의 전쟁은 많은 그룹의 엘리트 기술자들을 훈련시키는 것에 특히 새로운 중요성을 두었다.
· put a **premium** on ~을 특히 중요하게 여기다
· car insurance **premiums** 자동차 보험료

DAY 26

memorable vs. memorial

1037 □□□
memorable ★★☆
[mémərəbl]

형 잊지 못할, 기억할 만한, 인상적인

He had beaten last year's champion and enjoyed the **memorable** victory. 모평응용
그는 지난해의 우승자를 이기고 그 잊지 못할 승리를 즐겼다.

1038 □□□
memorial ★☆☆
[məmɔ́ːriəl]

명 기념비, 기념물 형 추모의, 기념의

We made a **memorial** to our grandfather who passed away.
우리는 돌아가신 할아버지를 위한 추모비를 만들었다.

disability vs. inability

1039 □□□
disability ★☆☆
[dìsəbíləti]

명 (신체적·정신적) 장애

He took off his **disability** aids to show audience his permanent injuries. 학평응용
그는 자신의 영구적인 부상을 관중에게 보여주기 위해 장애 보조기구를 벗었다.
· **disabilities** of age 노령으로 인한 장애

1040 □□□
inability ★★☆
[ìnəbíləti]

명 무능, 불능, ~할 수 없음

The couple was frustrated by their **inability** to have a baby.
그 부부는 아이를 가질 수 없음에 좌절했다.

DAILY TEST

[1-24] 다음 단어의 뜻을 우리말로 쓰시오.

1	fierce	_____	13 heritage	_____
2	interfere	_____	14 internal	_____
3	flaw	_____	15 bombard	_____
4	premium	_____	16 choke	_____
5	abide	_____	17 bilingual	_____
6	convict	_____	18 ingredient	_____
7	discriminate	_____	19 tissue	_____
8	enforce	_____	20 fade	_____
9	grab	_____	21 fatal	_____
10	decay	_____	22 norm	_____
11	astray	_____	23 parallel	_____
12	blunt	_____	24 evaluate	_____

[25-28] 다음 문장의 빈칸에 알맞은 단어를 쓰시오.

25 Your life-saving e_____ can deliver vital support in emergencies.
네 구명 전문 기술은 응급 상황에서 필수적인 지원이 될 수 있다.

26 The bomb e_____ and killed dozens of people in the square.
폭탄이 폭발하여 광장에 있던 수십 명의 사람들을 죽였다.

27 The miners b_____ the mountain with explosives.
광부들은 폭발물로 산을 폭파했다.

28 The higher the temperature of the food, the more i_____ the flavor.
음식의 온도가 더 높을수록, 맛이 더 강렬하다.

[29-30] 괄호 안에서 알맞은 말을 고르시오.

29 He had beaten last year's champion and enjoyed the (memorable / memorial) victory.

30 The couple was frustrated by their (inability / disability) to have a baby.

Answers

¹ (행동 등이) 격렬한; (동물 등이) 사나운 ² 방해하다; 간섭하다 ³ 결점; 흠 ⁴ 보험료, 할증료; 아주 높은, 고급의 ⁵ 견디다, 참다; (규칙·약속 등을) 지키다, 준수하다 ⁶ 유죄를 선고하다; 죄인, 죄수 ⁷ 차별하다 ⁸ (법률 등을) 시행하다; (행동 등을) 강요하다 ⁹ 움켜쥐다; (기회를) 잡다 ¹⁰ 부패, 쇠퇴; 부패하다; 쇠퇴하다 ¹¹ 길을 잃고, 옳은 길에서 벗어나 ¹² 무딘; 직설적인, 통명스러운; 무디게 하다 ¹³ 유산(遺産) ¹⁴ 내부의; 국내의; 체내의; 내면의 ¹⁵ 포격하다; (비난·질문 등을) 퍼붓다 ¹⁶ 숨이 막히다, 질식하다, 질식시키다; 목을 조르다 ¹⁷ 2개 언어를 할 줄 아는, 2개 언어를 하는 사람 ¹⁸ (음식의) 재료, 성분 ¹⁹ (세포) 조직; 화장지 ²⁰ 서서히 사라지다 ²¹ 치명적인; (부정적으로) 결정적인 ²² 표준, 일반적인 것; 규범 ²³ 평행한; 유사한; 유사점; 유사하다; 평행하게 뻗어 있다 ²⁴ 평가하다 ²⁵ expertise ²⁶ exploded ²⁷ blasted ²⁸ intense ²⁹ memorable ³⁰ inability

DAY 27

클래스카드

1041 ☐☐☐
naive ★★☆
[naːíːv]

형 순진한, 순진무구한

The boy was too **naive** to realize that I was cheating him.
그 소년은 너무 순진해서 내가 그를 속이고 있다는 것을 깨닫지 못했다.

➊ naively 튄 순진하게

1042 ☐☐☐
expel ★☆☆
[ikspél]

동 1. 퇴학시키다, 제명하다 2. 추방하다, 내쫓다

The player was **expelled** from the team for taking drugs.
그 선수는 마약을 복용해서 팀에서 제명되었다.
· **expel** ~ from a country ~을 나라에서 추방하다

1043 ☐☐☐
flee ★★☆
[fliː]
(fled – fled)

동 달아나다, 도피하다

When he saw the enemy, he **fled** as quickly as possible.
그는 적을 보자 가능한 한 빠르게 도망갔다.
· **flee** the country 망명하다

1044 ☐☐☐
surface ★★★
[sə́ːrfis]

명 1. 표면, 수면, 지면 2. 외관, 겉모습 형 표면의, 겉보기의
동 1. 수면으로 올라오다 2. 나타나다, 표출되다

After several years, doubts about their reliability began to **surface**.
수년 후, 그들의 신뢰성에 대한 의혹이 표출되기 시작했다.

1045 ☐☐☐
scheme ★★☆
[skiːm]

명 1. 계획, 제도 2. 음모 (֍ plot) 3. 체계, 구성 동 계략을 꾸미다 (֍ plot)

They announced that a new pension **scheme** would be introduced soon.
그들은 새로운 연금제도가 곧 도입될 것이라고 발표했다.
· the **scheme** of nature 자연의 체계

1046 ☐☐☐
edible ★☆☆
[édəbl]

형 먹을 수 있는, 식용의

These wild mushrooms are **edible**, but others are poisonous.
이 야생 버섯들은 먹을 수 있지만 다른 것들은 독성이 있다.

1047 ☐☐☐

allergic ★★☆
[ələ́ːrdʒik]

형 1. 알레르기성의 2. ~을 몹시 싫어하는

More and more people lose their lives from **allergic** reactions to common bee stings. 수능응용
점점 더 많은 사람들이 흔한 벌 쏘임에 대한 알레르기 반응 때문에 생명을 잃는다.
· be **allergic** to housework 집안일을 몹시 싫어하다

1048 ☐☐☐

adverse ★★☆
[ædvə́ːrs]

형 부정적인, 불리한

People ignored the warning signs and **adverse** situations seemed to present themselves overnight. 학평응용
사람들이 경고 신호를 무시해서 불리한 상황들이 하룻밤 사이에 나타나는 것 같았다.
· **adverse** effect 부정적인 영향

1049 ☐☐☐

errand ★☆☆
[érənd]

명 심부름, 심부름 가기

My mom sent me on an **errand** to get some eggs.
우리 엄마는 나에게 달걀을 사 오라는 심부름을 보내셨다.
· run an **errand** 심부름하다

1050 ☐☐☐

spectator ★★☆
[spékteitər]

명 (스포츠 행사의) 관중

Mass travel to **spectator** sports was now possible. 수능응용
관중 스포츠로의 대중의 이동이 비로소 가능해졌다.

1051 ☐☐☐

ordinary ★★★
[ɔ́ːrdənèri]

형 평범한, 보통의 (반extraordinary)

The novel is about the lives of **ordinary** people in Ghana.
그 소설은 가나에 사는 평범한 사람들의 삶에 대한 것이다.
· (an) **ordinary** day 평범한 하루

⊕ordinarily 부 보통, 대개

1052 ☐☐☐

keen ★★☆
[kiːn]

형 1. 열망하는, 무척 ~하고 싶은 2. 강한, 강렬한 3. 예민한 4. 치열한

He was **keen** to meet her and ask her a question.
그는 꼭 그녀를 만나서 질문을 하고 싶었다.
· a **keen** sense of smell 예민한 후각

⊕keenly 부 1. 몹시, 강하게 2. 예민하게 3. 치열하게

1053 □□□
comet ★☆☆
[kámit]

명 혜성

The astronomer observed the movement of the **comet**.
그 천문학자는 혜성의 움직임을 관찰했다.

1054 □□□
stable ★★★
[stéibl]

형 1. 안정된 2. 차분한 (반)unstable) 명 마구간

My grandfather got through the crisis and he is now in **stable** condition.
우리 할아버지는 고비를 넘기셔서 현재 안정된 상태이시다.
· a **stable** in the backyard 뒤뜰에 있는 마구간 [모평응용]

⊕stability 명 안정(감), 안정성

1055 □□□
victim ★★☆
[víktim]

명 1. 희생자, 피해자 2. 희생물, 희생양

They delivered relief items to the earthquake **victims**.
그들은 지진 피해자들에게 구호품을 전달했다.

1056 □□□
cohesion ★☆☆
[kouhíːʒən]

명 1. 화합, 결합, 결속 2. 응집력

The events were designed to encourage social **cohesion**.
그 행사들은 사회 화합을 고무시키기 위해 계획되었다.
· group **cohesion** 집단 응집력[결속력]

⊕cohesive 형 단결력 있는, 결속된

1057 □□□
negotiate ★★☆
[nigóuʃièit]

동 1. 협상하다, 교섭하다 2. (장애물 등을) 넘다, 극복하다

She accompanied her lawyer to **negotiate** a complex deal. [학평응용]
그녀는 복잡한 거래를 협상하기 위해 변호사와 동행했다.
· **negotiate** rough roads 울퉁불퉁한 도로를 넘어가다

⊕negotiation 명 협상 ⊕negotiable 형 협상할 여지가 있는

1058 □□□
abstract ★★★
[ǽbstrækt]

형 1. 추상적인 2. 이론적인 명 1. 추상화 2. 개요
동 [æbstrǽkt] 1. 추출하다 2. 요약하다

Many disciplines are better learned by entering into the doing than by **abstract** study. [수능응용]
많은 교과는 추상적인 공부에 의해서보다 실제로 행함으로써 더 잘 학습된다.
· **abstract** art 추상 미술
· in the **abstract** 개략적으로

⊕abstraction 명 1. 추상 2. 추상적인 개념

1059 □□□
insult ★★☆
[insʌ́lt]

동 모욕하다 명 모욕

An introvert is far less likely to **insult** another person whose opinion is not agreeable. 모평응용
내성적인 사람은 동의할 수 없는 의견을 지닌 타인을 모욕할 가능성이 훨씬 더 적다.
· a personal **insult** 인신공격

⊕insulting 형 모욕적인, 무례한

1060 □□□
enrich ★☆☆
[inrítʃ]

동 1. 질을 높이다, 풍부하게 하다 2. 부유[풍족]하게 하다

We **enrich** our understanding of the present by reasoning. 학평응용
우리는 추론을 통해 현재에 대한 이해를 풍부하게 한다.

⊕enrichment 명 풍부하게 함, 강화

1061 □□□
revive ★★☆
[riváiv]

동 1. 회복[소생]시키다, 활기를 되찾다 2. (기억 등을) 되살리다
3. 재상연하다

Efforts to **revive** the traditional culture have continued.
전통문화를 부흥시키려는 노력이 계속되어 왔다.

⊕revival 명 1. 부활, 되살아남 2. 재공연

1062 □□□
wrestle ★★☆
[résl]

동 1. 몸싸움을 벌이다 2. (힘든 문제를 해결하기 위해) 씨름하다

Why **wrestle** with Mother Nature? 수능응용
왜 (만물의 어머니 같은) 대자연과 맞붙어 싸우려 하지?
· **wreste** with the problem 그 문제와 씨름하다

1063 □□□
fling ★☆☆
[fliŋ]
(flung – flung)

동 1. 내던지다, 내팽개치다 2. (몸이나 신체 일부를) 던지다, 내밀다

He got upset and **flung** his papers across the room.
그는 화가 나서 그의 서류를 방에 던졌다.

1064 □□□
ideology ★★☆
[àidiálədʒi]

명 1. 이데올로기, 이념 2. 관념

The trust that this objectivity inspires is what makes maps such powerful carriers of **ideology**. 수능응용
이 객관성이 고취시키는 신뢰성이 지도를 그렇게 강력한 이념의 전달자로 만드는 것이다.
· the **ideology** of gender roles 성 역할이라는 관념

⊕ideological 형 사상적인, 이념적인

1065
replace ***
[ripléis]

통 1. 대신하다, 대체하다 2. 교체하다 3. 원위치에 놓다

I **replaced** difficult legal terms with easier words. 모평응용
나는 어려운 법률 용어들을 더 쉬운 말로 대체했다.
· **replace** a filter 필터를 교체하다
⊕replacement 명 1. 대체(물), 대신할 사람 2. 교체

1066
spectrum **☆
[spéktrəm]

명 1. (빛의) 스펙트럼 2. 범위, 영역

The term "biological control" covers a full **spectrum** of biological organisms. 모평응용
'생물학적 방제'라는 용어는 생물학적 유기체의 전 영역을 포괄한다.
· a broad **spectrum** of something ~의 광범위함

1067
empathetic *☆☆
[èmpəθétik]

형 감정 이입의, 공감의 (㊇ empathic)

He is an **empathetic** and sensitive counselor.
그는 공감을 잘하는 세심한 상담가이다.
⊕empathy 명 감정 이입, 공감

1068
portion **☆
[pɔ́ːrʃən]

명 1. 부분, 일부 2. (음식의) 1인분 3. 몫 동 분배하다

She spent a large **portion** of her salary on leisure activities.
그녀는 월급의 많은 부분을 여가 활동에 썼다.
· **portion** size 1회 제공량

1069
widespread ***
[wáidspred]

형 광범위한, 널리 퍼진

It is not clear how **widespread** literacy was at that time. 수능응용
읽고 쓰는 능력이 그 당시에 얼마나 널리 퍼져 있었는지는 명확하지 않다.
· **widespread** support 폭넓은 지지

1070
mend **☆
[mend]

동 1. 수리하다, 수선하다 2. 해결하다

Mending and restoring objects often require even more creativity than original production. 수능응용
물건을 고치고 복원하는 것은 흔히 최초 제작보다 더 많은 창의력을 필요로 한다.
· **mend** matters 문제를 해결하다, 오해를 풀다

1071 □□□
elastic ★☆☆
[ilǽstik]

형 1. 고무로 된 2. 신축성이 있는, 탄력 있는 명 신축적인 고무줄

Children's pants usually have an **elastic** waist.
아동복 바지는 보통 허리 부분이 고무로 처리되어 있다.
· an **elastic** band 고무줄

⊕ elastically 부 탄력적으로

1072 □□□
responsible ★★★
[rispánsəbl]

형 책임이 있는, 책임져야 할 (반 irresponsible)

He felt partly **responsible** for his son's depression. 학평응용
그는 아들의 우울증에 일부 책임이 있다고 느꼈다.

⊕ responsibility 명 책임, 의무

1073 □□□
affordable ★★☆
[əfɔ́:rdəbl]

형 살 만한 가격의, 비싸지 않은

Let me show you our five top-selling models, all at **affordable** prices. 수능응용
우리 가게에서 가장 잘 팔리는 다섯 개의 모델을 모두 비싸지 않은 가격에 보여드릴게요.

⊕ affordability 명 적당한 가격으로 구입할 수 있는 것, 감당할 수 있는 비용

1074 □□□
despise ★☆☆
[dispáiz]

동 경멸하다, 혐오하다

He **despised** himself for getting her in trouble.
그는 그녀를 곤경에 빠뜨린 자신을 경멸했다.

1075 □□□
affect ★★★
[əfékt]

동 영향을 미치다, 작용하다, 영향을 주다

Fatigue **affects** our ability to make good decisions. 학평응용
피로는 현명한 결정을 내리는 우리의 능력에 영향을 미친다.

1076 □□□
contagious ★☆☆
[kəntéidʒəs]

형 1. 전염되는, 전염성의 2. 전염병에 걸린

Some emotions such as enthusiasm can quickly become **contagious**. 모평응용
열정과 같은 일부 감정은 빠르게 전염될 수 있다.
· a **contagious** disease 전염성 질병

⊕ contagion 명 (접촉) 전염(병)

successful vs. successive

1077 ☐☐☐

successful ***
[səksésfəl]

형 성공한, 성공적인 (반 unsuccessful)

He was more **successful** as an architect than a painter. 수능응용
그는 화가보다 건축가로서 더욱 성공했다.

⊕ successfully 부 성공적으로 ⊕ success 명 성공

1078 ☐☐☐

successive ★☆☆
[səksésiv]

형 연속적인, 연이은, (순서가) 다음의

She was the champion for four **successive** years.
그녀는 4년 연속 우승자였다.

⊕ succession 명 1. 연속 2. 계승 ⊕ successor 명 후계자, 후임자

undermine vs. underlie

1079 ☐☐☐

undermine ★★☆
[ʌndərmáin]

동 1. 쇠퇴시키다, 약화시키다 2. 기반을 약화하다

Anxiety **undermines** the intellect. 수능응용
불안감은 지능을 쇠퇴시킨다.

1080 ☐☐☐

underlie ★★☆
[ʌndərlái]
(underlay – underlain)

동 ~의 기초가 되다, ~의 근저에 있다, 근거가 되다

Science **underlies** everything around us.
과학은 우리 주변에 있는 모든 것의 기초가 된다.

⊕ underlying 형 근간을 이루는, 근본적인

[1-24] 다음 단어의 뜻을 우리말로 쓰시오.

1	affect	_____	13 scheme	_____
2	affordable	_____	14 ordinary	_____
3	flee	_____	15 replace	_____
4	adverse	_____	16 expel	_____
5	victim	_____	17 negotiate	_____
6	wrestle	_____	18 edible	_____
7	elastic	_____	19 empathetic	_____
8	spectator	_____	20 revive	_____
9	spectrum	_____	21 fling	_____
10	keen	_____	22 insult	_____
11	stable	_____	23 widespread	_____
12	mend	_____	24 surface	_____

[25-28] 다음 문장의 빈칸에 알맞은 단어를 쓰시오.

25 Many disciplines are better learned by entering into the doing than by a_____ study.
많은 교과는 추상적인 공부에 의해서보다 실제로 행함으로써 더 잘 학습된다.

26 The boy was too n_____ to realize that I was cheating him.
그 소년은 너무 순진해서 내가 그를 속이고 있다는 것을 깨닫지 못했다.

27 He felt partly r_____ for his son's depression.
그는 아들의 우울증에 일부 책임이 있다고 느꼈다.

28 Some emotions such as enthusiasm can quickly become c_____.
열정과 같은 일부 감정은 빠르게 전염될 수 있다.

[29-30] 괄호 안에서 알맞은 말을 고르시오.

29 He was more (successive / successful) as an architect than a painter.

30 Science (undermines / underlies) everything around us.

Answers

[1] 영향을 미치다, 작용하다 [2] 비싸지 않은 [3] 달아나다 [4] 부정적인, 불리한 [5] 희생자; 희생물 [6] 몸싸움을 벌이다; (문제를 해결하기 위해) 씨름하다 [7] 고무로 된; 신축성이 있는; 신축적인 고무줄 [8] (스포츠 행사의) 관중 [9] (빛의) 스펙트럼; 범위, 영역 [10] 열망하는; 강렬한; 치열한 [11] 안정된; 차분한; 마구간 [12] 수리하다; 해결하다 [13] 계획, 제도; 음모; 체계, 구성; 계략을 꾸미다 [14] 평범한, 보통의 [15] 대체하다; 교체하다; 원위치에 놓다 [16] 퇴학시키다, 제명하다; 추방하다 [17] 협상하다; (장애물 등을) 극복하다 [18] 먹을 수 있는, 식용의 [19] 공감의 [20] 회복소생시키다; (기억 등을) 되살리다; 재상연하다 [21] 내던지다; (몸 등을) 던지다 [22] 모욕하다; 모욕 [23] 광범위한, 널리 퍼진 [24] 표면; 겉모습; 표면의; 수면으로 올라오다; 나타나다 [25] abstract [26] naive [27] responsible [28] contagious [29] successful [30] underlies

---

1081 ☐☐☐
herd ★☆☆
[həːrd]

명 1. 무리, 떼 2. 군중 통 (사람·가축을) 이동시키다, 떼 지어 몰다

Traffic was stopped by a **herd** of cows crossing the road. 수능응용
길을 건너는 한 무리의 소들로 차들이 멈춰 섰다.

· follow the **herd** 대중을 따르다

⊕herder 명양치기, 목동

1082 ☐☐☐
demonstrate ★★★
[démənstrèit]

통 1. 입증하다, 증명하다 2. 설명하다, (사용법을) 보여 주다 3. 시위하다

Her study **demonstrated** that voters show favoritism toward handsome politicians. 수능응용
그녀의 연구는 유권자들이 잘생긴 정치인을 편애한다는 것을 입증했다.

⊕demonstration 명1. 입증 2. 시범, 시범 설명 3. 시위

1083 ☐☐☐
jeopardize ★☆☆
[dʒépərdàiz]

통 위태롭게 하다, 위험에 빠뜨리다

His insensitive remark **jeopardized** his political career.
그의 몰지각한 발언은 그의 정치 경력을 위태롭게 만들었다.

· **jeopardize** the national security 국가 안보를 위협하다

1084 ☐☐☐
deluxe ★★☆
[dəlʎks]

형 (제품·서비스 등이) 고급의, 호화로운

We have two different kinds of passes, Regular and **Deluxe**. 모평응용
일반과 고급 두 종류의 입장권이 있습니다.

· articles **deluxe** 사치품

1085 ☐☐☐
bond ★★★
[bɑnd]

명 1. 유대, 결속 2. 채권 통 1. 접착시키다 2. 유대감을 형성하다

Members of **bond** groups greet one another with theatrical displays. 수능응용
친밀 집단의 구성원들은 극적인 모습을 보이며 서로에게 인사한다.

· **bond** market 채권 시장

1086 ☐☐☐
monologue ★☆☆
[mánəlɔ̀ːg]

명 1. 긴 이야기, 독백 2. (연극·영화의) 독백, 1인극

Everyone was focused on his 10-minute **monologue**.
모든 사람이 그의 10분 독백에 집중했다.

1087 ☐☐☐
slot ★★☆
[slɑt]

명 (가느다란) 구멍, 투입구　동 (가느다란 구멍에) 넣다, 끼우다

Insert a chip in the front **slot** and pictures will appear on the LCD screen.　모평응용
앞면 홈에 칩을 끼우면 LCD 스크린에 그림이 나타납니다.

1088 ☐☐☐
discipline ★★★
[dísəplin]

명 1. 규율, 훈육　2. 교과목, 분야　동 1. 징계하다　2. 훈육하다

She uses strict **discipline** with her children.
그녀는 자녀에게 엄격한 훈육을 한다.
· philosophical **disciplines** 철학 교과

⊕disciplined 형 훈련받은　⊕disciplinary 형 징계의

1089 ☐☐☐
outdated ★★☆
[àutdéitid]

형 1. 시대에 뒤진, 구식의　2. 기한이 지난

The **outdated** hotel will be renovated in a modern style.
그 구식 호텔은 현대식으로 개조될 것이다.

1090 ☐☐☐
monopoly ★☆☆
[mənápəli]

명 1. 독점(권), 전매(권)　2. 독점 상품

The company has a virtual **monopoly** in the cellular phone market.
그 회사가 휴대전화 시장을 사실상 독점하고 있다.
· the **monopoly** prohibition law 독점 금지법

1091 ☐☐☐
agenda ★★☆
[ədʒéndə]

명 의제, 안건

Make sure that everyone in the meeting has a copy of the **agenda**.　모평응용
회의 참석자 모두 안건 사본을 하나씩 가지도록 해야 합니다.
· set an **agenda** 의제를 설정하다

1092 ☐☐☐
annoy ★★★
[ənɔ́i]

동 짜증 나게 하다

His endless complaints **annoyed** us all.
그의 끊임없는 불평은 우리 모두를 짜증 나게 했다.

⊕annoyed 형 짜증이 난　⊕annoying 형 짜증 나게 하는
⊕annoyance 명 짜증, 약이 오름

230

1093 □□□
decisive ★★☆
[disáisiv]

형 1. 결정적인 2. 결단력 있는 (반 indecisive)

She has played a **decisive** role in that peace negotiation.
그녀는 그 평화 협상에서 결정적 역할을 했다.
· **decisive** action 단호한 조치

1094 □□□
preliminary ★☆☆
[prilímənèri]

형 예비의, 준비의 명 1. 예비 단계, 사전 준비 2. 예선전

The **preliminary** research shows that the medicine is effective.
그 예비 조사는 그 약이 효과 있다는 것을 나타낸다.
· **preliminary** training 사전 교육, 사전 훈련

1095 □□□
critique ★★☆
[kritíːk]

명 비평한 글, 평론 동 비평하다, 평론을 쓰다

Most critics championed Douglas's films' social **critique**. 모평응용
대부분의 비평가가 더글라스 영화의 사회 비평을 옹호했다.
· **critique** a literary work 문학작품을 평론하다

1096 □□□
economical ★★☆
[iːkənámikəl]

형 경제적인, 절약하는, 알뜰한

It is more **economical** to make purchases in large quantities.
대량으로 사는 것이 더 경제적이다.
⊕ **economically** 부 1. 경제적으로 2. 효율적으로, 알뜰하게

1097 □□□
mournful ★☆☆
[mɔ́ːrnfəl]

형 슬픔에 잠긴, 애처로운

They held a **mournful** ceremony after their father's death.
그들은 아버지의 죽음 후 슬픈 장례식을 거행했다.
⊕ **mourn** 동 슬퍼하다, 애도하다 ⊕ **mourner** 명 문상객, 조문객

1098 □□□
cue ★★☆
[kjuː]

명 1. 신호, 암시 2. (공연) 큐 사인 동 큐 사인을 주다

Nonverbal **cues** are better indicators of speaker intent than verbal **cues**. 모평응용
비언어적 신호는 언어적 신호보다 화자의 의도를 더 잘 나타낸다.

1099 ☐☐☐
diverse ★★★
[divə́ːrs]

형 다른, 여러 가지의, 다양한

It's important that the media provide us with **diverse** and opposing views. 수능응용
언론 매체가 다양하고 상반되는 관점을 제시하는 것은 중요하다.

✚diversity 명 다양성, 포괄성　✚diversify 통 다양화하다

1100 ☐☐☐
minimize ★★☆
[mínəmàiz]

통 1. 최소화하다 (반 maximize)　2. (중요성 등을) 축소하다

Strict standards are needed to **minimize** environmental problems. 수능응용
환경 문제를 최소화하기 위해 엄격한 기준이 필요하다.

✚minimum 형 최저의, 최소한의 명 최소한도

1101 ☐☐☐
fort ★☆☆
[fɔːrt]

명 보루, 요새, 진지

There were 2,000 soldiers in the **fort** near the battle lines.
전선 근처 요새에는 2천 명의 군인이 있었다.
· strike/hold the **fort** 요새를 공격하다/방어하다

✚fortify 통 1. 요새화하다　2. 강화하다　3. 기운을 돋우다

1102 ☐☐☐
erroneous ★★☆
[iróuniəs]

형 (생각·정보 등이) 잘못된, 오류가 있는

They have arrived at some **erroneous** conclusions.
그들은 몇 가지 잘못된 결론에 도달했다.
· **erroneous** assumptions 잘못된 가정

✚erroneously 부 잘못되게, 틀리게　✚err 통 실수를 범하다

1103 ☐☐☐
dimension ★★★
[diménʃən]

명 1. 국면, 관점 (윤 aspect)　2. 차원(次元)　3. ((~s)) 크기, 치수

Volunteering added a new **dimension** to my life.
봉사활동은 내 삶에 새로운 관점을 더해주었다.
· three **dimensions** 3차원

✚dimensional 형 ~차원의

1104 ☐☐☐
friction ★☆☆
[fríkʃən]

명 1. 마찰　2. 충돌, 불화

The **friction** between the tires and the road caused a burnt smell.
타이어와 도로의 마찰로 타는 냄새가 났다.
· create **friction** 불화를 일으키다

1105 □□□
mankind ★★☆
[mǽnkáind]

명 인류, 인간 (유 humankind)

The reindeer had a weakness that **mankind** would exploit. 수능응용
순록에게는 인간이 악용할 약점이 있었다.

1106 □□□
alter ★★★
[ɔ́:ltər]

동 1. 변하다, 바꾸다 2. (옷을) 고치다

He had to **alter** his plans due to the bad weather.
그는 궂은 날씨 때문에 계획을 변경해야 했다.

⊕ alteration 명 변경, 개조, 변화

1107 □□□
coherent ★★☆
[kouhí:ərənt]

형 논리적인, 일관성 있는

The candidate's speech was barely **coherent**.
그 후보자의 연설은 거의 일관성이 없었다.
· a **coherent** explanation 조리 있는 설명

⊕ coherently 부 논리적으로, 시종일관하여 ⊕ coherence 명 일관성

1108 □□□
peninsula ★☆☆
[pənínsələ]

명 반도

Italy and Korea are similar in that they are both **peninsulas**.
이탈리아와 한국은 둘 다 반도라는 점에서 유사하다.

1109 □□□
autograph ★★☆
[ɔ́:təgræ̀f]

명 (유명인의) 사인 동 사인을 해주다

The celebrities will be at the event to meet the people and sign **autographs**. 모평응용
유명인들이 그 행사에 참석해서 사람들을 만나고 사인을 해줄 것이다.
· sign **autographs** (팬들에게) 사인을 해주다

1110 □□□
deduct ★★☆
[didʌ́kt]

동 빼다, 공제하다 (유 subtract)

The necessary taxes will be **deducted** from your wages.
필요한 세금은 당신의 급여에서 공제될 것입니다.

⊕ deduction 명 빼기, 공제(액)

1111 ☐☐☐

maternity ★☆☆

[mətə́ːrnəti]

형 임산부의, 출산의   명 어머니가 됨

There is a great selection of **maternity** clothes in the store.
그 가게에는 여러 가지 멋진 임부복이 있다.

· a **maternity** leave 출산 휴가

1112 ☐☐☐

transcend ★★☆

[trænsénd]

동 초월하다, 뛰어넘다

War **transcends** the use of force. 수능응용
전쟁은 물리력의 사용을 초월한다.

⊕transcendence 명 초월(성)   ⊕transcendent 형 초월하는

1113 ☐☐☐

council ★★★

[káunsəl]

명 1. 의회   2. 위원회

The **council** permitted them to build a factory in the city.
의회는 그들이 그 도시에 공장을 짓는 것을 허락했다.

· the Student **Council** 학생 위원회, 학생회

1114 ☐☐☐

configuration ★★☆

[kənfìgjəréiʃən]

명 1. 배열, 배치 (㈜ layout)   2. (시스템의) 환경 설정

The inefficient keyboard **configuration** actually prevents the
problem of keyboard jam-up. 모평응용
키보드의 비효율적인 배열은 사실 키보드가 엉키는 문제를 방지한다.

⊕configure 동 1. 배열[배치]하다   2. 환경 설정하다

1115 ☐☐☐

plague ★☆☆

[pleig]

명 역병, 전염병   동 괴롭히다, 시달리게 하다

Many people died when the **plague** came to the city.
전염병이 도시에 창궐했을 때 많은 사람이 죽었다.

· be **plagued** by guilt 죄책감에 시달리다

1116 ☐☐☐

masterpiece ★★☆

[mǽstərpìːs]

명 걸작, 명작 (㈜ masterwork)

The gallery owns several **masterpieces** by Monet.
그 미술관은 모네의 걸작품 몇 점을 소장하고 있다.

physicist vs. physician

1117 ☐☐☐
physicist ★★☆
[fízisist]

명 물리학자

Physicists study the basic scientific principles that control the world.
물리학자는 세계를 통제하는 과학의 기본 원리를 연구한다.

⊕ physics 명 물리학

1118 ☐☐☐
physician ★☆☆
[fizíʃən]

명 (내과) 의사

The **physician** identified too much with the patient so she lost her objectivity. 모평응용
그 의사는 환자에게 너무 많이 공감해서 객관성을 잃었다.

variable vs. various

1119 ☐☐☐
variable ★★☆
[véəriəbl]

형 1. 변덕스러운, 가변적인 (반 invariable) 2. 변경 가능한 명 변수

The weather was **variable**, alternating between rain and sun.
날씨가 비와 해를 오가며 변덕스러웠다.

1120 ☐☐☐
various ★★★
[véəriəs]

형 여러 가지의, 다양한

Various short films will be shown with birds as the topic. 학평응용
새를 주제로 하는 다양한 단편 영화가 상영될 것입니다.

⊕ vary 동 다양하다 ⊕ variety 명 여러 가지, 다양성

DAILY TEST

[1-24] 다음 단어의 뜻을 우리말로 쓰시오.

1 alter

2 plague

3 mournful

4 friction

5 herd

6 cue

7 dimension

8 discipline

9 masterpiece

10 configuration

11 preliminary

12 diverse

13 erroneous

14 bond

15 jeopardize

16 outdated

17 annoy

18 minimize

19 deduct

20 critique

21 fort

22 monologue

23 monopoly

24 coherent

[25-28] 다음 문장의 빈칸에 알맞은 단어를 쓰시오.

25 Her study d_____ that voters show favoritism toward handsome politicians.
그녀의 연구는 유권자들이 잘생긴 정치인을 편애한다는 것을 입증했다.

26 It is more e_____ to make purchases in large quantities.
대량으로 사는 것이 더 경제적이다.

27 She has played a d_____ role in that peace negotiation.
그녀는 그 평화 협상에서 결정적 역할을 했다.

28 War t_____ the use of force.
전쟁은 물리력의 사용을 초월한다.

[29-30] 괄호 안에서 알맞은 말을 고르시오.

29 (Physicists / Physicians) study the basic scientific principles that control the world.

30 (Variable / Various) short films will be shown with birds as the topic.

236

DAY 29

DAY 29

1121 ☐☐☐
entangle ★★☆
[inténgl]

동 얽어매다, (걸어서) 꼼짝 못하게 하다

In real life, many things are **entangled** with others. 모평응용
실생활에서는 많은 것들이 다른 것과 얽혀 있다.

· become **entangled** 꼼짝 못하게 되다, 얽히게 되다

⊕ entanglement 명 얽혀 듦, 얽히고설킨 관계

1122 ☐☐☐
linger ★☆☆
[líŋgər]

동 1. 남다, 남아 있다 2. (떠나기 싫어) 오래 머물다

The bitter taste of the medicine **lingered** in my mouth.
입속에 그 약의 쓴맛이 남아있었다.

· **linger** over breakfast 아침을 오래 먹다, 천천히 즐기다

1123 ☐☐☐
dietary ★★☆
[dáiətèri]

형 음식물과 관련된, 식이의

Good **dietary** choices are vital to an individual's health. 모평응용
좋은 식단 선택은 개인의 건강에 필수적이다.

· **dietary** habits 식습관

⊕ diet 명 1. 음식, 식단 2. 식이요법, 다이어트

1124 ☐☐☐
investigate ★★★
[invéstəgèit]

동 1. 연구하다, 조사하다 2. 수사하다

Some researchers **investigated** the effect of different media on children. 모평응용
어떤 연구원들은 각기 다른 매체가 아이들에게 미치는 영향력을 조사했다.

· **investigate** the murder case 살인 사건을 수사하다

⊕ investigation 명 조사 ⊕ investigator 명 조사관, 수사관

1125 ☐☐☐
gut ★★☆
[gʌt]

명 1. 소화관, 내장 2. ((~s)) 배짱 3. 직감 형 직감에 따른

They scraped all the strategies and analyses and went for **gut** decisions. 모평응용
그들은 모든 전략과 분석을 긁어내고 직감적인 결정을 내렸다.

· a **gut** feeling 직감적인 느낌

1126 ☐☐☐
sway ★☆☆
[swei]

동 흔들리다, 흔들다 명 흔들림, 진동

The sign was **swaying** from side to side in the wind.
그 간판은 바람에 좌우로 흔들리고 있었다.

---

outgrow ★★☆
[àutgróu]

동 (옷에 비해 몸이) 너무 커져 맞지 않게 되다 (㈜ grow out of),
~보다 더 커지다

She's already **outgrown** her school uniform.
그녀가 너무 자라 벌써 교복이 안 맞는다.

integral ★★☆
[íntigrəl]

형 필수적인

Light and water are **integral** elements of all life. 수능응용
빛과 물은 모든 생명에 필수적인 요소이다.

falsify ★☆☆
[fɔ́:lsəfài]

동 위조하다, 변조하다

The document was replaced to **falsify** the evidence.
그 서류는 증거를 위조하기 위해 교체되었다.

notation ★★☆
[noutéiʃən]

명 (수학·음악 등의) 표기법, 표시법

The **notation** allowed music to be performed accurately wherever
it went. 모평응용
악보법은 음악이 어디서든 정확하게 연주되는 것을 가능하게 했다.
· chemical **notation** 화학 기호법

encounter ★★★
[inkáuntər]

동 1. (곤란·반대 등에) 부딪히다   2. (우연히) 만나다
명 1. 우연한 만남   2. 대결

The government **encountered** strong opposition to its new
policy. 모평응용
정부는 새로운 정책에 대한 강력한 반대에 부딪혔다.
· an unexpected **encounter** 예기치 못했던 우연한 만남

encode ★★☆
[inkóud]

동 암호로 바꾸다, 부호화하다 (⑲ decode)

We don't **encode** music in our brains note by note. 모평응용
우리는 뇌에서 음악을 각 음표별로 부호화하지는 않는다.

1133 ☐☐☐
prophecy ★☆☆
[práfəsi]

명 1. 예언 2. 예지력

An ancient **prophecy** predicts that the world will end in a great flood.
고대의 한 예언은 세계가 거대한 홍수로 멸망할 것으로 예측한다.
· a rosy/gloomy **prophecy** 낙관적인/비관적인 예언

✚prophesy 통 예언하다 ✚prophetic 형 예언의

1134 ☐☐☐
obtain ★★★
[əbtéin]

통 1. 얻다, 입수하다 2. (규칙·제도가) 행해지다, 통용되다

To prove this theory, scientific evidence must be **obtained**. 수능응용
이 이론을 증명하기 위해서, 과학적 증거들이 반드시 획득되어야 한다.

1135 ☐☐☐
impatient ★★☆
[impéiʃənt]

형 1. 짜증난, 안달하는 2. 어서 ~하고 싶어하는 3. 못 견디는 (반 patient)

He waved them away with an **impatient** gesture.
그는 짜증스런 몸짓으로 그들에게 가라고 손짓했다.
· **impatient** for change 어서 변화가 있기를 바라는

✚impatience 명 성급함, 안달

1136 ☐☐☐
prestigious ★☆☆
[prestídʒəs]

형 일류의, 명망 있는

She became a member of the highly **prestigious** scientific society. 모평응용
그녀는 매우 명망 있는 과학 학회의 회원이 되었다.
· a **prestigious** award 명망 있는 상

✚prestige 명 위신, 명성 형 명성 있는, 일류의

1137 ☐☐☐
enthusiasm ★★☆
[inθjú:ziæzəm]

명 열정, 열의

Good leaders inspire **enthusiasm** in their organizations. 모평응용
좋은 지도자들은 그들의 조직에 열정을 불어넣는다.

✚enthusiastic 형 열정적인, 열심인

1138 ☐☐☐
refine ★★★
[rifáin]

통 1. 개선하다, 개량하다 2. 정제하다, 제련하다

They made a few changes to **refine** their car design.
그들은 차 디자인을 개선하기 위해 몇 가지 변화를 주었다.
· **refine** oil 석유를 정제하다

✚refined 형 1. 정제된 2. 세련된 ✚refinement 명 1. 개선, 개량 2. 정제, 제련

1139 □□□
disregard ★★☆
[dìsrigá:rd]

통 무시하다, 경시하다 (㊨ignore) 명 무시, 경시

She **disregarded** the advice of her doctor and kept smoking.
그녀는 의사의 조언을 무시하고 계속 흡연했다.
· **disregard** of rules 규칙에 대한 무시

1140 □□□
clumsy ★☆☆
[klʌ́mzi]

형 서투른, 덤벙대는

Some Westerners can be **clumsy** with chopsticks.
일부 서양인들은 젓가락질이 서투를 수 있다.

⊕clumsily 부 서투르게, 어색하게

1141 □□□
flicker ★★☆
[flíkər]

통 깜빡거리다 명 (빛의) 깜빡거림, 실룩거림

A fire provides a constant **flickering** change in visual information. 모평응용
불은 시각 정보에 있어 지속적으로 흔들리는 변화를 제공한다.
· the **flicker** of a television 텔레비전의 깜빡거림

1142 □□□
opponent ★★☆
[əpóunənt]

명 1. 상대, 적수 2. 반대자

My **opponent** broke his ankle while training. 수능응용
나의 상대 선수는 훈련 중 발목이 부러졌다.
· a longtime **opponent** 오랜 숙적

⊕oppose 통 1. 반대하다 2. 겨루다

1143 □□□
overflow ★☆☆
[òuvərflóu]

통 넘치다, 넘쳐흐르다
명 [óuvərflòu] 1. (인원·수량 등의) 초과 2. 넘쳐흐름, 범람

The river **overflowed** because of the heavy rain.
폭우 때문에 강물이 범람했다.
· **overflow** from the lake 호수의 범람

1144 □□□
initiative ★★☆
[iníʃətiv]

명 1. 솔선, 자발성 2. 방안 3. 주도권

Taking the **initiative** is important in managing a crisis. 모평응용
주도권을 잡는 것이 위기 관리에서는 중요하다.
· use one's **initiative** 자발성을 발휘하다

1145 □□□
guarantee ***
[gæ̀rəntíː]

图 1. 보장[보증]하다 2. 확실히 하다 (㊌ assure)
阅 1. 보장[보증] 2. 보증서

Only positive outcomes cannot be **guaranteed** from the experiment. 모평응용
그 실험에서 오직 긍정적 결과만 보장될 수는 없다.
· under **guarantee** 보증 기간이 남아 있는

1146 □□□
injustice **☆
[indʒʌ́stis]

阅 불평등, 부당함 (㊟ justice)

She was enraged at the **injustice** of the remark.
그녀는 그 발언의 부당성에 격분했다.
· social **injustice** 사회적 불평등

1147 □□□
bearable *☆☆
[bɛ́:ərəbl]

阎 참을 만한, 견딜 만한 (㊟ unbearable)

I sprained my ankle yesterday, but the pain was **bearable**.
나는 어제 발목을 삐었지만, 통증은 견딜 만했다.

⊕ bearably 囝견딜 수 있게 ⊕ bear 图참다, 견디다

1148 □□□
fake **☆
[feik]

阎 위조의, 가짜의 (㊟ original) 阅 1. 위조품 2. 사기꾼
图 1. 위조하다 2. ~인 척하다

The diamond necklace which he gave me was **fake**.
그가 내게 준 다이아몬드 목걸이는 가짜였다.
· **fake** one's signature ~의 서명을 조작하다

1149 □□□
psychology ***
[saikάlədʒi]

阅 1. 심리학 2. 심리 3. 심리 작용

Her theory is widely accepted in criminal **psychology**.
그녀의 이론은 범죄 심리학에서 널리 받아들여지고 있다.

⊕ psychologist 阅심리학자 ⊕ psychological 阎심리적인, 정신적인
⊕ psychologically 囝심리적으로, 정신적으로

1150 □□□
normative **☆
[nɔ́:rmətiv]

阎 규범적인

Romans were not the first people to have a **normative** system. 확평응용
로마인들이 규범적 체계를 갖춘 최초의 민족은 아니었다.
· a **normative** approach 규범적 접근법

1151 □□□

tow ★☆☆
[tou]

동 (자동차 등을) 끌다, 견인하다　명 견인

My car broke down on the highway, so it was **towed** away.
내 차가 고속도로에서 고장 나서 견인되었다.

1152 □□□

invest ★★★
[invést]

동 1. 투자하다　2. (노력·시간 등을) 들이다, 쏟다

When deciding whether to **invest** in a company, people consider
the potential size of its market. 모평응용
한 회사에 투자할지를 결정할 때, 사람들은 그 회사가 속한 시장의 잠재적 규모를
고려한다.

⊕ investment 명 투자(금)　⊕ investor 명 투자자

1153 □□□

milestone ★★☆
[máilstoùn]

명 1. 중요한 사건 (㈜ landmark)　2. 돌로 된 이정표

Each additional skill of a baby is a **milestone** of
development. 모평응용
아이가 한 가지씩 재주를 늘리는 것은 그 아이의 발달에 이정표가 된다.

1154 □□□

supreme ★☆☆
[sjuprí:m]

형 1. 최고의　2. 대단한

I am in a state of **supreme** delight. 수능응용
나는 최고로 기쁜 상태이다.
· the **Supreme** Court (미국의) 최고 법원, 대법원

⊕ supremacy 명 우위, 주도권

1155 □□□

multiple ★★★
[mʌ́ltəpl]

형 다수의, 다양한, 여러 가지의　명 배수

Multitasking means doing **multiple** tasks at one time. 수능응용
멀티태스킹은 한 번에 다수의 과제를 하는 것을 의미한다.
· for **multiple** purposes 다양한 목적으로

1156 □□□

recess ★☆☆
[ríses]

명 1. (법정 등의) 휴회　2. 휴식　동 휴회하다

The judge declared a five-minute **recess** in the middle of the trial.
그 판사는 재판 중에 5분간의 휴정을 선언했다.
· Parliament **recess** 국회 휴정

occupation vs. occupant

1157 ☐☐☐
occupation ★★☆
[àkjupéiʃən]

명 1. 직업, 업무 2. (군대 등의) 점령 3. 거주

Most professional **occupations** require a large body of knowledge. 학평응용
대부분의 전문 직업들은 많은 양의 지식을 요구한다.

1158 ☐☐☐
occupant ★☆☆
[ákjəpənt]

명 1. 거주자, 입주자 2. 탑승자

The previous **occupants** of this room were smokers.
이 방의 이전 거주자들은 흡연자였다.

objective vs. objection

1159 ☐☐☐
objective ★★★
[əbdʒéktiv]

명 목적, 목표 (⊛ aim, goal)
형 1. 객관적인 (⊕ subjective) 2. 실재하는

The **objective** of our project is to provide clean water.
우리 프로젝트의 목표는 깨끗한 물을 공급하는 것이다.
· **objective** analysis/criteria/assessment 객관적인 분석/기준/평가
⊕ objectively 부 객관적으로

1160 ☐☐☐
objection ★☆☆
[əbdʒékʃən]

명 이의, 반대

They raised an **objection** to the renovations of their building.
그들은 자신들 건물의 개조에 대해 이의를 제기했다.
· voice/withdraw **objection** 이의를 제기하다/철회하다

[1-24] 다음 단어의 뜻을 우리말로 쓰시오.

1	entangle	_____	13	falsify	_____
2	sway	_____	14	initiative	_____
3	obtain	_____	15	bearable	_____
4	flicker	_____	16	milestone	_____
5	dietary	_____	17	prestigious	_____
6	injustice	_____	18	disregard	_____
7	recess	_____	19	linger	_____
8	impatient	_____	20	gut	_____
9	clumsy	_____	21	invest	_____
10	overflow	_____	22	investigate	_____
11	refine	_____	23	enthusiasm	_____
12	fake	_____	24	normative	_____

[25-28] 다음 문장의 빈칸에 알맞은 단어를 쓰시오.

25 The government e_____ strong opposition to its new policy.
정부는 새로운 정책에 대한 강력한 반대에 부딪혔다.

26 Light and water are i_____ elements of all life.
빛과 물은 모든 생명에 필수적인 요소이다.

27 My o_____ broke his ankle while training.
나의 상대 선수는 훈련 중 발목이 부러졌다.

28 Only positive outcomes cannot be g_____ from the experiment.
그 실험에서 오직 긍정적 결과만 보장될 수는 없다.

[29-30] 괄호 안에서 알맞은 말을 고르시오.

29 Most professional (occupations / occupants) require a large body of knowledge.

30 The (objective / objection) of our project is to provide clean water.

Answers

¹ 얽어매다, (걸어서) 꼼짝 못하게 하다 ² 흔들리다, 흔들다: 진동 ³ 얻다 ⁴ 깜빡거리다: (빛의) 깜빡거림 ⁵ 음식물과 관련한, 식이의 ⁶ 불평등, 부당함 ⁷ (법정 등의) 휴회: 휴식: 휴회하다 ⁸ 짜증난, 안달하는: 못 견디는 ⁹ 서투른 ¹⁰ 넘쳐흐르다: (인원·수량 등의) 초과: 범람 ¹¹ 개선하다, 개량하다: 정제하다, 제련하다 ¹² 위조의, 가짜의: 위조물: 사기꾼: 위조하다 ¹³ ~인 척하다 ¹³ 위조하다, 변조하다 ¹⁴ 솔선, 자발성: 방안: 주도권 ¹⁵ 참을 만한 ¹⁶ 중요한 사건: 돌로 된 이정표 ¹⁷ 일류의, 명망 있는 ¹⁸ 무시하다, 경시하다: 무시, 경시 ¹⁹ 남아 있다 ²⁰ 소화관, 내장: 배짱: 직감: 직감에 따른 ²¹ 투자하다: (노력·시간 등을) 들이다 ²² 연구하다, 조사하다: 수사하다 ²³ 열정 ²⁴ 규범적인 ²⁵ encountered ²⁶ integral ²⁷ opponent ²⁸ guaranteed ²⁹ occupations ³⁰ objective

DAY 30

1161 ☐☐☐
pillar ★☆☆
[pílər]

명 1. 기둥, 기념비 (㈜ column) 2. 기본적인 부분

Belief became one of the most important **pillars** of order in that society. 수능응용
그 사회에서 신앙은 질서의 가장 중요한 부분 중 하나가 되었다.

1162 ☐☐☐
reward ★★★
[riwɔ́ːrd]

명 1. 보상, 포상 2. 보상금, 사례금 동 보상하다

She got no **reward** for her efforts.
그녀는 자신의 노력에 대한 보상을 받지 못했다.

⊕ rewarding 형 가치 있는, 보람 있는

1163 ☐☐☐
propaganda ★☆☆
[pràpəgǽndə]

명 (허위·과장된) 선전

Most of us would probably come to see these movies as **propaganda**. 수능응용
우리 중 대부분은 아마도 이 영화들을 선전으로 여기게 될 것이다.
· **propaganda** campaign (조직적인) 선전 공세

1164 ☐☐☐
curriculum ★★☆
[kəríkjələm]
(pl. curricula/curriculums)

명 교육 과정, 교과 과정, 커리큘럼

We're offering a personalized 3.5-hour **curriculum**. 학평응용
저희는 개인에게 맞춘 3시간 반의 교육 과정을 제공하고 있습니다.
· in the **curriculum** 교육 과정에서

⊕ curricular 형 교육 과정의

1165 ☐☐☐
survey ★★★
[sɔ́ːrvei]

명 1. (설문) 조사 2. 측량 동 [sərvéi] 1. 조사하다 2. 측량하다

Complete the **survey** now and you'll be entered into a free prize draw. 학평응용
지금 설문 조사를 완료하세요, 그러면 무료 경품 추첨에 응모될 것입니다.
· conduct a **survey** on ~에 관한 설문 조사를 하다

1166 ☐☐☐
democratize ★☆☆
[dimάkrətàiz]

동 민주화하다

Thanks to the internet, the availability of new music became **democratized**. 수능응용
인터넷 덕분에 신곡의 이용 가능성이 민주화되었다.

1167 □□□
dictate ★★☆
[díkteit]

图 1. 지시[명령]하다 2. 좌우하다 3. 받아쓰게 하다

Parents shouldn't **dictate** what career their children pursue.
부모는 자녀가 어떤 직업을 추구할지 지시해서는 안 된다.
· **dictate** a letter 편지를 받아쓰다

⊕ dictation 명 받아쓰기 ⊕ dictator 명 독재자

1168 □□□
boundary ★★★
[báundəri]

명 1. 경계 2. 한계, 범위

The **boundary** between good and bad changes over time. 수능응용
좋고 나쁨의 경계는 시간이 지남에 따라 변화한다.
· the **boundaries** of imagination 상상의 한계

1169 □□□
regime ★★☆
[reiʒíːm]

명 1. 정권 2. 제도, 체제

The idea of overthrowing the corrupt **regime** is gaining increasing support.
부패한 정권을 전복시키려는 생각은 더 많은 지지를 얻고 있다.
· under a **regime** of ~의 제도하에서

1170 □□□
internalize ★☆☆
[intə́ːrnəlàiz]

图 (신념·가치 등을) 내면화하다, 내재화하다

Most people **internalize** the lessons they learned as children.
대부분의 사람들은 어렸을 때 배운 교훈들을 내재화한다.

⊕ internalization 명 내면화, 내재화

1171 □□□
assure ★★☆
[əʃúər]

图 1. 장담하다, 보장하다 (㊇ guarantee) 2. 확실하게 하다

His doctor **assured** him that he would get better soon.
의사는 그가 곧 괜찮아질 거라고 보장했다.

⊕ assured 형 1. 확실한 2. 자신 있는

1172 □□□
strategy ★★★
[strǽtidʒi]

명 전략, 계획

The company set a long-term business **strategy**.
그 회사는 장기 사업 전략을 세웠다.

⊕ strategic 형 전략적인

1173 □□□
tremble ★★☆
[trémbl]

图 1. 떨리다, 떨다 2. 흔들리다, 진동하다

She **trembled** uncontrollably for fear of being caught. 모평응용
그녀는 붙잡힌다는 두려움에 주체할 수 없이 떨었다.

· **tremble** with anger 분노로 떨다

1174 □□□
pinpoint ★☆☆
[pínpɔ̀int]

图 정확히 찾아내다 图 (한 치의 오차도 없이) 정확한 图 아주 작은 지점

I have still not exactly **pinpointed** Maddy's character since wickedness takes many forms. 수능응용
사악함은 여러 가지 형태를 띠고 있기 때문에 나는 아직도 Maddy의 성격을 정확히 파악하지 못했다.

· **pinpoint** accuracy 한 치의 오차도 없는 정확성

1175 □□□
enclose ★★☆
[inklóuz]

图 1. 동봉하다 2. 둘러싸다, 에워싸다

Please **enclose** the contract with the letter.
편지와 함께 계약서를 동봉해주세요.

· **enclose** with a fence 울타리로 에워싸다

⊕enclosure 图 1. 동봉(한 것) 2. 둘러쌈 3. 울타리를 친 장소[구역]

1176 □□□
sibling ★★☆
[síbliŋ]

图 형제자매

Some parents intervene in disputes between **siblings**.
어떤 부모들은 형제자매 간의 다툼에 개입한다.

1177 □□□
laden ★☆☆
[léidn]

图 잔뜩 실은, 가득한

Non-scientific approaches to reality can include personal value-**laden** ways of encountering the world. 수능응용
현실에 대한 비과학적인 접근은 세상을 접하는 개인의 가치 판단적인 방식을 포함할 수 있다.

· a heavily **laden** truck 짐을 잔뜩 실은 트럭

1178 □□□
preoccupy ★★☆
[priɑ́:kjupài]

图 (생각·걱정이) 사로잡다, 몰두하게 하다

Some people try to escape an emotional experience by **preoccupying** themselves with eating. 모평응용
일부 사람들은 먹는 것에 몰두함으로써 감정적인 경험에서 벗어나려 한다.

· be **preoccupied** with ~에 몰두하다

⊕preoccupied 图 몰두한, 정신이 팔린 ⊕preoccupation 图 몰두, 열중

1179
category ***
[kǽtəgɔ̀:ri]

명 범주, 종류, 부류

Awards will be given for 1st and 2nd place in each **category**. 학평응용
각 부문의 1위와 2위에게는 상이 수여될 것입니다.

· fall into a **category** ~의 범주에 들어가다

⊕ categorize 동 분류하다

1180
recreate **☆
[rékrièit]

동 되살리다, 재현하다

E-readers fail to **recreate** certain tactile experiences of reading on paper. 학평응용
전자책 단말기는 종이로 글을 읽을 때의 특정한 촉각적 경험을 재현하지 못한다.

1181
turmoil *☆☆
[tə́:rmɔil]

명 혼란, 소란

He often eats too much in response to the emotional **turmoil**. 수능응용
그는 감정적인 혼란에 대한 반응으로 자주 폭식한다.

· in (a) **turmoil** 혼란 상태인

1182
terrify **☆
[térəfài]

동 무섭게 하다, 겁나게 하다

The sound of thunder always **terrifies** me.
천둥소리는 항상 날 무섭게 한다.

⊕ terrified 형 무서워하는, 겁이 난 ⊕ terrifying 형 무서운, 겁나게 하는

1183
agriculture ***
[ǽgrəkʌ̀ltʃər]

명 농업, 농사

They will determine whether topsoil erosion from **agriculture** is too great. 모평응용
그들은 농업으로 인한 표토(表土)의 부식이 너무 심한지를 알아낼 것이다.

⊕ agricultural 형 농업의, 농사의

1184
combustion *☆☆
[kəmbʌ́stʃən]

명 연소, 불이 탐

The **combustion** of oxygen keeps us alive and active. 수능응용
산소의 연소는 우리를 살아 있게 하고 활동적으로 유지시켜 준다.

⊕ combustive 형 연소성의 ⊕ combustible 형 불이 잘 붙는, 가연성인

1185 ☐☐☐
probe ★★☆
[proub]

동 1. 캐묻다, 조사하다 2. 탐색하다 명 1. 조사, 탐사 2. (우주) 탐사선

Police have arrested a key suspect and are now **probing** another fraud.
경찰은 유력 용의자를 체포했고 현재 다른 사기죄를 조사하고 있다.

✚ probing 형 1. 진실을 캐기 위한 2. 자세히 살피는

1186 ☐☐☐
secure ★★★
[sikjúər]

동 1. 확보하다 2. 안전하게 하다
형 1. 안정된, 확실한 (반 insecure) 2. 안전한

To **secure** your seat, please arrive at least 15 minutes prior to departure. 모평응용
좌석을 확보하려면 적어도 출발 15분 전까지 도착하세요.
· a **secure** job 안정적인 직업

✚ security 명 1. 보안, 경비 2. 안전

1187 ☐☐☐
dispute ★★☆
[dispjú:t]

명 논란, 분쟁 동 1. 반박하다, 이의를 제기하다 2. 논쟁[분쟁]을 벌이다

They got into a **dispute** over the cause of the accident.
그들은 그 사건의 원인을 두고 논쟁에 들어갔다.
· beyond **dispute** 논란의 여지 없이

✚ disputation 명 논쟁 ✚ disputable 형 논란의 여지가 있는

1188 ☐☐☐
nonliterate ★☆☆
[nɑnlítərit]

형 문자를 가지지 않은, 읽고 쓸 줄 모르는 (반 literate)

The Sumerian lexicon was mutually intelligible by literate and **nonliterate** parties. 수능응용
수메르인들의 어휘 목록은 읽고 쓸 줄 아는 측과 모르는 측이 서로 이해할 수 있었다.

1189 ☐☐☐
consult ★★☆
[kánsʌlt]

동 1. 상담하다 2. 상의하다, 협의하다

If any side effects occur, please **consult** your doctor.
부작용이 발생하면 의사와 상담하세요.

✚ consultation 명 1. 상담, 자문 2. 상의, 협의
✚ consultant 명 상담가, 컨설턴트

1190 ☐☐☐
enroll ★★☆
[inróul]

동 (강좌 등에) 등록하다, 등록시키다, 입학하다, 입학시키다

He **enrolled** in a weight-reduction program to lose some pounds. 학평응용
그는 살을 좀 빼려고 체중 감량 프로그램에 등록했다.

✚ enrollment 명 1. 등록, 입학 2. 등록자 수

childish ★☆☆
[tʃáildiʃ]

형 어린애 같은, 유치한 (⑮immature)

Adults think that it is irresponsible, immature, and **childish** to give themselves over to play. 수능응용
어른들은 놀이에 몰두하는 것이 무책임하고, 미숙하며, 유치하다고 생각한다.
· **childish** handwriting 어린애 같은 필체

terrestrial ★★☆
[təréstriəl]

형 육지에 사는, 지구상의 (⑭extraterrestrial)

Humans have learned to control a considerable portion of the **terrestrial** biomass. 학평응용
인간은 지구상의 바이오매스[생물량]의 상당 부분을 통제하는 법을 배워 왔다.
· **terrestrial** heat 지열

transform ★★★
[trænsfɔ́ːrm]

동 변형시키다, 완전히 바꾸다

The Nobel Prize commonly honors a scientific discovery for having **transformed** a field. 수능응용
노벨상은 흔히 한 분야를 변화시킨 과학적 발견을 기린다.

➕transformation 명 (완전한) 변화, 변형

parasitic ★★☆
[pæ̀rəsítik]

형 1. 기생하는 2. 기생충에 의한

Some insects have a **parasitic** relationship with humans, drinking their blood. 수능응용
어떤 벌레는 인간의 피를 빨며 인간과 기생적 관계를 갖는다.

pictogram ★☆☆
[píktəgræm]

명 그림문자, 그림 그래프

The use of identifiable symbols and **pictograms** is consistent with the need for a lexicon. 수능응용
인식 가능한 기호와 그림 문자의 사용은 어휘 목록의 필요성과 일치한다.

projection ★★☆
[prədʒékʃən]

명 1. (비용·규모의) 예상, 예측, 추정 2. 투영, 투사

According to **projections**, the population of the elderly will increase by 10%.
예측에 따르면, 노년의 인구는 10% 증가할 것이다.

➕project 명계획(된 일), 프로젝트 동 1. 예상하다 2. 투영[투사]하다

literacy vs. literature

1197 □□□
literacy ★☆☆
[lítərəsi]

명 읽고 쓰는 능력 (반 illiteracy)

The campaign is designed to promote **literacy** for children.
그 캠페인은 아이들의 읽고 쓰는 능력을 향상하기 위해 계획되었다.

⊕ literate 형 1. 읽고 쓸 줄 아는 2. 교육을 받은

1198 □□□
literature ★★★
[lítərətʃər]

명 1. 문학 2. 문헌

During his lifetime, he collected many books on classical
literature. 모평응용
일생 동안, 그는 고전 문학에 관한 많은 책을 수집했다.

intelligent vs. intellectual

1199 □□□
intelligent ★★☆
[intélidʒənt]

형 1. 똑똑한, 총명한 2. 지능이 있는 3. (기계 등이) 지능적인

Newton was one of the most **intelligent** people in history.
뉴턴은 역사상 가장 똑똑한 사람 중 하나였다.

⊕ intelligence 명 1. 지능, 사고력, 이해력 2. 첩보, 첩보 기관

1200 □□□
intellectual ★★★
[ìntəléktʃuəl]

형 1. 지적인, 지성의 2. 이지적인 명 지식인

Kids have a strong **intellectual** curiosity. 수능응용
아이들은 지적 호기심이 강하다.

⊕ intellect 명 1. 지성 2. 지성인, 지식인

DAY 30

[1-24] 다음 단어의 뜻을 우리말로 쓰시오.

1 probe _____

2 reward _____

3 assure _____

4 sibling _____

5 propaganda _____

6 turmoil _____

7 dispute _____

8 recreate _____

9 laden _____

10 transform _____

11 survey _____

12 parasitic _____

13 strategy _____

14 category _____

15 terrestrial _____

16 pinpoint _____

17 dictate _____

18 enroll _____

19 internalize _____

20 terrify _____

21 preoccupy _____

22 tremble _____

23 consult _____

24 regime _____

[25-28] 다음 문장의 빈칸에 알맞은 단어를 쓰시오.

25 Please e_____ the contract with the letter.
편지와 함께 계약서를 동봉해주세요.

26 The b_____ between good and bad changes over time.
좋고 나쁨의 경계는 시간이 지남에 따라 변화한다.

27 According to p_____ , the population of the elderly will increase by 10%.
예측에 따르면, 노년 인구는 10% 증가할 것이다.

28 To s_____ your seat, please arrive at least 15 minutes prior to departure.
좌석을 확보하려면 적어도 출발 15분 전까지 도착하세요.

[29-30] 괄호 안에서 알맞은 말을 고르시오.

29 The campaign is designed to promote (literacy / literature) for children.

30 Kids have a strong (intelligent / intellectual) curiosity.

Answers

¹ 캐묻다; 탐색하다; 조사; (우주) 탐사선 ² 보상, 포상; 보상금;보상하다 ³ 장담하다; 확실하게 하다 ⁴ 형제자매 ⁵ (허위·과장된) 선전 ⁶ 혼란 ⁷ 논란, 분쟁; 반박하다; 논쟁을 벌이다 ⁸ 되살리다, 재현하다 ⁹ 가득한 ¹⁰ 변형시키다 ¹¹ (설문) 조사; 측량; 조사하다; 측량하다 ¹² 기생하는; 기생충에 의한 ¹³ 전략, 계획 ¹⁴ 범주, 분류 ¹⁵ 육지에 사는, 지구상의 ¹⁶ 정확히 찾아내다; (한 치의 오차도 없이) 정확한 ¹⁷ 지시하다; 좌우하다; 받아쓰게 하다 ¹⁸ 등록하다, 등록시키다; 입회하다, 입회시키다 ¹⁹ (신념·가치 등을) 내면화하다 ²⁰ 무섭게 하다, 겁나게 하다 ²¹ (생각·걱정이) 사로잡다, 몰두하게 하다 ²² 떨리다, 떨다; 진동하다 ²³ 상담하다; 상의하다 ²⁴ 정권; 제도, 체제 ²⁵ enclose ²⁶ boundary ²⁷ projections ²⁸ secure ²⁹ literacy ³⁰ intellectual

burst
[bəːrst]
(burst – burst)

동 1. 터지다, 터뜨리다 2. 갑자기 들어오다[나가다] 3. (~으로 가득) 차 있다
4. ((out/into)) 갑자기 ~하다

1 The child **burst** the balloon.
그 아이는 풍선을 터뜨렸다.

2 My sister was **bursting** into the room.
내 여동생이 갑자기 방에 들어오고 있었다.

3 The roads **burst** with cars on Christmas Day.
크리스마스에 도로는 차로 가득 찬다.

4 Catching sight of me, they **burst** out laughing.
나를 보고서 그들은 갑자기 웃음을 터뜨렸다.

treat
[triːt]

동 1. 다루다, 대하다 2. 치료하다 3. 여기다, 간주하다
4. 대접하다, 한턱내다

1 Stop **treating** me like a child.
저를 아이처럼 대하지 마세요.

2 He **treats** thousands of sick animals every year.
그는 매년 수천 마리의 아픈 동물들을 치료한다.

3 They **treated** his story as a joke.
그들은 그의 이야기를 농담으로 여겼다.

4 I'd like to **treat** you to lunch tomorrow.
당신에게 내일 점심을 대접하고 싶어요.

✚treatment 명 1. 대우, 대접 2. 치료, 처치 3. 처리

folk
[fouk]

명 1. ((~s)) 사람들 2. 가족, 부모 형 3. 민속의 4. 민간의

1 Some **folks** say that a ghost lives in the house.
일부 사람들은 귀신이 그 집에 산다고 말한다.

2 We're going to invite her **folks** to our party.
우리는 그녀의 가족을 우리 파티에 초대할 예정이다.

3 Sam wore a Korean **folk** costume on New Year's Day.
Sam은 설에 한국 민속 의상을 입었다.

4 You should not fully rely on **folk** medicine.
너는 민간요법에 전적으로 의지해서는 안 된다.

1201 ☐☐☐
loan ★★☆
[loun]

명 1. 대출(금) 2. 빌려줌, 대여 동 1. 돈을 빌려주다 2. 대여하다

It took three years to pay back my student **loan**.
내 학자금 대출을 갚는 데 3년이 걸렸다.

1202 ☐☐☐
legacy ★☆☆
[légəsi]

명 유산 (⊕Inheritance)

Rome left an enduring **legacy** in many areas and multiple ways. 학평응용
로마는 많은 영역에서 다양한 방식으로 영속적인 유산을 남겼다.

1203 ☐☐☐
extinct ★★☆
[ikstíŋkt]

형 1. 멸종된 2. 사라진 3. (화산 등이) 활동을 멈춘 (⊕active)

Some species became **extinct** because of pollution.
몇몇 종들이 환경오염 때문에 멸종되었다.
· an **extinct** volcano 사화산

⊕extinction 명멸종, 소멸

1204 ☐☐☐
deliver ★★★
[dilívər]

동 1. 배달하다 2. (연설 등을) 하다 3. 이행하다 4. 분만시키다

He **delivered** newspapers, shined shoes, and repaired nets. 모평응용
그는 신문을 배달했고, 구두를 닦았으며 그물을 손보았다.
· **deliver** a speech 연설하다

⊕delivery 명1. 배달 2. 분만

1205 ☐☐☐
valid ★★☆
[vǽlid]

형 1. 유효한 (⊕invalid) 2. 타당한

We provide a discount for all university students with a **valid** ID. 수능응용
저희는 유효한 학생증이 있는 모든 대학생들에게 할인을 제공합니다.
· a **valid** reason 타당한 이유

⊕validity 명1. 유효(성) 2. 타당성
⊕validate 동유효하게 하다, (정당성을) 입증하다

1206 ☐☐☐
unanimously ★☆☆
[juːnǽnəməsli]

부 만장일치로

The board **unanimously** agreed to change the rules. 수능응용
이사회는 그 규칙들을 바꾸는 것에 만장일치로 동의했다.

⊕unanimous 형1. 만장일치의 2. 모두 의견이 같은

1207 ☐☐☐
flavor ★★☆
[fléivər]

명 1. 맛, 풍미(風味) 2. 양념, 향신료 동 맛을 내다

Chinese people think food should be boiling hot, because that is crucial to its **flavor**. 모평응용
중국인들은 음식은 펄펄 끓을 정도로 뜨거워야 한다고 생각하는데 그것이 음식의 맛에 결정적이기 때문이다.

DAY 31

1208 ☐☐☐
admire ★★☆
[ədmáiər]

동 1. 존경하다, 높이 평가하다 2. (작품 등에) 감탄하다

Westerners tend to **admire** someone who is independent. 모평응용
서양인들은 독립적인 사람을 높이 평가하는 경향이 있다.

1209 ☐☐☐
dehydrate ★☆☆
[di:háidreit]

동 1. 탈수 상태가 되다 2. 탈수하다, 건조시키다

The earliest Egyptians were buried in the sand, and the hot, dry climate would **dehydrate** the body.
초기의 이집트인들은 모래 속에 매장되었고, 덥고 건조한 기후는 그 시신들을 탈수시켰다.

⊕ dehydration 명 탈수

1210 ☐☐☐
flock ★★☆
[flɑk]

명 떼, 무리 동 떼를 짓다, 몰려들다

A **flock** of girls waited for the singer outside the building.
한 무리의 소녀들이 건물 밖에서 그 가수를 기다렸다.

1211 ☐☐☐
commitment ★★★
[kəmítmənt]

명 1. 약속 2. 전념, 헌신

If you make a **commitment** in a negotiation, you have to uphold it.
협상에서 약속을 한다면, 당신은 그것을 유지해야 한다.
· **commitment** to one's country ~의 조국에 대한 헌신

⊕ commit 동 1. (죄 등을) 범하다 2. 약속하다 3. 전념[헌신]하다

1212 ☐☐☐
fraction ★★☆
[frǽkʃən]

명 1. 소량, 조금, 일부 2. 【수학】분수

Only a small **fraction** of the students were wearing plain clothes.
적은 수의 일부 학생들만 사복을 입고 있었다.

⊕ fractional 형 1. 아주 적은, 얼마 안 되는 2. 분수의

DAY 31 **255**

1213
shaky *☆☆
[ʃéiki]

형 1. 떨리는, 휘청거리는 2. 불안정한

In life, there are ups and downs, bumps and **shaky** parts, and even times when you're upside down. 수능응용
인생에는 성쇠, 부딪침과 휘청거리는 부분, 그리고 심지어 거꾸로 뒤집힐 때도 있다.
· a **shaky** start 불안한 출발

1214
incorporate ***
[inkɔ́:rpərèit]

동 1. 포함하다, 편입시키다 2. 법인 조직으로 만들다

Our website's design **incorporates** suggestions from users.
우리 웹사이트의 디자인은 이용자들의 제안을 포함하고 있다.

⊕incorporation 명 1. 포함, 편입 2. 법인 설립
⊕incorporated 형 법인 회사의

1215
county **☆
[káunti]

명 자치주, (미국의) 군(郡)

We want artists to explore the natural world of Caroline **County**. 모평응용
우리는 예술가들이 캐롤라인 자치주의 자연 세계를 탐구하기 바랍니다.

1216
rationale *☆☆
[ræ̀ʃənǽl]

명 이유, 근거 (윤reason)

Choosing similar friends can have a **rationale**. 수능응용
비슷한 친구를 선택하는 것은 근거가 있을 수 있다.
· the **rationale** behind the decision 그 결정의 논리적 근거

1217
migrate **☆
[máigreit]

동 1. 이동하다 2. 이주하다

As it gets colder, the ducks begin to **migrate** south.
날이 더 추워지면, 오리는 남쪽으로 이동하기 시작한다.

⊕migration 명 1. 이동 2. 이주 ⊕migrant 명 1. 이주자 2. 철새

1218
severe ***
[sivíər]

형 1. 심각한 2. 가혹한, 혹독한 3. 엄한

Severe mercury poisoning occurred in many people who consumed the fish. 수능응용
그 물고기를 섭취한 많은 사람들에게 심각한 수은 중독이 발생했다.
· a **severe** punishment 가혹한 형벌

⊕severely 부 1. 심하게 2. 엄격하게

1219 □□□
faculty ★★☆
[fǽkəlti]

명 1. 교수진 2. (대학의) 학부 3. 재능, 능력

The **faculty** of the law school consists of seven full-time professors.
법대 교수진은 일곱 명의 전임 교수들로 구성되어 있다.
· **faculty** of hearing/sight 청각/시각 능력

1220 □□□
deadlock ★☆☆
[dédlɑːk]

명 교착 상태

Pressed for time and stuck in a **deadlock**, she had no idea how to finish the paper. 모평응용
시간에 쫓기고 난관에 봉착하여, 그녀는 어떻게 그 논문을 끝내야 할지 몰랐다.
· break the **deadlock** 교착 상태를 타개하다

1221 □□□
undergo ★★☆
[ʌ̀ndərgóu]
(underwent – undergone)

동 겪다, 경험하다

During puberty, a boy's voice **undergoes** changes.
사춘기 동안에 남자아이의 목소리는 변화를 경험한다.
· **undergo** surgery[an operation] 수술을 받다

1222 □□□
stack ★★☆
[stæk]

명 1. 무더기, 더미 2. 다량 3. (도서관의) 서가 동 쌓다, 쌓이다

They cut out shapes from a **stack** of 200 sheets of white paper. 학평응용
그들은 흰 종이 더미 200장에서 모양을 잘라 만들었다.
· **stack** boxes 상자들을 쌓다

1223 □□□
missionary ★☆☆
[míʃənèri]

명 선교사 형 선교의, 전도의

He spent the next two years doing **missionary** work.
그는 다음 2년 동안을 선교 활동을 하며 보냈다.
· **missionary** work 선교 활동

1224 □□□
congratulate ★★☆
[kəngrǽtʃulèit]

동 1. 축하하다 2. 기뻐하다, 자랑스러워하다

She went over to Steve and **congratulated** him, shaking his hand. 수능응용
그녀는 Steve에게로 가서 악수하며 그를 축하해 주었다.
· **congratulate** oneself 자신을 자랑스러워하다, 만족하다

⊕ congratulation 명 1. 축하 2. 축하의 말

compete ***
[kəmpíːt]

통 1. 경쟁하다, 겨루다   2. (경기 등에) 참가하다, 출전하다

We **compete** for resources with members of our own species. 모평응용

우리는 자원을 두고 우리 종의 구성원들끼리 경쟁한다.

⊕ competition 명 1. 경쟁 2. 대회, 시합
⊕ competitor 명 1. 경쟁자 2. (시합) 참가자
⊕ competitive 형 1. 경쟁을 하는 2. 경쟁력 있는

---

treasure **☆
[tréʒər]

명 보물   통 대단히 귀하게 여기다 (㈜ cherish)

Treasure hunters have accumulated valuable historical artifacts. 수능응용

보물 사냥꾼들은 가치 있는 역사적 유물을 축적해 왔다.

· **treasure** our friendship 우리의 우정을 소중히 여기다

---

publicize *☆☆
[pʌ́bləsàiz]

통 알리다, 광고하다

Social media services enabled people to **publicize** their views on new songs. 수능응용

소셜 미디어 서비스는 사람들이 신곡에 대한 자신의 견해를 알릴 수 있게 했다.

· widely **publicized** 널리 홍보된

---

presume **☆
[prizjúːm]

통 1. 추정하다, 간주하다 (㈜ assume)   2. 주제넘게 굴다

A fisherman was missing in the storm and **presumed** dead.

한 어부가 폭풍 속에 실종되었는데 사망한 것으로 추정되었다.

⊕ presumption 명 1. 추정 2. 건방짐

---

launch ***
[lɔ:ntʃ]

통 1. (상품을) 출시하다   2. 착수[시작]하다   3. 발사하다
명 1. 출시, 시작   2. 발사

It takes time to develop and **launch** products. 모평응용

제품을 개발하고 출시하는 데는 시간이 걸린다.

· **launch** a rocket 로켓을 발사하다

---

cooperate **☆
[kouάpərèit]

통 1. 협력하다, 협동하다   2. 협조하다

They agreed to **cooperate** in their environmental protection efforts. 수능응용

그들은 환경 보전 노력에 협력하기로 합의했다.

⊕ cooperation 명 1. 협력 2. 협조 ⊕ cooperative 형 1. 협력하는 2. 공동의

1231 □□□
unlettered ^{★☆☆}
[ʌnlétərd]

형 글을 못 읽는 (㉤ illiterate)

In the practice of totemism, an **unlettered** humanity broods upon itself and its place in nature. 수능응용
토템 신앙의 풍습에서, 문맹의 인류는 자연 속에서의 자신과 자신의 위치에 대해 곰곰이 생각한다.

1232 □□□
contemporary ^{★★★}
[kəntémpərèri]

형 1. 현대의, 당대의 (㉤ modern) 2. 동시대의 명 동시대인, 동년배

The origins of **contemporary** Western thought can be traced back to ancient Greece. 모평응용
현대 서양 사상의 기원은 고대 그리스로 거슬러 올라갈 수 있다.
· **contemporary** music/art/dance 현대 음악/미술/무용

1233 □□□
aisle ^{★★☆}
[ail]

명 통로

The boy was walking along the **aisle** of snacks and sweets in the market. 수능응용
그 소년은 슈퍼마켓에서 스낵과 사탕이 있는 통로를 따라 걷고 있었다.
· an **aisle** seat (비행기의) 통로 쪽 좌석

1234 □□□
televise ^{★☆☆}
[téləvàiz]

동 텔레비전으로 방송하다

Televised form of news is constituted not only by its choice of topics but by its modes of address. 수능응용
텔레비전으로 방송되는 형태의 뉴스는 주제 선택뿐 아니라 그 전달 방식에 의해서도 구성된다.

⊕ televised 형 텔레비전으로 방송되는

1235 □□□
diminish ^{★★★}
[dimíniʃ]

동 1. 줄어들다, 줄이다 (㉤ reduce) 2. 깎아내리다, 폄하하다

Extrinsic rewards can control or **diminish** learning. 수능응용
외적 보상은 학습을 통제하거나 감소시킬 수 있다.
· **diminish** the importance of ~의 중요성을 폄하하다

1236 □□□
sidestep ^{★☆☆}
[sáidstèp]

동 회피하다, (옆으로) 피하다

The scientists can also **sidestep** most of the ethical issues. 수능응용
과학자들은 대부분의 윤리적 문제점을 피해갈 수도 있다.

comparative vs. comparable

1237 □□□
comparative ★☆☆
[kəmpǽrətiv]

형 1. 상대적인, 비교적 (유 relative) 2. 비교의, 비교에 의한
명 비교급

After the hurricane, we enjoyed a few years of **comparative** safety.
그 허리케인이 지나간 뒤에 우리는 몇 년을 비교적 안전하게 지냈다.

1238 □□□
comparable ★★☆
[kámpərəbl]

형 비교할만한, 견줄만한, 비슷한

It is an excellent restaurant, **comparable** to some of the best in France. 수능응용
이곳은 훌륭한 식당으로, 프랑스에서 가장 좋은 몇몇 식당들에 견줄만하다.

evolution vs. revolution

1239 □□□
evolution ★★★
[èvəlúːʃən]

명 1. (생물) 진화 2. 발전

Charles Darwin is most famous for his theory of **evolution**.
찰스 다윈은 진화론으로 가장 유명하다.
· the **evolution** of science 과학의 발전

➊ evolutionary 형 진화의, 진화적인
➊ evolve 통 1. 발달하다 2. 진화하다

1240 □□□
revolution ★★☆
[rèvəlúːʃən]

명 1. 혁명, 큰 변화 2. 공전, 회전

Spinning machines became symbols of the Industrial **Revolution**. 모평응용
방적기는 산업 혁명의 상징이 되었다.

➊ revolutionary 형 1. 혁명적인, 획기적인 2. (정치에서) 혁명의

DAILY TEST

[1-24] 다음 단어의 뜻을 우리말로 쓰시오.

1	county	_____	13	admire	_____
2	stack	_____	14	migrate	_____
3	loan	_____	15	launch	_____
4	compete	_____	16	deliver	_____
5	rationale	_____	17	treasure	_____
6	unanimously	_____	18	faculty	_____
7	publicize	_____	19	fraction	_____
8	congratulate	_____	20	undergo	_____
9	presume	_____	21	flavor	_____
10	cooperate	_____	22	flock	_____
11	extinct	_____	23	valid	_____
12	diminish	_____	24	deadlock	_____

[25-28] 다음 문장의 빈칸에 알맞은 단어를 쓰시오.

25 The origins of c_____ western thought can be traced back to ancient Greece.
현대 서양 사상의 기원은 고대 그리스로 거슬러 올라갈 수 있다.

26 S_____ mercury poisoning occurred in many people who consumed the fish.
그 물고기를 섭취한 많은 사람들에게 심각한 수은 중독이 발생했다.

27 Our website's design i_____ suggestions from users.
우리 웹사이트의 디자인은 이용자들의 제안을 포함하고 있다.

28 If you make a c_____ in a negotiation, you have to uphold it.
협상에서 약속을 했다면, 당신은 그것을 유지해야 한다.

[29-30] 괄호 안에서 알맞은 말을 고르시오.

29 After the hurricane, we enjoyed a few years of (comparative / comparable) safety.

30 Spinning machines became symbols of the Industrial (Revolution / Evolution).

Answers

[1] 자치주, (미국의) 군(郡) [2] 무더기, 더미; 다량; 서가; 쌓다, 쌓이다 [3] 대출(금); 빌려줌; 돈을 빌려주다; 대여하다 [4] 경쟁하다; (경기 등에) 참가하다 [5] 이유, 근거 [6] 만장일치로 [7] 알리다, 광고하다 [8] 축하하다 [9] 추정하다, 간주하다; 주제넘게 굴다 [10] 협력하다; 협조하다 [11] 멸종된; 사라진; (화산 등이) 활동을 멈춘 [12] 줄어들다, 줄이다; 펌하하다 [13] 존경하다, 높이 평가하다; (작품 등에) 감탄하다 [14] 이동하다 [15] (상품을) 출시하다; 착수하다; 발사하다; 출시; 발사 [16] 배달하다; (연설 등을) 하다; 이행하다; 분만시키다 [17] 보물; 대단히 귀하게 여기다 [18] 교수진; (대학의) 학부; 재능 [19] 소량, 일부; (수학) 분수 [20] 겪다 [21] 맛, 풍미(風味); 맛을 내다 [22] 떼, 무리; 떼를 짓다, 몰려들다 [23] 유효한; 타당한 [24] 교착 상태 [25] contemporary [26] Severe [27] incorporates [28] commitment [29] comparative [30] Revolution

---

1241 ☐☐☐
overturn ★☆☆
[òuvərtərn]

통 뒤집히다, 뒤집다

Many of the rules were **overturned** by radical concepts in recent times. 모평응용
많은 규칙들이 최근에 급진적인 개념들에 의해 뒤집혔다.
· **overturn** a decision 결정을 뒤집다

1242 ☐☐☐
confirm ★★★
[kənfə́:rm]

통 1. (증거를 들어) 확인하다, 입증하다   2. (예약 등을) 확인[확정]하다

Some researchers **confirmed** how the link between temperature and taste works. 모평응용
몇몇 연구원들은 온도와 맛의 연결이 어떻게 작용하는지를 확인했다.
· **confirm** the reservation 예약을 확인하다

✪confirmation 명 1. 확증, 증거 2. 확인(서)

1243 ☐☐☐
adjacent ★☆☆
[ədʒéisnt]

형 인접한, 가까운

The fire started in the building **adjacent** to the museum.
화재는 박물관에 인접한 건물에서 시작되었다.

1244 ☐☐☐
superb ★★☆
[supə́:rb]

형 최고의, 대단히 훌륭한 (㈜ excellent)

Teens have **superb** cognitive abilities and high rates of learning. 학평응용
십 대들은 매우 뛰어난 인지 능력과 높은 학습 속도를 가지고 있다.

✪superbly 분 최고로, 대단히 훌륭하게

1245 ☐☐☐
accompany ★★★
[əkʌ́mpəni]

통 1. 동행하다 2. 동반하다, 동시에 일어나다 3. 반주하다

If you don't want to go alone, I can **accompany** you. 수능응용
네가 혼자 가기 싫다면, 내가 동행해줄 수도 있다.
· **accompany** ~ on piano ~에게 피아노 반주를 해주다

✪accompanist 명 반주자

1246 ☐☐☐
candid ★☆☆
[kǽndid]

형 솔직한 (㈜ frank)

The nonverbal message is designed to let the partner know one's **candid** reaction indirectly. 모평응용
비언어적 메시지는 상대방에게 자신의 솔직한 반응을 간접적으로 알리려고 계획된다.

1247 ☐☐☐
sympathy ★★☆
[símpəθi]

명 1. 동정(심), 연민 2. 공감

You may show **sympathy** by expressing your concerns in words. 학평응용
당신은 말로 염려를 표현함으로써 연민을 표할 수도 있다.

⊕ sympathetic 형 1. 동정적인, 동정 어린 2. 공감하는

1248 ☐☐☐
deficit ★★★
[défisit]

명 1. 부족(액), 결손 2. 적자 (반 surplus)

Rats adjust their eating behavior in response to **deficits** in water. 수능응용
쥐들은 물 부족에 대응하여 섭식 행동을 조절한다.

· a trade **deficit** 무역 적자

1249 ☐☐☐
sociology ★★☆
[sòusiálədʒi]

명 사회학

Sociology is the study of human societies and the behavior of people.
사회학은 인간 사회와 사람의 행동에 대한 연구이다.

⊕ sociologist 명 사회학자 ⊕ sociological 형 1. 사회학의 2. 사회 문제의

1250 ☐☐☐
casualty ★☆☆
[kǽʒuəlti]

명 1. 사상자 2. 피해자 (유 victim)

There were no reports of **casualties** from the attack.
그 공격으로 인한 사상자는 보고되지 않았다.

· heavy **casualties** 수많은 사상자들

1251 ☐☐☐
confess ★★☆
[kənfés]

동 1. 자백하다, 고백하다 2. 인정하다

He later **confessed** that he stole diamonds from the shop.
그는 나중에 그 가게에서 다이아몬드를 훔쳤다고 자백했다.

⊕ confession 명 자백, 고백 ⊕ confessed 형 (사실이라고) 인정된, 명백한

1252 ☐☐☐
span ★★★
[spæn]

명 1. 기간 2. 폭, 범위 동 (얼마의 기간에) 걸치다

Like whole individuals, cells have a life **span**. 수능응용
모든 개인처럼 세포도 수명이 있다.

· a wide **span** of control 넓은 관리의 폭

1253 □□□

confer ★★☆
[kənfə́:r]

통 1. 상의하다, 의논하다 2. 수여하다, 부여하다

I will **confer** with my adviser before choosing the topic of my thesis.

내 논문 주제를 결정하기 전에 나는 지도 교수와 상의할 것이다.

· **confer** a degree/title 학위/칭호를 수여하다

✚conference 명회의, 학회 ✚conferment 명수여

1254 □□□

disparity ★☆☆
[dispǽrəti]

명 격차, 불공평한 차이 (㈜inequality)

The wealth **disparity** has widened along with industrial development.

산업 발전과 더불어 빈부 격차도 심해졌다.

· the **disparity** between men's and women's incomes 남녀 소득 격차

1255 □□□

sentiment ★★☆
[séntəmənt]

명 정서, 감정

Her words were filled with noble **sentiments**, born of her absolute sincerity.

그녀의 말에는 지극한 진심에서 비롯한 고귀한 감정이 담겨 있었다.

· public **sentiment** 여론

✚sentimental 형정서적인, 감상적인

1256 □□□

verse ★★☆
[və:rs]

명 1. (시의) 연(聯), (노래의) 절(節) 2. 시(詩), 운문

My favorite part of that song is the second **verse**.

그 노래에서 내가 가장 좋아하는 부분은 2절이다.

· express in **verse** 시로 짓다

1257 □□□

conceit ★☆☆
[kənsí:t]

명 자만심 (㈜arrogance)

They would be filled with the **conceit** of wisdom instead of real wisdom. 학평응용

그들은 진정한 지혜 대신에 지혜의 자만심으로 가득 차 있게 될 것이다.

✚conceited 자만하는, 자만심에 찬

1258 □□□

fiber ★★☆
[fáibər]

명 1. 섬유질, 섬유 2. (신경·근육 등의) 섬유 조직

Fiber, vitamins, and minerals are crucial for health. 학평응용

섬유질, 비타민 그리고 미네랄은 건강에 중요하다.

· dietary **fiber** 1. 식이 섬유 2. 섬유질 식품

1259 ☐☐☐
external ***
[ikstə́ːrnəl]

형 1. 외부의, 밖의 (반 internal) 2. 외국의, 대외적인 (반 internal)

Dogs usually aren't affected by **external** circumstances the way people are. 수능응용
개들은 인간이 그러는 것처럼 외부 환경에 보통 크게 영향을 받지 않는다.
· **external** trade 대외 무역

1260 ☐☐☐
ridiculous **☆
[ridíkjələs]

형 말도 안 되는, 터무니없는

It is utterly **ridiculous** that you paid $700 for the ticket.
그 티켓을 700달러를 주고 샀다니 정말 말도 안 된다.

⊕ ridicule 명 조소, 조롱 동 비웃다, 조롱하다

1261 ☐☐☐
morale *☆☆
[mərǽl]

명 사기, 의욕

Morale amongst the players is very high at the moment.
지금 선수들의 사기가 아주 높다.
· boost **morale** 사기를 높이다

1262 ☐☐☐
soak **☆
[souk]

동 1. 젖다, 적시다 2. 담그다 명 (장시간의) 목욕

She looked out at him standing in the rain, completely **soaked**. 수능응용
그녀는 완전히 젖은 채로 빗속에 서 있는 그를 내다보았다.

1263 ☐☐☐
dairy ***
[dɛ́əri]

형 1. 낙농업의 2. 유제품의 명 1. 낙농장 2. 유제품 회사

Dairy products contain a lot of calcium.
유제품은 많은 칼슘을 함유하고 있다.

1264 ☐☐☐
obstruct *☆☆
[əbstrʌ́kt]

동 1. (길·시야를) 막다 (유 block) 2. (일의 진행을) 방해하다 (유 hinder)

Plato considered color to be an ornament that **obstructed** the truth. 학평응용
플라톤은 색깔을 진리를 방해하는 장식물로 여겼다.

⊕ obstruction 명 방해, 장애물 ⊕ obstructive 형 방해하는

1265 ☐☐☐
protest ★★☆
[prətést]

图 항의하다, 이의를 제기하다　명 [próutest] 항의, 반대, 시위

She strongly **protested** the referee's decision.
그녀는 심판의 판정에 강력히 항의했다.
· hold[stage, mount] a **protest** 시위를 벌이다
✪ protester 图 시위자, 시위대

1266 ☐☐☐
era ★★★
[íərə]

图 시대

An **era** of cheap energy is long gone.　수능응용
값싼 에너지 시대는 오래전 일이다.
· the end of an **era** 한 시대의 끝

1267 ☐☐☐
toxic ★★☆
[táksik]

图 유독한, 독성이 있는

For every **toxic** substance or product in use today, there is usually
a safer alternative.　모평응용
오늘날 사용되는 모든 독성 물질이나 제품에는 보통 더 안전한 대안이 있다.

1268 ☐☐☐
discrepancy ★☆☆
[diskrépənsi]

图 차이, 불일치

There is a **discrepancy** between the verbal message and the
nonverbal message.　모평응용
언어적 메시지와 비언어적 메시지 간에는 불일치가 있다.
· wide **discrepancies** in prices 가격들 사이의 큰 차이

1269 ☐☐☐
counterpart ★★☆
[káuntərpà:rt]

图 1. 상대　2. 대응 관계에 있는 사람[것]

The Korean soccer team unexpectedly beat its German
counterpart.
한국 축구팀은 뜻밖에도 독일 상대 팀을 이겼다.

1270 ☐☐☐
diplomatic ★★☆
[dìpləmǽtik]

图 1. 외교의, 외교상의　2. 교섭에 능한 (⊕ tactful)

The incident caused **diplomatic** problems between the countries.
그 사건은 국가 간의 외교적 문제를 일으켰다.
· reform **diplomatic** policies 외교 정책을 개혁하다　수능응용
✪ diplomacy 图 외교(술)　✪ diplomat 图 외교관

1271 ☐☐☐
betrayal ★☆☆
[bitréiəl]

명 배신, 배반

Everybody felt a sense of **betrayal** at the news.
모두들 그 소식을 듣고 배신감을 느꼈다.

⊕ betray 통 배신하다

1272 ☐☐☐
weird ★★☆
[wiərd]

형 이상한, 괴상한, 기묘한

They heard a **weird** sound in the distance.
그들은 멀리서 이상한 소리를 들었다.

⊕ weirdly 뷔 기묘하게, 무시무시하게

1273 ☐☐☐
commodity ★★★
[kəmádəti]

명 상품, 물품

They want **commodities** that are produced not locally but overseas. 학평응용
그들은 현지가 아닌 해외에서 생산되는 상품을 갖고 싶어 한다.

· agricultural **commodities** 농산물

1274 ☐☐☐
blossom ★★☆
[blásəm]

명 (유실수나 관목의) 꽃
동 1. (꽃이) 피다 (⊜ bloom) 2. (형편이) 좋아지다

The cherry tree was covered in **blossom**.
그 벚나무는 꽃으로 뒤덮여 있었다.

· **blossom** into something ~으로 꽃피다, 발전하다

1275 ☐☐☐
disdain ★☆☆
[disdéin]

명 업신여김, 무시 (⊜ contempt) 동 업신여기다, 무시하다

You make enemies of all whom you **disdain**.
당신이 업신여기는 사람들은 모두 적이 된다.

· with **disdain** 경멸의 눈빛으로, 멸시하며

1276 ☐☐☐
recruit ★★☆
[rikrúːt]

동 1. (사원·회원 등을) 모집하다 2. 징집하다 명 1. 신입 사원 2. 신병

The company **recruited** 30 qualified women pilots last year. 학평응용
그 회사는 작년에 자격이 있는 여성 파일럿 30명을 모집했다.

· a new[raw, fresh] **recruit** 신입 사원, 신병

⊕ recruitment 명 채용, 신병 모집

contempt vs. tempt

1277 ☐☐☐
contempt ★☆☆
[kəntémpt]

명 1. 경멸, 멸시 2. 무시

The victims' families looked at the criminal with **contempt**.
피해자들의 가족은 범죄자를 경멸의 눈초리로 쳐다보았다.

1278 ☐☐☐
tempt ★★☆
[tempt]

통 1. 유혹하다, 부추기다 2. 유도하다

Advertisements **tempt** people to buy products.
광고는 사람들이 제품을 구매하도록 유혹한다.

⊕temptation 명유혹, 유혹적인 것
⊕tempting 형구미가 당기는, 유혹적인

ethnic vs. ethical

1279 ☐☐☐
ethnic ★★★
[éθnik]

형 1. 인종의, 민족의, 종족의 2. 민족 전통의, 민속의

American society is made up of citizens of diverse **ethnic** backgrounds.
미국 사회는 다양한 인종적 배경을 가진 국민들로 구성되어 있다.

⊕ethnicity 명민족성, 민족의식

1280 ☐☐☐
ethical ★★★
[éθikəl]

형 윤리적인, 도덕적인 (유 moral 반 unethical)

Research on stem cells raises **ethical** questions. 수능응용
줄기세포에 관한 연구는 윤리적인 문제를 제기한다.

⊕ethic 명 1. 윤리, 도덕(규범) 2. 《~s》 윤리학

DAILY TEST

[1-24] 다음 단어의 뜻을 우리말로 쓰시오.

1	obstruct	_____	13	accompany	_____

1 obstruct _____

2 confer _____

3 recruit _____

4 overturn _____

5 dairy _____

6 protest _____

7 candid _____

8 sympathy _____

9 soak _____

10 confirm _____

11 casualty _____

12 adjacent _____

13 accompany _____

14 era _____

15 morale _____

16 weird _____

17 confess _____

18 discrepancy _____

19 disparity _____

20 conceit _____

21 counterpart _____

22 span _____

23 external _____

24 disdain _____

[25-28] 다음 문장의 빈칸에 알맞은 단어를 쓰시오.

25 It is utterly r_____ that you paid $700 for the ticket.
그 티켓을 700달러를 주고 샀다니 정말 말도 안 된다.

26 Rats adjust their eating behavior in response to d_____ in water.
쥐들은 물 부족에 대응하여 섭식 행동을 조절한다.

27 They want c_____ that are produced not locally but overseas.
그들은 현지가 아닌 해외에서 생산되는 상품을 갖고 싶어 한다.

28 For every t_____ substance or product in use today, there is usually a safer alternative.
오늘날 사용되는 모든 독성 물질이나 제품에는 보통 더 안전한 대안이 있다.

[29-30] 괄호 안에서 알맞은 말을 고르시오.

29 Advertisements (tempt / contempt) people to buy products.

30 Research on stem cells raises (ethical / ethnic) questions.

Answers

[1] (길·시야를) 막다; (일의 진행을) 방해하다 [2] 상의하다; 부여하다 [3] (사원·회원 등을) 모집하다 [4] 뒤집히다, 뒤집다 [5] 낙농업의; 유제품의; 유제품 회사 [6] 항의하다; 항의, 시위 [7] 솔직한 [8] 동정(심); 공감 [9] 젖다, 적시다; 담그다 [10] (증거를 들어) 확인하다; (예약 등을) 확인하다 [11] 사상자; 피해자 [12] 인접한, 가까운 [13] 동반하다; 동반하다; 반주하다 [14] 시대 [15] 사기 [16] 괴상한, 기묘한 [17] 자백하다; 인정하다 [18] 차이, 불일치 [19] 격차 [20] 자만심 [21] 상대; 대응 관계에 있는 사람[것] [22] 기간; 폭, 범위; (얼마의 기간에) 걸치다 [23] 외부의; 대외적인 [24] 업신여김, 무시; 업신여기다, 무시하다 [25] ridiculous [26] deficits [27] commodities [28] toxic [29] tempt [30] ethical

클래스카드

1281 ☐☐☐

tribal ★★☆

[tráibəl]

헝 부족의, 종족의

The rain dance is a very old **tribal** tradition in parts of the Americas. 수능응용

기우(祈雨) 춤은 미주 일부 지역의 매우 오래된 부족 전통이다.

· **tribal** myth 부족 신화

⊕ tribe 몡 부족, 종족

1282 ☐☐☐

bribe ★☆☆

[braib]

통 뇌물을 주다, 매수하다 몡 뇌물

The politician tried to **bribe** the reporter into silence.

그 정치인은 침묵을 지키라고 그 기자를 매수하려 했다.

· receive **bribes** 뇌물을 받다

⊕ bribery 몡 뇌물 수수

1283 ☐☐☐

ingenuity ★★☆

[ìndʒənjúːəti]

몡 창의력, 독창성, 재간

The clues are cryptic, and require considerable **ingenuity** to solve. 모평응용

그 단서들은 아리송해서, 해결하기 위해 상당한 창의력이 필요하다.

⊕ ingenious 헝 독창적인, 재간이 많은

1284 ☐☐☐

peer ★★★

[piər]

몡 또래, 동료 통 (안 보여서) 유심히 보다

He has difficulty getting along with his **peers**.

그는 자기 또래와 어울리는 데 어려움을 겪는다.

1285 ☐☐☐

lessen ★★☆

[lésn]

통 줄다, 줄이다 (⑲ diminish, reduce)

Scientists can **lessen** bias by running as many trials as possible. 수능응용

과학자들은 가능한 한 많은 실험을 함으로써 편견을 줄일 수 있다.

· **lessen** the risk of ~의 위험을 줄이다

1286 ☐☐☐

redundant ★☆☆

[ridÁndənt]

헝 1. 정리 해고된 2. 불필요한, 쓸모없는

Computers have made our paper records **redundant**.

컴퓨터는 우리의 종이 기록을 불필요하게 만들었다.

· **redundant** employees 감원 조치된 직원들

⊕ redundancy 몡 1. 정리 해고 2. 불필요한 중복

1287 ☐☐☐
feast ★★☆
[fiːst]

명 연회, 잔치 동 맘껏 먹다

The evening was a real **feast** for music lovers.
그 저녁은 음악 애호가들에게는 진정한 잔치였다.
· **feast** on steak 스테이크를 실컷 먹다

1288 ☐☐☐
outset ★★☆
[áutsèt]

명 착수, 시초, 발단

The thing about creativity is that at the **outset,** you can't tell which ideas will succeed and which will fail. 모평응용
창의성에 관한 중요한 것은, 처음에는 어떤 생각이 성공할지 어떤 생각이 실패할지를 알 수 없다는 것이다.
· at the **outset** 처음에

1289 ☐☐☐
thorn ★☆☆
[θɔːrn]

명 (식물의) 가시

Many plants, like roses, have sharp **thorns**. 모평응용
장미 같은 많은 식물에는 날카로운 가시가 있다.
· a **thorn** in your side 눈엣가시, 골칫거리

1290 ☐☐☐
downturn ★★☆
[dáuntərn]

명 감소, 하락, 침체 (반) upturn)

If there is a general **downturn** in the economy, sales would be down. 수능응용
일반적인 경기 침체가 일어나면 판매가 줄어든다.
· a **downturn** in sales 매출 감소

1291 ☐☐☐
interrupt ★★★
[ìntərʌ́pt]

동 1. 방해하다 2. 중단하다, 중단시키다

Office workers are regularly **interrupted** by ringing phones. 수능응용
사무실 직원들은 울려대는 전화에 의해 주기적으로 방해를 받는다.
· **interrupt** a conversation 대화를 중단시키다
⊕ interruption 명 1. 방해 2. 중단

1292 ☐☐☐
souvenir ★★☆
[sùːvəníər]

명 기념품, 선물

He wanted to buy some **souvenirs**, and spotted a carving that he liked. 수능응용
그는 기념품을 좀 사고 싶었고, 마음에 드는 조각품을 발견했다.
· a **souvenir** shop 기념품 가게

marital ★☆☆
[mǽrətl]

형 결혼의, 결혼 생활의

In many cultures, a ring indicates **marital** status. 학평응용
많은 문화에서, 반지는 혼인 여부를 나타낸다.
· **marital** breakdown 파경

---

substitute ★★★
[sʌ́bstitjùːt]

동 1. 대체[교체]하다 2. 대신하다
명 1. 대용품, 대체물, 대리인 2. 교체 선수

You can **substitute** water for milk in this recipe.
너는 이 요리법에서 우유를 물로 대체해도 된다.
· a **substitute** teacher 대체 교사

⊕ substitution 명 1. 대체 2. 대용품 3. 선수 교체

---

fabricate ★★☆
[fǽbrikèit]

동 1. 날조하다, 조작하다 2. 제작하다 (윤 manufacture)

The discs are expensive to **fabricate**.
그 디스크들은 제작 비용이 많이 든다.
· **fabricated** evidence 조작된 증거

⊕ fabrication 명 1. 날조 2. 제작

---

impartial ★☆☆
[impáːrʃəl]

형 공정한 (윤 unbiased)

As chairman, I must remain **impartial**.
저는 의장으로서 공정성을 유지해야 합니다.
· an **impartial** inquiry 공정한 조사

⊕ impartiality 명 공정함, 공평무사

---

waterproof ★★☆
[wɔ́tərprùf]

형 방수의 명 방수복 동 방수 처리를 하다

Does it need to be **waterproof**? 수능응용
방수가 되어야 합니까?
· a **waterproof** jacket 방수 재킷

---

upset ★★★
[ʌpsét]
(upset – upset)

형 1. 기분이 상한, 화난 2. 탈이 난 동 1. 속상하게 하다 2. 망쳐 놓다

My mother became **upset** with me for leaving my clothes around. 학평응용
내가 옷을 아무 데나 놓아두어서 우리 엄마는 화가 났다.
· an **upset** stomach 배탈

1299 ☐☐☐

predominate ★★☆
[pridámənèit]

동 우위를 차지하다, 지배적이다

Those decisions involve a process of weighing up all competing interests, and then determining which one **predominates**. 모평응용

그러한 결정들은 모든 상충하는 이해관계를 따져보고 어떤 것이 지배적인지를 결정하는 과정을 포함한다.

⊕ predominant 형 두드러진, 우세한
⊕ predominance 명 우위, 우세

1300 ☐☐☐

psychic ★☆☆
[sáikik]

형 1. 초자연적인, 심령의 2. 정신의, 심리의

History records many individuals who were not content with a lack of **psychic** tension. 학평응용

역사는 정신적 긴장감이 결핍된 것에 만족하지 못한 많은 개인들을 기록한다.

· **psychic** energy 초자연적인 에너지

1301 ☐☐☐

emperor ★★☆
[émpərər]

명 황제

People believe the Caesar salad is named after a Roman **emperor**. 수능응용

사람들은 시저샐러드가 로마 황제의 이름을 따서 지어진 것이라고 믿는다.

1302 ☐☐☐

fatigue ★★☆
[fətíːg]

명 (심신의) 피로, 피곤 (㈜exhaustion) 동 ~을 피곤하게 하다

Leaving no time for the things that are important to us can lead to **fatigue**. 모평응용

우리에게 중요한 것들을 위해 시간을 남겨놓지 않는 것은 피로로 이어질 수 있다.

1303 ☐☐☐

clutter ★☆☆
[klʌ́tər]

명 잡동사니, 어수선함 (㈜mess) 동 어지럽히다

His desk is a **clutter** of books and leftover lunch food.

그의 책상은 책과 먹다 남은 점심으로 어수선하다.

· **clutter** one's mind ~의 마음을 어지럽히다

1304 ☐☐☐

mandatory ★★☆
[mǽndətɔ̀ːri]

형 법에 정해진, 의무적인 (㈜compulsory)

We are familiar with the **mandatory** nutritional information on food products. 모평응용

우리는 식품에 있는 의무적 영양 정보에 익숙하다.

· a **mandatory** drugs test 의무적인 약물 검사

DAY 33

1305 ☐☐☐
likewise ***
[láikwàiz]

🔹 마찬가지로 (유 similarly)

Your sister cleaned her room, and you should do **likewise**.
네 언니는 자기 방을 청소했으니 너도 마찬가지로 그렇게 해야 한다.

1306 ☐☐☐
whereby **☆
[hwɛərbái]

🔹 (그것에 의하여) ~하는

We engage in reflection, **whereby** we can become mature. 모평응용
우리는 성찰하고, 그로 인해 성숙해질 수 있다.

1307 ☐☐☐
prosecute *☆☆
[prásikjùːt]

🔹 1. 기소하다, 공소하다   2. (재판에서) 검사를 맡다

The man was **prosecuted** for shoplifting.
그는 가게 절도로 기소되었다.

➕ prosecution 몡기소, 고발   ➕ prosecutor 몡검찰관, 검사

1308 ☐☐☐
worthwhile **☆
[wə̀ːrθwáil]

🔹 가치 있는, (시간·노력 등을) 들일 만한

I do not feel the tiredness in my legs, for the journey has been truly
worthwhile. 모평응용
여행이 정말 가치 있었기 때문에, 나는 다리에 피곤함을 느끼지 않는다.

➕ worth 몡가치 혱가치 있는

1309 ☐☐☐
survive ***
[sərváiv]

🔹 1. 살아남다, 생존하다   2. 잘 이겨내다, 극복하다

The trees **survived** through the winter without drying up and
dying. 모평응용
그 나무들은 말라서 죽지 않고 겨우내 살아남았다.
· **survive** the crisis 위기를 극복하다

➕ survival 몡생존   ➕ survivor 몡생존자

1310 ☐☐☐
antisocial **☆
[æ̀ntisóuʃəl]

🔹 반사회적인, 비사교적인 (반 social)

You can stay true to your personality without appearing to be
antisocial. 모평응용
너는 비사교적으로 보이지 않고도 자신의 개성에 충실할 수 있다.
· **antisocial** personality disorder 반사회적 인격 장애

274

1311 ☐☐☐
barren ★☆☆
[bǽrən]

형 1. 척박한, 황량한 2. 불임인 3. 열매가 안 열리는 4. 결실이 없는

In the **barren** desert, nothing grew for miles around. 수능응용
그 척박한 사막에서는 주변 수 마일에 아무것도 자라지 않았다.

1312 ☐☐☐
monument ★★★
[mánjumənt]

명 기념물

Many visitors take pictures by the **monument**.
많은 방문객들이 그 기념물 옆에서 사진을 찍는다.

⊕monumental 형기념비적인, 대단한

1313 ☐☐☐
reptile ★★☆
[réptail]

명 파충류

Animals with backbones such as **reptiles** and mammals share the same basic skeleton. 모평응용
파충류나 포유류 같은 척추동물은 동일한 기본골격을 가진다.

1314 ☐☐☐
plantation ★☆☆
[plæntéiʃən]

명 1. (대규모) 농장 2. 조림지

His father carved the **plantation** from forests.
그의 아버지는 숲을 개간해서 농장을 일구었다.
· forestry **plantations** 삼림 조성지

1315 ☐☐☐
pursue ★★★
[pərsjú:]

동 1. 추구하다 2. 뒤쫓다, 추적하다

Living a simple life gives you the time to **pursue** your dreams. 수능응용
소박한 삶을 사는 것은 네 꿈을 추구할 시간을 준다.
· **pursue** a suspect 용의자를 뒤쫓다
⊕pursuit 명1. 추구 2. 뒤쫓음, 추격

1316 ☐☐☐
nominal ★☆☆
[námənl]

형 1. 명목상의, 이름뿐인 2. 얼마 안 되는, 미미한

He is the **nominal** leader of the organization.
그는 그 단체의 명목상의 리더이다.
· a **nominal** fee 아주 적은 요금

eminent vs. imminent

1317 ☐☐☐
eminent ★☆☆
[émənənt]

형 저명한, 유명한

Studies of **eminent** scientists in the 1950s supported this theory. 학평응용
1950년대의 저명한 과학자들의 연구가 이 이론을 뒷받침했다.

1318 ☐☐☐
imminent ★☆☆
[ímənənt]

형 금방이라도 닥칠 듯한, 임박한

Some animal species are at **imminent** risk of extinction.
몇몇 동물 종들은 멸종될 위기에 임박해있다.

attribute vs. contribute

1319 ☐☐☐
attribute ★★☆
[ətríbjuːt]

동 ((to)) (~을) …의 결과로[덕으로] 보다 명 [ǽtribjùːt] 속성, 특성

She **attributed** her success to having clear goals.
그녀는 자신의 성공이 명확한 목표를 가졌던 덕분이라고 보았다.

1320 ☐☐☐
contribute ★★★
[kəntríbjuːt]

동 1. 기여하다, 이바지하다 2. 기부하다

The industry has **contributed** to economic growth.
그 산업은 경제 성장에 이바지해왔다.
· **contribute** generously 관대하게 기부하다

✚ contribution 명 1. 기여 2. 기부금
✚ contributor 명 1. 기부자 2. 요인

DAILY TEST

[1-24] 다음 단어의 뜻을 우리말로 쓰시오.

1 marital _____

2 outset _____

3 prosecute _____

4 clutter _____

5 fabricate _____

6 whereby _____

7 redundant _____

8 downturn _____

9 barren _____

10 impartial _____

11 lessen _____

12 pursue _____

13 predominate _____

14 feast _____

15 interrupt _____

16 worthwhile _____

17 bribe _____

18 tribal _____

19 fatigue _____

20 antisocial _____

21 nominal _____

22 mandatory _____

23 ingenuity _____

24 upset _____

[25-28] 다음 문장의 빈칸에 알맞은 단어를 쓰시오.

25 The trees s_____ through the winter without drying up and dying.
그 나무들은 말라서 죽지 않고 겨우내 살아남았다.

26 Your sister cleaned her room, and you should do l_____.
네 언니는 자기 방을 청소했으니 너도 마찬가지로 그렇게 해야 한다.

27 He has difficulty getting along with his p_____.
그는 자기 또래와 어울리는 데 어려움을 겪는다.

28 You can s_____ water for milk in this recipe.
너는 이 요리법에서 우유를 물로 대체해도 된다.

[29-30] 괄호 안에서 알맞은 말을 고르시오.

29 Some animal species are at (eminent / imminent) risk of extinction.

30 She (attributed / contributed) her success to having clear goals.

Answers
¹ 결혼의 ² 착수, 시초 ³ 기소하다; (재판에서) 검사를 맡다 ⁴ 잡동사니; 어지럽히다 ⁵ 날조하다, 조작하다; 제작하다 ⁶ (그것에 의하여) ~하는 ⁷ 정리 해고된; 불필요한 ⁸ 감소, 하락 ⁹ 척박한; 불임인; 열매가 안 열리는 ¹⁰ 공정한 ¹¹ 줄다, 줄이다 ¹² 추구하다; 뒤쫓다 ¹³ 우위를 차지하다, 지배적이다 ¹⁴ 연회, 잔치 ¹⁵ 방해하다; 중단하다, 중단시키다 ¹⁶ 가치 있는, (시간·노력 등을) 들일 만한 ¹⁷ 뇌물을 주다; 뇌물 ¹⁸ 부족의, 종족의 ¹⁹ (심신의) 피로; ~을 피곤하게 만들다 ²⁰ 반사회적인 ²¹ 명목상의, 이름뿐인; 미미한 ²² 법에 정해진, 의무적인 ²³ 창의력, 독창성 ²⁴ 화난; 탈이 난; 속상하게 하다 ²⁵ survived ²⁶ likewise ²⁷ peers ²⁸ substitute ²⁹ imminent ³⁰ attributed

DAY 34

클래스카드

1321 □□□

dissent ★☆☆

[disént]

명 반대, 반대 의견 (유 opposition 반 assent) 동 반대하다

The proposal was passed without any **dissent**.
그 제안은 어떠한 반대 없이 통과되었다.

1322 □□□

boost ★★★

[buːst]

동 신장시키다, 북돋우다 명 1. 격려 2. 증가

Reading can **boost** your confidence and personality. 학평응용
독서는 자신감과 개성을 키워줄 수 있다.

· a **boost** to self-esteem 자부심의 증가 모평응용

1323 □□□

flatter ★☆☆

[flǽtər]

동 1. 아첨하다, 알랑거리다 2. 돋보이게 하다

They only **flatter** me when they are going to ask for a favor.
그들은 내게 부탁을 하려고 할 때만 나에게 알랑거린다.

⊕ **flattering** 형 1. 아첨하는 2. 돋보이게 하는 ⊕ **flattery** 명 아첨, 아부

1324 □□□

scrap ★★☆

[skræp]

명 1. (종이·천 등의) 조각 2. 남은 음식 3. 폐품 동 폐기하다

They were told to dispose of any **scraps** in the containers provided. 학평응용
그들은 어떤 종잇조각이든 제공된 용기에 넣어 처리하라는 지시를 받았다.

· a **scrap** dealer 폐품을 사고파는 사람

1325 □□□

overcome ★★★

[òuvərkʌ́m]

(overcame – overcome)

동 극복하다, 이겨내다

The speech was successful, and she **overcame** her fear. 모평응용
그 연설은 성공적이어서, 그녀는 자신의 두려움을 극복해냈다.

1326 □□□

pitfall ★☆☆

[pítfɔ̀ːl]

명 (숨겨진) 위험, 곤란, 함정

Thanks to her experience, she could avoid the common **pitfalls** of investing.
경험 덕분에 그녀는 투자에서의 일반적인 함정들을 피할 수 있었다.

1327 □□□
shovel ★★☆
[ʃʌ́vəl]

명 삽 동 삽질하다

Steam-powered **shovels** were a vehicle that turned man into superman. 모평응용
증기력으로 움직이는 동력삽은 인간을 초인간으로 바꾼 수단이었다.
· **shovel** the driveway 차고 진입로의 눈을 치우다

1328 □□□
convert ★★★
[kənvə́ːrt]

동 전환하다, 전환되다, 개조하다

The deforested soil was **converted** to cropland. 수능응용
삼림이 벌채된 땅은 농경지로 개조되었다.

⊕convertible 형 전환 가능한

1329 □□□
peril ★★☆
[pérəl]

명 위험

Some children regard the natural world just as a place filled with animals in **peril**. 모평응용
몇몇의 아이들은 자연 세계를 위험에 처한 동물들로 가득한 장소 정도로 여긴다.

⊕perilous 형 아주 위험한

1330 □□□
germ ★☆☆
[dʒəːrm]

명 1. 세균, 미생물 2. 기원, 시초

Wash your hands so you don't get **germs** on the food.
음식에 세균이 묻지 않도록 손을 씻으세요.
· the **germ** of a brilliant idea 한 훌륭한 아이디어의 기원

1331 □□□
renovate ★★☆
[rénəvèit]

동 (낡은 건물·가구 등을) 개조하다, 보수하다

They **renovated** their kitchen in the latest style.
그들은 부엌을 최신식으로 개조했다.

⊕renovation 명 개조, 보수

1332 □□□
subjective ★★★
[səbdʒéktiv]

형 주관적인, 주관의 (반 objective)

Scientific experiments should be conducted objectively with no **subjective** influence. 모평응용
과학 실험은 주관적 영향력 없이 객관적으로 진행되어야 한다.
· **subjective** judgment 주관적인 판단

⊕subjectively 부 주관적으로 ⊕subjectivity 명 주관적임, 주관성

1333 ☐☐☐
ranch ★★☆
[ræntʃ]

명 대목장

He herds cattle on a **ranch** for a living.
그는 생계를 위해 목장에서 소를 몬다.

1334 ☐☐☐
benevolent ★☆☆
[bənévələnt]

형 자비심이 많은, 친절한

The **benevolent** woman helped the student pay for classes.
그 친절한 여자는 그 학생이 수업료 내는 것을 도왔다.

✚benevolence 명 자비심, 선행, 자선

1335 ☐☐☐
stalk ★★☆
[stɔːk]

명 (식물의) 줄기, 대   동 1. 몰래 접근하다   2. 쫓아다니며 괴롭히다

To make the sack lighter, she quickly filled her last sack with corn **stalks**. 모평응용
자루를 가볍게 하기 위해, 그녀는 빠르게 자신의 마지막 자루를 옥수수 대로 채웠다.

✚stalker 명 스토커, 남을 따라다니며 괴롭히는 사람

1336 ☐☐☐
portable ★★☆
[pɔ́ːrtəbl]

형 들고 다닐 수 있는, 휴대용의

Some schools allow students to use **portable** calculators. 학평응용
몇몇 학교는 학생들이 휴대용 계산기를 사용하는 것을 허용한다.
· a **portable** laptop 노트북 컴퓨터

1337 ☐☐☐
adorn ★☆☆
[ədɔ́ːrn]

동 꾸미다, 장식하다

The Christmas tree is **adorned** with a lot of fairy lights.
그 크리스마스트리는 많은 꼬마전구들로 꾸며져 있다.

1338 ☐☐☐
infamous ★★☆
[ínfəməs]

형 악명 높은 (유 notorious)

This snake is **infamous** for causing the extinction of native bird species in Guam. 모평응용
이 뱀은 괌에 사는 토종 조류의 멸종을 야기한 것으로 악명 높다.
· **infamous** for ~로 악명 높은

✚infamously 부 악명 높게, 불명예스럽게도

1339 ☐☐☐

correspond ***

[kɔ̀:rəspánd]

동 1. 일치하다 2. 해당하다, 상응하다 3. 서신을 주고받다

His statement doesn't **correspond** with the facts.
그의 진술은 그 사실과 일치하지 않는다.

⊕correspondence 명 1. 상응 2. 서신 (왕래)
⊕correspondent 명 기자, 특파원

1340 ☐☐☐

peculiar **☆

[pikjúːljər]

형 1. 이상한, 기묘한 2. 특이한, 독특한

It is one of the most **peculiar** plants found in the desert. [모평응용]
그것은 사막에서 발견되는 가장 특이한 식물 중 하나이다.

· in a **peculiar** way 특이한 방식으로

⊕peculiarly 부 1. 기묘하게 2. 독특하게

1341 ☐☐☐

compartment *☆☆

[kəmpáːrtmənt]

명 1. 칸, 구획 2. 객실

This suitcase contains a separate **compartment** for your shoes.
이 여행 가방에는 신발을 넣는 별도의 칸이 있다.

· a first-class **compartment** 일등실

1342 ☐☐☐

radical **☆

[rǽdikəl]

형 1. 근본적인 2. 급진적인 3. 급진파의 명 급진주의자, 과격파

We need a **radical** approach to the unemployment problem.
우리는 실업 문제에 대한 근본적인 접근이 필요하다.

· a **radical** idea 급진적인 사상

⊕radically 부 1. 근본적으로 2. 급진적으로

1343 ☐☐☐

conclude ***

[kənklúːd]

동 1. 결론[판단]을 내리다 2. 끝나다, 끝내다 3. (조약을) 체결하다

The study **concluded** that music had positive effects on the students' mental health. [모평응용]
그 연구는 음악이 학생들의 정신 건강에 긍정적 영향을 미쳤다고 결론 내렸다.

· **conclude** an agreement 합의하다, 협정을 맺다

⊕conclusion 명 결론, 결말 ⊕concluding 형 끝맺는

1344 ☐☐☐

debilitate *☆☆

[dibílətèit]

동 1. (심신을) 쇠약하게 하다 2. (조직 등을) 약화시키다

He was **debilitated** by the terrible disease.
그는 심각한 병으로 인해 쇠약해졌다.

⊕debilitating 형 쇠약하게 하는

1345 ☐☐☐
invoke ★★☆
[invóuk]

图 1. (법·규칙 등을) 적용하다, 발동하다 2. (느낌 등을) 불러일으키다

The UN **invoked** economic sanctions on the country.
유엔은 그 국가에 경제적 제재를 발동시켰다.
· **invoke** fear 공포를 불러일으키다

1346 ☐☐☐
vital ★★★
[váitəl]

图 1. 필수적인, 극히 중대한 (⊛crucial) 2. 활기찬

Expanding your mind is **vital** to being creative. 학평응용
생각을 확장하는 것은 창의적이 되는 데 필수적이다.
· a **vital** clue 중요한 단서

⊕vitality 圈 활기, 활력

1347 ☐☐☐
skeleton ★★☆
[skélitən]

图 1. 뼈대, 골격, 해골 2. (말·글의) 골자, 개요 3. (건물의) 골격

The exhibit features 20 full-size dinosaur **skeletons**.
그 전시회에는 특히 20개의 실제 크기의 공룡 뼈대가 등장한다.
· the **skeleton** of a house 가옥의 골조

1348 ☐☐☐
asthma ★☆☆
[ǽzmə]

图 천식

The percentages of male children with **asthma** were higher in urban areas than in rural areas. 수능응용
천식이 있는 남자아이들의 비율은 시골 지역에서보다 도시 지역에서 더 높았다.

1349 ☐☐☐
resilient ★★☆
[rizíljənt]

图 1. (충격·부상 등에) 회복력 있는 2. (고무 등이) 탄력 있는

She was **resilient**, so she recovered from her injury quickly.
그녀는 회복력이 있어 부상에서 빠르게 회복했다.

⊕resilience 圈 1. (충격·부상으로부터의) 회복력 2. (고무 등의) 탄력성

1350 ☐☐☐
transit ★★☆
[trǽnsit]

图 1. 운반, 운송 2. 대중교통, 교통 체계 (⊛transportation)

Pack your belongings carefully so they aren't damaged in **transit**.
운송 중에 파손되지 않도록 소지품을 잘 포장해라.

1351 ☐☐☐
inborn *☆☆
[ìnbɔ́ːrn]

형 타고난, 선천적인

He found that Amy had an **inborn** talent for music.
그는 Amy가 음악에 타고난 재능이 있는 것을 발견했다.
· an **inborn** instinct 타고난 본능

1352 ☐☐☐
proximity **☆
[prɑksíməti]

명 (거리·시간상으로) 가까움, 근접

The modified extended family does not require geographical
proximity. 모평응용
변형된 확대 가족은 지리적 근접성을 필요로 하지 않는다.
· in the **proximity** of ~의 근처에, ~의 가까이에

⊕proximate 형 매우 가까운

1353 ☐☐☐
pitch ***
[pitʃ]

명 1. 음의 높이 2. 투구 3. (감정의) 정도, 정점 동 내던지다, 투구하다

The names of **pitches** are associated with particular frequency
values. 수능응용
음 높이의 명칭은 특정 주파수 값과 연계되어 있다.
· a **pitch** of fury 격렬한 분노

1354 ☐☐☐
hover **☆
[hʌ́vər]

동 1. (허공을) 맴돌다 2. (주위를) 서성이다

A hawk **hovered** over the hill.
매 한 마리가 언덕 위를 맴돌았다.
· **hover** in the doorway 문간에서 서성이다

1355 ☐☐☐
astronaut *☆☆
[ǽstrənɔːt]

명 우주 비행사

As a kid, I had visions of being a hero like an **astronaut**. 모평응용
어렸을 때 나는 우주 비행사 같은 영웅이 되는 꿈을 가졌다.

1356 ☐☐☐
outlook **☆
[áutlùk]

명 1. 관점, 세계관 2. (앞날에 대한) 전망 3. (장소에서의) 전망, 경치

Essays often show the writer's **outlook** on life.
수필은 흔히 삶에 대한 작가의 관점을 보여준다.
· a positive **outlook** towards the future 미래에 대한 긍정적인 전망

suppress vs. oppress

1357 ☐☐☐

suppress **★★**☆
[səprés]

동 1. 진압하다 2. 참다, 억제하다 3. 숨기다, 은폐하다

The police **suppressed** the protests by blocking the streets.
경찰은 길을 막아 시위를 진압했다. 〔수능응용〕
· **suppress** one's laughter ~의 웃음을 참다

✚ suppression 명 1. 진압 2. 억제 3. 은폐

1358 ☐☐☐

oppress **★**☆☆
[əprés]

동 1. 억압하다, 탄압하다 2. 압박감을 주다

Many minority groups are **oppressed** by the government.
많은 소수 민족이 정부로부터 억압받는다.

✚ oppression 명 1. 억압, 탄압 2. 압박감

beneficial vs. beneficent

1359 ☐☐☐

beneficial **★★**☆
[bènəfíʃəl]

형 유익한, 이로운 (반 harmful)

AI robots should be programmed to be **beneficial** to humans.
인공지능 로봇은 인간에게 이롭도록 프로그램되어야 한다.

1360 ☐☐☐

beneficent **★**☆☆
[bənéfisənt]

형 선행[자선]을 하는, 인정 많은

She was very **beneficent** to hand out food to the homeless.
그녀는 노숙자들에게 음식을 나눠줄 만큼 매우 인정이 많았다.

DAILY TEST

[1-24] 다음 단어의 뜻을 우리말로 쓰시오.

1	resilient		13	debilitate
2	hover		14	dissent
3	adorn		15	convert
4	radical		16	benevolent
5	pitch		17	infamous
6	pitfall		18	renovate
7	conclude		19	flatter
8	boost		20	inborn
9	outlook		21	stalk
10	overcome		22	peculiar
11	portable		23	peril
12	proximity		24	transit

[25-28] 다음 문장의 빈칸에 알맞은 단어를 쓰시오.

25 Scientific experiments should be conducted objectively with no s_____ influence.
과학실험은 주관적 영향력 없이 객관적으로 진행되어야 한다.

26 His statement doesn't c_____ with the facts.
그의 진술은 그 사실과 일치하지 않는다.

27 The UN i_____ economic sanctions on the country.
유엔은 그 국가에 경제적 제재를 발동시켰다.

28 Expanding your mind is v_____ to being creative.
생각을 확장하는 것은 창의적이 되는데 필수적이다.

[29-30] 괄호 안에서 알맞은 말을 고르시오.

29 The police (oppressed / suppressed) the protests by blocking the streets.

30 AI robots should be programmed to be (beneficient / beneficial) to humans.

Answers

¹ (충격·부상 등에) 회복력 있는; (고무 등이) 탄력 있는 ² (허공을) 맴돌다; (주위를) 서성이다 ³ 꾸미다, 장식하다 ⁴ 근본적인; 급진적인, 급진주의자, 과격파 ⁵ 음의 높이; 투구; (감정의) 정도, 내던지다, 투구하다 ⁶ (숨겨진) 위험, 함정 ⁷ 결론[판단]을 내리다, 끝나다, 끝내다 ⁸ 신장시키다, 격려; 증가 ⁹ 관점, 세계관; (앞날에 대한) 전망; (장소에서의) 경치 ¹⁰ 극복하다 ¹¹ 휴대용의 ¹² (거리·시간상으로) 가까움 ¹³ (심신을) 쇠약하게 하다; (조직 등을) 약화시키다 ¹⁴ 반대, 반대하다 ¹⁵ 전환하다, 전환되다, 개조하다 ¹⁶ 자비심이 많은 ¹⁷ 악명 높은 ¹⁸ (낡은 건물·가구 등을) 개조하다, 보수하다 ¹⁹ 아첨하다 ²⁰ 타고난, 선천적인 ²¹ (식물의) 줄기, 대, 몰래 접근하다; 쫓아다니며 괴롭히다 ²² 이상한, 기묘한; 특이한 ²³ 위험 ²⁴ 운송; 대중교통, 교통 체계 ²⁵ subjective ²⁶ correspond ²⁷ invoked ²⁸ vital ²⁹ suppressed ³⁰ beneficial

1361 ☐☐☐
abuse ★★☆
[əbjúːs]

몡 1. 학대 2. 오용, 남용 동 [əbjúːz] 1. 학대하다 2. 오용하다, 남용하다

Child **abuse** is the most underreported of all crimes. 수능응용
아동 학대는 모든 범죄 중 신고율이 가장 낮다.
· drug/alcohol **abuse** 약물/알코올 남용

⊕ abusive 휑 1. 학대하는, 폭력적인 2. 욕하는

1362 ☐☐☐
defy ★☆☆
[difái]

동 1. 반항하다, 거역하다 2. (믿기·묘사하기 등이 거의) 불가능하다

Hundreds of people who **defied** the law were arrested. 수능응용
법을 거역한 수백 명의 사람이 체포되었다.

1363 ☐☐☐
trustworthy ★★☆
[trʌ́stwə̀ːrði]

휑 신뢰할 만한, 믿을 만한

I was afraid that he might not be a very **trustworthy** person. 모평응용
나는 그가 그다지 신뢰할 만한 사람이 아닐까 봐 두려웠다.

1364 ☐☐☐
laboratory ★★★
[lǽbrətɔ̀ːri]

몡 연구실, 실험실

The **laboratory** was filled with glassware and sophisticated equipment. 모평응용
실험실은 유리 기구들과 복잡한 장비로 가득 차 있었다.

1365 ☐☐☐
ban ★★☆
[bæn]

동 금지하다 (유 prohibit 반 allow) 몡 금지

He was **banned** from competing for three months.
그는 3개월간 시합 출전이 금지되었다.
· a total **ban** on ~에 대한 완전한 금지

1366 ☐☐☐
compulsion ★☆☆
[kəmpʌ́lʃən]

몡 1. 충동, 강한 욕구 2. 강제, 강요

I feel the **compulsion** to overeat when stressed out.
스트레스를 받을 때 나는 과식하고 싶은 충동을 느낀다.

⊕ compulsive 휑 강박적인 ⊕ compulsory 휑 의무적인, 강제적인

1367 ☐☐☐
mediate ★★☆
[míːdièit]

图 중재하다, 조정하다

He **mediated** between the management and the labor.
그는 경영진과 노동자 사이를 중재했다.

⊕ mediation 명 중재, 조정 ⊕ mediator 명 1. 중재인, 조정관 2. 중재 기관

1368 ☐☐☐
disrupt ★★☆
[dìsrʌ́pt]

图 지장을 주다, 방해하다

Do you fear that crime or war will **disrupt** your security? 수능응용
당신은 범죄나 전쟁이 당신의 안전에 지장을 줄 것을 두려워하는가?
· **disrupt** communication 통신을 교란하다

⊕ disruption 명 지장, 방해

1369 ☐☐☐
cosmic ★☆☆
[kázmik]

형 1. 우주의 2. 장대한, 어마어마한

Scientists are trying to identify the **cosmic** particles.
과학자들은 그 우주 미세입자를 규명하려 하고 있다.
· **cosmic** level/scale 어마어마한 수준/규모

⊕ cosmos 명 ((the)) 우주

1370 ☐☐☐
emit ★★☆
[imít]

图 (빛·열·가스 등을) 내다, 내뿜다

The carbon dioxide that is **emitted** from cars can cause global
warming. 모평응용
자동차에서 배출되는 이산화탄소는 지구온난화를 초래할 수 있다.

⊕ emission 명 1. 배출 2. 배출물, 배기가스

1371 ☐☐☐
exhibit ★★★
[igzíbit]

图 1. 전시하다 2. (감정·특질 등을) 드러내다 명 1. 전시품 2. 전시회

Photographs submitted by students will be **exhibited**. 수능응용
학생들이 출품한 사진이 전시될 것입니다.
· **exhibit** symptoms 증세를 보이다

⊕ exhibition 명 전시회, 전시

1372 ☐☐☐
spouse ★★☆
[spaus]

명 배우자

Bring your **spouse** or partner too.
배우자나 파트너도 데려오세요.

⊕ spousal 형 배우자의

1373 ☐☐☐

cherish ★☆☆
[tʃériʃ]

통 1. 소중히 여기다   2. (마음속에) 간직하다

We should learn to **cherish** every moment of our short lives.
우리는 짧은 인생의 모든 순간을 소중히 여기는 것을 배워야 한다.
· **cherish** a memory 추억을 간직하다

1374 ☐☐☐

organ ★★★
[ɔ́ːrgən]

명 1. (신체의) 장기, 기관   2. 오르간   3. (공식적인) 기관

The **organ** of taste is not the tongue, but the brain. 〔학평응용〕
맛을 느끼는 신체 기관은 혀가 아니라 뇌이다.
· an **organ** transplant 장기 이식

1375 ☐☐☐

bump ★★☆
[bʌmp]

통 1. 부딪치다   2. 덜컹거리며 가다
명 1. 쿵 하고 부딪힘, 쿵 소리   2. (도로 등의) 턱, 융기, 돌기

I **bumped** my car into a wall while I was parking. 〔학평응용〕
나는 주차하는 동안 내 차를 벽에 박았다.
· shark skin covered with small, V-shaped **bumps** 〔학평응용〕
  작은 V 모양의 돌기로 뒤덮인 상어 피부

❶ bumpy 형 덜컹거리는, 울퉁불퉁한

1376 ☐☐☐

chaotic ★☆☆
[keiátik]

형 혼돈 상태인

She managed to get through the **chaotic** political situation.
그녀는 혼돈 상태의 정치적 상황을 그럭저럭 헤쳐나갔다.
· a **chaotic** period 혼돈의 시기

❶ chaos 명 혼돈

1377 ☐☐☐

acute ★★☆
[əkjúːt]

형 1. 격심한, 극심한, 심각한   2. (질병이) 급성의 (반 chronic)

He wanted to study the brains of individuals with an **acute** sense
of loneliness. 〔학평응용〕
그는 극심한 외로움을 겪는 사람들의 뇌를 연구하고 싶어 했다.

❶ acutely 부 강렬하게, 몹시

1378 ☐☐☐

poison ★★★
[pɔ́izən]

명 1. 독, 독약   2. 독(이 되는 감정·사상), 해악   통 독을 넣다, 독살하다

To overcome disadvantages of size, some small animals use
poison to protect themselves. 〔수능응용〕
크기의 약점을 극복하기 위해, 일부 작은 동물들은 자신을 보호하기 위해 독을 사용한다.
· the **poison** of corruption 부패의 해악

❶ poisonous 형 유독한, 독이 있는, 독성의

1379 ☐☐☐
headquarters ★★☆
[hédkwɔ̀ːrtərz]

명 본사, 본부

Several companies have their **headquarters** in the area.
여러 회사가 본사를 그 지역에 두고 있다.
· police **headquarters** 경찰 본부

1380 ☐☐☐
contemplate ★☆☆
[kántəmplèit]

동 1. 심사숙고하다 2. 생각하다, 고려하다

She took some time to **contemplate** the issue before making a decision.
그녀는 결정을 내리기 전에 그 문제를 숙고하는 얼마간의 시간을 가졌다.
· **contemplate** retirement 은퇴를 고려하다

⊕contemplation 명사색, 명상

1381 ☐☐☐
assault ★★☆
[əsɔ́ːlt]

명 1. 폭행(죄) 2. (군사) 공격 동 1. 폭행하다 2. 괴롭히다

After getting into a fight, they were arrested for **assault**.
싸움을 한 뒤, 그들은 폭행죄로 체포되었다.

1382 ☐☐☐
magnificent ★★☆
[mægnífisənt]

형 무척 아름다운, 감명 깊은, 훌륭한

They were watching a **magnificent** sunset at the beach. 수능응용
그들은 해변에서 무척 아름다운 노을을 보고 있었다.

1383 ☐☐☐
diploma ★☆☆
[diplóumə]

명 1. 수료증 2. 졸업장, 학위증서

Diplomas are given to students who pass all of their courses.
모든 과정을 수료하는 학생들에게는 수료증이 주어진다.
· high school/college **diploma** 고등학교/대학교 졸업장

1384 ☐☐☐
contend ★★☆
[kənténd]

동 1. 주장하다 (⊕insist) 2. 다투다, 겨루다

The community **contends** that the school should have more safety features.
주민들은 학교에 더 많은 안전장치가 필요하다고 주장한다.
· **contend** with problems 문제들과 씨름하다

⊕contention 명1. 주장 2. 논쟁

1385 □□□
gender ***
[dʒéndər]

명 성, 성별

Each person has basic rights regardless of age, race, or **gender**.
나이, 인종, 성별과 관계없이 각 사람들에게는 기본권이 있다.
· **gender** discrimination 성차별

1386 □□□
degrade **☆
[digréid]

통 1. (질적으로) 저하하다 2. 비하하다 3. (화학적으로) 분해되다[하다]

Excessive pollution has been **degrading** the air quality in this city
for many years.
과도한 오염은 여러 해 동안 이 도시의 공기 질을 저하했다.
· **degrade** into smaller parts 더 작은 부분으로 분해되다
⊕degradation 명 1. 저하 2. 비하 3. (화합물의) 분해

1387 □□□
conservatory *☆☆
[kənsə́ːrvətɔ̀ːri]

명 1. 예술학교, 음악학교 2. 온실

He'll study piano at the **conservatory** next year.
그는 내년에 예술학교에서 피아노를 공부할 것이다.
· **conservatory** conditions 온실 환경

1388 □□□
administer **☆
[ədmínistər]

통 1. 관리하다, 운영하다 2. 집행하다

The fund will be **administered** by an accountant.
그 기금은 회계사가 관리할 것이다.
· **administer** justice 법을 집행하다

1389 □□□
persist ***
[pərsíst]

통 1. 집요하게[고집스럽게] 계속하다 2. 지속하다

He **persisted** in improving and won an Olympic gold medal. 학평응용
그는 집요하게 계속 자신을 개선시켜 올림픽 금메달을 땄다.
· **persist** in one's opinion ~의 의견을 고집하다
⊕persistence 명 1. 고집, 끈기 2. 지속
⊕persistent 형 1. 끈질긴 2. 지속되는

1390 □□□
embrace **☆
[imbréis]

통 1. 껴안다, 포옹하다 (⊕hug) 2. 수용하다, 받아들이다 명 포옹

The company **embraces** new technologies instead of traditional
ones.
그 회사는 구식의 기술 대신 신기술을 받아들인다.

1391 □□□
conquer *☆☆
[káŋkər]

图 1. 정복하다, 극복하다　2. (적을) 이기다, 물리치다 (㈜ defeat)

She **conquered** new lands and set up the empire.
그녀는 새로운 땅을 정복하고 제국을 세웠다.
· **conquer** one's indecision ~의 우유부단함을 극복하다 　수능응용

➕ conquest 圀정복

1392 □□□
handle ***
[hǽndl]

图 다루다, 처리하다　圀 손잡이

One difference between winners and losers is how they **handle** losing. 　수능응용
승자와 패자 사이의 한 가지 차이는 그들이 패배를 어떻게 다루느냐이다.

1393 □□□
district **☆
[dístrikt]

圀 지역, 구역

Tomorrow he will go into the downtown **district** and find work. 　모평응용
내일 그는 시내 지역으로 가서 일자리를 찾을 것이다.

1394 □□□
commemorate *☆☆
[kəmémərèit]

图 기리다, 기념하다

Her recent film **commemorates** her mother's death.
그녀의 최근 영화는 어머니의 죽음을 기린다.
· **commemorate** a victory 승리를 기념하다

➕ commemoration 圀기념식, 기념물
➕ commemorative 톙기념의, 기념적인

1395 □□□
moderate ***
[mádərət]

톙 1. 보통의, 중간의　2. 적당한　3. 중도의, 온건한 (㫰 extreme)
图 [mádərèit] 완화하다, 누그러뜨리다

Exercising in **moderate** amounts is important for your health.
적당한 양의 운동을 하는 것은 네 건강을 위해 중요하다.
· **moderate** climate 온화한 기후

➕ moderately 閉적당하게, 중간 정도로

1396 □□□
clutch *☆☆
[klʌtʃ]

图 움켜잡다, 꽉 쥐다

I felt dizzy and **clutched** the handrail for support.
나는 어지러움을 느껴 몸을 지탱하기 위해 난간을 꽉 움켜잡았다.

alternative vs. alternate

1397 ☐☐☐
alternative ***
[ɔːltə́ːrnətiv]

형 대체 가능한, 대안의 명 대안

The road is closed so we should take **alternative** routes.
그 도로가 폐쇄되어서 우리는 다른 경로로 가야 한다.

✚ alternatively 부 그 대신에, 또는

1398 ☐☐☐
alternate *☆☆
[ɔ́ːltərnèit]

동 번갈아 나오다[나오게 만들다] 형 [ɔ́ːltərnət] 번갈아 나오는

The classes will **alternate** between cooking lessons and gardening lessons. 학평응용

그 강좌에서는 요리 수업과 원예 수업을 번갈아 진행할 것이다.

✚ alternately 부 번갈아 가며, 교대로

practical vs. practicable

1399 ☐☐☐
practical ***
[prǽktikəl]

형 1. 실용적인, 유용한 2. 실제의, 현실적인 (반 impractical)

I need **practical** bowls rather than pretty ones.
나는 예쁜 그릇보다 실용적인 그릇이 필요하다.

✚ practically 부 1. 사실상, 거의 2. 실질적으로, 현실적으로

1400 ☐☐☐
practicable *☆☆
[prǽktikəbl]

형 실행 가능한, 실현 가능한 (반 impracticable)

We need to stop dreaming and start setting some **practicable** goals.
우리는 꿈은 그만 꾸고 실현 가능한 목표를 세우기 시작해야 한다.

DAILY TEST

[1-24] 다음 단어의 뜻을 우리말로 쓰시오.

1	disrupt		13	bump
2	contend		14	abuse
3	administer		15	acute
4	cosmic		16	contemplate
5	emit		17	trustworthy
6	clutch		18	magnificent
7	assault		19	ban
8	degrade		20	gender
9	embrace		21	conquer
10	exhibit		22	spouse
11	commemorate		23	cherish
12	chaotic		24	compulsion

[25-28] 다음 문장의 빈칸에 알맞은 단어를 쓰시오.

25 He p_____ in improving and won an Olympic gold medal.
그는 집요하게 계속 자신을 개선시켜 올림픽 금메달을 따냈다.

26 Exercising in m_____ amounts is important for your health.
적당한 양의 운동을 하는 것은 네 건강을 위해 중요하다.

27 He m_____ between the management and the labor.
그는 경영진과 노동자 사이를 중재했다.

28 Hundreds of people d_____ the law were arrested.
법을 거역한 수백 명의 사람이 체포되었다.

[29-30] 괄호 안에서 알맞은 말을 고르시오.

29 The road is closed so we should take (alternative / alternate) routes.

30 I need (practicable / practical) bowls rather than pretty ones.

Answers

¹ 지장을 주다, 방해하다 ² 주장하다; 다투다 ³ 관리하다, 운영하다; 집행하다 ⁴ 우주의; 장대한 ⁵ (빛·열·가스 등을) 내뿜다 ⁶ 움켜잡다, 꽉 쥐다 ⁷ 폭행(죄); 공격; 폭행하다, 괴롭히다 ⁸ (질적으로) 저하하다; 비하하다; (화학적으로) 분해되다 ⁹ 포옹하다; 수용하다; 포옹 ¹⁰ 전시하다; (감정·특징 등을) 드러내다; 전시회, 전시품 ¹¹ 기리다, 기념하다 ¹² 혼돈 상태인 ¹³ 부딪치다; 덜컹거리며 가다; 쿵 하고 부딪힘; (도로 위의) 턱, 융기, 돌기 ¹⁴ 학대; 남용; 학대하다, 오용하다 ¹⁵ 격심한, 심각한; (질병이) 급성의 ¹⁶ 심사숙고하다 ¹⁷ 믿을 만한 ¹⁸ 무척 아름다운, 감명 깊은, 훌륭한 ¹⁹ 금지하다; 금지 ²⁰ 성, 성별 ²¹ 정복하다, 극복하다; (적을) 이기다 ²² 배우자 ²³ 소중히 여기다; (마음속에) 간직하다 ²⁴ 충동; 강제 ²⁵ persisted ²⁶ moderate ²⁷ mediated ²⁸ defied ²⁹ alternative ³⁰ practical

독해 필수 다의어

□□□
custom
[kʌ́stəm]

명 1. 관습 2. 습관 3. ((~s)) 관세, 세관

1 Eating songpyeon at Chuseok is an old Korean **custom**.
추석에 송편을 먹는 것은 한국의 오래된 관습이다.

2 He turned on the TV, as was his **custom**.
그는 습관대로 TV를 켰다.

3 Her baggage was inspected at **customs**.
그녀의 수화물은 세관에서 조사를 받았다.

□□□
score
[skɔːr]

명 1. (경기의) 득점, 점수 2. 점수, 성적 3. 악보 동 4. 득점하다

1 The final **score** of the game was three to one.
그 경기의 최종 점수는 3대 1이었다.

2 I've studied hard, but my math **score** has not improved.
열심히 공부했지만 내 수학 점수는 오르지 않았다.

3 She can't play the piece without the **score**.
그녀는 악보 없이 그 곡을 연주할 수 없다.

4 He **scored** three goals in the match.
그는 그 경기에서 3골을 득점했다.

□□□
stick
[stik]
(stuck – stuck)

동 1. 붙다, 붙이다 2. 찌르다 3. ((to)) ~을 고수하다, 지키다 명 4 막대기

1 I wonder why gum doesn't **stick** to my teeth.
나는 왜 껌이 이에 달라붙지 않는지 궁금하다.

2 She **stuck** the note on a notice board with a pin.
그녀는 공지 게시판에 공고문을 핀으로 찔러 고정했다.

3 He **stuck** to his principles and didn't follow the rule.
그는 자신만의 원칙을 고수하며 규칙을 따르지 않았다.

4 I played the drums with drum **sticks**.
나는 드럼 채로 드럼을 연주했다.

DAY 36

클래스카드

1401 ☐☐☐
elusive ★☆☆
[ilúːsiv]

형 1. 찾기 힘든 2. 이해하기 힘든

I have been looking for the perfect job, but it is **elusive**.
나는 완벽한 직업을 찾아보고 있으나, 찾기 힘들다.

⊕ elusively 튀 1. 찾기 힘들게 2. 이해하기 어렵게

1402 ☐☐☐
reinforce ★★★
[rìːinfɔ́ːrs]

동 강화하다, 보강하다, 증강하다

The article **reinforces** the idea that all people are equal. 수능응용
그 기사는 모든 사람은 평등하다는 생각을 강화한다.

⊕ reinforcement 명 강화, 보강, 증원

1403 ☐☐☐
eternal ★☆☆
[iːtɔ́ːrnəl]

형 1. 영원한 2. 끊임없는

Even the richest person cannot buy **eternal** life.
가장 부유한 사람조차도 영원한 삶을 돈으로 살 수 없다.

⊕ eternity 명 1. 영원 2. 긴 시간 ⊕ eternally 튀 영원히

1404 ☐☐☐
encompass ★★☆
[inkʌ́mpəs]

동 1. 포함하다, 망라하다 2. 둘러싸다

The investigations into the economics of information **encompass** a variety of categories. 수능응용
정보의 경제학에 대한 연구는 다양한 범주를 망라한다.
· **encompass** the valley 계곡을 둘러싸다

⊕ encompassment 명 에워싸기, 포위

1405 ☐☐☐
prevail ★★★
[privéil]

동 1. 만연하다, 팽배하다 2. 이기다, 우세하다

The belief still **prevails** among certain social groups.
그 믿음은 특정 사회 집단들 사이에 여전히 만연해 있다.

⊕ prevailing 형 우세한, 지배적인

1406 ☐☐☐
exemplary ★☆☆
[igzémpləri]

형 모범적인, 본이 되는

He received an award for his **exemplary** behavior.
그는 모범적인 행동으로 상을 받았다.

1407 ☐☐☐

parliament ★★☆
[páːrləmənt]

명 의회, 국회

The **parliament** just voted to pass a new law.
국회는 새 법안을 통과시키기 위해 지금 막 투표했다.
· dissolve a **parliament** 의회를 해산하다

1408 ☐☐☐

transfer ★★★
[trænsféːr]

동 1. 이동하다, 전근[전학]하다 2. 환승하다 3. 전환[전송]하다
명 [trǽnsfər] 1. 이동, 이적 2. 환승

Animals **transfer** information by using their own signals.
동물들은 자신들만의 신호를 사용함으로써 정보를 전달한다.
· be **transferred** to a digital format 디지털 형식으로 전환되다 학평응용

1409 ☐☐☐

restrain ★★☆
[ristréin]

동 1. 저지[제지]하다, 만류하다 2. (감정·행동 등을) 억누르다, 억제하다

The guards quickly jumped in to **restrain** a fan of the
singer. 수능응용
경호원들은 그 가수의 한 팬을 저지하려고 달려들었다.
· **restrain** one's temper ~의 성질을 억누르다
⊕ restraint 명 1. 규제, 통제 2. 자제(력), 절제(력)

1410 ☐☐☐

exemplify ★☆☆
[igzémpləfài]

동 1. 전형적인 예시가 되다 2. 예를 들다

The cathedral **exemplifies** the Gothic style of the Middle Ages.
그 대성당은 중세 시대 고딕 양식의 전형적인 예이다.

1411 ☐☐☐

generous ★★☆
[dʒénərəs]

형 관대한, 너그러운, 후한

She is very **generous** to donate that much money.
그렇게 많은 돈을 기부하다니 그녀는 참 관대하다.
⊕ generosity 명 관대함, 너그러움

1412 ☐☐☐

president ★★★
[prézidənt]

명 1. 대통령 2. 회장, 사장, 의장

The **president** held a conference with neighboring countries.
그 대통령은 이웃 국가들과의 회담을 개최했다.
· a vice **president** 부통령, 부회장, 부사장
⊕ presidential 형 대통령의

1413 ☐☐☐
intent ★★☆
[intént]

형 강한 관심을 보이는, 몰두하는   명 의도

A company was **intent** on developing the lake as a tourist destination. 수능응용
한 회사가 그 호수를 관광지로 개발하는 데 강한 관심을 보였다.
· with good **intent** 선의로

1414 ☐☐☐
lament ★☆☆
[lamént]

동 애통해하다, 통탄하다, 한탄하다   명 애도, 한탄

He wrote a poem to **lament** the end of another year.
그는 또 다른 한 해의 끝을 아쉬워하는 시를 썼다.
· **lament** one's misfortune ~의 불운을 한탄하다

1415 ☐☐☐
alien ★★☆
[éiljən]

형 1. 낯선, 이질적인 (㊀ strange)   2. 외국의   3. 외계의
명 1. 외국인   2. 외계인

His ideas are **alien** to our way of thinking.
그의 생각은 우리의 사고방식과는 이질적이다.
· **alien** beings 외계 생명체

➔ alienate 동 1. 소원하게 만들다   2. 소외감을 느끼게 하다

1416 ☐☐☐
sacred ★★☆
[séikrid]

형 1. 신성한, 성스러운, 종교적인   2. 매우 중요한, 신성시되는

He says all life is **sacred** and should be respected.
그는 모든 생명은 신성하며 존중받아야 한다고 말한다.

1417 ☐☐☐
feat ★☆☆
[fi:t]

명 (눈부신) 위업, 공적

They achieved remarkable **feats** in spite of their hardships. 모평응용
그들은 고난에도 불구하고 놀라운 위업을 달성했다.

1418 ☐☐☐
mount ★★☆
[maunt]

동 1. 증가하다   2. (계획적으로) 시작하다   3. 올라가다, 올라타다

Children's excitement **mounted** as Christmas approached.
크리스마스가 다가오자 아이들의 흥분이 고조되었다.
· **mount** a campaign 선거 운동을 하다

1419 ☐☐☐

via ★★★
[váiə, víːə]

전 1. ~을 거쳐, ~을 경유하여   2. ~을 통하여, ~을 매개로

We booked a flight to London **via** New York.
우리는 뉴욕을 거쳐서 런던으로 가는 비행편을 예약했다.
· **via** email 이메일을 통해

1420 ☐☐☐

quote ★★☆
[kwout]

동 1. 인용하다   2. (실례 등을) 예로 들다   명 인용문 (㈜ quotation)

She often **quotes** lines from Shakespeare's plays.
그녀는 셰익스피어의 희곡에서 대사를 자주 인용한다.

1421 ☐☐☐

dismal ★☆☆
[dízməl]

형 1. 음울한, 울적하게 하는 (㈜ gloomy)   2. 참담한, 형편없는

I don't like the **dismal** weather of Germany in winter.
나는 독일의 울적한 겨울 날씨를 싫어한다.
· **dismal** failure 참담한 실패

1422 ☐☐☐

worship ★★☆
[wɔ́ːrʃip]

동 1. 숭배하다   2. 예배하다   명 1. 숭배   2. 예배

The people in the area all **worship** the same god. 수능응용
그 지역의 사람들은 모두 같은 신을 숭배한다.

1423 ☐☐☐

reputation ★★★
[rèpjutéiʃən]

명 평판, 명성

The hotel has a good **reputation** for friendly service. 수능응용
그 호텔은 친절한 서비스로 평판이 좋다.

1424 ☐☐☐

eligible ★☆☆
[élidʒəbl]

형 적격의, 자격이 있는

Anyone over the age of 18 is **eligible** to enter the contest. 모평응용
18세 이상이라면 누구든 그 대회에 참가할 자격이 있다.
· **eligible** for promotion 승진할 자격이 있는
⊕ eligibility 명 적격, 적임

298

1425 ☐☐☐
oblige ★★☆
[əbláidʒ]

동 1. 의무를 지우다, 강요하다 (⊛ compel)　2. 요청을 들어주다

Citizens are **obliged** to pay taxes.
시민은 세금을 낼 의무가 있다.

✛ obligation 명 의무　✛ obligatory 형 의무적인

1426 ☐☐☐
possess ★★★
[pəzés]

동 1. 갖추다, 가지다　2. 소유하다

She **possessed** all the qualities of a good actor.
그녀는 훌륭한 배우의 모든 자질을 갖추고 있었다.
· **possess** a passport 여권을 소지하다

✛ possession 명 1. 소유　2. 소유물[품]　✛ possessed 형 (마음이) 홀린

1427 ☐☐☐
timber ★★☆
[tímbər]

명 목재, 재목

Forests have been a source of building **timber** and firewood. 학평응용
숲은 건축용 목재와 장작의 원천이 되어 왔다.

1428 ☐☐☐
forge ★☆☆
[fɔːrdʒ]

동 1. (관계 등을) 구축하다, 맺다 (⊛ form)　2. 위조하다

I attended the conference so that I could **forge** new relationships.
나는 새 인맥을 구축하기 위해 학회에 참석했다.
· **forge** banknotes 지폐를 위조하다

✛ forger 명 위조범

1429 ☐☐☐
steep ★★☆
[stiːp]

형 1. 가파른, 비탈진　2. 급격한

The skier determined that the slope was too **steep** to try. 수능응용
그 스키선수는 경사가 시도하기에 너무 가파르다고 결론 내렸다.
· a **steep** rise 급격한 증가[상승]

1430 ☐☐☐
crack ★★☆
[kræk]

동 1. 깨지다, 깨다　2. 갈라지다, 금이 가다　3. 해결하다
명 1. (갈라진) 틈, 금　2. 날카로운 소리

She **cracked** an egg and put it in the frying pan.
그녀는 달걀을 깨서 프라이팬에 올렸다.
· a **crack** in the glass 유리잔에 난 금

✛ cracked 형 1. 금이 간, 갈라진　2. (목이) 쉰

1431 □□□
evaporate ★☆☆
[ivǽpərèit]

图 1. 증발하다, 증발시키다 2. 사라지다

During the winter, water **evaporates** and turns into snow. 학평응용
겨울 동안 물은 증발하여 눈이 된다.

⊕ evaporation 명 1. 증발, 기화 2. 소멸

1432 □□□
undertake ★★☆
[ʌndərtéik]
(undertook – undertaken)

图 1. 떠맡다, 착수하다 2. ((to)) 약속하다, 동의하다

He agreed to **undertake** the task of writing a report.
그는 보고서 쓰는 일을 맡는 것에 동의했다.

⊕ undertaking 명 1. (중요한) 일, 사업 2. 약속, 동의

1433 □□□
rational ★★★
[rǽʃənəl]

형 합리적인, 이성적인 (⊕ irrational)

The most obvious feature of moral agents is a capacity for **rational** thought. 모평응용
도덕적 행위자의 가장 명백한 특징은 합리적 사고 능력이다.

⊕ rationalize 图 합리화하다   ⊕ rationality 명 합리성

1434 □□□
medieval ★★☆
[mìːdíːvəl]

형 1. 중세의, 중세풍의 2. 구식의, 케케묵은

Gothic architecture flourished during the late **medieval** period.
고딕 양식 건축물은 중세시대 후기에 번성했다.
· a **medieval** castle 중세 시대의 성

1435 □□□
fragile ★☆☆
[frǽdʒəl]

형 1. 부서지기 쉬운 (⊕ delicate) 2. 취약한, 허약한 3. 섬세한

We need to preserve **fragile** and endangered coral reefs. 모평응용
우리는 약하고 멸종위기에 처한 산호초를 보호할 필요가 있다.
· **fragile** beauty 섬세한 아름다움

1436 □□□
provoke ★★☆
[prəvóuk]

图 1. 화나게 하다 2. 유발하다, 도발하다

If you **provoke** a dog, it might react by biting you.
개를 화나게 하면 너를 무는 것으로 반응할지 모른다.
· **provoke** human curiosity 인간의 호기심을 유발하다

optimistic vs. pessimistic

1437 ☐☐☐
optimistic ★☆☆
[àptəmístik]

형 낙관적인, 낙관하는

As my attitudes became **optimistic**, my confidence grew too. (수능응용)
나의 태도가 낙관적으로 되면서, 내 자신감 또한 커졌다.

⊕optimist 명낙관주의자 ⊕optimism 명낙관주의

1438 ☐☐☐
pessimistic ★☆☆
[pèsəmístik]

형 비관적인, 염세적인

He was **pessimistic** about his chances of passing the test.
그는 자신이 시험에 합격할 가능성에 대해 비관적이었다.

⊕pessimist 명비관주의자 ⊕pessimism 명비관주의

hospitality vs. hostility

1439 ☐☐☐
hospitality ★☆☆
[hàspitǽləti]

명 환대, 후한 대접, 접대

Thank you for your kind **hospitality** during my stay.
제가 머무르는 동안 환대를 베풀어주셔서 감사합니다.

1440 ☐☐☐
hostility ★★☆
[hɑstíləti]

명 적의, 적대감, 적개심

The war is over, but there is still **hostility** between the two nations. (수능응용)
전쟁은 끝났지만 두 나라 사이에 적개심은 여전히 남아 있다.

⊕hostile 형1. 적대적인 2. 강력히 반대하는

DAY 36

DAILY TEST

[1-24] 다음 단어의 뜻을 우리말로 쓰시오.

1	alien		13	evaporate
2	quote		14	mount
3	reputation		15	forge
4	provoke		16	transfer
5	dismal		17	intent
6	eternal		18	oblige
7	eligible		19	undertake
8	elusive		20	fragile
9	medieval		21	restrain
10	reinforce		22	sacred
11	rational		23	worship
12	encompass		24	exemplary

[25-28] 다음 문장의 빈칸에 알맞은 단어를 쓰시오.

25 She p_____ all the qualities of a good actor.
그녀는 훌륭한 배우의 모든 자질을 갖추고 있었다.

26 We booked a flight to London v_____ New York.
우리는 뉴욕을 거쳐서 런던으로 가는 비행편을 예약했다.

27 The belief still p_____ among certain social groups.
그 믿음은 특정 사회 집단들 사이에 여전히 만연해 있다.

28 She is very g_____ to donate that much money.
그렇게 많은 돈을 기부하다니 그녀는 참 관대하다.

[29-30] 괄호 안에서 알맞은 말을 고르시오.

29 As my attitudes became (optimistic / pessimistic), my confidence grew too.

30 The war is over, but there is still (hospitality / hostility) between the two nations.

클래스카드

1441 □□□
glimpse ★★☆
[ɡlimps]

명 1. 힐끗 봄 2. 짧은 경험 통 힐끗 보다

As I turned my head, I caught a **glimpse** of a brown curled creature. 화평응용
내가 고개를 돌렸을 때, 갈색의 웅크린 동물이 얼핏 보였다.

1442 □□□
profess ★☆☆
[prəfés]

통 1. 공언하다, 주장하다 (윤 claim) 2. 고백하다

He **professed** not to be interested in fame.
그는 유명세에는 관심이 없다고 공언했다.
· **profess** one's innocence ~의 결백을 주장하다

1443 □□□
criminal ★★☆
[krímɪnl]

명 범죄자, 범인 형 범죄의

The police caught the **criminal** who robbed the store.
경찰은 가게를 턴 범인을 잡았다.
· **criminal** behavior 범죄 행위

⊕ crime 명 죄, 범죄

1444 □□□
delay ★★★
[diléi]

명 지연, 지체 통 1. 미루다, 연기하다 2. 지연시키다

There will be a one-week **delay** in shipping your order.
고객님이 주문하신 물건의 배송이 일주일 지연될 것입니다.
· without **delay** 지체 없이, 곧바로
· **delay** obligations 의무를 미루다

1445 □□□
upcycling ★★☆
[ʌ́psaikliŋ]

명 재활용품으로 기존제품보다 더 나은 새 제품을 만드는 과정

Upcycling is creative reuse. 수능응용
업사이클링은 창조적인 재사용이다.

⊕ upcycle 통 (재활용품을) 업사이클하다, 더 나은 것으로 만들다

1446 □□□
nasal ★☆☆
[néizəl]

형 1. 코의 2. 콧소리의 명 비음, 콧소리

My **nasal** passages are stuffed up, so it's hard to breathe.
내 코가 막혀서 숨쉬기가 힘들다.

regain ★★☆
[rigéin]

동 회복하다, 되찾다

Cash crops are **regaining** their competitiveness in the world market. 수능응용
환금작물이 세계 시장에서 경쟁력을 회복하고 있다.
· **regain** consciousness 의식을 되찾다

bulletin ★★☆
[búlətin]

명 1. 뉴스 단신 2. 공시, 게시

I heard about the storm on a news **bulletin** on the radio.
나는 라디오 뉴스 단신에서 폭풍에 관한 소식을 들었다.
· a **bulletin** board 게시판

pragmatic ★☆☆
[prægmǽtik]

형 실용적인, 현실적인

We need a **pragmatic** approach to price stabilization.
우리는 물가 안정에 대한 현실적인 접근이 필요하다.

presuppose ★★☆
[prìsəpóuz]

동 1. 예상하다 (⊛presume) 2. 상정하다, 추정하다 (⊛assume)

They all **presuppose** that the political decision has already been made as to who the enemy is. 수능응용
그것들은 모두 이미 적이 누군지에 대한 정치적 결정이 내려졌다는 것을 상정한다.

❶presupposition **명** 1. 예상 2.상정, 추정

suffer ★★★
[sʌ́fər]

동 1. (고통을) 겪다, (병을) 앓다 2. (나쁜 일을) 경험하다

He has **suffered** a massive stroke, affecting his intelligence. 학평응용
그는 심한 뇌졸중을 겪었는데, 그것은 그의 지능에 영향을 끼쳤다.
· **suffer** from ~으로 고통을 겪다

fate ★★☆
[feit]

명 (피할 수 없는) 운명, 숙명

Today's meeting will decide the **fate** of the company.
오늘 회의가 회사의 운명을 결정할 것이다.
· a twist of **fate** 운명의 장난

❶fated **형** 운명이 정해진, ~할 운명인 ❶fateful **형** 운명적인

1453
litter ★☆☆
[lítər]

동 어지럽히다, (쓰레기 등을) 버리다　명 쓰레기

People who **litter** in this park will be fined.
이 공원에서 쓰레기를 버리는 사람은 벌금을 물게 될 것이다.
· pick up the **litter** 쓰레기를 줍다

1454
destroy ★★★
[distrɔ́i]

동 1. 부수다, 파괴하다 (⑨devastate)　2. (사람 등을) 망치다, 파멸시키다

The Nazis **destroyed** the bridge during World War II. 모평응용
제2차 세계 대전 동안 나치 병사들은 그 다리를 파괴했다.
· **destroy** one's reputation ~의 명성을 망치다

✪destruction 명 파괴, 파멸　✪destructive 형 파괴적인

1455
factual ★★☆
[fǽktʃuəl]

형 사실에 기반을 둔, 사실을 담은

The sign system of honey-bees transmits specific **factual** information without any ambiguity. 수능응용
꿀벌의 신호 체계는 특정한 사실적 정보를 어떠한 모호함도 없이 전달한다.
· **factual** knowledge 사실에 근거한 지식

✪factually 부 사실에 근거하여, 사실상으로

1456
latitude ★☆☆
[lǽtətjùːd]

명 1. 위도　2. ((~s)) (위도상으로 본) 지역

At that **latitude**, it is quite cold all year round. 수능응용
그 위도에서는 일 년 내내 꽤 춥다.

1457
meanwhile ★★☆
[míːnwàil]

부 1. 그동안에, 그사이에　2. 한편

She began writing the report. **Meanwhile**, her coworker was collecting more data.
그녀는 보고서를 쓰기 시작했다. 그동안에, 동료는 더 많은 자료를 수집하고 있었다.
· in the **meanwhile** 그동안에, 한편

1458
distribute ★★★
[distríbjuːt]

동 1. 나누어 주다, 분배하다 (⑨give out)　2. 유통하다　3. 분산시키다

She **distributed** a math test to her students. 수능응용
그녀는 학생들에게 수학 시험지를 나누어 주었다.
· **distribute** weight 무게를 분산시키다

✪distribution 명 1. 분배, 배급　2. 유통
✪distributor 명 1. 배급업자　2. 유통 회사

1459 □□□

dare ★★☆
[dɛər]

동 1. ~할 용기가 있다, 감히[과감히] ~하다 2. ~해보라고 부추기다

The journalist **dared** to reveal the truth.
그 기자는 과감히 진실을 밝혔다.

⊕daring 혱대담한 몡용기, 과감함

1460 □□□

perpetual ★☆☆
[pərpétʃuəl]

혱 끊임없이 계속되는, 반복되는

She is a **perpetual** learner in laborious pursuit of wisdom. 학평응용
그녀는 부지런히 지혜를 추구하는 끊임없는 학습자이다.

⊕perpetually 몣끊임없이, 계속

1461 □□□

temper ★★☆
[témpər]

몡 1. (화를 내는) 성미, 성질 2. 기분 **동** 누그러뜨리다

The player was famous for his fits of **temper** on the court. 모평응용
그 선수는 코트에서 성질을 폭발시키는 것으로 유명했다.
· lose/keep one's **temper** 화를 내다/참다

1462 □□□

improvise ★★☆
[ímprəvàiz]

동 1. (연주·연설 등을) 즉흥적으로 하다 2. 임시방편으로 만들다

If you forget any of your lines, try to **improvise**.
만약 대사를 까먹으면 즉흥적으로 해 봐.
· **improvise** with 임시방편으로 ~을 이용하다

⊕improvisatory 혱즉흥적인 ⊕improvisation 몡즉흥적으로 하기

1463 □□□

prone ★☆☆
[proun]

혱 1. (안 좋은 일을) 당하기 쉬운, ~의 경향이 있는 2. 엎드린

That type of computer is **prone** to memory problems.
저런 종류의 컴퓨터는 메모리 문제가 생기기 쉽다.
· lie **prone** 엎드리다

1464 □□□

tuition ★★☆
[tju:íʃən]

몡 1. 수업료 2. 수업, 교습

Please see the attached document for registration and **tuition** information. 모평응용
등록과 수업료에 관한 사항은 첨부 서류를 참조하시기 바랍니다.
· private **tuition** 개인 교습

1465 ☐☐☐

accumulate ★★★
[əkjúːmjəlèit]

동 축적하다, 모으다, 모이다

Treasure hunters have **accumulated** valuable historical artifacts. 수능응용
보물 사냥꾼들은 가치 있는 역사적 유물을 축적해왔다.

⊕ accumulation 명 누적, 축적

1466 ☐☐☐

biosphere ★★☆
[báiəsfìər]

명 생물권 《생물이 살 수 있는 지표면과 대기권》

Organic farming is less damaging to the **biosphere**. 수능응용
유기농법이 생물권에 덜 해롭다.

1467 ☐☐☐

omit ★☆☆
[oumít]

동 1. 빠뜨리다 2. 생략하다 (㈜ leave out)

He **omitted** important details from his report.
그는 자신의 보고서에서 중요한 세부사항을 빠뜨렸다.

⊕ omission 명 1. 빠짐 2. 생략

1468 ☐☐☐

seize ★★☆
[siːz]

동 1. (갑자기 꽉) 잡다, 쥐다 (㈜ grab) 2. 점거하다, 장악하다

The eagle flew down and **seized** its prey.
그 독수리는 날아 내려와 먹이를 꽉 잡았다.
· **seize** power 권력을 장악하다

1469 ☐☐☐

disaster ★★★
[dizǽstər]

명 1. 참사, 재난, 재해, 재앙 2. (대)실패, 실패작

A nuclear war between the two countries would be a **disaster**. 수능응용
그 두 나라 간의 핵전쟁은 참사가 될 것이다.
· end up total **disasters** 완전한 실패로 끝나다

⊕ disastrous 형 처참한, 재앙과도 같은

1470 ☐☐☐

influential ★★☆
[ìnfluénʃəl]

형 영향력 있는, 영향력이 큰

He is often considered the most **influential** inventor in radio history. 모평응용
그는 흔히 라디오 역사에서 가장 영향력 있는 발명가로 여겨진다.

⊕ influence 명 영향(력) 동 영향을 미치다, 영향을 주다

nuisance *☆☆
[njúːsəns]

명 1. 성가신 사람, 골칫거리 2. 소란 행위

He didn't complain as he didn't want to be perceived as a **nuisance**.

그는 성가신 사람으로 여겨지고 싶지 않아서 불평하지 않았다.

· a public **nuisance** 공적 불법 방해, 공해(公害)

---

component ***
[kəmpóunənt]

명 (구성) 요소, 부품, 성분 형 구성하는, 성분의 (㉮ constituent)

Acquiring information is a critical **component** for having a successful negotiation. 학평응용

정보를 획득하는 것은 성공적인 협상을 하는 데 중요한 요소이다.

· a **component** ratio 구성 비율

---

deserted **☆
[dizɔ́ːrtid]

형 1. 버림받은 (㉮ abandoned) 2. 사람이 없는, 텅 빈

After many hours of wandering throughout the **deserted** lands, however, she was unsuccessful. 수능응용

하지만 버려진 땅을 여러 시간 헤매고 다닌 후에도 그녀는 성과를 얻지 못했다.

· **deserted** streets 텅 빈 거리

---

mob *☆☆
[mɑb]

명 군중, 무리, 떼 동 1. 떼 지어 공격하다 2. 떼 지어 몰려들다

A large **mob** gathered and began to protest.

많은 군중이 모여서 항의하기 시작했다.

---

deserve ***
[dizɔ́ːrv]

동 ~할 가치가 있다, ~을 받을 만하다

The public **deserves** to know the truth about the case.

대중은 그 사건의 진실을 알 자격이 있다.

· **deserve** to-v ~할 만하다, ~할 자격이 있다

❖ deserved 형 응당한, 마땅한

---

longevity *☆☆
[lɑndʒévəti]

명 1. 수명, 생명 2. 장수

The **longevity** of your pet depends on how well you take care of it.

네 애완동물의 수명은 네가 얼마나 그것을 잘 돌보느냐에 달려 있다.

수능빈출 혼동어휘/반의어

extrovert vs. introvert

1477 ☐☐☐

extrovert *☆☆
[ékstrəvə̀ːrt]

명 외향적인 사람

An **extrovert** usually likes to talk with others.
외향적인 사람은 보통 다른 사람들과 이야기하는 것을 좋아한다.

⊕ extroverted 형 외향적인

1478 ☐☐☐

introvert **☆
[íntrəvə̀ːrt]

명 내성[내향]적인 사람

An **introvert** tends to enjoy reflecting on his or her thoughts. 모평응용
내성적인 사람은 자기 생각을 성찰하는 것을 즐기는 경향이 있다.

⊕ introverted 형 내성[내향]적인

---

ancestor vs. descendant

1479 ☐☐☐

ancestor **☆
[ǽnsestər]

명 1. 조상, 선조 2. 시조(始祖) 3. (사물의) 원형, 전신

My **ancestors** originally came from Italy.
내 조상은 본래 이탈리아 출신이다.

1480 ☐☐☐

descendant **☆
[diséndənt]

명 1. 자손, 후예 2. 유래한 것, 파생물

Her **descendants** remembered her for hundreds of years.
그녀의 후손들은 그녀를 수백 년 동안 기억했다.

⊕ descend 동 내려오다, 내려가다

[1-24] 다음 단어의 뜻을 우리말로 쓰시오.

1 fate _____

2 dare _____

3 meanwhile _____

4 glimpse _____

5 accumulate _____

6 factual _____

7 deserted _____

8 deserve _____

9 influential _____

10 profess _____

11 omit _____

12 litter _____

13 criminal _____

14 improvise _____

15 perpetual _____

16 pragmatic _____

17 temper _____

18 component _____

19 delay _____

20 seize _____

21 prone _____

22 nuisance _____

23 regain _____

24 presuppose _____

[25-28] 다음 문장의 빈칸에 알맞은 단어를 쓰시오.

25 She d_____ a math test to her students.
그녀는 학생들에게 수학 시험지를 나누어 주었다.

26 The Nazi d_____ the bridge during World War II.
제2차 세계 대전 동안 나치 병사들은 그 다리를 파괴했다.

27 A nuclear war between the two countries would be a d_____ .
그 두 나라 간의 핵전쟁은 참사가 될 것이다.

28 He has s_____ a massive stroke, affecting his intelligence.
그는 심한 뇌졸중을 겪었는데, 그것은 그의 지능에 영향을 끼쳤다.

[29-30] 괄호 안에서 알맞은 말을 고르시오.

29 An (introvert / extrovert) tends to enjoy reflecting on his or her thought.

30 My (ancestors / descendants) originally came from Italy.

Answers
[1] (피할 수 없는) 운명, 숙명 [2] ~할 용기가 있다, 감히[과감히] ~하다 [3] 그동안에; 한편 [4] 힐끗 봄; 힐끗 보다 [5] 축적하다, 모이다 [6] 사실에 기반을 둔 [7] 버림받은; 텅빈 [8] ~할 가치가 있다, ~을 받을 만하다 [9] 영향력 있는 [10] 공언하다, 주장하다; 고백하다 [11] 빠뜨리다; 생략하다 [12] 어지럽히다; 쓰레기 [13] 범죄자, 범인; 범죄의 [14] (연주·연설 등을) 즉흥적으로 하다; 임시방편으로 만들다 [15] 끊임없이 계속되는 [16] 실용적인 [17] (화를 내는) 성미, 성질 [18] (구성) 요소, 부품, 성분; 구성하는, 성분의 [19] 지연, 지체; 연기하다; 지연시키다 [20] (갑자기 꽉) 잡다; 점거하다, 장악하다 [21] (안 좋은 일을) 당하기 쉬운; ~의 경향이 있는; 엎드린 [22] 골칫거리; 소란 행위 [23] 회복하다, 되찾다 [24] 예상하다; 상정하다, 추정하다 [25] distributed [26] destroyed [27] disaster [28] suffered [29] introvert [30] ancestors

DAY 38

DAY 38

1481 ☐☐☐
rack ★☆☆
[ræk]

명 선반, (물건을 거는) ~걸이　동 괴롭게 하다

He picked a red wine bottle from his wine **rack**.
그는 와인 선반에서 적포도주 한 병을 집었다.
· be **racked** by guilt 죄책감에 시달리다

1482 ☐☐☐
obsess ★★★
[əbsés]

동 (생각·걱정 등이 마음을) 사로잡다, ~에 집착하게 하다

Throughout the day I was **obsessed** with how I could save money. 학평응용
하루 종일 나는 돈을 어떻게 모을지에 대한 생각으로 사로잡혔다.

1483 ☐☐☐
reap ★☆☆
[ri:p]

동 거두다, 수확하다

The company **reaped** huge profits from their investments.
그 회사는 투자로부터 큰 이익을 거두었다.

1484 ☐☐☐
dormitory ★★☆
[dɔ́:rmitɔ̀:ri]

명 기숙사

The **dormitories** are located on the south end of campus. 학평응용
기숙사는 캠퍼스의 남쪽 끝에 있다.

1485 ☐☐☐
facilitate ★★★
[fəsílitèit]

동 촉진하다, 용이하게[가능하게] 하다

The pictures **facilitated** our understanding of the lecture. 수능응용
그 사진들은 우리가 강의를 이해하는 것을 용이하게 했다.
· methods to **facilitate** innovation 혁신을 촉진하는 방법들
✚facilitator 명 1. 조력자　2. 촉진제　✚facilitation 명 용이하게 함

1486 ☐☐☐
reflex ★☆☆
[rí:fleks]

명 반사 운동, 반사 작용

The **reflexes** of newborn babies help them survive.
갓 태어난 아기의 반사 운동은 그들이 생존하도록 돕는다.

1487 □□□
drastic ★★☆
[drǽstik]

형 1. 과감한, 극단적인 2. 급격한

They took **drastic** measures to avoid a disaster.
그들은 재난을 피하기 위해 과감한 조치를 취했다.
· **drastic** change 급격한 변화

⊕ drastically 뭐 과감하게

1488 □□□
prompt ★★★
[prɑmpt]

동 촉발[촉구]하다, 부추기다 형 1. 즉각적인 2. 시간을 엄수하는

The event **prompted** him to found the Make-A-Wish
Foundation. 모평응용
그 사건은 그가 Make-A-Wish 재단을 설립하도록 촉발했다.
· take **prompt** action 즉각적인 조치를 취하다

⊕ promptly 뭐 1. 지체 없이, 즉각 2. 정확히 제시간에

1489 □□□
compassion ★★☆
[kəmpǽʃən]

명 연민, 동정심

Her heart was filled with **compassion** for her distressed
mother. 수능응용
그녀의 마음은 괴로워하는 어머니에 대한 연민으로 가득 찼다.
· to feel **compassion** 연민을 느끼다

⊕ compassionate 형 연민 어린, 동정하는

1490 □□□
rehabilitate ★☆☆
[rì:həbílitèit]

동 1. 재활 치료를 하다 2. 명예를 회복시키다 3. 복원시키다

You can begin therapy to **rehabilitate** your knee after six weeks.
6주 후 당신은 무릎 재활 치료를 시작할 수 있습니다.
· **rehabilitate** one's reputation ~의 명성을 회복시키다

⊕ rehabilitation 명 1. 사회 복귀 2. 명예 회복 3. 복원

1491 □□□
deteriorate ★★☆
[dití:əriərèit]

동 악화되다, 더 나빠지다

Our relationship **deteriorated** after the big argument.
큰 다툼 이후로 우리 관계는 더 나빠졌다.

⊕ deterioration 명 악화, 저하

1492 □□□
expense ★★★
[ikspéns]

명 1. 돈, 비용 2. ((~s)) 소요 경비

The admission fee will be used to cover the **expenses** of the book
fair. 학평응용
입장료는 책 박람회 비용을 충당하는 데 쓰일 것입니다.
· at the **expense** of ~의 비용으로, ~을 희생하여

1493 ☐☐☐
decode ★★☆
[diːkóud]

통 1. (암호 등을) 해독하다 (반 encode) 2. (외국어를) 이해하다

No one could **decode** the spy's secret message. 수능응용
아무도 그 스파이의 암호문을 해독할 수 없었다.

1494 ☐☐☐
shipment ★☆☆
[ʃípmənt]

명 1. 수송 2. 수송물

You can track a **shipment** online.
온라인으로 배송을 추적할 수 있다.
· a **shipment** of coal 석탄 수송물

✚ ship 명 (큰) 배 통 수송하다

1495 ☐☐☐
endorse ★★☆
[indɔ́ːrs]

통 1. (공개적으로) 지지하다 2. (상품 등을) 보증하다, 홍보하다

After the actor **endorsed** the candidate, the candidate became more popular.
그 배우가 그 후보자를 지지한 후 그 후보자는 인기가 더 많아졌다.

✚ endorsement 명 1. (공개적인) 지지 2. 홍보, 선전

1496 ☐☐☐
abound ★★☆
[əbáund]

통 풍부하다, 많이 있다

The island **abounds** greatly in a species of birds called fragatas. 모평응용
그 섬은 fragatas라고 불리는 종의 새가 아주 많이 있다.

✚ abundant 형 풍부한

1497 ☐☐☐
reservoir ★☆☆
[rézərvwàːr]

명 1. 저수지, 급수장 2. 축적, 비축, 저장

The **reservoir** supplies an entire region with drinking water.
그 저수지는 전 지역에 식수를 공급한다.
· a **reservoir** of knowledge 지식의 축적

1498 ☐☐☐
beneficiary ★★☆
[bènəfíʃièri]

명 1. 수혜자 2. (유산) 수령인

In reality the **beneficiaries** are most likely to be the small businesses. 수능응용
현실적으로 수혜자는 소기업이 될 가능성이 가장 크다.
· the **beneficiary** of her will 그녀의 유언에 따른 상속인

1499 □□□

resolve ★★★
[rizálv]

통 1. 결심하다, 결정하다 2. 해결하다 (㈜ solve) 명 결심, 결의

We must work to **resolve** conflicts in a spirit of reconciliation. 수능응용

우리는 화해의 정신으로 분쟁을 해결하기 위해 노력해야 한다.

· **resolve** a conflict 분쟁을 해결하다

⊕ resolution 명 1. 결심 2. 해결

1500 □□□

multitude ★★☆
[máltitjù:d]

명 1. 아주 많은 수, 다수 2. (수많은) 군중

That site attracts a **multitude** of tourists.

그곳은 많은 관광객을 끌어들인다.

· a **multitude** of ~ 아주 많은

1501 □□□

punctual ★☆☆
[páŋktʃuəl]

형 시간을 엄수하는, ~에 늦지 않는 (㈜ on time)

He is extremely **punctual** and comes home at exactly six o'clock every day. 학평응용

그는 몹시 시간에 정확해서 매일 정확히 6시에 귀가한다.

⊕ punctually 부 시간에 맞추어, 정시에 ⊕ punctuality 명 시간 엄수

1502 □□□

baseline ★★☆
[béislàin]

명 1. 기준치 2. (야구·테니스의) 베이스 라인

This sets a **baseline** of at least not causing harm. 모평응용

이것은 최소한 해를 끼치지 않는 것에 대한 기준치를 설정한다.

1503 □□□

phrase ★★★
[freiz]

명 구(句), 구절, 어구 통 표현하다

We've all heard the **phrase** "the family that plays together, stays together." 모평응용

우리는 모두 '함께 노는 가족은 함께 있게 된다'라는 구절을 들어본 적 있다.

⊕ phrasal 형 구의, 구로 된

1504 □□□

purify ★☆☆
[pjúrifài]

통 1. 정화하다 2. 정제하다

This machine **purifies** the air in the office.

이 기계는 사무실 공기를 정화해 준다.

· **purify** water through a filter 여과기로 물을 정화하다

⊕ purification 명 1. 정화 2. 정제 ⊕ purifier 명 정화 장치

1505 ☐☐☐
brag **★★☆
[bræg]

동 (심하게) 자랑하다, 뽐내다 (㊌ boast)

Steven had **bragged** to her that he would win the contest. 모평응용
Steven은 그녀에게 자기가 그 대회에서 우승할 것이라고 허풍을 떨었었다.

· **brag** about ~에 대해 자랑하다

1506 ☐☐☐
elaborate **★★★
[ilǽbərət]

형 1. 정교한, 복잡한 2. 정성을 들인 동 [ilǽbərèit] 자세히 설명하다

Elaborate scoring rules help make evaluation more objective. 모평응용
정교한 채점 규정은 평가를 더 객관적으로 만드는 데 도움을 준다.

⊕ **elaborately** 부 1. 정교하게 2. 공들여 ⊕ **elaboration** 명 부연 설명

1507 ☐☐☐
eclipse **★★☆
[iklíps]

명 (일식·월식의) 식 2. 빛을 잃음, 퇴색 동 빛을 잃게 만들다

The stones may even have been used to predict **eclipses**. 모평응용
그 돌들은 심지어 일식 예측용으로 쓰였을 수도 있다.

· in **eclipse** 쇠퇴기에 있는

1508 ☐☐☐
scrutiny **★☆☆
[skrúːtəni]

명 정밀한 조사, 자세한 검토

My boss didn't trust me, so he placed my work under close
scrutiny. 수능응용
내 상사는 나를 신뢰하지 않아서 내 업무를 면밀하게 살폈다.

1509 ☐☐☐
digest **★★☆
[daidʒést]

동 1. 소화하다, 소화되다 2. 이해하다

Some people have problems with **digesting** milk.
어떤 사람들은 우유를 소화하는 데 문제가 있다.

⊕ **digestion** 명 소화 ⊕ **digestive** 형 소화의

1510 ☐☐☐
famine **★★☆
[fǽmin]

명 1. 기근 2. (물자의) 대부족

Two million Irish died of hunger during the severe **famine**.
극심한 기근 동안 2백만 명의 아일랜드인들이 굶어 죽었다.

1511 □□□
recur ★☆☆
[rikə́ːr]

통 재발하다, 되풀이되다, 반복되다

His doctor was worried that his illness might **recur**.
의사는 그의 병이 재발할 수 있다고 우려했다.

⊕ recurrent 형 되풀이되는, 반복되는   ⊕ recurrence 명 재발

1512 □□□
ambivalent ★★☆
[æmbívələnt]

형 상반된 감정이 병존하는, 애증이 엇갈리는

The report concluded that Americans are deeply **ambivalent** about wealth and material gain. [모평응용]
그 보고서는 미국인에게는 부와 물질적 이득에 대해 매우 상반된 감정이 병존한다고 결론지었다.

⊕ ambivalently 부 상반된 감정으로, 혼란스러워하며

1513 □□□
grasp ★★★
[græsp]

통 1. 꽉 쥐다   2. 완전히 이해하다   3. (기회를) 잡다   명 1. 꽉 쥐기   2. 이해

He **grasped** the fishing rod tightly with both hands.
그는 두 손으로 낚싯대를 꽉 쥐었다.
· **grasp** a chance[an opportunity] 기회를 잡다
· have a good **grasp** of ~을 잘 이해하다

1514 □□□
niche ★★☆
[nitʃ]

명 1. 꼭 맞는 자리   2. (시장의) 틈새   3. 적합한 환경

More diverse communities use a broader range of **niches** than species-poor ones. [수능응용]
더 다양한 군집은 종이 빈약한 군집보다 더 광범위하게 적합한 환경을 이용한다.
· spot a **niche** in the market 시장의 틈새를 찾아내다

1515 □□□
sheer ★☆☆
[ʃiər]

형 1. 순전한   2. 가파른   3. 얇은

Expertise is difficult to acquire by **sheer** experience. [학평응용]
전문 지식은 순전히 경험만으로 습득하기 힘들다.
· a **sheer** cliff 가파른 절벽

1516 □□□
deploy ★★☆
[diplɔ́i]

통 1. 배치하다   2. 효율적으로 사용하다

Two scientists were **deployed** to study the problem.
두 명의 과학자가 그 문제를 연구하기 위해 배치되었다.
· **deploy** resources 자원을 효율적으로 사용하다

⊕ deployment 명 배치, 전개

meditation vs. medication

1517 ☐☐☐
meditation *☆☆
[mèditéiʃən]

명 명상, 묵상

The beach at dawn provides the perfect place for **meditation**. 학평응용
새벽의 바다는 명상하기에 완벽한 장소를 제공한다.

⊕meditate 동 명상하다, 숙고하다

1518 ☐☐☐
medication **☆
[mèdikéiʃən]

명 약, 약물

He needs to take **medication** for his high blood pressure.
그는 고혈압으로 약을 먹어야 한다.

emerge vs. merge

1519 ☐☐☐
emerge ***
[imɔ́ːrdʒ]

동 1. 나오다, 출현하다   2. 드러나다, 알려지다

The seeds we have sowed will **emerge** as new plants in the spring. 학평응용
우리가 뿌린 씨앗들은 봄에 새로운 식물로 나타날 것이다.

⊕emergence 명 출현

1520 ☐☐☐
merge **☆
[məːrdʒ]

동 1. 합병하다, 통합하다   2. 융합되다, 섞이다

The two companies **merged** and formed a brand new business.
그 두 회사는 합병하여 새로운 사업체를 만들었다.

⊕merger 명 합병

DAY 38

DAILY TEST

[1-24] 다음 단어의 뜻을 우리말로 쓰시오.

1	brag	13	decode
2	phrase	14	famine
3	ambivalent	15	drastic
4	punctual	16	endorse
5	grasp	17	compassion
6	reap	18	expense
7	sheer	19	digest
8	recur	20	abound
9	obsess	21	prompt
10	multitude	22	rehabilitate
11	purify	23	scrutiny
12	reflex	24	resolve

[25-28] 다음 문장의 빈칸에 알맞은 단어를 쓰시오.

25 The pictures f_____ our understanding of the lecture.
그 사진들은 우리가 강의를 이해하는 것을 용이하게 했다.

26 E_____ scoring rules help make evaluation more objective.
정교한 채점 규정은 평가를 더 객관적으로 만드는 데 도움을 준다.

27 Two scientists were d_____ to study the problem.
두 명의 과학자가 그 문제를 연구하기 위해 배치되었다.

28 Our relationship d_____ after the big argument.
큰 다툼 이후로 우리 관계는 더 나빠졌다.

[29-30] 괄호 안에서 알맞은 말을 고르시오.

29 The beach at dawn provides the perfect place for (meditation / medication).

30 The two companies (emerged / merged) and formed a brand new business.

Answers

1 (심하게) 자랑하다 2 구(句), 어절; 표현하다 3 상반된 감정이 병존하는 4 시간을 엄수하는 5 꽉 쥐다; 완전히 이해하다; (기회를) 잡다; 꽉 쥐기; 이해 6 거두다, 수확하다 7 순전한; 가파른; 얇은 8 재발하다, 되풀이되다 9 (생각·감정 등이 마음을) 사로잡다 10 다수; (수많은) 군중 11 정화하다 12 반사 운동, 반사 작용 13 (암호 등을) 해독하다 14 기근 15 과감한, 극단적인; 급격한 16 (공개적으로) 지지하다; (상품 등을) 보증하다 17 연민 18 돈, 비용; 소요 경비 19 소화하다, 소화되다; 이해하다 20 풍부하다, 많이 있다 21 촉발하다, 부추기다; 즉각적인 22 재활 치료를 하다; 명예를 회복시키다 23 정밀한 조사 24 결심하다; 해결하다; 결심, 결의 25 facilitated 26 Elaborate 27 deployed 28 deteriorated 29 meditation 30 merged

318

DAY 39

클래스카드

DAY 39

1521 ☐☐☐

intermittent ★★☆
[intərmítnt]

형 간헐적인, 간간이 일어나는 (윤 sporadic)

A leader should create conditions that are good for the whole by enforcing **intermittent** interaction. 모평응용
지도자는 간간이 상호작용을 실행하여 전체에 이로운 여건을 조성해야 한다.

· **intermittent** showers 간간이 내리는 소나기

⊕ intermittently 분 간간이, 간헐적으로

1522 ☐☐☐

swap ★☆☆
[swap]

동 1. 교환하다, 맞바꾸다 2. 교대로 하다 명 1. 교환 2. 교대

He **swapped** seats with me so that he could see the stage better.
그는 무대를 더 잘 볼 수 있도록 나와 자리를 바꿔 앉았다.

1523 ☐☐☐

hardship ★★☆
[háːrdʃip]

명 어려움, 곤란

For Ricky, playing baseball with his brother was a way to forget his **hardship**. 모평응용
Ricky에게 그의 형과 함께 야구를 하는 것은 괴로움을 잊는 방법이었다.

1524 ☐☐☐

clue ★★★
[kluː]

명 단서, 실마리

The **clues** that would help identify the kidnapper are well preserved.
납치범을 밝혀내는 것을 도와줄 단서들은 잘 보존되어 있다.

· not have a **clue** 전혀 모르다

1525 ☐☐☐

pirate ★★☆
[páiərət]

명 1. 해적 2. 저작권 침해자 동 저작권을 침해하다

While he was en route to Spain, **pirates** robbed him of all his goods. 수능응용
그가 스페인으로 가는 도중에 해적들이 그의 모든 물건을 약탈했다.

· **pirate** films 불법 복제 영화

1526 ☐☐☐

stumble ★☆☆
[stʌ́mbl]

동 1. 발이 걸리다, 발을 헛디디다 2. 비틀거리다 3. 말을 더듬다

Someone will **stumble** and fall if you leave the toys here.
장난감을 여기에 두면 누군가 발이 걸려 넘어질 것이다.

· a **stumbling** block 장애물, 걸림돌

DAY **39** 319

1527 □□□

showcase ★★☆
[ʃóukèis]

명 1. 첫 공개 행사 2. 진열장

Competitive activities are not just performance **showcases** in which only the best is recognized. [모평응용]
경쟁을 벌이는 활동은 그저 최고만 인정받는 수행 기량을 보여주는 공개 행사는 아니다.
· a **showcase** for young musicians 젊은 음악인들을 위한 공개 행사

1528 □□□

recession ★★☆
[riséʃən]

명 1. 불경기, 경기 불황, 침체 2. 후퇴, 물러남

The budget deficit has soared during the recent **recession**. [모평응용]
최근의 경기 불황 동안 재정 적자가 급증했다.

1529 □□□

superstition ★☆☆
[sù:pərstíʃən]

명 미신

According to **superstition**, Friday the 13th is unlucky.
미신에 따르면 13일의 금요일은 불길하다.

❂ superstitious 형 미신을 믿는, 미신적인

1530 □□□

scribble ★★☆
[skríbl]

동 갈겨쓰다, 낙서하다 명 휘갈겨 쓴 글씨, 낙서 (㊤scrawl)

What she found in her book was **scribbled** words. [모평응용]
그녀가 자신의 책에서 발견한 것은 휘갈겨 쓴 말들이었다.
· **scribble** a few lines 몇 줄 갈겨쓰다

1531 □□□

shelter ★★★
[ʃéltər]

명 1. 주거지 2. 피신(처), 대피(소) 3. 보호 시설
동 1. 피난처를 제공하다, 보호하다 2. 피신하다

Humans depend on many other species for food, clothing, and **shelter**. [모평응용]
인간은 의식주를 다른 많은 종에 의존한다.
· seek **shelter** from the rain 비를 피할 곳을 찾다

1532 □□□

insofar ★★☆
[ìnsəfáːr]

부 ((as)) ~하는 한에 있어서는, ~의 범위에서

They are impartial in their approach **insofar** as we know.
우리가 아는 한 그들은 접근 방식에 있어서 공평하다.

1533 ☐☐☐
socialize *☆☆
[sóuʃəlàiz]

동 1. (사람들과) 어울리다, 사귀다 2. 사회화시키다

She easily picked up information from women with whom she **socialized** often. 모평응용

그녀는 자주 어울리던 여자들로부터 정보를 쉽게 얻었다.

⊕ socialization 명 사회화

1534 ☐☐☐
contract ***
[kántrækt]

명 계약, 계약서
동 [kəntrǽkt] 1. 계약하다 2. 수축하다 (반 expand) 3. 병에 걸리다

He signed a **contract** to work for the company for a year.

그는 1년간 그 회사에서 일한다는 계약을 맺었다.

· **contract** a disease 병에 걸리다

⊕ contraction 명 수축, 축소

1535 ☐☐☐
playback **☆
[pléibæk]

명 (녹음·녹화의) 재생, 재생된 내용

When the birds heard a tape recording, they began to sing and overlapped their songs with the **playback**. 모평응용

테이프 녹음 소리를 들었을 때, 그 새들은 노래를 부르기 시작했고 자기 노래를 재생된 노래와 겹치게 불렀다.

· **playback** button 녹음 재생 버튼

1536 ☐☐☐
skim *☆☆
[skim]

동 1. (액체 위에 뜬 것을) 걷어내다 2. 훑어보다 (유 scan)

Skim the foam from the surface of the soup.

수프 표면에서 거품을 걷어내라.

· **skim** through a book 책을 대충 훑어보다 학평응용

1537 ☐☐☐
merchandise **☆
[mə́ːrtʃəndàiz]

명 물품, 상품 동 판매하다

He was a successful merchant, who mainly dealt in cheap **merchandise**. 수능응용

그는 성공한 상인이었는데, 주로 값싼 상품을 취급했다.

⊕ merchant 명 상인, 무역상

1538 ☐☐☐
conduct ***
[kəndʌ́kt]

동 1. 수행하다, 실시하다 2. 지휘하다 3. (전기·소리·열을) 전하다
명 [kándʌkt] 1. 수행, 실시 2. 행동 (유 behavior)

The graph shows the result of a survey **conducted** in 2012. 수능응용

이 그래프는 2012년에 시행된 조사의 결과를 보여 준다.

· criminal **conduct** 범죄 행위

⊕ conductor 명 (악단) 지휘자 ⊕ conduction 명 (전기·열 등의) 전도

1539 ☐☐☐

hoof ★★☆

[huf]

똉 (소·말 등의) 발굽

The evolution of a horse's **hoof** from a five-toed foot has enabled the horse to gallop rapidly. 모평응용
다섯 개의 발가락에서 하나의 말발굽으로의 진화는 말이 빠르게 전속력으로 질주할 수 있게 했다.

1540 ☐☐☐

subtract ★☆☆

[səbtrǽkt]

동 ((from)) 빼다 (윤 deduct 빤 add)

If you **subtract** four from five, you get one.
5에서 4를 빼면 1이 된다.

⊕ subtraction 뎽 뺄셈, 빼기

1541 ☐☐☐

parental ★★☆

[pəréntəl]

혱 부모(로서)의

He frequently finds himself in disagreement with **parental** policies. 학평응용
그는 자주 부모님의 방침과 의견이 맞지 않는다.
· **parental** authority 친권(親權)

1542 ☐☐☐

segregation ★★☆

[sègrəgéiʃən]

뎽 분리, 차별 (빤 integration)

Due to **segregation**, women were unable to get a good education.
차별 때문에 여성들은 좋은 교육을 받을 수 없었다.

⊕ segregate 동 분리하다, 차별하다

1543 ☐☐☐

tedious ★☆☆

[tíːdiəs]

혱 지루한, 지겨운 (윤 boring)

This documentary is extremely **tedious**.
이 다큐멘터리는 매우 지루하다.

⊕ tediously 뿌 지루하게, 장황하게

1544 ☐☐☐

plunge ★★☆

[plʌndʒ]

동 1. (앞·아래로) 거꾸러지다 2. 급락하다 뎽 1. 떨어져 내림 2. 급락

The otter **plunged** into the water to catch the fish.
그 수달은 물고기를 잡으려고 물속으로 뛰어들었다.
· a drastic **plunge** in price 가격의 급격한 하락

1545 ☐☐☐
territory ***
[téritɔ̀:ri]

명 1. 영토 2. 땅 3. 영역

They lost much of their **territory** in the war.
그들은 전쟁에서 영토의 많은 부분을 잃었다.

· explore new **territory** 새로운 영역을 탐색하다

⊕ territorial 형 영토의

1546 ☐☐☐
Protestant **☆
[prátəstənt]

명 신교도, 프로테스탄트

Whether such women are Catholic or **Protestant** matters less than the fact that they are women. 모평응용
그런 여성들이 구교도인지 신교도인지는 그들이 여성이라는 사실보다는 덜 중요하다.

⊕ Protestantism 명 개신교 (교리)

1547 ☐☐☐
submerge *☆☆
[səbmə́:rdʒ]

동 1. 물속에 넣다, 물에 잠기게 하다
2. (생각 등을) 깊이 감추다 (㊨ suppress)

The entire region was **submerged** beneath the lake. 수능응용
그 지역 전체는 호수 밑으로 잠겼다.

⊕ submerged 형 1. 물속의 2. 숨겨진, 미지의

1548 ☐☐☐
mound **☆
[maund]

명 흙더미, 무더기(㊨ heap)

Ants are able to maintain a nearly constant body temperature in their **mounds**. 모평응용
개미들은 흙더미(개미탑)에서 체온을 거의 일정하게 유지할 수 있다.

· a **mound** of paperwork 산더미 같은 서류 작업

1549 ☐☐☐
venture ***
[véntʃər]

명 벤처 사업, (사업상의) 모험 동 위험을 무릅쓰고 가다

If the company can produce it on a large scale, the **venture** will be profitable. 모평응용
그 회사가 대량으로 그것을 생산할 수 있다면, 그 모험은 이익을 낼 것이다.

· **venture** out (위험을 무릅쓰고) 굳이 나가다

1550 ☐☐☐
renowned **☆
[rináund]

형 유명한, 명성 있는 (㊨ famous)

This conference includes lectures by **renowned** industry figures. 수능응용
이 학회는 업계에서 유명한 인물들의 강연들을 포함하고 있다.

· be **renowned** for ~으로 유명하다

1551 ☐☐☐

sturdy ★☆☆

[stə́ːrdi]

형 1. (물건이) 견고한 2. (사람이) 튼튼한, 건장한 3. 확고한, 완강한

Though the chair looked **sturdy**, it broke when he sat in it. 수능응용

그 의자는 튼튼해 보였지만 그가 앉자 부서졌다.

⊕ sturdily 부 억세게, 기운차게

1552 ☐☐☐

transmit ★★★

[trænsmít]

동 1. 전송[방송]하다 2. (정보 등을) 전하다 3. 전염시키다
　　4. (소리·빛 등을) 전도하다

The old telephone only **transmitted** speech and sounds. 수능응용

예전 전화기는 오직 말과 소리만을 전송했다.

· **transmit** signals 신호를 보내다

⊕ transmission 명 1. 방송 2. 전달, 전파 3. 전염 4. 전도

1553 ☐☐☐

recite ★★☆

[risáit]

동 1. (시·산문 등을) 낭송하다, 낭독하다 2. 나열하다

I **recited** a farewell address on behalf of the students.

나는 학생들을 대표하여 고별사를 낭독했다.

⊕ recital 명 독주회, 발표회

1554 ☐☐☐

stride ★☆☆

[straid]

(strode – stridden)

동 성큼성큼 걷다 명 1. 큰 걸음, 활보 2. 진보, 발전

The prize winner **strode** out onto the stage.

그 수상자는 무대 쪽으로 성큼성큼 걸어 나왔다.

· make great **strides** 큰 발전을 보이다

1555 ☐☐☐

routine ★★★

[ruːtíːn]

명 일과, 일상적인 일, (판에 박힌) 일상

Riding a bike every morning is part of my **routine**.

매일 아침 자전거 타는 것은 내 평소 일과 중 하나이다.

· (a) daily **routine** 일상 (업무)

1556 ☐☐☐

stereotype ★☆☆

[stériətàip]

명 고정관념, 정형화된 생각[이미지]

The movie helped people break gender-role **stereotypes**.

그 영화는 사람들이 성 역할 고정관념을 허물도록 도왔다.

324

aptitude vs. altitude

1557 □□□
aptitude **☆

[ǽptitjùːd]

명 소질, 적성

Some children have a natural **aptitude** for mathematics.
어떤 아이들은 수학에 타고난 소질을 갖고 있다.

· an **aptitude** test 적성 검사

1558 □□□
altitude **☆

[ǽltitjùːd]

명 높이, (해발) 고도

She had difficulty breathing at high **altitudes**. 수능응용
그녀는 높은 고도에서 호흡곤란을 겪었다.

eliminate vs. illuminate

1559 □□□
eliminate ***

[ilímənèit]

동 1. 없애다, 제거하다   2. 탈락시키다

He worked hard to **eliminate** the errors from the software.
그는 소프트웨어의 오류를 없애기 위해 열심히 일했다.

⊕ elimination 명 1. 제거   2. 탈락

1560 □□□
illuminate *☆☆

[ilúːmənèit]

동 1. 밝게 비추다   2. (문제·주제 등을) 명백히 밝히다, 분명하게 하다

A single candle **illuminated** each table in the restaurant.
식당에 양초 하나씩이 각 테이블을 밝게 비췄다.

· **illuminate** differences 차이점을 분명하게 보여주다

[1-24] 다음 단어의 뜻을 우리말로 쓰시오.

1	renowned	_____	13 transmit	_____
2	recession	_____	14 superstition	_____
3	socialize	_____	15 stereotype	_____
4	stumble	_____	16 stride	_____
5	sturdy	_____	17 clue	_____
6	swap	_____	18 shelter	_____
7	merchandise	_____	19 territory	_____
8	segregation	_____	20 routine	_____
9	contract	_____	21 subtract	_____
10	scribble	_____	22 tedious	_____
11	hardship	_____	23 plunge	_____
12	submerge	_____	24 pirate	_____

[25-28] 다음 문장의 빈칸에 알맞은 단어를 쓰시오.

25 The graph shows the result of a survey c_____ in 2012.
이 그래프는 2012년에 시행된 조사의 결과를 보여 준다.

26 If the company can produce it on a large scale, the v_____ will be profitable.
그 회사가 대량으로 그것을 생산할 수 있다면, 그 모험은 이익을 낼 것이다.

27 I r_____ a farewell address on behalf of the students.
나는 학생들을 대표하여 고별사를 낭독했다.

28 A leader should create conditions that are good for the whole by enforcing
i_____ interactions.
지도자는 간간이 상호작용을 실행하여 전체에 이로운 조건을 창출해야 한다.

[29-30] 괄호 안에서 알맞은 말을 고르시오.

29 Some children have a natural (altitude / aptitude) for mathematics.

30 He worked hard to (eliminate / illuminate) the errors from the software.

Answers

[1] 유명한, 명성 있는 [2] 불경기; 후퇴, 물러남 [3] (사람들과) 어울리다, 사귀다 [4] 발을 헛디디다; 비틀거리다; 말을 더듬다 [5] (물건이) 견고한; (사람이) 튼튼한 [6] 맞바꾸다; 교환 [7] 물品, 상품; 판매하다 [8] 분리, 차별 [9] 계약, 계약서; 계약하다; 수축하다; 병에 걸리다 [10] 갈겨쓰다, 낙서하다; 낙서 [11] 어려움 [12] 물에 잠기게 하다 [13] 전송[방송]하다; (정보 등을) 전하다; (소리·빛 등을) 전도하다 [14] 미신 [15] 고정관념, 정형화된 생각[이미지] [16] 성큼성큼 걷다; 큰 걸음; 진보 [17] 단서, 실마리 [18] 주거지; 피신(처); 보호시설; 피신하다 [19] 영토; 영역 [20] 일과, 일상적인 일, 일상 [21] 빼다 [22] 지루한 [23] (앞·아래로) 거꾸러지다; 급락하다; 급락 [24] 해적; 저작권 침해자; 저작권을 침해하다 [25] conducted [26] venture [27] recited [28] intermittent [29] aptitude [30] eliminate

326

1561 □□□
verdict ★☆☆
[vɔ́ːrdikt]

명 1. (배심원의) 평결   2. 판정, 판단

The jury reached a **verdict**, proclaiming the man guilty.
배심원들은 판결을 내렸고, 그 남자에게 유죄를 선고했다.

1562 □□□
designate ★★★
[dézignèit]

동 1. 지명하다, 지정하다   2. (기호로) 표시하다
형 [dézignət] 임명된, 지명된

The mountain was **designated** as a conservation area last year.
그 산은 작년에 보호 구역으로 지정되었다.

1563 □□□
warfare ★☆☆
[wɔ́ːrfɛ̀ər]

명 1. 전쟁, 전투, 교전   2. 무력 충돌, 싸움

Horses became important for transportation and came to play a major part in **warfare**. 모평응용
말들은 운송을 위해 중요해졌고 전쟁에서 중요한 역할을 하게 되었다.
· nuclear/psychological **warfare** 핵전쟁/심리전

1564 □□□
furnish ★★☆
[fɔ́ːrniʃ]

동 1. (가구를) 비치하다   2. 공급하다, 제공하다

While awaiting the birth, we **furnished** a room for the baby. 수능응용
출산을 기다리며, 우리는 아기를 위한 방에 가구를 비치했다.
· **furnish** information 정보를 제공하다
⊕ furnished 형 가구가 비치된

1565 □□□
classify ★★★
[klǽsifài]

동 1. 분류하다, 구분하다   2. 등급으로 나누다

Musical instruments have traditionally been **classified** by materials. 모평응용
악기는 전통적으로 재료에 의해 분류되었다.
⊕ classification 명 분류

1566 □□□
adrift ★☆☆
[ədríft]

형 1. 표류하는   2. 방황하는

Its engine broken, the boat was **adrift** in the ocean for days.
그 배는 엔진이 고장 나서 바다에서 며칠간 표류했다.

1567 ☐☐☐

grip ★★☆
[grip]

통 1. 꽉 잡다 2. (마음·주위를) 끌다, 사로잡다
명 1. 꽉 붙잡음 2. 이해, 파악

As the waves rose high and strong, he **gripped** the surfboard tighter.
파도가 높고 거세게 치솟자, 그는 서핑보드를 더 꽉 잡았다.

1568 ☐☐☐

fund ★★★
[fʌnd]

명 기금, 자금 통 자금을 대다

The project stopped because of lack of **funds**. 모평응용
그 프로젝트는 자금의 부족으로 중단되었다.
· **fund** research 연구에 자금을 대다

1569 ☐☐☐

youngster ★★☆
[jʌ́ŋstər]

명 젊은이, 어린이

This one is really popular among **youngsters**. 모평응용
이것은 청소년들 사이에 대단히 인기가 있다.

1570 ☐☐☐

amend ★☆☆
[əménd]

통 (법 등을) 개정하다, 수정하다

Congress decided to **amend** the labor law.
국회는 노동법을 개정하기로 결정했다.
· **amend** a bill 법안을 수정하다

1571 ☐☐☐

estate ★★☆
[istéit]

명 1. 재산, 자산 2. 사유지

The millionaire left his entire **estate** to his daughter.
그 백만장자는 자신의 전 재산을 딸에게 남겼다.
· real **estate** 부동산

1572 ☐☐☐

broadcast ★★★
[brɔ́ːdkæst]
(broadcast/broadcasted –
broadcast/broadcasted)

통 1. 방송[방영]하다 2. 널리 알리다 명 1. 방송 2. 방송 프로그램

Baseball is one of the most popular sports frequently **broadcast** on TV. 모평응용
야구는 TV에서 자주 방영되는 가장 인기 있는 스포츠 중 하나이다.
· a live **broadcast** 생방송

1573 ☐☐☐
currency ★★☆
[kə́:rənsi]

평 1. 통화, 화폐 2. 통용, 보급

They used carved stone as **currency**.
그들은 조각된 돌을 화폐로 사용했다. 학평응용
· (a) foreign **currency** 외화

1574 ☐☐☐
detract ★☆☆
[ditrǽkt]

동 (가치·중요성 등이) 떨어지다, 떨어뜨리다 (⊕enhance)

The colorful frame **detracts** from the message of the picture. 수능응용
화려한 액자가 그림의 메시지를 격하시킨다.

1575 ☐☐☐
imperial ★★☆
[impíːəriəl]

형 황실의, 제국의, 황제의

They were members of the **imperial** family.
그들은 황실 가족의 구성원이었다.

⊕imperium 명 절대권, 주권

1576 ☐☐☐
bankruptcy ★★☆
[bǽŋkrəptsi]

명 파산, 파탄

Many farmers are facing **bankruptcy**.
많은 농부들이 파산에 직면해 있다.
· moral **bankruptcy** 도덕적 파탄

⊕bankrupt 형 파산한

1577 ☐☐☐
barbarous ★☆☆
[bάːrbərəs]

형 1. 미개한, 야만스러운 2. 잔혹한, 악랄한 (⊕barbaric)

Her novel is about the lives of **barbarous** people in primitive society.
그녀의 소설은 원시 사회 미개인들의 삶에 대한 것이다.
· a **barbarous** tribe 야만족

1578 ☐☐☐
thrifty ★★☆
[θrífti]

형 절약하는, 검약하는 (⊕frugal)

He accumulated a fortune by living a **thrifty** life. 수능응용
그는 절약하는 생활을 하여 많은 재산을 모았다.

⊕thrift 명 절약, 검약

furthermore ***

[fə́:rðərmɔ̀:r]

부 뿐만 아니라, 더욱이

Recycling helps conserve natural resources. **Furthermore**, it reduces environmental pollution.

재활용은 천연자원을 보존하는 데 도움이 된다. 뿐만 아니라 환경오염을 줄인다.

---

vibrate ★★☆

[váibreit]

동 떨다, 진동하다, 흔들리다

When she started the engine, the car began to **vibrate**.

그녀가 엔진에 시동을 걸자 차가 떨리기 시작했다.

⊕ vibration 명 떨림, 진동

---

torment ★☆☆

[tɔːrmént]

동 괴롭히다   명 [tɔ́ːrment] 고통, 고뇌

She was **tormented** by the death of her dear grandfather.

그녀는 사랑하는 할아버지의 죽음으로 괴로워했다.

---

crawl ★★☆

[krɔːl]

동 1. 기다, 기어가다   2. 몹시 느리게 가다   명 1. 기어가기   2. 서행

The baby is **crawling** around the room.

아기가 방을 여기저기 기어 다니고 있다.

---

enterprise ***

[éntərpràiz]

명 1. 기업(체), 회사   2. 사업

His new **enterprise** focuses on buying and selling used cars.

그의 새 회사는 중고차 거래에 주력한다.

· state **enterprise** 국영사업

---

trim ★☆☆

[trim]

동 1. 다듬다, 정돈하다   2. 삭감하다   명 다듬기
형 1. 날씬한   2. 잘 손질된

She just wants to get her hair **trimmed**.

그녀는 머리를 조금 다듬고 싶어 한다.

⊕ trimly 부 깔끔하게

1585 ☐☐☐
tolerate ★★☆
[tálərèit]

图 용인하다, 참다, 견디다 (㊠ stand)

Some crops can **tolerate** extremely dry and harsh conditions.
일부 작물은 극도로 건조하고 거친 환경을 견딜 수 있다.

⊕ tolerant 톙 1. 관대한 2. 잘 견디는, 내성이 있는
⊕ tolerance 톙 1. 용인, 아량 2. 내성

1586 ☐☐☐
accelerate ★★★
[əksélərèit]

图 1. 가속하다, 가속화되다 2. (자동차 등이) 속도를 높이다 (㉰ decelerate)

Exposure to the sun **accelerates** the skin's aging process. 수능응용
햇빛에의 노출은 피부의 노화 과정을 가속한다.

⊕ acceleration 톙 1. 가속(화) 2. 가속도

1587 ☐☐☐
immigrate ★★☆
[íməgrèit]

图 (타국에서) 이민을 오다

He **immigrated** to Korea with his parents when he was ten.
그는 10살에 부모님과 한국으로 이민을 왔다.

⊕ immigration 톙 (타국으로부터의) 이민, 이주 ⊕ immigrant 톙 이민자

1588 ☐☐☐
besiege ★☆☆
[bisí:dʒ]

图 1. 둘러싸다, 몰려들다 2. 포위하다 3. (질문 등을) 퍼붓다

When you walk into a store, you are **besieged** by information. 수능응용
상점에 들어가면, 당신은 정보들에 둘러싸인다.

1589 ☐☐☐
funeral ★★☆
[fjú:nərəl]

톙 장례식

A number of people attended my grandfather's **funeral**.
많은 사람들이 우리 할아버지의 장례식에 참석했다.
· hold a **funeral** 장례식을 거행하다

1590 ☐☐☐
intrigue ★★☆
[intrí:g]

图 1. 흥미를 끌다, 호기심을 돋우다 2. 음모를 꾸미다
톙 [íntri:g] 1. 호기심, 흥미로움 2. 음모

The video I watched during science class **intrigued** me.
과학 수업 시간에 봤던 영상은 나의 호기심을 자아냈다.
· cognitive **intrigue** 인지적 호기심 수능응용

⊕ intrigued 톙 아주 흥미로워하는 ⊕ intriguing 톙 흥미를 자아내는

withstand ★☆☆

[wiðstǽnd]

(withstood – withstood)

통 견뎌내다, 이겨내다, 버티다 (유 resist)

This board can **withstand** fire and resist bending.

이 판자는 불을 견디고 휘어짐도 견딜 수 있다.

· **withstand** an attack 공격에 버티다

---

corrupt ★★☆

[kərʌ́pt]

형 부패한, 타락한 통 부패시키다, 타락시키다

The **corrupt** police officer took thousands of dollars in bribes.

그 부패한 경찰은 뇌물로 수천 달러를 받았다.

❂ corruption 명 부패, 타락

---

constitute ★★★

[kánstitjùːt]

통 1. ~으로 간주하다 2. 구성하다, 형성하다 3. 설립하다, 설치하다

Signing a contract **constitutes** a legal agreement. 수능응용

계약에 사인하는 것은 법적 동의로 간주한다.

· **constitute** a committee 위원회를 설립하다

❂ constitution 명 1. 헌법 2. 구조 3. 설립, 설치

---

terminology ★★☆

[tə̀ːrmənálədʒi]

명 전문 용어

Difficult **terminology** and content will require supplementary explanation.

어려운 용어나 내용은 보충 설명을 필요로 할 것이다.

· medical **terminology** 의학 용어

❂ terminological 형 (전문) 용어상의

---

burrow ★☆☆

[bə́ːrou]

통 1. 굴을 파다 2. (~ 속으로) 파고들다 명 (토끼 등의) 굴

Many small mammals living in cold climates sleep a lot, often in insulating **burrows**. 학평응용

추운 기후에 사는 많은 작은 포유동물들은 흔히 단열이 되는 굴 속에서 수면을 많이 취한다.

· dig a **burrow** 굴을 파다

---

twilight ★★☆

[twáilàit]

명 1. 황혼, 땅거미, 해질녘 2. 황혼기, 쇠퇴기

She was happy that she could view the bridge in the **twilight**. 모평응용

그녀는 황혼 속에서 그 다리를 볼 수 있어서 기뻤다.

hesitancy vs. consistency

1597 □□□
hesitancy ★★☆
[hézitənsi]

명 주저, 망설임

She agreed to take part in the performance with great **hesitancy**.
그녀는 굉장히 주저하며 그 공연에 참여하는 것에 동의했다.

⊕ hesitate 동 주저하다, 망설이다   ⊕ hesitant 형 주저하는, 머뭇거리는

1598 □□□
consistency ★☆☆
[kənsístənsi]

명 1. 일관성, 한결같음 (반 inconsistency)   2. (액체의) 농도

Consistency is important when we provide services to our customers.
우리가 고객에게 서비스를 제공할 때는 일관성이 중요하다.

⊕ consistent 형 일관된, 변함없는

inherent vs. inheritance

1599 □□□
inherent ★★★
[inhí:ərənt]

형 내재하는, 고유의

The dictionary defines nature as the **inherent** character of a person. 학평응용
사전은 본성을 사람의 내재된 특성으로 정의하고 있다.

⊕ inherently 부 선천적[본질적]으로

1600 □□□
inheritance ★☆☆
[inhéritəns]

명 1. 상속 재산, 유산   2. 유전적 성질

I received a small **inheritance** from my mother after she passed away.
나는 어머니께서 돌아가신 뒤 약간의 유산을 받았다.

⊕ inherit 동 상속받다, 물려받다

DAY 40

[1-24] 다음 단어의 뜻을 우리말로 쓰시오.

1 twilight _____

2 grip _____

3 detract _____

4 constitute _____

5 crawl _____

6 withstand _____

7 adrift _____

8 fund _____

9 trim _____

10 thrifty _____

11 beseige _____

12 tolerate _____

13 furnish _____

14 amend _____

15 currency _____

16 barbarous _____

17 furthermore _____

18 broadcast _____

19 torment _____

20 immigrate _____

21 verdict _____

22 vibrate _____

23 warfare _____

24 corrupt _____

[25-28] 다음 문장의 빈칸에 알맞은 단어를 쓰시오.

25 Musical instruments have traditionally been c_____ by materials.
악기는 전통적으로 재료에 의해 분류되었다.

26 The mountain was d_____ as a conservation area last year.
그 산은 작년에 보호 구역으로 지정되었다.

27 Exposure to the sun a_____ the skin's aging process.
햇빛에의 노출은 피부의 노화 과정을 가속한다.

28 The video I watched during science class i_____ me.
과학 수업 시간에 봤던 영상은 나의 호기심을 자아냈다.

[29-30] 괄호 안에서 알맞은 말을 고르시오.

29 (Consistency / Hesitancy) is important when we provide services to our customers.

30 The dictionary defines nature as the (inherent / inheritance) character of a person.

Answers

¹ 황혼, 땅거미; 쇠퇴기 ² 꽉 잡다; (마음·주위를) 끌다; 이해, 파악 ³ (가치·중요성 등이) 떨어지다, 떨어뜨리다 ⁴ ~으로 간주하다; 구성하다; 설립하다 ⁵ 기다; 몹시 느리게 가다; 기어가기 ⁶ 견뎌내다, 이겨내다, 버티다 ⁷ 표류하는, 방황하는 ⁸ 기금, 자금; 자금을 대다 ⁹ 다듬다; 삭감하다; 다듬기; 잘 손질된 ¹⁰ 절약하는 ¹¹ 둘러싸다; 포위하다 ¹² 용인하다, 참다, 견디다 ¹³ (가구를) 비치하다; 공급하다 ¹⁴ (법 등을) 개정하다, 수정하다 ¹⁵ 통화, 통용, 보급 ¹⁶ 미개한, 야만스러운; 잔혹한 ¹⁷ 더욱이 ¹⁸ 방송하다; 널리 알리다; 방송 ¹⁹ 괴롭히다; 고통, 고뇌 ²⁰ (타국에서) 이민을 오다 ²¹ (배심원의) 평결; 판정 ²² 떨다, 진동하다 ²³ 전쟁, 전투; 무력 충돌 ²⁴ 부패한, 타락한; 부패시키다, 타락시키다 ²⁵ classified ²⁶ designated ²⁷ accelerates ²⁸ intrigued ²⁹ Consistency ³⁰ inherent

□□□
trial
[tráiəl]

명 1. 재판   2. (품질 등의) 시험, 실험   3. 시련, 골칫거리

1 She was on **trial** for assault charges.
그녀는 폭행 혐의로 재판을 받았다.

2 The new drug is undergoing **trials**.
그 신약은 실험 중에 있다.

3 His illness was a **trial** for his family.
그의 병은 가족에게 시련이었다.

□□□
spare
[spɛər]

형 1. 여분의, 예비의   2. 여가의
동 3. (시간 등을) 내다   4. (불쾌한 일을) 모면하게 하다

1 Bring some **spare** clothes in case you get dirty.
더러워질 것을 대비해 여분의 옷을 좀 가져와라.

2 I paint with watercolors in my **spare** time.
난 여가 시간에 수채화를 그린다.

3 Could you **spare** me five minutes of your time?
저에게 5분만 시간 좀 내주실 수 있나요?

4 He **spared** me the trouble of firing them in person.
그는 내가 그들을 직접 해고하는 곤란함을 모면하게 해주었다.

□□□
bar
[bɑːr]

동 1. 막다, 차단하다   2. 잠그다, 빗장을 지르다
명 3. 막대 (모양의 것)   4. 술집

1 They **barred** the murderer from leaving the country.
그들은 그 살인자가 출국하는 것을 막았다.

2 We **barred** all doors, so no one could get in.
우리는 모든 문을 잠가 아무도 들어오지 못하게 했다.

3 She gave me a **bar** of chocolate on Valentine's Day.
밸런타인데이에 그녀는 나에게 초콜릿 바를 주었다.

4 He opened a new **bar** around the corner.
그는 모퉁이에 새로운 술집을 열었다.

클래스카드

1601 ☐☐☐
patent ★★☆
[pǽtənt]

명 특허(권) **형** 특허의, 특허를 얻은 **동** 특허를 받다

Between 1930 and 1933, he filed five **patents** on FM radio. 모평응용
1930년과 1933년 사이에 그는 FM 라디오에 관한 다섯 개의 특허를 출원했다.
· take out a **patent** 특허를 얻다

1602 ☐☐☐
magnify ★☆☆
[mǽgnəfài]

동 1. 확대하다 2. 과장하다 (⊕ exaggerate)

This microscope **magnifies** objects a hundred times.
이 현미경은 물체를 백 배로 확대한다.
· **magnifying** glass 확대경, 돋보기

⊕ magnification **명** 1. 확대 2. 확대도

1603 ☐☐☐
nasty ★★☆
[nǽsti]

형 1. (행동이) 못된, 고약한 2. 불쾌한, 형편없는 3. (상황이) 끔찍한, 심각한

He has a **nasty** habit of driving through yellow traffic lights.
그는 노란불에 운전해서 지나가는 못된 버릇이 있다.
· a **nasty** cold 지독한 감기

1604 ☐☐☐
insert ★★★
[insə́ːrt]

동 1. 삽입하다, 넣다 2. (문서 등에) 끼워 넣다 **명** [ínsəːrt] 삽입 광고

Insert a chip in the slot and pictures will appear on the screen. 모평응용
슬롯에 칩을 넣어라, 그러면 화면에 그림이 나타날 것이다.

1605 ☐☐☐
stir ★★☆
[stəːr]

동 1. 젓다, 섞다 2. (약간) 움직이다 3. (감정을) 불러일으키다
명 1. 동요, 흥분 2. (휘)젓기

Just mix together the lemon juice and sugar in a jar, and
stir. 모평응용
그냥 레몬즙과 설탕을 병 안에 함께 넣어 섞고 저어라.
· **stir** up anger 화나게 하다, 화를 부추기다

1606 ☐☐☐
fixation ★☆☆
[fikséiʃən]

명 (~에 대한) 집착

He has a **fixation** with food.
그는 음식에 집착한다.
· a mother **fixation** 어머니에 대한 집착

1607 ☐☐☐
troop ★★☆
[tru:p]

명 1. ((~s)) 군대, 병력 2. 무리, 떼 동 무리를 지어 걸어가다

France decided to withdraw its **troops** from the battle.
프랑스는 그 전쟁에서 병력을 철수하기로 결정했다.

1608 ☐☐☐
province ★★☆
[právins]

명 1. 주(州), 도(道) 2. 지방

Alberta is a **province** in Canada.
앨버타는 캐나다에 있는 주이다.

⊕provincial 형 1. 주[도]의 2. 지방의

1609 ☐☐☐
inexcusable ★☆☆
[ìnikskjú:zəbl]

형 변명의 여지가 없는, 용납할 수 없는 (반 excusable)

His mistake was rude and **inexcusable**.
그의 실수는 무례했고 변명의 여지가 없었다.

1610 ☐☐☐
gaze ★★☆
[geiz]

동 응시하다, 바라보다 (유 stare) 명 응시 (유 stare)

Everyone **gazed** in wonder as the train slowly backed up. 학평응용
기차가 천천히 후진했을 때 모든 사람들은 의아해하며 쳐다보았다.

1611 ☐☐☐
harsh ★★★
[hɑ:rʃ]

형 가혹한, 혹독한

To be the very best, you need to be your **harshest** critic. 학평응용
최고가 되기 위해 너는 네 자신에게 가장 가혹한 비평가가 되어야 한다.
· **harsh** weather 혹독한 날씨

⊕harshly 부 엄격히, 엄하게

1612 ☐☐☐
orbit ★★☆
[ɔ́:rbit]

동 궤도를 돌다 명 1. 궤도 2. 영향권, 세력권

The earth **orbits** the sun once a year.
지구는 태양의 궤도를 일 년에 한 번 돈다.
· within the **orbit** of ~의 영향권에 있는

⊕orbital 형 궤도의

1613 □□□
dispel ★☆☆

[dispél]

图 (생각·소문 등을) 떨쳐버리다, 없애다

The interview **dispelled** all of the rumors about the movie star.
그 인터뷰는 그 영화배우에 관한 모든 소문들을 없애버렸다.
· **dispel** myths 미신을 떨쳐버리다

1614 □□□
reform ★★★

[rifɔ́ːrm]

图 1. 개혁하다, 개선하다   2. 교화시키다, 교화되다   몡 개혁, 개선

The government has a plan to **reform** the tax system.
정부는 조세제도를 개혁할 계획이 있다.
· social and economic **reforms** 사회적, 경제적 개혁

⊕reformation 몡개혁, 개선

1615 □□□
warrior ★★☆

[wɔ́ːriər]

몡 (특히 과거의) 전사(戰士), 병사

The king personally thanked the brave **warriors**.
왕은 용맹한 전사들에게 개인적으로 감사를 표했다.

1616 □□□
disobedient ★☆☆

[dìsəbíːdiənt]

혱 반항하는, 거역하는 (앤obedient)

The teacher punished **disobedient** students for not following his rules.
그 선생님은 자신의 규칙을 따르지 않는 반항적인 학생들을 벌주었다.

⊕disobey 图반항하다, 거역하다, 불복종하다

1617 □□□
resign ★★☆

[rizáin]

图 사임하다, 사퇴하다, 그만두다 (윤quit)

He had to **resign** his job before going on the tour.
그는 여행을 가기 전에 직장을 그만두어야만 했다.
· **resign** one's position ~의 직위를 사임하다

⊕resignation 몡1. 사직, 사임 2. 사직서 3. 체념

1618 □□□
urge ★★★

[əːrdʒ]

图 1. (강력히) 권고하다, 촉구하다   2. 재촉하다   몡 (강한) 욕구, 충동

She **urged** me to reconsider my decision by tomorrow.
그녀는 나에게 내일까지 나의 결정을 다시 생각해보라고 권고했다.
· the **urge** to survive 살아남으려는 강한 욕구

⊕urgent 혱긴급한, 긴박한 ⊕urgency 몡긴급, 긴박

1619 □□□
noble ★★☆
[nóubl]

형 1. 고결한, 고상한 2. 귀족의, 신분이 높은 명 귀족 출신의 사람

His **noble** spirit will be remembered forever.
그의 고결한 정신은 영원히 기억될 것이다.
· be of **noble** birth 귀족으로 태어나다

⊕nobility 명 1. 고귀함 2. 귀족 ⊕nobly 부 1. 고귀하게 2. 고귀한 신분으로

1620 □□□
indubitable ★☆☆
[indjú:bitəbl]

형 의심할 여지 없는, 명백한

Her excellence in the field is **indubitable**.
그 분야에서 그녀의 우수함은 의심할 여지가 없다.

1621 □□□
shield ★★☆
[ʃi:ld]

동 보호하다, 가리다 명 1. 방패 2. 보호장치

They built a wall that would **shield** their garden from the cold winds. 확평응용
그들은 차가운 바람으로부터 정원을 보호해 줄 벽을 지었다.

1622 □□□
celebrity ★★☆
[səlébrəti]

명 1. 명사(名士), (유명) 연예인 (㈜ star) 2. 명성 (㈜ fame)

When the **celebrity** showed up on the stage, everyone screamed.
그 연예인이 무대에 나타나자 모든 사람들이 소리쳤다.

1623 □□□
municipal ★☆☆
[mju:nísəpəl]

형 자치 도시의, 시의

In the United States, paper products are the largest component of **municipal** waste. 모평응용
미국에서 종이 제품은 도시 쓰레기 중에서 가장 큰 부분을 차지하고 있다.
· a **municipal** hospital/council 시립 병원/시 의회

1624 □□□
delegate ★★☆
[déligət]

명 대표자 동 [déligèit] 위임하다

The conference was attended by **delegates** from 20 countries.
그 회의에는 20개국의 대표들이 참석했다.
· **delegate** authority to 권한을 ~에게 위임하다

⊕delegation 명 1. 대표단 2. 위임

1625 ☐☐☐

hence ***
[hens]

🔤 이런 이유로, 따라서

I couldn't finish my homework on time; **hence**, I asked for an extension.
나는 숙제를 제시간에 끝낼 수 없었다. 이런 이유로 기간 연장을 요청했다.

1626 ☐☐☐

await **☆
[əwéit]

🔵 1. 기다리다 2. (어떤 일이) 준비되어 있다, 기다리다

I have **awaited** her response for two days. 수능응용
나는 이틀 동안 그녀의 답변을 기다렸다.

1627 ☐☐☐

glorify *☆☆
[glɔ́:rəfài]

🔵 1. 미화하다 2. 찬미하다

An African proverb says, 'Till the lions have their historians, tales of hunting will always **glorify** the hunter.' 수능응용
"사자들이 자신들의 역사가를 갖게 될 때까지 사냥 이야기는 언제나 사냥꾼을 미화할 것이다."라는 아프리카 속담이 있다.
· **glorify** a hero 영웅을 찬미하다

⊕glorified 혱 미화시킨 ⊕glorification 몡 미화

1628 ☐☐☐

scrub **☆
[skrʌb]

🔵 1. 문질러 씻다 2. 취소하다 (㊦cancel)

He was **scrubbing** the dirt off the window.
그는 창문을 문질러 먼지를 닦고 있었다.

1629 ☐☐☐

spill ***
[spil]
(spilled/spilt – spilled/spilt)

🔵 엎지르다, 흘리다 몡 1. 유출 2. 흘린 액체

I accidentally **spilled** the entire pot of soup on my foot. 모평응용
나는 잘못하여 내 발에 수프 냄비 전체를 엎질렀다.
· an oil **spill** 기름 유출

1630 ☐☐☐

rot **☆
[rɑt]

🔵 썩다, 썩히다 몡 부식, 부패

The tree's wood is lightweight and **rot**-resistant. 모평응용
그 나무 목재는 가볍고 부식에 강하다.

⊕rotten 혱 썩은

1631 □□□
foretell ★☆☆
[fɔːrtél]
(foretold – foretold)

동 예언하다, 예지하다 (㈜ predict)

Dreams, when properly decoded, enable us to **foretell** the future. 수능응용
꿈은 제대로 해독된다면 우리가 미래를 예지할 수 있게 한다.

1632 □□□
hire ★★★
[haiər]

동 1. 고용하다, 채용하다   2. (단기간) 빌리다   명 (단기간) 빌림, 대여

The company plans to **hire** 100 new employees this year.
그 회사는 올해 100명의 신입사원을 고용할 계획이다.

1633 □□□
stain ★★☆
[stein]

명 1. 얼룩, 자국   2. 착색제   동 얼룩지게 하다, 더럽히다, 더러워지다

He had sauce **stains** on his apron. 모평응용
그의 앞치마에는 소스 얼룩들이 묻어있었다.
· **stain** one's reputation ~의 명성을 더럽히다

1634 □□□
facade ★☆☆
[fəsáːd]

명 1. 표면, 허울   2. (건물의) 정면, 앞면

I tried to maintain a **facade** of indifference. 수능응용
나는 겉으로 계속 무관심한 척하려고 노력했다.

1635 □□□
install ★★★
[instɔ́ːl]

동 1. 설치하다, 장착하다   2. 임명하다

The city should consider **installing** traffic lights as soon as possible. 모평응용
그 도시는 가능한 한 빨리 신호등을 설치하는 것을 고려해야 한다.
· **install** a chairperson 의장에 임명하다
⊕installation 명 설치, 설비, 장치

1636 □□□
dwindling ★☆☆
[dwíndliŋ]

형 (점차) 줄어드는, 작아지는

They discussed the company's expenses and **dwindling** revenue. 수능응용
그들은 회사의 경비와 줄어드는 수익에 대해 논의했다.
⊕dwindle 동 (점차) 감소하다

simultaneous vs. spontaneous

1637 ☐☐☐
simultaneous ★★☆
[sàiməltéiniəs]

형 동시의, 동시에 일어나는

They let out a **simultaneous** cheer when the test was over. 수능응용
시험이 끝났을 때 그들은 동시에 환호성을 질렀다.

❂simultaneously 부 동시에, 일제히

1638 ☐☐☐
spontaneous ★☆☆
[spɑntéiniəs]

형 1. 자발적인 2. 즉흥적인

His acceptance speech seemed **spontaneous**, but he had carefully prepared it.
그의 수상소감은 즉흥적인 듯 보였지만, 그는 그것을 주의 깊게 준비했었다.

❂spontaneously 부 자연스럽게, 자발적으로

invaluable vs. valueless

1639 ☐☐☐
invaluable ★☆☆
[invǽljuəbl]

형 매우 유용한, 매우 귀중한

This investigation will be **invaluable** as a source for our research.
이 조사는 우리의 연구 자료로 매우 유용할 것이다.

1640 ☐☐☐
valueless ★★☆
[vǽljulis]

형 무가치한, 하찮은, 시시한 (㈜ worthless ㈜ valuable)

Although they resemble diamonds, these rocks are **valueless**.
이 돌들은 다이아몬드 같이 생겼지만, 가치가 없다.

DAILY TEST

[1-24] 다음 단어의 뜻을 우리말로 쓰시오.

1 dispel _____

2 indubitable _____

3 inexcusable _____

4 nasty _____

5 celebrity _____

6 warrior _____

7 shield _____

8 noble _____

9 glorify _____

10 magnify _____

11 hire _____

12 harsh _____

13 disobedient _____

14 rot _____

15 fixation _____

16 dwindling _____

17 insert _____

18 await _____

19 resign _____

20 stir _____

21 foretell _____

22 stain _____

23 gaze _____

24 hence _____

[25-28] 다음 문장의 빈칸에 알맞은 단어를 쓰시오.

25 The government has a plan to r_____ the tax system.
정부는 조세제도를 개혁할 계획이 있다.

26 The city should consider i_____ traffic lights as soon as possible.
그 도시는 가능한 빨리 신호등을 설치하는 것을 고려해야 한다.

27 I accidently s_____ the entire pot of soup on my foot.
나는 잘못하여 내 발에 수프 냄비 전체를 엎질렀다.

28 She u_____ me to reconsider my decision by tomorrow.
그녀는 나에게 내일까지 나의 결정을 다시 생각하라고 권고했다.

[29-30] 괄호 안에서 알맞은 말을 고르시오.

29 They let out a (simultaneous / spontaneous) cheer when the test was over.

30 Although they resemble diamonds, these rocks are (invaluable / valueless).

Answers
¹ (생각·소문 등을) 떨쳐버리다, 없애다 ² 의심할 여지 없는, 명백한 ³ 변명의 여지가 없는, 용납할 수 없는 ⁴ (행동이) 못된, 고약한; 불쾌한; (상황이) 끔찍한 ⁵ 명사(名士), (유명) 연예인; 명성 ⁶ (특히 과거의) 전사(戰士) ⁷ 보호하다, 가리다; 방패; 보호 장치 ⁸ 고결한; 귀족의; 귀족 출신의 사람 ⁹ 미화하다; 찬미하다 ¹⁰ 확대하다; 과장하다 ¹¹ 고용하다; (단기간) 빌리다; (단기간의) 대여 ¹² 가혹한, 혹독한 ¹³ 반항하는, 거역하는 ¹⁴ 썩다, 썩히다; 부패 ¹⁵ (~에 대한) 집착 ¹⁶ (점차) 줄어드는 ¹⁷ 삽입하다; (문서 등에) 끼워 넣다; 삽입 광고 ¹⁸ 기다리다; (어떤 일이) 준비되어 있다 ¹⁹ 사임하다, 사퇴하다, 그만두다 ²⁰ 젓다; (약간) 움직이다; (감정을) 불러일으키다; 동요, (휘)젓기 ²¹ 예언하다 ²² 얼룩, 자국 ²³ 응시하다; 응시 ²⁴ 이런 이유로; 지금부터 ²⁵ reform ²⁶ install ²⁷ spilled[spilt] ²⁸ urged ²⁹ simultaneous ³⁰ valueless

---

1641 ☐☐☐
presumably ★☆☆
[prizú:məbli]

🔒 아마, 짐작건대

Nobody, **presumably**, is more aware of an experiment's hazards than the scientist who devised it. 수능응용
실험을 고안한 과학자보다 그것의 위험을 더 잘 알고 있는 사람은 아마 없을 것이다.

⊕ presumable 혱 있음직한, 가정할 수 있는

1642 ☐☐☐
dense ★★★
[dens]

혱 1. 빽빽한, 밀집한 2. 자욱한 3. 밀도가 높은

They had to wait till the **dense** crowd would make way. 학평응용
그들은 밀집한 군중이 길을 내어줄 때까지 기다려야 했다.
· a **dense** mountain forest 빽빽한[울창한] 산림

⊕ densely 뤼 빽빽하게 ⊕ density 몡 밀도

1643 ☐☐☐
recharge ★☆☆
[ri:tʃá:rdʒ]

통 1. 충전하다 2. (에너지를) 재충전하다

I **recharged** my phone's battery before I left home.
나는 집을 나서기 전에 내 휴대전화 배터리를 충전했다.

⊕ rechargeable 혱 재충전할 수 있는

1644 ☐☐☐
altruistic ★★☆
[æltru(:)ístik]

혱 이타적인 (반 selfish)

His **altruistic** bahavior left a strong impression on everybody.
그의 이타적 행위가 모든 이에게 강한 인상을 남겼다.

⊕ altruism 몡 이타심

1645 ☐☐☐
favor ★★★
[féivər]

몡 1. 호의, 부탁 2. 지지, 찬성 통 호의를 보이다, 찬성하다

It was embarrassing to ask her a **favor**, but she was willing to help me.
그녀에게 부탁을 하기 쑥스러웠지만, 그녀는 기꺼이 나를 도와주었다.
· in **favor** of ~에 찬성[지지]하여

⊕ favorable 혱 1. 호의적인 2. 유리한 ⊕ favored 혱 찬성하는, 호감을 사는

1646 ☐☐☐
retrospect ★☆☆
[rétrəspèkt]

몡 회상, 회고, 추억

In **retrospect**, I should have accepted her advice.
돌이켜 생각해보면, 나는 그녀의 충고를 받아들였어야 했다.

⊕ retrospective 혱 회상하는 ⊕ retrospection 몡 회상, 회고

1647 ☐☐☐
convergence ★★☆
[kənvə́:rdʒəns]

명 1. 한 점으로 합쳐짐, 집합점 2. (의견·목표 등의) 수렴

You need to find a **convergence** of your strengths and values with a career path. 모평응용
자신의 장점과 가치가 직업적 진로로 합류하는 지점을 찾을 필요가 있다.

⊕converge 통모여들다, 수렴되다

1648 ☐☐☐
colony ★★★
[kάləni]

명 1. 식민지 2. 집단, 군집

The reserachers are trying to judge the causes of bee **colony** collapse in that forest. 수능응용
연구자들은 그 숲의 꿀벌 집단이 붕괴한 원인을 판단하려 애쓰고 있다.
· former British **colonies** 과거 영국의 식민지들

⊕colonial 형식민지의 명식민지 주민

1649 ☐☐☐
arabic ★★☆
[ǽrəbik]

명 아랍어 형 아랍어의

When we learn **Arabic** numerals, we build a circuit to quickly convert those shapes into quantities. 수능응용
아라비아 숫자를 배울 때, 우리는 그 모양들을 빠르게 수량으로 변환시키는 회로를 만든다.

1650 ☐☐☐
sorrowful ★☆☆
[sάrəfəl]

형 아주 슬픈, 비탄에 잠긴

The singer's **sorrowful** fans attended his funeral.
그 가수의 슬픔에 잠긴 팬들이 그의 장례식에 참석했다.

⊕sorrow 명1. 슬픔, 슬픈 감정 2. 슬픈 일 통(대단히) 슬퍼하다

1651 ☐☐☐
aviation ★★☆
[èiviéiʃən]

명 항공

We will offer the Summer **Aviation** Flight Camp for student pilot certificates. 모평응용
우리는 학생 조종사 증명서 발급을 위한 여름항공캠프를 열 것입니다.
· civil **aviation** 민간 항공

⊕aviate 통비행하다

1652 ☐☐☐
yield ★★★
[ji:ld]

통 1. (결과 등을) 내다, 산출하다 2. 굴복하다 3. 양보하다
명 산출량, 이익

The company **yielded** high profits in a new business. 수능응용
그 회사는 신사업에서 높은 수익을 냈다.
· agricultural **yields** 농업 산출량

1653 ☐☐☐
tread ★★☆
[tred]

통 밟다, 디디다 명 1. (타이어의) 접지면 2. 걸음걸이

Be careful not to **tread** on the flowers.
꽃을 밟지 않도록 조심해라.
· **tread** mark (도로에 남은) 타이어 자국

1654 ☐☐☐
unsuited ★☆☆
[ʌnsjúːtid]

형 부적합한, 어울리지 않는 (반 suited)

We should be careful not to rely upon areas where we are
genetically, biologically **unsuited**. 수능응용
우리는 유전적으로나 생물학적으로 부적합한 영역에 의존하지 않도록 주의해야 한다.

1655 ☐☐☐
proactive ★★☆
[prouǽktiv]

형 상황을 앞서서 주도하는, 미리 대처하는 (반 reactive)

The advantages of being **proactive** is too significant to ignore. 모평응용
선제적 조치의 이점은 너무 중요해서 무시할 수 없다.

1656 ☐☐☐
frighten ★★☆
[fráitən]

동 겁먹게 하다 (유 scare)

The hound in the house on the corner often **frightens** people.
그 모퉁이에 있는 집의 사냥개는 자주 사람들을 겁먹게 한다.

⊕ frightened 형 겁먹은, 무서워하는
⊕ frightening 형 겁나게 하는, 무서운

1657 ☐☐☐
studious ★☆☆
[stjúːdiəs]

형 공부를 열심히 하는, 학구적인

She is **studious**, so she does well in class.
그녀는 열심히 공부해서 반에서 성적이 좋다.

1658 ☐☐☐
sow ★★☆
[sou]
(sowed – sown/sowed)

동 1. (씨를) 심다, 뿌리다 2. (문제의 소지 등을) 심다

Seeds with thinner coats sprout more quickly when **sown**. 수능응용
껍질이 더 얇은 씨앗들은 심어졌을 때 더 빨리 발아한다.

1659 ☐☐☐
decorate ***
[dékərèit]

동 꾸미다, 장식하다

My grandmother **decorated** a cake with "HAPPY BIRTHDAY BETTY." 수능응용
할머니는 '생일 축하한다, Betty'라는 문구로 케이크를 장식했다.

➕ decoration 명 장식품, 장식

1660 ☐☐☐
disposable **☆
[dispóuzəbəl]

형 1. 사용 후 버리게 되어 있는, 일회용의   2. 자유롭게 사용할 수 있는

Forest and wetlands are seen as **disposable** for the accelerating demands of human population. 수능응용
숲과 습지는 가속화하는 인구 수요를 위해 자유롭게 쓸 수 있는 것으로 여겨진다.
· **disposable** gloves 일회용 장갑

1661 ☐☐☐
personhood *☆☆
[pə́ːrsənhùd]

명 개성, 개인적 특질

The notions of 'the political' and 'political **personhood**' are cultural obsessions of our own. 수능응용
'정치적인 것'과 '정치적 개성'이라는 개념은 우리 자신의 문화적 강박 관념이다.

1662 ☐☐☐
extinguish **☆
[ikstíŋgwiʃ]

동 1. (불을) 끄다   2. 끝내다, 없애다

You'll learn how to use various equipment for **extinguishing** fires. 수능응용
여러분은 다양한 소화기구들의 사용법을 익힐 것입니다.
· **extinguish** all hope of peace 평화에 대한 모든 희망을 없애다

➕ extinguisher 명 소화기

1663 ☐☐☐
accommodation ***
[əkɑ̀mədéiʃən]

명 1. 숙박 시설   2. 타협, 협상, 조정

About 50 people will need **accommodations** for the wedding. 학평응용
그 결혼식을 위해 약 50명의 사람은 숙박 시설이 필요할 것입니다.

➕ accommodate 동 1. 공간을 제공하다, 수용하다   2. (요구에) 순응[협조]하다

1664 ☐☐☐
polarity *☆☆
[poulǽrəti]

명 1. 양극화   2.【물리】극성(極性)

The **polarity** between the two political groups caused many problems.
두 정치 집단 간의 양극화는 많은 문제를 일으켰다.

➕ polar 형 1. 북극[남극]의   2. (자석의) 양극의   3. 극과 극의

1665 ☐☐☐

closet ★★☆
[klάzit]

명 벽장 형 드러나지 않는

A worn-thin dress may hang in the back of a **closet**. 수능응용
닳아서 얇아진 드레스는 벽장 뒤편에 걸려 있을 수 있다.

· a **closet** alcoholic 드러나지 않은 알코올중독자

1666 ☐☐☐

whereas ★★★
[hwɛərǽz]

접 ~에 반하여, 그러나

The old machine was difficult to use, **whereas** the new one is very simple.
예전 기계는 사용하기 어려웠던 반면 새것은 매우 간단하다.

1667 ☐☐☐

pollinate ★★☆
[pάlənèit]

동 수분(受粉)하다

The plants are **pollinated** by bees.
그 식물들은 벌들에 의해 수분된다.

⊕ pollination 명 수분(受粉)

1668 ☐☐☐

tersely ★☆☆
[tə́ːrsli]

부 간결하게, 짧고 무뚝뚝하게

This book **tersely** describes the principles of democracy.
이 책은 민주주의의 원리를 간결하게 설명한다.

· reply **tersely** 간단히 답하다

1669 ☐☐☐

disprove ★★☆
[disprúːv]

명 틀렸음을 입증하다 (반 prove)

We should construct our general theories and prove or **disprove** them against the sampled data. 모평응용
우리는 일반적인 이론을 구성하고 이를 샘플값과 대조하여 맞는지 틀리는지를 입증해야 한다.

· **disprove** a theory 이론이 틀렸음을 증명하다

1670 ☐☐☐

savor ★★☆
[séivər]

동 1. 음미하다 2. 만끽하다 (유 relish) 명 풍미, 향취

My husband and I were **savoring** the unusual warmth of the early spring day. 학평응용
남편과 나는 이른 봄날의 특이한 따뜻함을 만끽하고 있었다.

⊕ savory 형 1. 풍미 있는 2. 짭짤한

1671 ☐☐☐
regularize ★☆☆
[régjuləràiz]

통 합법화하다, 규칙화하다

They rejected a bill to **regularize** the status of illegal immigrants.
그들은 불법 이민자 신분을 합법화하자는 법안을 부결시켰다.

1672 ☐☐☐
intelligible ★★☆
[intélidʒəbl]

형 이해할 수 있는 (⊛ understandable ⊕ unintelligible)

We can experience the world only through the human lenses that make it **intelligible** to us. 모평응용
우리는 세계를 이해할 수 있게 해 주는 인간적인 렌즈를 통해서만 세계를 경험할 수 있다.
· **intelligible** to ~에게 이해될 수 있는

⊕ intelligibly 형 이해하기 쉽게   ⊕ intelligibility 명 이해하기 쉬움, 명쾌함

1673 ☐☐☐
stripe ★★★
[straip]

명 줄무늬

Put my **stripe**-patterned tablecloth on the table. 수능응용
내 줄무늬 패턴의 식탁보를 테이블에 깔아라.

⊕ striped 형 줄무늬가 있는

1674 ☐☐☐
compatible ★★☆
[kəmpǽtəbl]

형 양립할 수 있는, 공존할 수 있는

Government policy is **compatible** with the needs of the company.
정부 정책은 회사의 요구와 양립할 수 있다.

1675 ☐☐☐
tranquil ★☆☆
[trǽŋkwil]

형 평온한, 고요한

Some residents are concerned about tourists disturbing the **tranquil** parks. 수능응용
몇몇 주민들은 관광객들이 평온한 공원을 방해하는 것에 대해 우려한다.

⊕ tranquility 명 평온, 고요

1676 ☐☐☐
sanction ★★☆
[sǽŋkʃən]

명 1. 제재 2. 허가, 승인 (⊛ authorization)
동 1. 승인하다 2. 처벌하다, 제재를 가하다

Disease was considered as a **sanction** against social misbehavior in primitive societies. 수능응용
원시 사회에서 질병은 사회적 부정행위에 대한 제재로 간주되었다.
· require the **sanction** of the court 법원의 허가를 필요로 하다

momentary vs. momentous

1677 ☐☐☐
momentary *☆☆
[móumuntèri]

형 순간의, 잠깐의 (⊛ brief)

After a **momentary** silence, she agreed to our proposal.
잠깐의 침묵 후에 그녀는 우리의 제안에 동의했다.

1678 ☐☐☐
momentous *☆☆
[mouméntəs]

형 중대한, 중요한

He needed to think before making such a **momentous** decision.
그는 그런 중대한 결정을 내리기에 앞서 생각을 해야 했다.

considerable vs. considerate

1679 ☐☐☐
considerable **☆
[kənsídərəbl]

형 상당한, 많은 (⊛ inconsiderable)

The flood caused **considerable** damage to the area. 수능응용
그 홍수는 그 지역에 상당한 피해를 주었다.

✪ considerably 부 상당히, 꽤

1680 ☐☐☐
considerate **☆
[kənsídərit]

형 사려 깊은, 배려하는 (⊛ inconsiderate)

To overcome the language barrier, we should be **considerate** towards one another. 학평응용
언어 장벽을 극복하기 위해, 우리는 서로 배려해야 한다.

✪ consideration 명 사려 깊음, 배려

DAILY TEST

[1-24] 다음 단어의 뜻을 우리말로 쓰시오.

1	tersely	_____	13 colony	_____
2	sow	_____	14 intelligible	_____
3	sorrowful	_____	15 polarity	_____
4	disprove	_____	16 studious	_____
5	aviation	_____	17 proactive	_____
6	recharge	_____	18 accommodation	_____
7	savor	_____	19 compatible	_____
8	tread	_____	20 presumably	_____
9	dense	_____	21 retrospect	_____
10	regularize	_____	22 extinguish	_____
11	favor	_____	23 convergence	_____
12	frighten	_____	24 sanction	_____

DAY 42

[25-28] 다음 문장의 빈칸에 알맞은 단어를 쓰시오.

25 The company y_____ high profits in a new business.
그 회사는 신사업에서 높은 수익을 냈다.

26 The old machine was difficult to use, w_____ the new one is very simple.
예전 기계는 사용하기 어려웠던 반면 새것은 매우 간단하다.

27 My grandmother d_____ a cake with "HAPPY BIRTHDAY BETTY."
할머니는 '생일 축하한다, Betty'라는 문구로 케이크를 장식했다.

28 Forest and wetlands are seen as d_____ for the accelerating demands of human population.
숲과 습지는 가속화하는 인구 수요를 위해 자유롭게 쓸 수 있는 것으로 여겨진다.

[29-30] 괄호 안에서 알맞은 말을 고르시오.

29 After a (momentous / momentary) silence, she agreed to our proposal.

30 The flood caused (considerable / considerate) damage to the area.

Answers

1 간결하게 2 (씨를) 심다, 뿌리다; (문제의 소지 등을) 심다 3 비탄에 잠긴 4 틀렸음을 입증하다 5 항공 6 충전하다 7 음미하다; 만끽하다; 풍미, 향취 8 밟다, 디디다; (타이어의) 접지면; 걸음걸이 9 빽빽한, 밀집한; 자욱한; 밀도가 높은 10 합법화하다, 규칙화하다 11 호의; 지지; 호의를 보이다, 찬성하다 12 겁먹게 하다 13 식민지; 집단, 군집 14 이해할 수 있는 15 양극화; 극성(極性) 16 공부를 열심히 하는, 학구적인 17 미리 대처하는 18 숙박 시설; 타협, 조정 19 양립할 수 있는, 공존할 수 있는 20 짐작건대 21 회상, 회고 22 (불을) 끄다; 끝내다, 없애다 23 한 점으로 합쳐짐; (의견·목표 등의) 수렴 24 제재; 허가; 승인하다; 처벌하다 25 yielded 26 whereas 27 decorated 28 disposable 29 momentary 30 considerable

DAY 42 **351**

클래스카드

1681 ☐☐☐
censorship ★★☆
[sénsərʃip]

명 검열

The artist would not accept the **censorship** imposed by those who would publish the work. 학평응용
그 예술가는 그 작품을 출판하려는 사람들에 의해 부과된 검열을 받아들이지 않을 것이다.
· press **censorship** 언론 검열

1682 ☐☐☐
frontal ★☆☆
[frʌ́ntəl]

형 1. 앞의, 정면의 2. (머리) 앞부분의

The army launched a **frontal** assault.
그 군대는 정면 공격을 개시했다.

1683 ☐☐☐
solidarity ★★☆
[sùlədǽrəti]

명 연대, 결속

As the opposite of local networks, cosmopolitan networks offer little **solidarity**. 모평응용
지역 네트워크와는 반대로, 범세계적 네트워크는 희박한 연대를 제공한다.
· community **solidarity** 공동체의 결속

1684 ☐☐☐
explicit ★★★
[iksplísit]

형 1. 분명한, 명쾌한 (반 implicit) 2. 노골적인

He gave me **explicit** instructions on how to handle the work.
그는 나에게 그 일을 처리하는 방법에 대해 명확한 지시를 해주었다.

⊕ explicitly 부 명확하게, 명쾌하게

1685 ☐☐☐
rectangular ★★☆
[rektǽŋgjulər]

형 직사각형의

We tend to perceive the door of a classroom as **rectangular** no matter from which angle it is viewed. 수능응용
우리는 교실의 문을 어떤 각도에서 보든 직사각형으로 인식하는 경향이 있다.

⊕ rectangle 명 직사각형

1686 ☐☐☐
deterrent ★☆☆
[ditə́:rənt]

명 제지하는 것, 억제책 형 제지하는

The new law will act as a **deterrent** to future criminals.
그 새 법은 미래의 범죄를 제지하는 역할을 할 것이다.

⊕ deterrence 명 제지, 억제

1687 ☐☐☐

foreseeable ★★☆
[fɔːrsíːəbl]

형 예측할 수 있는 (반 unforeseeable)

It's unlikely that the hospital will be closed in the **foreseeable** future.

그 병원이 가까운 장래에 문을 닫을 것 같지는 않다.

· **foreseeable** risks 예측 가능한 위험

1688 ☐☐☐

apt ★★☆
[æpt]

형 1. 잘 ~하는, ~하는 경향이 있는 2. 적절한, 적당한 (유 appropriate)

This machine is old and **apt** to break down.

이 기계는 오래됐고 고장이 잘 난다.

· an **apt** description 적절한 묘사

⊕ aptly 부 적절히

1689 ☐☐☐

fraught ★☆☆
[frɔːt]

형 1. (문제·위험이) 가득 찬, 내포한 2. 난처한, 걱정스러운

His road to success was **fraught** with difficulties.

성공으로 가는 그의 길은 어려움으로 가득했다.

1690 ☐☐☐

exterior ★★☆
[ikstíːəriər]

명 1. 외부, 외면 (반 interior) 2. (사람의) 겉모습 형 외부의 (반 interior)

The **exterior** of the house was covered in red bricks.

집의 외부는 빨간 벽돌로 덮여 있었다.

· a calm **exterior** 차분한 겉모습

1691 ☐☐☐

distort ★★★
[distɔ́ːrt]

동 1. 일그러지게 하다, 비틀다 2. (사실 등을) 왜곡하다

His voice was **distorted** by the low-quality sound system.

그의 목소리는 저급 음향 장비로 인해 일그러졌다.

· **distort** history 역사를 왜곡하다

⊕ distortion 명 1. 비틀림 2. 왜곡

1692 ☐☐☐

breathtaking ★★☆
[bréθtèikiŋ]

형 (너무 아름답거나 놀라워서) 숨이 막히는

The scenery around them was **breathtaking**. 모평응용

그들을 둘러싼 경치는 숨이 막힐 정도였다.

⊕ breathtakingly 부 숨이 멎을 정도로 멋지게, 기막히게

1693 □□□

bewildered ★☆☆
[biwíldərd]

형 당황한, 당혹스러운

The mail carrier was **bewildered** by the poorly written address.
그 우편 집배원은 엉망으로 적힌 주소에 당혹스러웠다.

⊕ bewilder 통 당황하게 하다   ⊕ bewildering 형 당황스럽게 하는

1694 □□□

legislate ★★★
[lédʒislèit]

통 법률을 제정하다

The government **legislated** against smoking in public places.
정부는 공공장소에서의 흡연을 금지하는 법률을 제정했다.

⊕ legislation 명 1. 법률, 법령 2. 입법 행위   ⊕ legislator 명 입법자, 국회의원

1695 □□□

transgenic ★★☆
[trænsdʒénik]

형 이식 유전자를 가진 (帠 genetically modified)

The cloning and **transgenic** alteration of domestic animals makes little difference to the overall situation. 모평응용
가축의 복제와 유전자 변형은 전반적인 상황에 거의 영향을 주지 못한다.

· **transgenic** crops 이식 유전자를 가진 농작물

1696 □□□

aggravate ★☆☆
[ǽɡrəvèit]

통 1. 악화시키다 (帠 improve) 2. 화나게 하다 (帠 irritate)

Using the wrong medicine **aggravated** the wound.
잘못된 약물을 사용한 것은 그 상처를 악화시켰다.

⊕ aggravation 명 악화(시키는 것)

1697 □□□

crispy ★★☆
[kríspi]

형 (음식이) 바삭바삭한, 아삭아삭한

Megan's Bites makes cookies which are **crispy** on the outside and soft on the inside. 모평응용
Megan's Bites는 겉은 바삭하고 속은 말랑한 쿠키를 만듭니다.

⊕ crispily 부 바삭바삭하게

1698 □□□

phase ★★★
[feiz]

명 1. 단계, 국면 (帠 stage) 2. 양상 통 단계적으로 실행하다

Each **phase** of criminal investigation requires its own procedures. 학평응용
범죄 수사의 각 단계는 그 단계만의 절차가 필요하다.

· in **phases** 단계적으로

1699 □□□
versatile ★★☆
[vɔ́:rsətl]

형 1. 다재다능한 2. 다용도의

Jeans are probably the most **versatile** pants. 확평응용
청바지는 아마도 가장 쓰임새가 많은 바지일 것이다.
· a **versatile** actor 다재다능한 배우
⊕ versatility 명 다재다능함, 다용도

1700 □□□
fortify ★☆☆
[fɔ́:rtəfài]

동 1. 요새화하다 2. 강화하다 (㈜ strengthen) 3. 기운을 돋우다

The town was **fortified** to protect it from invaders.
그 마을은 침략군으로부터 마을을 지키기 위해 요새화되었다.
⊕ fortification 명 1. 요새화 2. ((~s)) 방비 시설 ⊕ fort 명 요새, 진지

1701 □□□
irrigation ★★☆
[ìrəgéiʃən]

명 관개(灌漑), 물 대기

Many rural areas lack **irrigation** systems to keep crops alive.
많은 시골 지역에는 농작물을 살리기 위한 관개 시설이 부족하다.
· an **irrigation** canal 관개 수로
⊕ irrigate (땅에) 물을 대다, 관개하다

1702 □□□
fictive ★★☆
[fíktiv]

형 1. 상상의, 허구의 (㈜ fictional) 2. 창작상의

The real world has vanished and the **fictive** world has taken its place. 모평응용
현실 세계는 사라지고 허구의 세계가 그 자리를 차지했다.
· a **fictive** art 창작 예술

1703 □□□
futile ★☆☆
[fjú:təl]

형 쓸데없는, 헛된, 소용없는 (㈜ pointless ㈫ worthwhile)

His **futile** attempts to open the door only increased his panic. 모평응용
문을 열고자 했던 그의 헛된 노력은 그의 공포심을 증가시킬 뿐이었다.

1704 □□□
vow ★★☆
[vau]

명 맹세, 서약 동 맹세하다

They **vowed** eternal friendship.
그들은 영원한 우정을 맹세했다.
· marriage **vows** 혼인 서약

1705 ☐☐☐

domestic ***
[dəméstik]

형 1. 가정 내의 2. 국내의 (반foreign) 3. (동물이) 길든 (유tame 반wild)

Food waste accounts for 60% of **domestic** waste in the country. 모평응용
그 나라에서는 음식물 쓰레기가 가정 폐기물의 60%를 차지한다.
· **domestic** markets/flights 국내 시장/국내선

1706 ☐☐☐

agony **☆
[ǽgəni]

명 (극심한) 고통, 괴로움

She barely slept last night due to the **agony** of a toothache.
그녀는 치통 때문에 어젯밤에 거의 잠을 자지 못했다.
· in **agony** 고통스럽게

1707 ☐☐☐

fabulous *☆☆
[fǽbjələs]

형 1. 아주 멋진 (유wonderful) 2. 엄청난, 막대한

Talking and laughing over coffee, they enjoyed the **fabulous** spring day. 모평응용
커피를 마시며 대화하고 웃으면서 그들은 멋진 봄날을 즐겼다.

➊fabulously 튀엄청나게, 굉장히

1708 ☐☐☐

earthquake **☆
[ə́ːrθkwèik]

명 지진

In 1964, the largest **earthquake** ever recorded in North America rocked Alaska. 모평응용
1964년에 북아메리카 기록상 가장 큰 지진이 알래스카를 뒤흔들었다.
· **earthquake** damage 지진 피해

1709 ☐☐☐

mature ***
[mətjúər]

형 1. 성숙한 (반immature) 2. (동식물 등이) 다 자란 (반immature)
동 1. 성숙하다 2. 다 자라다

Now she is **mature** enough to make her own decision.
이제 그녀는 스스로 결정할 수 있을 만큼 성숙하다.

1710 ☐☐☐

deceive **☆
[disíːv]

동 속이다, 기만하다 (유trick)

People were completely **deceived** by the politician's lies.
사람들은 그 정치가의 거짓말에 완전히 속았다.

➊deception 명속임, 기만, 사기 ➊deceiver 명사기꾼

356

1711 □□□
eradicate *☆☆
[irǽdəkèit]

图 근절하다, 박멸하다

Doctors are trying to find ways to **eradicate** malaria from Africa.
의사들은 아프리카에서 말라리아를 근절할 방법을 찾으려 애쓰고 있다.
· **eradicate** corruption 부정부패를 근절하다

⊕eradication 囘근절, 박멸

1712 □□□
enormous ***
[inɔ́ːrməs]

혱 막대한, 거대한, 엄청난 (㈜ huge)

Fish schools vary in size from a few individuals to **enormous** populations. 모평응용
물고기 떼는 몇 마리의 개체에서부터 엄청난 개체군에 이르기까지 그 규모가 다양하다.
· an **enormous** amount of 엄청난 양의

⊕enormously 囝엄청나게, 대단히

1713 □□□
commonality **☆
[kàmənǽləti]

囘 공통점, 공유

We have several **commonalities**, including an interest in baking.
우리는 제빵에 대한 관심을 포함해 몇몇 공통점이 있다.

⊕common 혱공통된, 비슷한

1714 □□□
dangle *☆☆
[dǽŋgl]

图 매달리다, 매달다, 달랑거리다

A diamond earring was **dangling** from each of her ears. 수능응용
다이아몬드 귀걸이가 그녀의 양쪽 귀에 달랑거리고 있었다.

1715 □□□
flow ***
[flou]

囘 흐름 图 흐르다, 흘러가다, 흘러들다

When we get up, our blood pressure rises so that there is enough blood **flow** to the brain. 학평응용
우리가 일어나면, 뇌에 충분한 혈액의 흐름이 있도록 혈압이 오른다.
· let the tears **flow** 눈물이 흐르게 두다

1716 □□□
blunder *☆☆
[blʌ́ndər]

囘 (어리석은) 실수 图 1. 실수하다   2. 허둥거리다, 머뭇머뭇 걷다

They were embarrassed by the absurd **blunder** they made.
그들은 자신들이 저지른 황당한 실수에 당혹스러웠다.

⊕blundering 혱어색한, 서투른, 덜렁대는

observance vs. observation

1717 ☐☐☐
observance ★☆☆
[əbzə́ːrvəns]

명 1. (법률·규칙 등의) 준수 2. (전통·종교) 의식

Observance of the rules is required for everyone's safety.
규칙의 준수는 모든 사람의 안전을 위해 필요하다.

1718 ☐☐☐
observation ★★☆
[àbzərvéiʃən]

명 1. 관찰, 주시, 감시 2. (관찰에 따른) 논평, 견해

Scientists design experiments, make **observations**, and collect data. 학평응용
과학자들은 실험을 설계하고, 관찰을 하고, 자료를 수집한다.

comprehensive vs. comprehensible

1719 ☐☐☐
comprehensive ★★☆
[kàmprihénsiv]

형 포괄적인, 종합적인

He began writing a **comprehensive** natural history of the world. 모평응용
그는 종합적인 세계 자연사에 관해 글을 쓰기 시작했다.

1720 ☐☐☐
comprehensible ★☆☆
[kàmprihénsəbl]

형 이해할 수 있는, 알기 쉬운 (⊛understandable ⊜incomprehensible)

Her speech was so **comprehensible** that everyone could understand her.
그녀의 연설은 정말 이해하기 쉬워서 모두가 이해할 수 있었다.

⊕comprehend **동** 이해하다 ⊕comprehension **명** 이해

DAILY TEST

[1-24] 다음 단어의 뜻을 우리말로 쓰시오.

1 apt _____

2 censorship _____

3 deceive _____

4 fraught _____

5 bewildered _____

6 eradicate _____

7 legislate _____

8 solidarity _____

9 aggravate _____

10 blunder _____

11 breathtaking _____

12 phase _____

13 explicit _____

14 agony _____

15 commonality _____

16 fortify _____

17 dangle _____

18 deterrent _____

19 domestic _____

20 fictive _____

21 vow _____

22 fabulous _____

23 foreseeable _____

24 futile _____

[25-28] 다음 문장의 빈칸에 알맞은 단어를 쓰시오.

25 Jeans are probably the most v_____ pants.
청바지는 아마도 가장 쓰임새가 많은 바지일 것이다.

26 Now she is m_____ enough to make her own decision.
이제 그녀는 스스로 결정할 수 있을 만큼 성숙하다.

27 His voice was d_____ by the low-quality sound system.
그의 목소리는 저급 음향 장비로 인해 일그러졌다.

28 Fish schools vary in size from a few individuals to e_____ populations.
물고기 떼는 몇 마리의 개체에서부터 엄청난 개체군에 이르기까지 그 규모가 다양하다.

[29-30] 괄호 안에서 알맞은 말을 고르시오.

29 (Observance / Observation) of the rules is required for everyone's safety.

30 He began writing a (comprehensive / comprehensible) natural history of the world.

Answers

¹ 잘 ~하는; 적절한 ² 검열 ³ 속이다 ⁴ (문제·위험이) 가득 찬; 난처한 ⁵ 당혹스러운 ⁶ 근절하다, 박멸하다 ⁷ 법률을 제정하다 ⁸ 연대, 결속 ⁹ 악화시키다; 화나게 하다 ¹⁰ (어리석은) 실수; 실수하다 ¹¹ 허둥거리다 ¹¹ (너무 아름답거나 놀라워서) 숨이 막히는 ¹² 단계; 양상; 단계적으로 실행하다 ¹³ 분명한; 노골적인 ¹⁴ (극심한) 고통, 괴로움 ¹⁵ 공통점 ¹⁶ 요새화하다; 강화하다 ¹⁷ 매달리다, 매달다, 달랑거리다 ¹⁸ 제지하는 것, 억제책; 제지하는 ¹⁹ 가정 내의; 국내의; (동물이) 길든 ²⁰ 상상의, 허구의 ²¹ 맹세; 맹세하다 ²² 아주 멋진; 엄청난 ²³ 예측할 수 있는 ²⁴ 쓸데없는, 헛된 ²⁵ versatile ²⁶ mature ²⁷ distorted ²⁸ enormous ²⁹ Observance ³⁰ comprehensive

클래스카드

1721 ☐☐☐
preparatory ★☆☆
[pripǽrətɔ̀ːri]

형 준비의, 예비의

Complete the **preparatory** work before beginning the main task.
주 업무를 시작하기 전에 준비 작업을 끝내라.
· **preparatory** study 예비 조사

1722 ☐☐☐
terrific ★★★
[tərífik]

형 1. 아주 멋진, 훌륭한 (㉤great) 2. (양 등이) 엄청난

She gave some **terrific** advice about what helped her succeed. 수능응용
그녀는 무엇이 자신을 성공하도록 도왔는지에 대한 멋진 조언을 해 주었다.

1723 ☐☐☐
prolific ★☆☆
[prəlífik]

형 1. (화가·작가 등이) 다작하는 2. 다산하는, 열매를 많이 맺는

She was a **prolific** writer who wrote 15 books in just 10 years.
그녀는 단 10년 동안 15권의 책을 쓴 다작하는 작가였다.
· a **prolific** year 풍년

1724 ☐☐☐
propel ★★☆
[prəpél]

동 1. 나아가게 하다, 추진하다 2. (특정 방향·상황으로) 몰고 가다

A powerful engine **propelled** the rocket into outer space.
강력한 엔진이 그 로켓을 우주 공간으로 나아가게 했다.

1725 ☐☐☐
restore ★★★
[ristɔ́ːr]

동 1. 되찾다, 회복시키다 2. 복원[복구]하다 3. 반환하다

Our project focuses on **restoring** the natural environment.
우리 프로젝트는 자연환경을 회복시키는 것에 중점을 두고 있다.
· **restore** a painting 그림을 복원하다
⊕ restoration 명 1. 복원, 복구 2. 반환

1726 ☐☐☐
sensual ★☆☆
[sénʃuəl]

형 감각적인, 관능적인

Our love for fatherland is largely a matter of recollection of the keen **sensual** pleasure of our childhood. 모평응용
조국에 대한 우리의 사랑은 대개 어린시절의 강렬한 감각적 만족을 기억하는 것에 관한 문제이다.
· **sensual** pleasure 감각적인 쾌락

1727 ☐☐☐
reciprocation ★★☆
[risìprəkéiʃən]

圀 보답, 답례

Reciprocation is an important part of any relationship.
보답은 그 어떤 관계에서나 중요한 부분이다.

✚reciprocate 통 1. 보답하다 2. (상대의 감정에) 화답하다

1728 ☐☐☐
adopt ★★★
[ədápt]

통 1. 입양하다 2. 도입하다, 채택하다 3. (방식 등을) 취하다

My husband and I decided to **adopt** the baby girl.
남편과 나는 그 여자 아기를 입양하기로 결정했다.
· **adopt** a system 시스템을 도입하다

✚adoption 명 1. 입양 2. 도입, 채택

1729 ☐☐☐
mandated ★★☆
[mǽndeitid]

형 1. 위임 통치를 받는 2. 법에 규정된

Many countries were French **mandated** territories after World War I.
세계 1차 대전 이후 많은 나라들은 프랑스의 위임 통치를 받는 지역이었다.

1730 ☐☐☐
shred ★☆☆
[ʃred]

통 (갈가리) 찢다, 자르다 명 조각, 파편

Please **shred** office documents instead of throwing them away.
공문서는 버리는 대신 파쇄해 주세요.

1731 ☐☐☐
painstaking ★★☆
[péinstèikiŋ]

형 심혈을 기울인, 철두철미한 (⊕ thorough)

The process was **painstaking** and slow. 모평응용
그 과정은 심혈을 기울였고 느렸다.
· a **painstaking** research 공들인 조사

✚painstakingly 부 심혈을 기울여, 철두철미하게

1732 ☐☐☐
random ★★★
[rǽndəm]

형 무작위의, 닥치는 대로의

Students will give their presentations in **random** order.
학생들은 무작위 순서로 발표를 할 것이다.
· at **random** 무작위로, 닥치는 대로

✚randomly 부 무작위로

1733 ☐☐☐
outreach ★★☆
[áutritʃ]

명 (지역 주민에 대한) 봉사 활동, 원조 활동

She was hired to do community **outreach** for the company.
그녀는 그 회사의 지역 봉사 활동을 하기 위해 고용되었다.
· **outreach** centers 지원 센터

1734 ☐☐☐
desirous ★☆☆
[dizáiərəs]

형 바라는, 원하는, 소망하는

Both countries were **desirous** of finding a way to avoid a diplomatic dispute.
두 국가 모두 외교적 분쟁을 피할 방법을 찾길 바랐다.

1735 ☐☐☐
salient ★★☆
[séiliənt]

형 가장 중요한, 가장 두드러진, 현저한

We presented the **salient** points of the new product.
우리는 신제품의 가장 중요한 점들을 발표했다.

✪ salience 명 1. 중요점 2. 특징

1736 ☐☐☐
mistakenly ★★☆
[mistéikənli]

부 잘못하여, 틀리게

The author has **mistakenly** assumed that his picture of the world is shared by all his readers. 모평응용
그 작가는 자신의 세계상을 모든 독자들이 공유한다고 잘못 가정했다.
· believe **mistakenly** 그릇되게 믿다, 잘못 생각하다

✪ mistaken 형 잘못 알고 있는

1737 ☐☐☐
temperament ★☆☆
[témpərəmənt]

명 기질, 성품

The boy got his artistic **temperament** from his mother's side.
그 소년은 외가 쪽에서 그의 예술가적 기질을 받았다.

1738 ☐☐☐
hectic ★★☆
[héktik]

형 정신없이 바쁜, 빡빡한

Life is **hectic**. 모평응용
인생은 정신없이 바쁘다.
· a **hectic** schedule 빡빡한 일정

1739 ☐☐☐
strict ***
[strikt]

톙 1. 엄격한, 엄한 2. 엄밀한

Some **strict** regulations are in place to reduce pollution. 수능응용
오염을 줄이기 위해 몇몇 엄격한 규제들이 시행되고 있다.

⊕strictly 톈 1. 엄격하게 2. 엄밀하게, 정확히

1740 ☐☐☐
majestic ★★☆
[mədʒéstik]

톙 위엄 있는, 당당한, 장엄한

Watching the film about the Himalayas, I became attracted by the **majestic** mountain peaks. 모평응용
히말라야산맥에 대한 영화를 시청하면서, 나는 장엄한 산봉우리에 끌리게 되었다.

· **majestic** scenery 장엄한 풍경

⊕majestically 톈 당당하게, 장대하게 ⊕majesty 톙 장엄함, 웅장함

1741 ☐☐☐
impart ★☆☆
[impάːrt]

톰 1. (정보·지식 등을) 전하다 2. (특성을) 주다, 더해주다

Children use size in drawings to **impart** emphasis on important objects. 학평응용
아이들은 그림에서 중요한 사물에 중점을 부여하기 위해 크기를 사용한다.

1742 ☐☐☐
outburst ★★☆
[άutbərst]

톙 1. (감정의) 폭발, 분출 2. (활동의) 급격한 증가

His speech prompted an angry **outburst** from a man in the crowd.
그의 연설이 군중 속에 있던 한 남자의 분노를 촉발시켰다.

· an **outburst** of racism 급격히 늘어난 인종 차별주의

1743 ☐☐☐
virtual ***
[vɜ́ːrtʃuəl]

톙 1. 사실상의, 실제의 2. (컴퓨터를 이용한) 가상의

Finding her missing ring was a **virtual** impossibility.
그녀의 잃어버린 반지를 찾는 것은 사실상 불가능한 일이었다.

· **virtual** reality 가상 현실

⊕virtually 톈 1. 거의, 사실상 2. 가상으로

1744 ☐☐☐
mighty ★☆☆
[máiti]

톙 강력한, 힘센 톈 대단히, 굉장히

The **mighty** armies were marching down the street.
강력한 군대가 거리를 따라 행진하고 있었다.

1745 ☐☐☐
idealize ★★☆
[aidíːəlàiz]

동 이상화하다

It is tempting to **idealize** the past.
과거를 이상화하는 것은 솔깃한 일이다.

⊕ ideal 형 이상적인 명 이상, 이상형

1746 ☐☐☐
prominent ★★★
[prάminənt]

형 1. 유명한, 저명한 2. 두드러진, 눈에 잘 띄는

Mittag-Leffler was the most **prominent** and celebrated scientist in all of Sweden. 학평응용
Mittag-Leffler는 스웨덴 전역에서 가장 저명하고 유명한 과학자였다.

· a **prominent** feature 두드러진 특징

1747 ☐☐☐
resentment ★★☆
[rizéntmənt]

명 분함, 분노

People feel **resentment** toward political corruption.
사람들은 정치적 부패에 대해 분함을 느낀다.

· arouse deep **resentment** 깊은 분노를 불러일으키다

⊕ resent 동 분개하다, 노하다 ⊕ resentful 형 분한, 분개하는

1748 ☐☐☐
titanic ★☆☆
[taitǽnik]

형 거대한, 강력한, 엄청난

The **titanic** blast destroyed dozens of homes.
강력한 폭발이 수십 채의 집을 파괴했다.

1749 ☐☐☐
pouch ★★☆
[pautʃ]

명 1. (가죽으로 만든) 주머니 2. 우편 행낭 3. (캥거루 등의) 새끼주머니

He was holding a travel **pouch**. 학평응용
그는 여행용 주머니를 들고 있었다.

· a kangaroo's **pouch** 캥거루 새끼주머니

1750 ☐☐☐
strikingly ★★☆
[stráikiŋli]

부 눈에 띄게, 두드러지게

Their coverage on some major issues looks **strikingly** one-sided at times. 수능응용
몇몇 주요 이슈에 대한 그들의 보도는 때때로 눈에 띄게 일방적인 것처럼 보인다.

⊕ striking 눈에 띄는, 굉장히 매력적인

1751 □□□
prudent ★☆☆
[prúːdənt]

형 신중한 (반 imprudent)

It might be more **prudent** to reexamine that business before we invest in it.
우리가 그 사업에 투자하기 전에 재검토하는 것이 더 신중할 수도 있다.

✛prudently 부 신중하게

1752 □□□
ornament ★★☆
[ɔ́ːrnəmənt]

명 장식(품)　동 [ɔ́ːrnəmènt] 장식하다 (유 decorate)

It is fun to decorate the Christmas tree with **ornaments**.
장식물로 크리스마스트리를 꾸미는 것은 재미있다.
· handmade **ornaments** 수제 장식품

✛ornamental 형 장식용의

1753 □□□
reverse ★★★
[rivə́ːrs]

동 1. (거꾸로) 뒤집다　2. 후진하다
명 1. (정)반대　2. 뒤(쪽)　형 반대의, 거꾸로의

The higher court **reversed** the decision made by a lower court.
상급 법원은 하급 법원이 내린 결정을 뒤집었다.
· in **reverse** 반대로, 거꾸로

✛reversal 명 반전, 역전, 전환　✛reversible 형 되돌릴 수 있는

1754 □□□
hasten ★★☆
[héisən]

동 1. 재촉하다, 앞당기다　2. 서두르다, 서둘러 하다 (유 hurry)

Severe injuries **hastened** the retirement of the player.
심각한 부상이 그 선수의 은퇴를 앞당겼다.
· **hasten** to-v 서둘러 ~하다

✛haste 명 서두름, 급함　✛hasty 형 서두르는, 급한

1755 □□□
yearn ★☆☆
[jəːrn]

동 갈망하다, 동경하다 (유 long)

I **yearn** for the day when he'll come to see me again.
나는 그가 나를 다시 만나러 올 날을 갈망한다.

✛yearning 명 갈망, 동경

1756 □□□
incubation ★★☆
[ìŋkjubéiʃən]

명 1. (질병의) 잠복기　2. (조류의) 알 품기　3. (세균 등의) 배양

The disease has a long **incubation** period.
그 병은 잠복기가 길다.
· **incubation** experiment 배양 실험

✛incubate 1. (알을) 품다　2. (세균 등을) 배양하다

abundant vs. scarce

1757 ☐☐☐
abundant ★★☆
[əbʌ́ndənt]

형 풍부한

Abundant timber in the country would do away with the need to import wood from abroad. 모평응용
그 국가의 풍부한 목재는 해외에서 목재를 수입할 필요를 없애줄 것이다.

✚abundance 명 풍부함 ✚abundantly 부 풍부하게

1758 ☐☐☐
scarce ★★☆
[skɛərs]

형 부족한, 드문

Land is always a **scarce** resource in urban development. 학평응용
도시 개발에 있어 토지는 항상 희소한 자원이다.

✚scarcely 부 거의 ~하지 않는

destructive vs. instructive

1759 ☐☐☐
destructive ★☆☆
[distrʌ́ktiv]

형 해로운, 파괴적인

A sleeping pill sometimes has **destructive** effects on our health.
수면제는 때때로 우리의 건강에 해로운 영향을 준다.

✚destroy 동 파괴하다, 파멸시키다 ✚destruction 명 파괴, 파멸

1760 ☐☐☐
instructive ★★☆
[instrʌ́ktiv]

형 교육적인, 유익한 (유 informative)

Her lecture was interesting and **instructive**.
그녀의 강의는 흥미로웠고 유익했다.

✚instruction 명 1. 설명 2. 지시 3. 가르침 ✚instruct 동 가르치다

DAILY TEST

[1-24] 다음 단어의 뜻을 우리말로 쓰시오.

1	outburst		13	incubation
2	outreach		14	painstaking
3	adopt		15	resentment
4	salient		16	hasten
5	idealize		17	propel
6	reciprocation		18	mighty
7	preparatory		19	yearn
8	ornament		20	hectic
9	virtual		21	terrific
10	temperament		22	majestic
11	restore		23	mistakenly
12	prominent		24	strikingly

[25-28] 다음 문장의 빈칸에 알맞은 단어를 쓰시오.

25 Students will give their presentation in r_____ order.
학생들은 무작위 순서로 발표를 할 것이다.

26 Some s_____ regulations are in place to reduce pollution.
오염을 줄이기 위해 몇몇 엄격한 규제들이 시행되고 있다.

27 The higher court r_____ the decision made by a lower court.
상급 법원은 하급 법원이 내린 결정을 뒤집었다.

28 It might be more p_____ to examine that business before we invest in it.
우리가 그 사업에 투자하기 전에 재검토하는 것이 더 신중할 수도 있다.

[29-30] 괄호 안에서 알맞은 말을 고르시오.

29 (Abundant / Scarce) timber in the country would do away with the need to import wood from abroad.

30 A sleeping pill sometimes has (destructive / instructive) effects on our health.

Answers
1 (감정의) 폭발, 분출; (활동의) 급격한 증가 2 봉사 활동, 원조 활동 3 입양하다; 도입하다; (방식 등을) 취하다 4 가장 중요한, 현저한 5 이상화하다 6 보답, 답례 7 준비의, 예비의 8 장식(품); 장식하다 9 사실상의; (컴퓨터를 이용한) 가상의 10 기질, 성품 11 되찾다; 복원하다; 반환하다 12 저명한; 두드러진 13 (질병의) 잠복기; (조류의) 알 품기; (세균 등의) 배양 14 심혈을 기울인, 철두철미한 15 분함, 분노 16 재촉하다; 서두르다 17 나아가게 하다, 추진하다; 몰고 가다 18 강력한; 대단히 19 갈망하다 20 정신없이 바쁜 21 아주 멋진, 훌륭한; (양 등이) 엄청난 22 위엄 있는, 장엄한 23 틀리게 24 눈에 띄게, 두드러지게 25 random 26 strict 27 reversed 28 prudent 29 Abundant 30 destructive

---

1761 ☐☐☐
underneath ★★☆
[ʌ̀ndərníːθ]

전 (~의 바로) 밑에, 아래에 부 아래에 명 ((the)) 밑면

Your life jackets are located **underneath** your seats.
구명조끼는 좌석 바로 밑에 있습니다.

1762 ☐☐☐
beware ★☆☆
[biwɛ́ər]

동 조심하다, 주의하다, 경계하다

If you travel into the jungle, you should **beware** of wild animals.
정글로 여행을 가면 야생 동물을 조심해야 한다.

1763 ☐☐☐
surveillance ★★☆
[sərvéiləns]

명 감시 (유 observation)

These robots can be used as **surveillance** devices. 모평응용
이 로봇들은 감시 장치로 사용될 수 있다.
· under **surveillance** 감시를 받는

1764 ☐☐☐
harmonious ★★★
[haːrmóuniəs]

형 조화로운, 사이가 좋은

Ballet gives the impression of **harmonious** movement. 수능응용
발레는 조화로운 움직임이라는 인상을 준다.

⊕harmony 명 조화, 화합 ⊕harmonic 형 화음의

1765 ☐☐☐
gross ★★☆
[grous]

형 총계의, 모두 합친 부 모두 (합해서)

Investments showed a **gross** profit of 30%.
투자는 30%의 총수익을 보였다.
· **gross** income 총소득

1766 ☐☐☐
admonition ★☆☆
[æ̀dməníʃən]

명 경고, 책망

He did not listen to my **admonition** to wear safety gear.
그는 안전 장비를 착용하라는 내 경고를 듣지 않았다.

⊕admonish 동 꾸짖다, 책망하다

1767 ☐☐☐

tease ★★☆

[tiːz]

동 1. 놀리다 2. 괴롭히다 명 1. 놀리기 좋아하는 사람 2. 장난

My brother **teased** me by imitating my voice.
우리 형은 내 목소리를 흉내 내며 나를 놀렸다.

1768 ☐☐☐

congress ★★☆

[káŋɡrəs]

명 1. 국회, 의회 2. (공식적인) 회의

The **congress** met to discuss the new laws.
국회는 새로운 법률에 대해 논의하기 위해 모였다.
· a member of **congress** 국회의원

1769 ☐☐☐

ballot ★☆☆

[bǽlət]

명 1. 비밀 투표 2. 투표용지 3. ((the)) 총투표수 동 투표하다[하게 하다]

They held a **ballot** to decide who would undertake the project.
그들은 누가 그 프로젝트를 맡을지 정하려고 투표를 했다.
· the final **ballot** 결선 투표

1770 ☐☐☐

supervise ★★☆

[súːpərvàiz]

동 감독하다, 관리하다, 지휘하다

As a manager, she **supervises** the workers in her department.
매니저로서 그녀는 자기 부서의 직원들을 관리한다.

⊕ supervision 명 감독, 관리 ⊕ supervisor 명 감독관, 관리자

1771 ☐☐☐

collaborate ★★★

[kəlǽbərèit]

동 공동으로 일하다, 협력하다

Tim and I have **collaborated** on this project.
Tim과 나는 이 프로젝트에서 공동으로 일했다.

⊕ collaboration 명 1. 협동, 합작 2. (공동의) 성과

1772 ☐☐☐

totalitarian ★★☆

[toutæ̀litɛ́əriən]

형 전체주의의

Utopian political thinking has led to justifications of **totalitarian** violence. 모평응용
유토피아적인 정치적 사고는 전체주의 폭력의 정당화를 초래했다.

⊕ totalitarianism 명 전체주의

abstain *☆☆
[əbstéin]

동 1. (투표를) 기권하다 2. 삼가다, 절제하다 (㈜ refrain)

Half of the qualified voters **abstained** from the election.
유권자의 절반이 그 선거에서 기권했다.

---

bother ***
[báðər]

동 1. 괴롭히다, 귀찮게 하다 2. 신경 쓰다, 애를 쓰다

My sister **bothered** me by asking some minor questions.
내 여동생은 몇몇 사소한 질문들을 물어보며 나를 귀찮게 했다.
· **bother** to-v 일부러 ~하다

⊕ bothersome 형 귀찮은, 성가신

---

veteran **☆
[vétərən]

명 1. 베테랑, 노련한 사람 2. 퇴역 군인, 참전 용사

He is a **veteran** at this sort of thing.
그는 이런 일에 있어서는 베테랑이다.
· a war **veteran** 참전 용사

---

abolish *☆☆
[əbáliʃ]

동 (법률·제도·조직 등을) 폐지하다

Costa Rica became the first Latin American country to **abolish** slavery. 모평응용
코스타리카는 노예제도를 폐지한 최초의 남미 국가가 되었다.

⊕ abolition 명 폐지

---

upturn **☆
[ʌptə́:rn]

명 (어느 정도의 기간에 걸친) 호전, 상승 (⑲ downturn)

The restaurant trade is on the **upturn**.
식당업이 상승세이다.
· an **upturn** in the economy 경제의 호전

---

compensate ***
[kámpənsèit]

동 1. 보상하다, 배상하다, 보상금을 주다 2. 보완하다, 상쇄하다

Employees want to be **compensated** fairly for their work. 학평응용
직원들은 그들의 업무에 대해 공정하게 보상받기를 원한다.
· **compensate** for ~을 보완하다

⊕ compensation 명 보상(금) ⊕ compensatory 형 보상의, 보충의

1779 ☐☐☐
terrain ★★☆
[təréin]

명 지형, 지세

The hike includes moderately difficult **terrain**. 모평응용
그 도보여행에는 중간 정도 난이도의 지형이 포함되어 있다.
· rocky/mountainous **terrain** 돌이 많은/산이 많은 지형

1780 ☐☐☐
agitated ★☆☆
[ǽdʒitèitid]

형 불안해하는, 동요된

She was **agitated** by his rude remarks.
그녀는 그의 무례한 말에 동요되었다.

1781 ☐☐☐
whiny ★★☆
[hwáini]

형 불평하는, 투덜대는, 징징거리는

Their child was getting more **whiny** at home and less happy. 학평응용
그들의 아이는 집에서 점점 더 투덜거리고 덜 행복해하고 있었다.
· a **whiny** voice 징징대는 목소리

⊕whine 동 징징거리다, 낑낑거리다

1782 ☐☐☐
swell ★★☆
[swel]
(swelled – swollen)

동 1. 부풀다, 붓다 2. 증가하다 명 1. 팽창 2. 증대

His ankle started to **swell** after he sprained it.
발목을 삔 후 그의 발목은 붓기 시작했다.
· a **swell** of emotion 감정의 고조

⊕swollen 형 부은

1783 ☐☐☐
bland ★☆☆
[blænd]

형 1. 특별한 맛이 안 나는 2. 특징 없는, 단조로운 (⊛dull)

Bright colored foods frequently seem to taste better than foods that look **bland**. 학평응용
밝은 색상의 음식들은 흔히 밋밋해 보이는 음식들보다 더 맛있는 것 같다.

1784 ☐☐☐
warehouse ★★☆
[wέərhàus]

명 1. 창고 2. (창고형의) 대형 할인점

The **warehouse** has been badly damaged by fire.
그 창고는 화재로 심하게 탔다.
· a carpet **warehouse** 창고형 카펫 대형 할인점

1785 □□□
sentence ***
[séntəns]

몡 1. 문장 2. 형벌, 선고 툉 형을 선고하다

A lot of classical texts contain difficult **sentence** structures.
많은 고전 텍스트는 어려운 문장 구조를 포함한다.
· be **sentenced** to death 사형 선고를 받다

1786 □□□
amplify ★★☆
[ǽmpləfài]

툉 증폭시키다

The speakers **amplify** the sound to 10 times the original volume.
그 스피커들은 원래 음량의 10배까지 소리를 증폭시킨다.
· **amplify** one's anxiety ~의 불안을 증대시키다

⊕ amplification 몡 증폭

1787 □□□
afflict ★☆☆
[əflíkt]

툉 괴롭히다, 피해를 주다

I'm **afflicted** with allergies every spring.
나는 봄마다 알레르기에 시달린다.

⊕ affliction 몡 고통, 질병

1788 □□□
verge ★★☆
[vəːrdʒ]

몡 (풀이 나 있는) 길가, 도로변

The car came to a stop on the grass **verge**.
그 차는 풀이 나 있는 길가에 멈추었다.
· on the **verge** of 막 ~하려는, ~하기 직전의

1789 □□□
collapse ***
[kəlǽps]

툉 1. 붕괴되다, 무너지다 2. 실패하다 3. 폭락하다 몡 1. 붕괴 2. 실패

The heavy snow caused the roof of the old building to **collapse**.
폭설로 그 오래된 건물 지붕이 무너졌다.
· a mental **collapse** 정신적 붕괴

1790 □□□
glare ★★☆
[glɛər]

툉 1. 노려보다 2. 눈부시게 빛나다 몡 1. 노려봄 2. 눈 부신 빛

Upset at having my picture ruined, I **glared** at him.
내 그림을 망친 것에 화가 나서 나는 그를 노려보았다.
· the **glare** of the lamp 전등 불빛 [학평응용]

1791 ☐☐☐
adore ★☆☆
[ədɔ́ːr]

동 1. 아주 좋아하다 2. 흠모하다, 애모하다

He **adored** the artist and bought many of her works.
그는 그 화가를 아주 좋아해서 그녀의 많은 작품을 샀다.

⊕adorable 혱사랑스러운 ⊕adoration 몡동경, 흠모

1792 ☐☐☐
dwell ★★★
[dwel]
(dwelt/dwelled – dwelt/dwelled)

동 1. 살다, 거주하다 2. ((on/upon)) 곰곰이 생각하다

Many rare animals **dwell** in this forest.
많은 희귀 동물들이 이 숲에 산다.
· **dwell** on the subject 주제에 대해 곰곰이 생각하다

⊕dweller 몡거주자 ⊕dwelling 몡주거(지), 주택

1793 ☐☐☐
dignity ★★☆
[dígnəti]

명 1. 존엄성 2. 품위, 위엄, 위신 3. 자존감

Human life has a special **dignity** and value that is worth preserving. 학평응용
인간의 삶은 보존할 가치가 있는 특별한 존엄과 가치를 가지고 있다.
· with **dignity** 품위 있게, 위엄 있게

⊕dignify 동품위 있게 하다, 위엄 있어 보이게 하다

1794 ☐☐☐
adjourn ★☆☆
[ədʒə́ːrn]

동 (회의를) 중단하다, 휴정하다

The court will now **adjourn**.
이제 재판을 휴정합니다.

1795 ☐☐☐
defeat ★★★
[difíːt]

명 1. 패배 2. 타도, 타파
동 1. 패배시키다, 무찌르다 (⊞beat) 2. 좌절시키다

They suffered a humiliating **defeat** and left the stadium.
그들은 굴욕적인 패배를 당하고 경기장을 떠났다.
· **defeat** the enemy 적을 패배시키다

1796 ☐☐☐
adjoin ★☆☆
[ədʒɔ́in]

동 인접하다, 붙어있다

The dressing room **adjoins** the bedroom.
옷 방은 침실 옆에 붙어있다.

⊕adjoining 혱인접한, 접해 있는

vertical vs. horizontal

1797 □□□
vertical ★★☆
[və́:rtikəl]

형 1. 수직의, 세로의 2. 수직 구조의 명 ((the)) 수직(선)

She drew a **vertical** line from the top to the bottom.
그녀는 꼭대기에서 바닥까지 수직선을 그었다.

● vertically 부 수직으로, 세로로

1798 □□□
horizontal ★☆☆
[hɔ̀:rəzántəl]

형 1. 수평의, 가로의 2. 수평 구조의 명 ((the)) 수평(선)

I am wearing a shirt with **horizontal** stripes.
나는 가로 줄무늬들이 있는 셔츠를 입고 있다.

● horizon 명 1. ((the)) 지평선, 수평선 2. ((~s)) 시야

virtue vs. vice

1799 □□□
virtue ★★☆
[və́:rtʃu:]

명 1. 미덕, 덕(德) 2. 선, 선행 3. 장점

Patience is an important **virtue** for true satisfaction.
인내는 진정한 만족을 위한 중요한 미덕이다.
· by **virtue** of ~ 때문에

● virtuous 형 덕이 있는, 덕이 높은

1800 □□□
vice ★★☆
[vais]

명 1. 악, 비도덕 2. 범죄 행위, 나쁜 품행 형 대리의

The message of this film is simple: virtue is rewarded and
vice is punished.
이 영화의 메시지는 간단하다: 선은 보상받고 악은 처벌받는다.

● vicious 형 악랄한, 포악한

[1-24] 다음 단어의 뜻을 우리말로 쓰시오.

1	tease	13	defeat
2	upturn	14	surveillance
3	afflict	15	adore
4	abolish	16	bland
5	admonition	17	collaborate
6	agitated	18	whiny
7	compensate	19	swell
8	amplify	20	beware
9	verge	21	dignity
10	gross	22	adjoin
11	collapse	23	adjourn
12	supervise	24	abstain

DAY 45

[25-28] 다음 문장의 빈칸에 알맞은 단어를 쓰시오.

25 Many rare animals d_____ in this forest.
많은 희귀 동물들이 이 숲에 산다.

26 A lot of classical texts contain difficult s_____ structures.
많은 고전 텍스트는 어려운 문장 구조를 포함한다.

27 My sister b_____ me by asking some minor questions.
내 여동생은 몇몇 사소한 질문들을 물어보며 나를 귀찮게 했다.

28 Ballet gives the impression of h_____ movement.
발레는 조화로운 움직임이라는 인상을 준다.

[29-30] 괄호 안에서 알맞은 말을 고르시오.

29 She drew a (horizontal / vertical) line from the top to the bottom.

30 Patience is an important (virtue / vice) for true satisfaction.

Answers

¹ 놀리다; 괴롭히다; 놀리기 좋아하는 사람; 장난 ² 호전, 상승 ³ 괴롭히다, 피해를 주다 ⁴ 폐지하다 ⁵ 경고, 책망 ⁶ 불안해하는, 동요된 ⁷ 보상하다, 배상하다; 보완하다 ⁸ 증폭시키다 ⁹ 길가, 도로변 ¹⁰ 총계의; 모두 (합해서) ¹¹ 붕괴되다; 실패하다; 폭락하다; 붕괴; 실패 ¹² 감독하다, 관리하다 ¹³ 패배; 타도; 패배시키다; 좌절시키다 ¹⁴ 감시 ¹⁵ 아주 좋아하다; 흠모하다 ¹⁶ 특별한 맛이 안 나는; 특징 없는 ¹⁷ 협력하다 ¹⁸ 불평하는, 투덜대는 ¹⁹ 부풀다; 증가하다; 팽창, 증대 ²⁰ 조심하다, 주의하다 ²¹ 존엄성; 품위; 자존감 ²² 인접하다 ²³ (회의를) 중단하다, 휴정하다 ²⁴ (투표를) 기권하다; 삼가다, 절제하다 ²⁵ dwell ²⁶ sentence ²⁷ bothered ²⁸ harmonious ²⁹ vertical ³⁰ virtue

독해 필수 다의어

☐☐☐
fair
[fɛər]

형 1. 공정한, 공평한 2. 적당한, 정당한 3. 상당한   명 박람회

¹ Everyone has the right to receive a **fair** trial.
모든 사람은 공정한 재판을 받을 권리가 있다.

² Ten dollars is a **fair** price for this book.
10달러는 이 책에 적당한 가격이다.

³ It cost a **fair** amount of money to repair my car.
내 차를 수리하는 데 상당한 돈이 들었다.

⁴ They will participate in a trade **fair** this year.
그들은 올해 무역 박람회에 참가할 것이다.

✛ fairly 분 1. 공정하게 2. 상당히

☐☐☐
condition
[kəndíʃən]

명 1. 상태, 건강 상태 2. ((~s)) 사정, 상황 3. 조건

¹ His house is old, but it is in good **condition**.
그의 집은 낡았지만 상태가 좋다.

² The working **conditions** in this company are not good.
이 회사의 근무 환경은 좋지 않다.

³ Health is an essential **condition** for happiness.
건강은 행복의 필수 조건이다.

☐☐☐
occur
[əkə́ːr]

동 1. 일어나다, 발생하다 2. 존재하다 3. ((to)) 생각이 떠오르다

¹ The police said that the car accident **occurred** at dawn.
경찰은 그 자동차 사고가 새벽에 일어났다고 말했다.

² Some kinds of sugar **occur** naturally in fruit.
특정 종류의 당분은 과일 속에 자연적으로 존재한다.

³ A bright idea **occurred** to me while I was eating lunch.
점심을 먹던 중에 나는 기발한 생각이 떠올랐다.

✛ occurrence 명 (사건의) 발생

DAY 46

클래스카드

1801 ☐☐☐
console ★☆☆
[kənsóul]

통 위로하다, 위안을 주다 (㊡ comfort)

He **consoled** the crying girl by patting her on the back.
그는 울고 있는 소녀의 등을 다독이며 그녀를 위로했다.

◆ consolatory 형 위로의, 위안이 되는 ◆ consolation 명 위로, 위안

1802 ☐☐☐
symptom ★★★
[símptəm]

명 1. 증상, 증후 2. 징후, 조짐

A fever and a cough are common flu **symptoms**.
열과 기침은 흔한 독감 증상들이다. 수능응용

· a prominent **symptom** 현저한 징후

1803 ☐☐☐
courteous ★☆☆
[kə́:rtiəs]

형 예의 바른, 공손한 (㊤ discourteous)

The front desk staff at the hotel was helpful and **courteous**.
그 호텔 프런트 데스크 직원은 도움이 되고 공손했다.

◆ courteously 부 예의 바르게, 공손하게 ◆ courtesy 명 공손함, 정중함

1804 ☐☐☐
cumulative ★★☆
[kjú:mjəlèitiv]

형 누적되는, 누계의

The **cumulative** work of many individuals produces a corpus of knowledge. 학평응용
많은 개인들의 누적된 업적은 한 뭉텅이의 지식을 만든다.

· **cumulative** effect 누적 효과

◆ cumulatively 부 점증적으로 ◆ cumulativeness 명 누적적임

1805 ☐☐☐
invade ★★★
[invéid]

통 1. 침입하다, 침략하다 2. 침해하다

The Nazis **invaded** Denmark in 1940. 모평응용
1940년에 나치는 덴마크를 침략했다.

· **invade** one's privacy ~의 사생활을 침해하다

◆ invasion 명 1. 침입, 침략 2. 침해 ◆ invader 명 침입자

1806 ☐☐☐
deference ★☆☆
[défərəns]

명 존경[경의](을 표하는 행동)

In Korea, bowing is a way of showing **deference** to the elderly.
한국에서, 인사를 하는 것은 노인에게 존경을 표현하는 방법이다.

◆ deferential 형 경의를 표하는, 공손한

savage ★★☆

[sǽvidʒ]

명 야만인 형 야만적인, 매우 사나운 (윤 brutal)

She had been badly hurt in what police described as 'a **savage** attack'.

그녀는 경찰이 '야만적인 공격 행위'라고 묘사한 일로 심하게 다친 상태였다.

· **savage** dogs 몹시 사나운 개

⊕ savageness 명 야만스러움, 잔인함

---

patch ★★★

[pætʃ]

명 1. 부분, 조각 2. 작은 땅 동 덧대다

The cabbage **patch** looked like a battlefield. 수능응용

그 양배추 경작지는 전쟁터처럼 보였다.

· a bald **patch** 머리가 벗겨진 부분

---

thread ★★☆

[θred]

명 1. 실 2. (이야기 등의) 가닥, 맥락 동 (실 등을) 꿰다

In the other kind of spinning, two or more fibers are twisted together to form a **thread**. 모평응용

다른 종류의 방직은 두 개 이상의 섬유를 꼬아서 실가닥 하나를 만든다.

· a needle and **thread** 실을 꿴 바늘

---

demolish ★☆☆

[dimáliʃ]

동 1. (건물을) 철거하다, 파괴하다 2. (이론을) 뒤집다

The old building is going to be **demolished** this year.

그 오래된 건물은 올해 철거될 예정이다.

⊕ demolition 명 파괴, 폭파

---

curb ★★☆

[kəːrb]

동 억제하다, 제한하다 명 제한하는 것

We need to **curb** anger and our negative thoughts and emotions. 수능응용

우리는 분노와 우리의 부정적인 생각과 감정을 억제할 필요가 있다.

· **curbs** on government spending 정부 지출 억제책들

---

flexible ★★★

[fléksəbl]

형 1. 유연한, 구부리기 쉬운 (반 inflexible) 2. 융통성 있는

Rubber is a **flexible** substance. 수능응용

고무는 탄력 있는 물질이다.

· **flexible** approach 융통성 있는 접근 방식

⊕ flexibility 명 1. 유연성 2. 융통성 ⊕ flexibly 부 1. 유연하게 2. 융통성 있게

1813 ☐☐☐
feminine ★★☆
[fémənin]

혱 여성스러운, 여자 같은 (빤 masculine)

Critiques of mass culture tend to remind a negative image of the **feminine.** 모평응용
대중문화 비평가들은 여성의 부정적 이미지를 상기시키는 경향이 있다.

⊕ feminism 몡 페미니즘, 여성주의

1814 ☐☐☐
diffuse ★☆☆
[difjú:z]

동 번지다, 퍼지다, 퍼뜨리다   혱 [difjú:s] 1. 널리 퍼진   2. 장황한, 산만한

She waited for the warmth of the heater to **diffuse** through the room.
그녀는 히터의 온기가 방에 퍼지길 기다렸다.

· **diffuse** rumors 소문을 퍼뜨리다

⊕ diffusion 몡 확산, 보급, 전파

1815 ☐☐☐
respiratory ★★☆
[réspərətɔ̀:ri]

혱 호흡의, 호흡기의

Moderate aerobic exercise can halve your risk for **respiratory** infections. 학평응용
적당한 에어로빅 운동은 호흡기 감염의 위험을 반감시킨다.

· **respiratory** diseases 호흡기 질환

⊕ respiration 몡 호흡

1816 ☐☐☐
scream ★★☆
[skri:m]

동 비명을 지르다, 소리치다   몡 비명, 외침 소리

When the singer appeared on the stage, people **screamed.**
가수가 무대에 나타나자 사람들은 소리를 질렀다.

1817 ☐☐☐
demoralize ★☆☆
[dimɔ́:rəlàiz]

동 사기를 꺾다, 의기소침하게 하다

Do not be **demoralized** if you make some mistakes along the way. 모평응용
일을 하는 도중 실수를 좀 하더라도 의기소침해하지 마라.

⊕ demoralization 몡 사기 저하

1818 ☐☐☐
warn ★★☆
[wɔ:rn]

동 경고하다, 주의를 주다

Dad **warned** me against wandering alone late at night.
아빠는 나에게 혼자서 밤늦게 돌아다니지 말라고 경고하셨다.

⊕ warning 몡 경고, 주의

forbid ***
[fərbíd]
(forbade – forbidden)

동 1. 금지하다 (반 permit) 2. 못하게 하다 (유 prevent)

The player was **forbidden** to play in the next game.
그 선수는 다음 경기에 뛰는 것을 금지당했다.

⊕ forbidden 형 금지된

---

evacuate **☆
[ivǽkjuèit]

동 1. 대피시키다 2. 피난하다

Several hundred people were **evacuated** from their homes.
수백 명이 집을 떠나 대피했다.

⊕ evacuation 명 대피, 피난

---

civilize *☆☆
[sívəlàiz]

동 1. 문명화하다, 개화시키다 2. 세련되게 하다

The Romans tried to **civilize** the nomadic tribes of Europe.
로마 제국의 사람들은 유럽의 유목 민족을 개화시키려 했다.

⊕ civilized 형 1. 문명화된 2. 교양 있는 ⊕ civilization 명 문명, 문명사회

---

testify **☆
[téstəfài]

동 1. (법정에서) 증언하다 2. 증명하다

There are several witnesses who will **testify** for the defence.
피고를 위해 증언을 할 증인들이 몇 명 있다.
· **testify** to his ability 그의 능력을 증명하다

---

utilize ***
[júːtəlàiz]

동 활용하다, 이용하다

Lawyers **utilize** information selectively to support their
arguments. 모평응용
변호사들은 자신들의 주장을 뒷받침하기 위해 정보를 선택적으로 사용한다.
· **utilize** resources 자원을 활용하다

⊕ utilization 명 활용, 이용

---

condense *☆☆
[kəndéns]

동 1. (기체가) 응결되다, 응결시키다 2. 농축되다, 농축시키다 3. 요약하다

The air **condenses** into water drops which form clouds.
공기는 구름을 생성하는 물방울로 응결된다.

⊕ condensation 명 1. 물방울 2. 응결 3. 요약

1825 □□□
prosper ★★☆
[práspər]

图 번영하다, 번성하다, 번창하다 (㉤ thrive)

In the business world, competition makes our economy **prosper**. 학평응용

사업의 세계에서는, 경쟁이 우리의 경제를 번영하게 한다.

⊕ prosperity 명 번영, 번창

1826 □□□
compromise ★★★
[kámprəmàiz]

명 1. 타협, 절충 2. 절충안
图 1. 타협하다, 절충하다 2. (신용·평판 등을) 위태롭게 하다

The two sides decided on a **compromise** to end their dispute.

양측은 분쟁을 끝내기 위해 타협을 결정했다.

· **compromise** one's safety ~의 안전을 위태롭게 하다

1827 □□□
evade ★★☆
[ivéid]

图 피하다, 모면하다 (㉤ avoid)

The farmers **evade** responsibility for storing seeds in a humid warehouse. 수능응용

그 농부들은 습한 창고에 씨앗을 보관한 책임을 회피한다.

· **evade** arrest 체포를 모면하다

⊕ evasion 명 회피, 모면 ⊕ evasive 형 대답을 회피하는, 얼버무리는

1828 □□□
deviant ★☆☆
[díːviənt]

형 (정상에서) 벗어난, 일탈적인

He portrays the politician as socially **deviant** and morally unfit. 학평응용

그는 그 정치가를 사회적으로 일탈했고 도덕적으로 부적절하다고 묘사한다.

⊕ deviance 명 이상, 일탈

1829 □□□
downplay ★★☆
[dáunplèi]

图 경시하다, 대단치 않게 생각하다 (㉤ play down)

The offenders tend to **downplay** the consequences of their actions. 수능응용

잘못한 사람들은 자신들의 행동 결과를 대단치 않게 생각하는 경향이 있다.

1830 □□□
bouquet ★★☆
[boukéi]

명 부케, 꽃다발

He gave a lovely **bouquet** of roses to Nancy. 모평응용

그는 멋진 장미 꽃다발을 낸시에게 주었다.

debris *☆☆
[dəbríː]

명 1. 잔해, 파편 2. 쓰레기

A fisherman caught a piece of the crashed airship's **debris**. 모평응용
한 어부가 그 추락한 비행선의 잔해 한 조각을 낚았다.
· marine **debris** 해양 쓰레기

1832 □□□
whip **☆
[hwip]

명 채찍 동 1. 채찍질하다 2. 휘젓다, 거품을 내다

He cracked his **whip** and the horse leapt forward.
그가 채찍을 찰싹 갈기자 말이 앞으로 풀쩍 뛰었다.
· **whip** the cream 크림을 휘젓다

1833 □□□
rescue ***
[réskjuː]

동 구하다, 구조하다 명 1. 구조, 구출 2. 구조 작업

They came to **rescue** a cat that was stuck in a tree.
그들은 나무에 낀 고양이를 구조하러 왔다.
· **rescue** operation 구조 작업

1834 □□□
utter **☆
[ʌ́tər]

동 1. (말을) 하다 2. (입으로 소리를) 내다 형 철저한, 완전한

He didn't say a word but **uttered** a sigh.
그는 한마디도 하지 않고 한숨을 내쉬었다.
· **utter** waste of time 완전한 시간 낭비
✚utterance 명 1. 말, 발언 2. 발화 ✚utterly 부 철저히, 완전히

1835 □□□
devour *☆☆
[diváuər]

동 1. 허겁지겁 먹어 치우다 2. (책 등을) 빨리 보다

Some people **devour** huge portions when alone. 모평응용
몇몇 사람들은 혼자 있을 때 많은 양을 먹어 치운다.
· **devour** science fiction novels 공상 과학 소설을 빠르게 읽다

1836 □□□
export **☆
[ikspɔ́ːrt]

동 수출하다 명 [ékspɔːrt] 1. 수출 2. ((~s)) 수출품

Growth in the **export** of olive oil brought prosperity to ancient Athens. 모평응용
올리브 오일 수출의 증가는 고대 아테네의 번영을 가져왔다.
· goods for **export** 수출용 제품

thrive vs. thrill

1837 ☐☐☐

thrive *☆☆
[θraiv]
(thrived/throve –
thrived/thriven)

통 잘 자라다, 번창[번영]하다

Koalas **thrive** only when external conditions are perfect. 학평응용
코알라는 외부 조건이 완벽할 때만 잘 자란다.

+ **thriving** 형 잘 자라는, 번창[번영]하는

1838 ☐☐☐

thrill ***
[θril]

명 전율, 떨림 통 열광시키다, 전율케 하다

Some of us enjoy the **thrill** that roller coasters give us.
우리 중 일부는 롤러코스터가 우리에게 주는 전율을 즐긴다. 모평응용

underestimate vs. overestimate

1839 ☐☐☐

underestimate **☆
[ʌ̀ndəréstəmeit]

통 1. 너무 적게 잡다 2. 과소평가하다
명 [ʌ̀ndəréstəmət] 1. 적게 잡음 2. 과소평가

She **underestimated** how much the utilities would cost.
그녀는 공과금 비용을 너무 적게 잡았다.
· **underestimate** the importance 중요성을 과소평가하다

1840 ☐☐☐

overestimate **☆
[òuvəréstəmeit]

통 1. 너무 많이 잡다 2. 과대평가하다
명 [òuvəréstəmət] 1. 많이 잡음 2. 과대평가

I think you **overestimate** me. I don't deserve your praise.
나는 네가 날 과대평가하는 것 같아. 나는 너의 칭찬을 받을 자격이 없어.

DAY 46

[1-24] 다음 단어의 뜻을 우리말로 쓰시오.

1	savage	_____	13	cumulative	_____
2	devour	_____	14	demolish	_____
3	condense	_____	15	downplay	_____
4	utter	_____	16	testify	_____
5	patch	_____	17	curb	_____
6	prosper	_____	18	warn	_____
7	forbid	_____	19	console	_____
8	invade	_____	20	feminine	_____
9	evacuate	_____	21	deviant	_____
10	evade	_____	22	courteous	_____
11	debris	_____	23	scream	_____
12	deference	_____	24	demoralize	_____

[25-28] 다음 문장의 빈칸에 알맞은 단어를 쓰시오.

25 A fever and a cough are common flu s_____ .
열과 기침은 흔한 독감 증상들이다.

26 The two sides decided on a c_____ to end their dispute.
양측은 분쟁을 끝내기 위해 타협을 결정했다.

27 They came to r_____ a cat that was stuck in a tree.
그들은 나무에 낀 고양이를 구조하러 왔다.

28 Rubber is a f_____ substance.
고무는 탄력 있는 물질이다.

[29-30] 괄호 안에서 알맞은 말을 고르시오.

29 Koalas (thrive / thrill) only when external conditions are perfect.

30 I think you (overestimate / underestimate) me. I don't deserve your praise.

Answers

¹ 야만인; 야만적인 ² 허겁지겁 먹어치우다 ³ (기체가) 응결되다, 응결시키다; 농축되다, 농축시키다; 요약하다 ⁴ (말을) 하다; (소리를) 내다; 철저한, 완전한 ⁵ 부분, 조각; 작은 땅; 덧대다 ⁶ 번영하다, 번창하다 ⁷ 금지하다 ⁸ 침입하다; 침해하다 ⁹ 대피시키다, 피난하다 ¹⁰ 피하다 ¹¹ 잔해, 파편; 쓰레기 ¹² 존경[경의](을 표하는 행동) ¹³ 누적되는, 누계의 ¹⁴ (건물을) 철거하다; (이론을) 뒤집다 ¹⁵ 경시하다 ¹⁶ (법정에서) 증언하다; 증명하다 ¹⁷ 억제하다; 제한하는 것 ¹⁸ 경고하다, 주의를 주다 ¹⁹ 위로하다 ²⁰ 여성스러운 ²¹ (정상에서) 벗어난, 일탈적인 ²² 예의 바른, 공손한 ²³ 비명을 지르다; 비명, 외침 소리 ²⁴ 사기를 꺾다, 의기소침하게 하다 ²⁵ symptoms ²⁶ compromise ²⁷ rescue ²⁸ flexible ²⁹ thrive ³⁰ overestimate

DAY 47

클래스카드

1841 ☐☐☐
cargo ★★☆
[káːrgou]

명 (선박·비행기의) 화물

A ship traveling through rough seas lost 12 **cargo** containers. 수능응용
거친 바다를 항해하던 배가 화물 컨테이너 12개를 잃었다.
· a **cargo** ship 화물선

1842 ☐☐☐
frugal ★☆☆
[frúːgəl]

형 1. 절약하는 (⊕extravagant) 2. (식사가) 소박한

They are accustomed to a **frugal** lifestyle.
그들은 절약하는 생활방식에 익숙하다.

1843 ☐☐☐
bypass ★★☆
[báipæs]

명 우회 도로 동 1. 우회하다 2. (절차·단계 등을) 건너뛰다

He **bypassed** the manager and talked directly to the owner.
그는 지배인을 건너뛰고 주인에게 직접 말했다.
· the opening of the new **bypass** 새 우회 도로의 개통

1844 ☐☐☐
despite ★★★
[dispáit]

전 ~에도 불구하고 (⊕in spite of)

Despite his fame as a writer, he actually published little. 모평응용
작가로서의 그의 명성에도 불구하고, 그는 사실 책을 거의 내지 않았다.

1845 ☐☐☐
eloquent ★★☆
[éləkwənt]

형 1. 달변의, 설득력 있는 2. (표정·동작 등이) 감정을 드러내는

To keep pace with science, ordinary people need more science writing that's clear and **eloquent**. 모평응용
과학과 보조를 맞추어 나가려면, 일반인들에게는 명백하고 설득력 있는 과학 글 작품이 더 필요하다.

⊕eloquently 부웅변으로, 능변으로 ⊕eloquence 명달변

1846 ☐☐☐
ferment ★☆☆
[fərmént]

동 발효되다, 발효시키다 명 [fə́ːrment] (사회적) 소란, 동요 (⊕turmoil)

The winemaker **ferments** grape juice in wooden barrels.
그 와인 제조자는 나무통에 포도 과즙을 발효시킨다.
· a political **ferment** 정치적 소란

⊕fermentation 명발효 (작용)

1847 ☐☐☐

prerequisite ★★☆
[prirékwəzət]

📗 전제 조건 (㈜ precondition)

Citizenship is a **prerequisite** for voting.
시민권은 투표의 전제 조건이다.
· **prerequisite** knowledge 전제 조건이 되는 지식

1848 ☐☐☐

layered ★★☆
[léiərd]

📘 층이 있는, 층을 이루고 있는

Look at the **layered** rocks.
층층이 쌓인 바위들을 보아라.
· multi-**layered** structure 다층 구조

➕ layer 📗 층, 막

1849 ☐☐☐

frontier ★☆☆
[frʌ̀ntíər]

📗 1. 국경 2. ((~s)) 지식의 최전선, 미개척분야

They sent an army to defend the **frontier**.
그들은 국경을 지키기 위해 군대를 파견했다.
· the **frontiers** of technology 기술의 최첨단

1850 ☐☐☐

oblivious ★★☆
[əblíviəs]

📘 의식하지 못하는 (㈜ unaware)

He seems **oblivious** to the pain his comments caused.
그는 자신의 발언이 초래한 고통을 의식하지 못하는 것 같다.

1851 ☐☐☐

versus ★★★
[vɔ́ːrsəs]

📙 1. ~ 대(對) ~ 2. ~에 비해, ~와 대조적으로

It was the promise of better career opportunities **versus** the
inconvenience of moving away and leaving his friends.
그것은 그가 멀리 이사를 가서 친구들을 떠나야 하는 불편에 비해 더 나은 취업 기회를
약속하는 것이었다.
· private education **versus** state education 사교육 대 공교육

1852 ☐☐☐

secondhand ★★☆
[sékəndhæ̀nd]

📘 1. 간접의 (㉆ firsthand) 2. 중고의

Why don't you buy **secondhand** items instead of new ones? 모평응용
새 제품 말고 중고 제품을 사는 게 어때요?
· **secondhand** information 전해 들은 정보

1853 ☐☐☐
drowsy ^{★☆☆}
[dráuzi]

형 1. 졸리는 (유 sleepy) 2. 나른한 (유 sleepy)

Having eaten too much at lunch, I started to feel **drowsy**.
점심에 너무 많이 먹어서 나는 졸리기 시작했다.

1854 ☐☐☐
inhabit ^{★★★}
[inhǽbit]

동 살다, 거주하다, 서식하다 (유 live)

This species belongs to a group that typically **inhabits** very deep water. 모평응용
이 종은 보통 아주 깊은 물에서 서식하는 무리에 속한다.

⊕ inhabitant 명 주민, 거주자

1855 ☐☐☐
entrust ^{★★☆}
[intrΛst]

동 (일을) 맡기다

We become **entrusted** to teach culturally appropriate behaviors. 모평응용
우리는 문화적으로 적절한 행동을 가르치는 일을 맡게 된다.

⊕ entrustment 명 기탁, 위탁

1856 ☐☐☐
downfall ^{★☆☆}
[dáunfɔːl]

명 1. 몰락, 파멸 2. 몰락의 원인

The company's **downfall** was caused by poor planning.
그 회사의 몰락은 형편없는 계획에서 야기되었다.

1857 ☐☐☐
cholesterol ^{★★☆}
[kəléstəròul]

명 콜레스테롤 (혈액 등에 있는 심장질환의 원인 물질)

Insects like grasshoppers are high in protein and low in **cholesterol**. 모평응용
메뚜기와 같은 곤충들은 단백질이 많고 콜레스테롤이 낮다.

1858 ☐☐☐
dual ^{★★★}
[djú(ː)əl]

형 이중의, 두 부분으로 된

Copyright laws serve a **dual** purpose. 수능응용
저작권법은 이중의 목적에 기여한다.
· **dual** nationality 이중 국적

⊕ duality 명 이중성, 이원성

1859 □□□
precaution ★★☆
[prikɔ́ːʃən]

뗑 예방책, 예방 조치

They do not plan and take **precautions** to prevent emergencies from arising. 모평응용
그들은 비상사태가 발생하지 않도록 계획하여 예방 조치를 취하지 않는다.
· safety **precautions** 안전 예방책

⊕precautious 뗑조심하는, 주의 깊은

1860 □□□
freight ★☆☆
[freit]

뗑 1. 화물 (⊕cargo) 2. 화물 운송 뗑 화물을 보내다

A large number of trucks are carrying **freight** from the port.
많은 트럭이 항구에서 화물을 옮기고 있다.

⊕freighter 뗑화물선, 화물 운송선

1861 □□□
detergent ★★☆
[ditə́ːrdʒənt]

뗑 세제, 세정제

I need to buy more **detergent** so that I can do laundry. 수능응용
나는 세탁을 할 수 있도록 세제를 더 사야 한다.

1862 □□□
overrun ★★☆
[óuvərrən]

뗑 1. 가득 차다, 들끓다 2. 초과하다 뗑 초과

A leader is **overrun** with inputs—via e-mails, meetings, and phone calls. 학평응용
리더는 이메일, 회의 및 전화를 통한 입력이 넘쳐난다.
· a cost **overrun** 비용 초과

1863 □□□
gratify ★☆☆
[grǽtifài]

뗑 1. 기쁘게 하다 2. (욕구를) 충족시키다, 만족시키다

I was **gratified** to receive a free ticket to the concert.
나는 그 콘서트의 무료 티켓을 받아서 기뻤다.
· **gratify** one's curiosity ~의 호기심을 충족시키다

⊕gratification 뗑만족감(을 주는 것)

1864 □□□
forefather ★★☆
[fɔ́ːrfɑ̀ːðər]

뗑 조상, 선조 (⊕ancestor)

They lacked the ability to change a course of action adopted by their **forefathers**. 모평응용
그들은 선조들이 채택한 행동 방침을 바꿀 능력이 부족했다.

⊕forefatherly 뗑선조의, 조상의

1865 ☐☐☐
clarify ***
[klǽrəfài]

동 명확하게 하다

Philosophical theories often confuse rather than **clarify** our understanding.
철학 이론들은 흔히 우리의 이해를 명확하게 하기보다는 혼란스럽게 한다.

· **clarify** an issue 논점을 분명히 하다

⊕ clarification 명 1. 설명, 해명 2. 정화(淨化)

1866 ☐☐☐
imprint **☆
[ímprint]

명 1. 자국, 흔적 2. 출판사[발행자]명
동 [imprínt] 1. 찍다, 각인하다 2. (기억 등을) 새기다

A leaf fell on the wet cement, leaving behind an **imprint**.
잎사귀 하나가 덜 마른 시멘트 위에 떨어져 자국을 남겼다.

· be **imprinted** on one's mind ~의 마음에 새겨지다

1867 ☐☐☐
frantic *☆☆
[frǽntik]

형 1. 광분한, 제정신이 아닌 2. 정신없이 서두르는, 필사적인

He became **frantic** when his house was destroyed in a fire.
그는 그의 집이 화재로 파괴되자 제정신이 아니었다.

· **frantic** attempts/efforts 필사적인 시도/노력

⊕ frantically 부 1. 미친 듯이 2. 정신없이, 필사적으로

1868 ☐☐☐
craving **☆
[kréiviŋ]

명 갈망, 열망

I have a **craving** for Italian food, so let's eat spaghetti. 수능응용
난 이탈리아 음식이 먹고 싶으니 스파게티를 먹자.

⊕ crave 동 갈망하다, 열망하다

1869 ☐☐☐
vague ***
[veig]

형 1. 애매한, 막연한 2. (형체가) 희미한 (유 indistinct)

The thoughts are too **vague** to be expressed in words. 수능응용
그 생각들은 글로 표현하기엔 너무 막연하다.

⊕ vaguely 부 1. 애매하게 2. 희미하게

1870 ☐☐☐
nomadic **☆
[noumǽdik]

형 1. 유목의 2. 방랑의

Early human societies were **nomadic** and survived by hunting and gathering. 모평응용
초기 인간 사회는 유목 생활이었으며, 수렵과 채집으로 살아갔다.

⊕ nomad 명 1. 유목민 2. 방랑자

1871 □□□
formidable ★☆☆
[fɔ́ːrmidəbl]

형 1. 강력한, 만만찮은 2. (문제·과제 등이) 힘겨운, 버거운

He will be a **formidable** opponent in the tournament. 수능응용
그 대회에서 그는 만만찮은 적수가 될 것이다.

1872 □□□
conserve ★★★
[kənsə́ːrv]

동 1. 아끼다, 아껴 쓰다 2. 보호하다, 보존하다 (유 preserve)

People should **conserve** energy and resources. 수능응용
사람들은 에너지와 자원을 아껴 써야 한다.

⊕conservation 명보호, 보존 ⊕conservative 형보수적인

1873 □□□
lord ★★☆
[lɔːrd]

명 1. 귀족 2. (귀족을 칭하는) 경 3. ~장(長), 장관

Make way for the **Lord** Mayor!
시장님이 나가시니 길을 비키시오!
· the **Lord** Chancellor 대법원장

⊕lordly 형잘난 체하는, 위풍당당한

1874 □□□
exquisite ★☆☆
[ikskwízit]

형 1. 매우 아름다운 2. 정교한, 섬세한 3. (느낌이) 격렬한

This **exquisite** necklace was created by a famous designer.
이 아름다운 목걸이는 유명한 디자이너에 의해 만들어졌다.
· **exquisite** pain 격렬한 통증

1875 □□□
illusion ★★★
[ilúːʒən]

명 1. 오해, 착각 2. 환상, 환각

He realized that he had been caught by an **illusion**. 학평응용
그는 자신이 착각에 사로잡혀 있었음을 깨달았다.
· an optical **illusion** 착시

⊕illusionist 명마술사

1876 □□□
duplicate ★☆☆
[djúːpləkət]

명 사본 형 사본의
동 [djúːpləkèit] 1. 복사하다, 사본을 만들다 2. 재현하다

She prepared **duplicates** of the meeting handout.
그녀는 회의 자료 사본을 준비했다.
· a **duplicate** key 복제한 열쇠

deliberate vs. delicate

1877 □□□
deliberate ★★☆
[dilíbərət]

혱 1. 의도적인, 고의적인 2. 신중한 동 [dilíbərèit] 숙고하다

He made a **deliberate** attempt to humiliate her.
그는 그녀에게 모욕감을 주려는 고의적인 시도를 했다.
· a **deliberate** choice 신중한 선택

✚ deliberately 뿐 고의로, 일부러

1878 □□□
delicate ★★☆
[délikət]

혱 1. 부서지기 쉬운, 연약한 2. 섬세한
3. (문제 등이) 민감한, 까다로운

These ceramics are very **delicate**, so handle them carefully.
이 도자기들은 매우 깨지기 쉬우니까 조심해서 다뤄라.
· **delicate** touch 섬세한 접촉

poverty vs. property

1879 □□□
poverty ★★☆
[pávərti]

명 1. 가난, 빈곤 2. 결핍, 부족

People suffer from severe **poverty** in some countries.
일부 국가들에서는 사람들이 극심한 빈곤으로 고통받고 있다.

1880 □□□
property ★★★
[prápərti]

명 1. 재산, 소유물 2. 부동산 3. 속성, 특성

Individual authors have rights to their intellectual
property. 수능응용
개인 작가들은 그들의 지적 재산에 대한 권리를 가진다.
· have the magnetic **properties** 자성을 띠다

DAILY TEST

[1-24] 다음 단어의 뜻을 우리말로 쓰시오.

1	cargo	13	frontier
2	freight	14	exquisite
3	frugal	15	downfall
4	craving	16	eloquent
5	prerequisite	17	forefather
6	drowsy	18	oblivious
7	despite	19	formidable
8	gratify	20	precaution
9	inhabit	21	illusion
10	nomadic	22	secondhand
11	entrust	23	imprint
12	frantic	24	overrun

[25-28] 다음 문장의 빈칸에 알맞은 단어를 쓰시오.

25 People should c_____ energy and resources.
사람들은 에너지와 자원을 아껴 써야 한다.

26 It was the promise of better career opportunities v_____ the inconvenience of moving away and leaving his friends.
그것은 그가 멀리 이사를 가서 친구들을 떠나야 하는 불편에 비해 더 나은 취업 기회를 약속하는 것이었다.

27 The thoughts are too v_____ to be expressed in words.
그 생각들은 글로 표현하기에는 너무 막연하다.

28 Philosophical theories often confuse rather than c_____ our understanding.
철학 이론들은 흔히 우리의 이해를 명확하게 하기보다는 혼란스럽게 한다.

[29-30] 괄호 안에서 알맞은 말을 고르시오.

29 He made a (deliberate / delicate) attempt to humiliate her.

30 Individual authors have right to their intellectual (poverty / property).

392

1881 ☐☐☐
indulge ★☆☆
[indʌ́ldʒ]

图 1. 마음껏 하다   2. (욕구 등을) 충족시키다   3. 제멋대로 하게 하다

Indulge in a warm bath with aroma oils dissolved in the water. 모평응용
물에 아로마오일을 풀어 따뜻한 목욕을 실컷 즐겨라.

⊕ indulgence 圐 탐닉, 사치   ⊕ indulgent 휑 멋대로 하게 하는

1882 ☐☐☐
advise ★★★
[ədváiz]

图 1. 조언하다, 충고하다   2. 알려주다, 통지하다

I **advised** him not to be discouraged if he received rejections. 수능응용
나는 만약 거절을 당해도 낙담하지 말라고 그에게 조언했다.

· **advise** on ~에 대해 조언하다

⊕ advice 圐 조언, 충고

1883 ☐☐☐
inflame ★☆☆
[infléim]

图 1. 흥분시키다, 격앙시키다   2. (상황을) 악화시키다, 자극하다

Insincere apologies can **inflame** the anger of the hurt person. 수능응용
진정성이 없는 사과는 상처받은 사람의 분노를 격앙시킬 수 있다.

1884 ☐☐☐
faint ★★☆
[feint]

휑 1. 희미한, 흐릿한   2. (가능성이) 아주 적은   3. 기절할 듯한   图 기절하다

I followed a **faint** light in the dark forest. 수능응용
나는 어두운 숲속에서 희미한 불빛을 따라갔다.

· **faint** from the intense heat 극심한 더위에 기절하다

⊕ faintly 凰 1. 희미하게   2. 힘없이

1885 ☐☐☐
causal ★★★
[kɔ́ːzəl]

휑 인과 관계의

Causal relationships are not always simple or straightforward.
인과 관계가 항상 단순하거나 간단한 것은 아니다.

⊕ causality 圐 인과 관계

1886 ☐☐☐
inflow ★☆☆
[ínflòu]

圐 유입(流入) (맨 outflow)

The country had to rely on an **inflow** of foreign capital.
그 나라는 외국 자본의 유입에 의존해야 했다.

· an **inflow** of seawater 바닷물의 유입

1887 □□□
flush **^{★★☆}**
[flʌʃ]

동 1. 얼굴이 붉어지다 (㉤ blush)   2. 물을 내리다, 물로 씻어 내다
명 1. 홍조 (㉤ blush)   2. (감정이) 울컥 솟구침   3. 물로 씻어냄

Although the freezing wind pounded upon me, I felt **flushed** with warmth. 모평응용
차가운 바람이 내게 부딪혔지만, 나는 따뜻함으로 얼굴이 상기되는 것을 느꼈다.
· **flush** the toilet 변기 물을 내리다

1888 □□□
blank **^{★★★}**
[blæŋk]

형 1. 빈   2. 명한   명 1. 빈칸   2. 명함

Sean's face immediately became **blank**. 수능응용
Sean은 즉시 명한 표정이 되었다.
· fill in the **blanks** 빈칸을 채우다

1889 □□□
frown **^{★★☆}**
[fraun]

동 얼굴을 찌푸리다, 찡그리다   명 찌푸림, 찡그림

She spoke hesitatingly while **frowning** and looking away. 모평응용
그녀는 찡그리면서 다른 곳을 보고 주저하듯이 말했다.

1890 □□□
insomnia **^{★☆☆}**
[insɑ́mniə]

명 불면증

He is always tired because he suffers from **insomnia**.
그는 불면증에 시달리고 있어서 늘 피곤하다.

⊕ insomniac 명 불면증 환자

1891 □□□
condemn **^{★★☆}**
[kəndém]

동 1. 비난하다   2. 선고를 내리다   3. (좋지 않은 상황에) 처하게 하다

Citizens **condemned** the mayor's irresponsible comment.
시민들은 시장의 무책임한 발언을 비난했다.

1892 □□□
retreat **^{★★★}**
[riːtríːt]

동 후퇴하다, 물러가다 (㉤ recede)   명 1. 후퇴   2. 조용한 곳, 휴양지

The first thing we did at a company **retreat** was a teamwork exercise. 수능응용
우리가 회사 휴양 시설에서 처음으로 한 것은 팀워크 훈련이었다.
· **retreat** to the mountains 산으로 퇴각하다

1893 ☐☐☐
terminate ★★☆
[tə́ːrminèit]

동 끝나다, 끝내다, 종결시키다 (유 end)

Your lease will **terminate** in June.
네 임대 계약은 6월에 종료될 것이다.

⊕ terminal 형 1. (병 등의) 말기의 2. 끝의 명 터미널
⊕ termination 명 종료, 종결

1894 ☐☐☐
masculine ★☆☆
[mǽskjəlin]

형 1. 남성적인 (반 feminine) 2. (단어의) 남성형의 (반 feminine)

Boys develop a more **masculine** voice after they hit puberty.
남자아이들은 사춘기가 지나면 더 남성적인 목소리로 발달한다.

⊕ masculinity 명 남성성

1895 ☐☐☐
haunt ★★☆
[hɔːnt]

동 1. (어떤 장소에) 귀신이 출몰하다 2. (생각 등이) 늘 따라다니다

It is said that ghosts **haunt** the old school at night.
밤에 그 오래된 학교에서 귀신들이 출몰한다고 한다.

⊕ haunted 형 1. 귀신이 나오는 2. (표정이) 겁에 질린

1896 ☐☐☐
vocation ★★☆
[voukéiʃən]

명 1. 천직, 소명 2. 소명 의식, 사명감

He considers acting his **vocation**.
그는 연기를 자신의 천직으로 생각한다.

1897 ☐☐☐
intricate ★☆☆
[íntrəkət]

형 복잡한, 정교한

The drawing had many **intricate** details. 수능응용
그 그림에는 많은 정교한 세부 묘사가 있었다.
· an **intricate** problem 복잡한 문제

1898 ☐☐☐
refuge ★★☆
[réfjuːdʒ]

명 피난(처), 도피(처)

Siren warnings alerted the residents to protect their own lives by taking **refuge** in bomb shelters. 학평응용
사이렌 경보가 주민들에게 방공호로 피신해서 목숨을 지키라고 경고했다.

1899 □□□

fancy ***
[fǽnsi]

형 1. 고급의 2. 화려한 3. 복잡한 명 1. 상상 2. 욕망

A **fancy** department store selling various luxury items has opened.
다양한 명품을 판매하는 고급 백화점이 개점했다.
· a woman in a **fancy** dress 화려한 드레스를 입고 있는 한 여성

1900 □□□

worldly ★★☆
[wɔ́ːrldli]

형 1. 세속적인 (반 spiritual) 2. 세상을 많이 아는

He is not interested in **worldly** success.
그는 세속적인 성공에 관심이 없다.
· your **worldly** goods 당신의 세속적인 소유물들

1901 □□□

harassment ★☆☆
[hərǽsmənt]

명 괴롭힘, 애먹음

He was fired after he was accused of **harassment** of a coworker.
그는 동료를 괴롭힌 것으로 고소당한 후 해고되었다.
· sexual **harassment** 성희롱

⊕ harass 동 괴롭히다, 귀찮게 하다

1902 □□□

patrol ★★☆
[pətróul]

동 순찰을 돌다 명 순찰, 순찰대

Armed guards **patrolled** the grounds.
무장한 경비원들이 구내를 순찰했다
· on **patrol** 순찰 중인

1903 □□□

allocate ***
[ǽləkèit]

동 할당하다, 배당하다, 배분하다

The sales department was **allocated** 60,000 dollars for its budget. 모평응용
영업 부서는 예산으로 6만 달러를 할당받았다.

⊕ allocation 명 1. 할당, 배분 2. 할당량, 할당액

1904 □□□

incur ★☆☆
[inkə́ːr]

동 1. (비용을) 발생시키다, 물게 되다 2. (안 좋은 일을) 초래하다

If you don't pay the bill on time, you will **incur** a charge of $15.
제때 요금을 지급하지 않으면 당신은 15달러의 수수료를 물게 됩니다.

1905 □□□
sarcastic ★★☆
[sɑːrkǽstik]

형 빈정대는, 비꼬는

She intended him to recognize her **sarcastic** intent. 모평응용
그녀는 그가 그녀의 비꼬는 의도를 알아차리기를 의도했다.

⊕sarcasm 명빈정거림, 비꼼

1906 □□□
scope ★★★
[skoup]

명 1. 범위 2. 기회, 여지 (⊕ potential)

The **scope** of the right to privacy is restricted by the general interest. 모평응용
개인 사생활 권리의 범위는 공공의 이익에 의해 제한된다.
· **scope** for growth 성장의 여지

1907 □□□
frost ★★☆
[frɔːst]

명 1. 서리 2. 혹한, 추운 날씨 동 성에가 끼다

The first **frost** in the north was in November.
북쪽 지역의 첫서리는 11월에 내렸다.

⊕frosted 형1. 반투명의 2. 서리에 뒤덮인

1908 □□□
kidnap ★☆☆
[kídnæp]

동 유괴하다, 납치하다

It was discovered that the criminals planned to **kidnap** him.
그 범죄자들이 그를 납치하려고 계획했던 것이 밝혀졌다.

⊕kidnapper 명유괴범

1909 □□□
delete ★★☆
[dilíːt]

동 삭제하다, 지우다

He **deleted** an important file by mistake.
그는 실수로 중요한 파일을 삭제했다.

1910 □□□
revenge ★★☆
[rivéndʒ]

명 복수 동 복수하다

His followers attempted to get **revenge** for his death.
그의 추종자들은 그의 죽음에 대한 복수를 시도했다.
· in **revenge** for ~에 대한 보복으로

inflict *☆☆
[inflíkt]

图 (괴로움 등을) 안기다, 가하다

The earthquake **inflicted** serious damage on the city.
그 지진은 도시에 심각한 손해를 안겨주었다.
· **inflict** injury 상해를 입히다

brew **☆
[bru:]

图 1. (맥주를) 양조하다 2. (차를) 끓이다 图 양조 맥주

Whose turn is it to **brew** up?
누가 차를 끓일 차례지?
· **brew** beer 맥주를 양조하다

combat ***
[kámbæt]

图 전투, 싸움 图 [kəmbǽt] 1. (문제를) 방지하다 2. 전투를 벌이다

Hundreds of soldiers were killed in **combat** during the battle.
수백 명의 군인이 그 전쟁 동안 전투에서 죽었다.
· an effort to **combat** crime 범죄를 방지하려는 노력

recede **☆
[risí:d]

图 1. (소리 등이) 서서히 멀어지다, 희미해지다 2. (기억 등이) 약해지다

The sound of footsteps **receded** into the distance.
발자국 소리가 저 멀리 멀어졌다.

martial *☆☆
[má:rʃəl]

图 싸움의, 전쟁의

The farmers developed a **martial** art to protect themselves against
the predator. 모평응용
농부들은 포식동물로부터 스스로를 보호하기 위해 무술을 개발했다.
· **martial** law 군법

withhold **☆
[wiðhóuld]
(withheld – withheld)

图 1. 주지 않다 2. 보류하다

You should **withhold** judgment about the theory for a while. 학평응용
너는 잠시 그 이론에 대한 평가를 보류해야 한다.

crucial vs. cruel

1917 ☐☐☐
crucial ★★★
[krúːʃəl]

🔲 중대한, 결정적인 (⊛ vital)

Tackling negative place images is **crucial** for developing tourism. 학평응용
부정적 장소 이미지를 해결하는 것은 관광업의 발전에 중요하다.

⊕ crucially ᄇ 결정적으로

1918 ☐☐☐
cruel ★★☆
[krúːəl]

🔲 1. 잔인한, 무자비한 2. 가혹한, 비참한

A number of animal welfare groups consider bullfighting a **cruel** sport.
많은 동물 복지 단체는 투우를 잔인한 스포츠라고 여긴다.

preserve vs. prevent

1919 ☐☐☐
preserve ★★★
[prizə́ːrv]

🔲 1. 보존하다, 보호하다 2. (가치 등을) 보전하다, 유지하다

The forest has been **preserved** by the government.
그 숲은 정부에 의해 보존되어 왔다.

⊕ preservation 阁 1. 보존, 보호 2. 보전, 유지

1920 ☐☐☐
prevent ★★★
[privént]

🔲 ~하는 것을 막다, 예방하다, 방지하다

Thinking before speaking helps **prevent** you from making mistakes. 학평응용
말하기 전에 생각하는 것은 실수하는 것을 막는 데 도움이 된다.

· **prevent** fire/accidents/injuries 화재/사고/부상을 방지하다

⊕ prevention 阁 예방, 방지

DAILY TEST

[1-24] 다음 단어의 뜻을 우리말로 쓰시오.

1 advise _____

2 condemn _____

3 withhold _____

4 patrol _____

5 vocation _____

6 inflict _____

7 recede _____

8 delete _____

9 harassment _____

10 indulge _____

11 frown _____

12 terminate _____

13 incur _____

14 masculine _____

15 intricate _____

16 fancy _____

17 sarcastic _____

18 revenge _____

19 faint _____

20 flush _____

21 haunt _____

22 refuge _____

23 allocate _____

24 causal _____

[25-28] 다음 문장의 빈칸에 알맞은 단어를 쓰시오.

25 Hundreds of soldiers were killed in c_____ during the battle.
수백 명의 군인이 그 전쟁 동안 전투에서 죽었다.

26 Sean's face immediately became b_____.
Sean은 즉시 멍한 표정이 되었다.

27 The first thing we did at a company r_____ was a teamwork exercise.
우리가 회사 휴양시설에서 처음으로 한 것은 팀워크 훈련이었다.

28 The s_____ of the right to privacy is restricted by the general interest.
개인 사생활 권리의 범위는 공공의 이익에 의해 제한된다.

[29-30] 괄호 안에서 알맞은 말을 고르시오.

29 Tackling negative place images is (crucial / cruel) for developing tourism.

30 The forest has been (prevented / preserved) by the government.

Answers

¹ 조언하다, 충고하다; 알려주다 ² 비난하다; 선고를 내리다; (좋지 않은 상황에) 처하게 하다 ³ 보류하다 ⁴ 순찰을 돌다; 순찰 ⁵ 천직, 소명; 소명 의식 ⁶ (괴로움 등을) 안기다, 가하다 ⁷ 서서히 멀어지다, 희미해지다 ⁸ 삭제하다 ⁹ 괴롭힘 ¹⁰ 마음껏 하다; (욕구 등을) 충족시키다; 제멋대로 하게 하다 ¹¹ 얼굴을 찌푸리다, 찡그리다; 찌푸림, 찡그림 ¹² 끝나다, 끝내다, 종결시키다 ¹³ (비용을) 발생시키다; (안 좋은 일을) 초래하다 ¹⁴ 남성적인 ¹⁵ 복잡한, 정교한 ¹⁶ 고급의; 화려한; 상상 ¹⁷ 빈정대는 ¹⁸ 복수; 복수하다 ¹⁹ 희미한, 흐릿한; (가능성이) 아주 적은; 기절하다 ²⁰ 얼굴이 붉어지다; 물로 씻어 내다; 홍조; 물로 씻어냄 ²¹ (어떤 장소에) 귀신이 출몰하다; (생각 등이) 늘 따라다니다 ²² 피난(처), 도피(처) ²³ 할당하다, 배분하다 ²⁴ 인과 관계의 ²⁵ combat ²⁶ blank ²⁷ retreat ²⁸ scope ²⁹ crucial ³⁰ preserved

DAY 49

클래스카드

1921 ☐☐☐
compile ★★☆
[kəmpáil]

통 (자료를) 엮다, 편집하다, 편찬하다

He **compiled** a collection of his most important research.
그는 자신의 가장 중요한 연구를 수집해 엮어두었다.

1922 ☐☐☐
pungent ★☆☆
[pʌ́ndʒənt]

형 1. (맛·냄새가) 톡 쏘는 듯한, 자극적인 2. 날카로운, 신랄한

Raw garlic has a **pungent** smell.
생마늘은 자극적인 향이 난다.
· **pungent** criticism 신랄한 비판

1923 ☐☐☐
suicide ★★☆
[súːəsàid]

명 자살

The increase in the **suicide** rate is a significant social issue.
자살률의 증가는 중대한 사회 문제이다.
· commit **suicide** 자살하다

1924 ☐☐☐
spoil ★★★
[spɔil]
(spoiled/spoilt – spoiled/spoilt)

통 1. 망치다, 못 쓰게 만들다 2. 상하다 3. 버릇없게 만들다

He **spoiled** the deal and destroyed his credibility. 학평응용
그는 거래를 망쳤고 신용을 잃었다.

⊕ spoiled 형 1. 버릇없는 2. 상한

1925 ☐☐☐
lease ★★☆
[liːs]

통 임대하다, 임차하다 명 임대차 (계약)

This building is **leased** to early-stage small businesses. 학평응용
이 건물은 초기 단계의 소규모 기업들에 임대된다.
· take out a **lease** 임대차 계약을 맺다

1926 ☐☐☐
perplex ★☆☆
[pərpléks]

통 당황하게 하다, 난처하게 하다 (윤 puzzle)

She was **perplexed** by their unexpected behavior.
그녀는 그들의 예상하지 못한 행동에 당황했다.

⊕ perplexity 명 1. 당혹감 2. 당혹스러운 것

supernatural ★★☆
[sù:pərnǽtʃərəl]

형 초자연적인 (㈜ paranormal)

You cannot study the **supernatural**, they said.
초자연적인 현상을 연구하는 것을 불가능하다고 그들은 말했다.

· **supernatural** powers 초자연적인 능력

⊕ supernaturally 부 초자연적으로

---

probable ★★☆
[prábəbl]

형 있음 직한, 충분히 가능한, 그럴싸한 (㈔ improbable)

The **probable** cause of the fire is the electrical wiring.
그 화재의 충분히 가능한 원인은 전기 배선이다.

⊕ probably 부 아마도 ⊕ probability 명 1. 확률 2. 있을 법한 일

---

predecessor ★☆☆
[prédəsèsər]

명 1. 전임자 (㈔ successor) 2. 이전의 것, 전신(前身)

I think the new manager is better than her **predecessor**.
나는 새 매니저가 그녀의 전임자보다 낫다고 생각한다.

---

editorial ★★☆
[èditɔ́:riəl]

형 편집의 명 사설

Movies do more than present two-hour civics lessons or **editorials** on responsible behavior. 수능응용
영화는 책임 있는 행동에 관한 두 시간짜리 국민 윤리 교육이나 사설을 제시하는 것 이상을 한다.

· the magazine's **editorial** staff 그 잡지의 편집진

---

nonetheless ★★★
[nʌ̀nðəlés]

부 그럼에도 불구하고, 그렇더라도 (㈜ nevertheless)

She felt embarrassed, but **nonetheless** she focused on the exam.
그녀는 당황했지만, 그럼에도 불구하고 시험에 집중했다.

---

attorney ★★☆
[ətə́:rni]

명 1. 변호사 2. (법적) 대리인

She hired an **attorney** to defend her company.
그녀는 자신의 회사를 변호하기 위해 변호사를 고용했다.

1933 ☐☐☐
outgoing *☆☆
[áutgòuiŋ]

형 1. 외향적인, 사교적인 2. 떠나가는 (반 incoming)

Outgoing children tend to become sociable adults. 학평응용
외향적인 아이들은 사교적인 성인이 되는 경향이 있다.
· an **outgoing** ship 출항선

1934 ☐☐☐
bloom ***
[blu:m]

명 1. 꽃 2. (건강한) 혈색 동 1. 꽃이 피다 2. 혈색이 돌다

I found out that daisies usually **bloom** from spring to fall. 수능응용
나는 데이지꽃이 보통 봄부터 가을까지 꽃이 피는 것을 알아냈다.
· the **bloom** in her cheeks 그녀 뺨의 혈색

1935 ☐☐☐
lump **☆
[lʌmp]

명 1. 덩어리, 응어리 2. 혹 동 함께 묶다

Taking a **lump** of clay, he put it on his pottery wheel. 모평응용
점토 한 덩어리를 집어 들어, 그는 그것을 자신의 도자기 물레에 놓았다.

⊕ lumpy 형 덩어리가 많은, 울퉁불퉁한

1936 ☐☐☐
metropolis *☆☆
[mətrápəlis]

명 대도시, 주요 도시

The cost of living is quite high in **metropolises** like Paris or New York.
파리나 뉴욕과 같은 대도시에서는 생활비가 상당히 비싸다.

⊕ metropolitan 형 대도시의

1937 ☐☐☐
divine **☆
[diváin]

형 신의, 신성한

The king was considered to have **divine** power by the national religion.
그 왕은 국교(國敎)에 의해 신성한 힘을 가진 것으로 여겨졌다.

1938 ☐☐☐
harbor ***
[há:rbər]

명 1. 항구 2. 피난처 동 1. (죄인 등을) 숨겨주다 2. (계획 등을) 품다

Many wild plants may **harbor** tomorrow's drugs against many diseases. 모평응용
많은 야생 식물은 여러가지 병에 대한 미래의 약을 품고 있을 수 있다.
· **harbor** wall 방파제

wreck ★★☆
[rek]

동 1. 망치다, 파탄 내다 2. (배를) 난파시키다 명 1. 사고 2. 난파(선)

The buildings were **wrecked** by bombing.
그 건물들은 폭격으로 인해 파괴되었다.
· a train **wreck** 기차 사고

⊕wrecked 형 난파된, 망가진 ⊕wreckage 명 잔해

posterity ★☆☆
[pɑstérəti]

명 후세, 후대

The museum preserves the art for **posterity**.
그 박물관은 후대를 위해 그 그림을 보존한다.

jury ★★☆
[dʒúːəri]

명 1. 배심원단 2. 심사위원

The **jury** considered the case and found her guilty.
배심원단은 사건을 숙고한 후 그녀에게 유죄를 평결했다.
· sit[serve] on a **jury** 배심원이 되다

divisive ★★☆
[diváisiv]

형 분열을 초래하는, 의견을 갈리게 하는

Humor reframes potentially **divisive** events into merely "laughable" ones. 수능응용
유머는 어쩌면 불화를 일으킬 수 있는 사건을 그저 '재미있는' 사건으로 재구성한다.
· a **divisive** policy 분열을 조장하는 정책

redeem ★☆☆
[ridíːm]

동 1. (명예 등을) 회복하다, 만회하다 2. (결점을) 보완하다
3. (빚을) 상환하다

She wants to have an opportunity to **redeem** her reputation.
그녀는 평판을 회복할 기회를 얻길 원한다.
· **redeem** a national loan 국채를 상환하다

swear ★★☆
[swɛər]
(swore – sworn)

동 1. 맹세하다 2. 욕을 하다

Witnesses in the court **swear** to say nothing but the truth.
법정에서 목격자들은 진실만을 말할 것을 맹세한다.
· **swear** at ~에게 욕을 하다

1945 ☐☐☐
remark ***
[rimάːrk]

명 말, 발언, 논평 (㈜ comment)　통 (의견을) 말하다 (㈜ comment)

He was criticized for the racial **remark** in an interview.
그는 인터뷰에서의 인종차별적 발언으로 비난받았다.

⊕ remarkable 형 주목할만한, 놀랄 만한, 뛰어난

1946 ☐☐☐
tenant **☆
[ténənt]

명 세입자

The landlord rented an apartment to the **tenant**.
집주인은 세입자에게 아파트를 세놓았다.

⊕ tenancy 명 1. 차용 기간　2. 차용권

1947 ☐☐☐
pledge *☆☆
[pledʒ]

명 약속, 맹세, 서약　통 약속하다, 맹세하다, 서약하다

She took a **pledge** to serve the people to the best of her ability.
그녀는 최선을 다해 국민에게 봉사하겠다는 맹세를 했다.
· **pledge** to cut taxes 세금을 감면하기로 약속하다

1948 ☐☐☐
fertile **☆
[fə́ːrtəl]

형 1. 비옥한, 기름진　2. 가임의 (㈜ infertile, sterile)　3. 풍부한

Rotten leaves facilitate **fertile** soil formation.　학평응용
썩은 잎들은 비옥한 토양의 형성을 촉진한다.
· a **fertile** imagination 풍부한 상상력

⊕ fertility 명 1. 비옥함　2. 생식능력, 번식력

1949 ☐☐☐
outline ***
[áutlàin]

명 1. 개요　2. 윤곽, 외형　통 1. 개요를 서술하다　2. 윤곽을 나타내다

The basic **outline** of the project has been determined.
그 프로젝트의 기본적인 개요가 결정되었다.
· in **outline** 개략적인

1950 ☐☐☐
temperate **☆
[témpərit]

형 1. (기후·지역이) 온난한　2. 절제하는 (㈜ intemperate)

This area has a **temperate** climate and remains relatively warm in winter.
이 지역은 온대성 기후로 겨울에도 비교적 따뜻하다.

⊕ temperately 부 적당하게

1951

plead ★☆☆
[pliːd]
(pleaded/pled – pleaded/pled)

동 1. 간청하다, 애원하다 (유 beg) 2. 핑계를 대다

The girl **pleaded** with her father to let her go to the concert.
그 여자아이는 아버지에게 콘서트에 가게 해달라고 간청했다.

♣ pleading 명 애원 형 애원하는

1952

revise ★★★
[riváiz]

동 1. 수정하다, 변경하다 2. (책 등을) 개정하다

The government needs to **revise** its unrealistic policy. 수능응용
정부는 현실적이지 않은 정책을 변경할 필요가 있다.

♣ revision 명 1. 수정, 정정 2. (책 등의) 개정

1953

sensory ★★☆
[sénsəri]

형 감각의

From your brain's perspective, your body is just another source of **sensory** input. 학평응용
뇌의 관점에서 볼 때, 여러분의 몸은 감각 입력의 또 다른 원천일 뿐이다.
· **sensory** organs 감각 기관

1954

pedestrian ★☆☆
[pədéstriən]

명 보행자 형 1. 보행자의 2. (문체가) 평범한, 시시한

The car hit two **pedestrians** crossing the street.
그 차는 길을 건너던 두 명의 보행자를 쳤다.
· **pedestrian** lyrics 평범한 가사

1955

heir ★★★
[ɛər]

명 1. 상속인 2. 후계자

Artists' **heirs** have rights to intellectual property for 70 years after the creator's death. 수능응용
예술가들의 후손은 창작자 사망 후 70년간 지적재산권을 보유한다.
· the president's political **heirs** 대통령의 정치적 후계자들

1956

pastoral ★☆☆
[pǽstərəl]

형 1. 전원(생활)의, 시골의 2. 목회자의

The visitors from the city fully enjoyed the **pastoral** scene.
도시에서 온 방문객들은 전원 풍경을 만끽했다.
· the **pastoral** life 전원생활

evolve vs. involve

1957 ☐☐☐
evolve ★★★
[iválv]

图 1. 진화하다, 진화시키다 2. 발전하다, 발전시키다

The theory says that humans **evolved** from apes.
그 이론은 인간이 유인원으로부터 진화했다고 말한다.

⊕ evolution 圆 진화, 진보

1958 ☐☐☐
involve ★★★
[inválv]

图 1. 수반하다, 포함하다 2. 관련시키다 3. 참여시키다

Investment in stocks often **involves** a lot of risk. (수능응용)
주식투자는 흔히 많은 위험을 수반한다.

⊕ involved 圈 관련된, 연루된 ⊕ involvement 圆 1. 관련, 개입 2. 참여

optical vs. optional

1959 ☐☐☐
optical ★☆☆
[áptikəl]

圈 1. 시각적인 2. 시력을 보완하는 3. 광학(光學)의

Film has stimulated our **optical** and auditory senses with sights and sounds. (모평응용)
영화는 볼거리와 소리로 우리의 시각과 청각을 자극해왔다.

⊕ optically 閉 시각적으로

1960 ☐☐☐
optional ★☆☆
[ápʃənəl]

圈 선택적인, 임의의 (반 compulsory)

Animal costumes are **optional** but encouraged at the parade. (학평응용)
퍼레이드에서 동물 복장은 선택이지만 권장됩니다.

⊕ option 圆 선택(권)

DAY 49

[1-24] 다음 단어의 뜻을 우리말로 쓰시오.

1	revise	_____	13	jury	_____
2	outgoing	_____	14	probable	_____
3	compile	_____	15	lease	_____
4	sensory	_____	16	divisive	_____
5	predecessor	_____	17	tenant	_____
6	divine	_____	18	editorial	_____
7	heir	_____	19	outline	_____
8	suicide	_____	20	redeem	_____
9	pungent	_____	21	pastoral	_____
10	wreck	_____	22	remark	_____
11	spoil	_____	23	pledge	_____
12	harbor	_____	24	swear	_____

[25-28] 다음 문장의 빈칸에 알맞은 단어를 쓰시오.

25 She felt embarrassed, but n_____ she focused on the exam.
그녀는 당황했지만, 그럼에도 불구하고 시험에 집중했다.

26 This area has a t_____ climate and remains relatively warm in winter.
이 지역은 온대성 기후로 겨울에도 비교적 따뜻하다.

27 The girl p_____ with her father to let her go to the concert.
그 여자아이는 아버지에게 콘서트에 가게 해달라고 간청했다.

28 Rotten leaves facilitate f_____ soil formation.
썩은 잎들은 비옥한 토양의 형성을 촉진한다.

[29-30] 괄호 안에서 알맞은 말을 고르시오.

29 Investment in stocks often (involves / evolves) a lot of risk.

30 Animal costumes are (optical / optional) but encouraged at the parade.

Answers

[1] 수정하다, 변경하다; (책 등을) 개정하다 [2] 외향적인; 떠나가는 [3] (자료를) 엮다, 편집하다 [4] 감각의 [5] 전임자; 이전의 것 [6] 신의, 신성한 [7] 상속인; 후계자 [8] 자살 [9] (맛·냄새가) 톡 쏘는 듯한; 날카로운, 신랄한 [10] 망치다; (배를) 난파시키다; 사고; 난파(선) [11] 망치다; 상하다; 버릇없게 만들다 [12] 항구; 피난처; (죄인 등을) 숨겨주다; (계획 등을) 품다 [13] 배심원단; 심사위원 [14] 있음 직한, 충분히 가능한 [15] 임대하다, 임차하다; 임대차 (계약) [16] 분열을 초래하는 [17] 세입자 [18] 편집의; 사설 [19] 개요; 윤곽; 개요를 서술하다; 윤곽을 나타내다 [20] (명예 등을) 회복하다; (결점을) 보완하다; (빚을) 상환하다 [21] 전원(생활)의; 목회자의 [22] 말, 발언; (의견을) 말하다 [23] 약속, 맹세; 맹세하다, 서약하다 [24] 맹세하다, 욕을 하다 [25] nonetheless [26] temperate [27] pleaded [28] fertile [29] involves [30] optional

---

1961 ☐☐☐
stern ★☆☆
[stə:rn]

형 엄격한, 엄한, 단호한

Despite his **stern** appearance, he has a great sense of humor.
엄격해 보이는 외모에도 불구하고 그는 유머 감각이 뛰어나다.

⊕ sternly 뷔 엄격하게

1962 ☐☐☐
rearing ★★★
[ríəriŋ]

명 1. 양육 2. (동물·조류의) 사육

High-density **rearing** led to outbreaks of infectious diseases. 수능응용
고밀도의 사육은 전염성 질병의 발발을 초래했다.
· livestock **rearing** 가축 사육

⊕ rear 동 기르다 명 뒤쪽

1963 ☐☐☐
subside ★☆☆
[səbsáid]

동 1. (통증 등이) 가라앉다, 진정되다 2. (땅·건물이) 내려앉다

He took the medicine, and the pain began to **subside**.
그가 약을 먹자 통증이 가라앉기 시작했다.

1964 ☐☐☐
slant ★☆☆
[slænt]

명 1. 경사 2. (마음의) 경향, 편향
동 1. 기울어지다, 기울게 하다 2. (정보를) 편향되게 제시하다

The shelf will fall over if you set it on a **slant**.
책꽂이를 경사 위에 설치하면 넘어질 것이다.
· **slant** a story against ~에 반하여 이야기를 왜곡하다

⊕ slanted 형 1. 비스듬한 2. 편파적인

1965 ☐☐☐
fond ★★★
[fɑnd]

형 1. ((of)) (매우) 좋아하는 2. 다정한, 애정 어린 (⑮affectionate)

He is **fond** of playing musical instruments.
그는 악기를 연주하는 것을 좋아한다.

1966 ☐☐☐
thrust ★☆☆
[θrʌst]
(thrust – thrust)

동 1. 밀다, 밀치다 2. 찌르다 명 1. (와락) 밀침 2. 추진력 3. 요점

The police officer **thrust** the suspect against the wall.
경찰은 용의자를 벽으로 밀쳤다.

1967 ☐☐☐

slavery *☆☆
[sléivəri]

명 1. 노예제도 2. 노예 (신분)

After the Civil War, **slavery** was officially ended in the US.
남북 전쟁 후, 미국에서 노예제도는 공식적으로 끝이 났다.
· abolish **slavery** 노예제도를 폐지하다

⊕ slave 명 노예 동 노예처럼 일하다

1968 ☐☐☐

laborious ***
[ləbɔ́:riəs]

형 (많은 시간과 노력을 요하는) 힘든

Checking all the information will be slow and **laborious**.
그 정보를 모두 확인하는 일은 더디고 힘들 것이다.
· a **laborious** task 힘든 과제

⊕ laboriously 부 어렵사리, 힘겹게

1969 ☐☐☐

dilemma **☆
[dilémə]

명 딜레마, 진퇴양난

AIs could lead us in resolving moral **dilemmas**. 수능응용
인공지능은 우리가 도덕적 딜레마를 해결하도록 이끌 수도 있다.
· face a **dilemma** 딜레마에 봉착하다, 딜레마에 빠지다

1970 ☐☐☐

tilt *☆☆
[tilt]

동 기울다, 기울이다 명 기울어짐, 기울기

The dog **tilted** its head when it heard a strange noise.
그 개는 이상한 소리를 듣고 고개를 기울였다.

1971 ☐☐☐

scorn *☆☆
[skɔːrn]

동 멸시하다, 깔보다 명 경멸, 멸시

You must not **scorn** people who are newcomers.
너는 신참인 사람들을 멸시해서는 안 된다.

⊕ scornful 형 경멸하는, 멸시하는

1972 ☐☐☐

entitle ***
[intáitl]

동 1. 권리를 주다, 자격을 주다 2. (책 등에) 제목을 붙이다

The guarantee **entitles** you to a replacement or refund.
그 보증서는 당신에게 교환이나 환불을 받을 권리를 준다.
· **entitle** a book 책 제목을 붙이다

⊕ entitlement 명 권리, 자격

1973 ☐☐☐
scoop ★☆☆
[skuːp]

명 1. 큰 숟갈 2. 한 숟갈(의 양) 3. (신문의) 특종
동 1. (큰 숟갈로) 뜨다 2. 특종 기사를 싣다

The pie has a **scoop** of vanilla ice cream on top of it.
그 파이 위에는 바닐라 아이스크림 한 숟가락이 올라가 있다.
· **scoop** out ~을 퍼내다, 떠내다

1974 ☐☐☐
weary ★☆☆
[wíːəri]

형 1. 지친, 피곤한 2. 싫증 난   동 지치게 하다 (⊕ tire)

At the end of the semester, everyone is **weary** from classes and exams.
학기 말에는 모든 사람이 수업과 시험에 지친다.

⊕ weariness 명 권태, 피로   ⊕ wearisome 형 1. 피곤하게 하는 2. 지루한

1975 ☐☐☐
recognize ★★★
[rékəɡnàiz]

동 1. 알아보다, 인지하다 2. 인정하다 3. 승인하다

I **recognized** the woman in the dark by her voice.
어둠 속에서 나는 목소리로 그 여자인지 알았다.
· **recognize** an error 실수를 인정하다

⊕ recognition 명 1. 알아봄 2. 인정 3. 승인

1976 ☐☐☐
relish ★☆☆
[réliʃ]

동 즐기다, 좋아하다   명 큰 즐거움

I **relish** the thought of winning the lottery someday.
나는 언젠가 복권에 당첨될 것이라는 생각을 즐긴다.

1977 ☐☐☐
unveil ★☆☆
[ʌnvéil]

동 1. (신제품 등을) 발표하다, 공개하다 2. 베일을 벗기다 (⊕ veil)

They are planning to **unveil** the new car next month.
그들은 신차를 다음 달에 공개할 계획이다.

1978 ☐☐☐
starve ★★★
[staːrv]

동 굶주리다, 굶어 죽다

In years of bountiful crops people ate heartily, and in lean years they **starved**. 모평응용
농작물이 풍부한 해에 사람들은 마음껏 먹었고, 흉작인 해에는 굶주렸다.

⊕ starvation 명 굶주림, 기아

sophomore ★☆☆
[sάfəmɔːr]

명 (고등학교·대학의) 2학년생

He is going into his **sophomore** year of high school next year.
그는 내년에 고등학교 2학년이 된다.

---

revenue ★★☆
[révənjùː]

명 (기관의) 수입, 수익

Traditional newspapers have been hit by the decline in advertising **revenue**.
전통적인 신문사들은 광고 수익의 감소로 타격을 받았다.

---

stagnant ★☆☆
[stǽgnənt]

형 1. 침체한, 발전이 없는 2. 흐르지 않는, 고여 있는

The **stagnant** economy is entering a state of recovery.
침체한 경제가 회복 국면으로 접어들고 있다.

⊕stagnate 통 1. 침체하다 2. (물이) 고이다 ⊕stagnancy 명 침체, 불황

---

satirical ★☆☆
[sətírikəl]

형 풍자적인, 비꼬는

The play takes a **satirical** look at the political situation.
그 연극은 정치적 상황을 풍자적 시선으로 바라본다.
· a **satirical** smile 빈정거리는 미소

⊕satire 명 풍자 ⊕satirically 부 풍자적으로, 비꼬아

---

pat ★★★
[pæt]

동 쓰다듬다, 토닥거리다 명 쓰다듬기, 토닥거리기

Anna responded with a friendly **pat** on Jane's shoulder. 수능응용
안나는 제인의 어깨를 친근하게 토닥이는 것으로 반응했다.
· **pat** the dog on the head 개의 머리를 쓰다듬다

---

sterile ★☆☆
[stéril]

형 1. 살균한 2. 불임의 (반 fertile) 3. 불모의, 척박한

Nurses have to use a **sterile** needle for every injection.
간호사는 주사를 놓을 때마다 살균 바늘을 사용해야 한다.

⊕sterilize 통 살균하다, 소독하다

1985 ☐☐☐

setback ★☆☆

[sétbæk]

명 좌절, 실패, 차질

A **setback** in any one area won't mean that you're a failure in life. 모평응용

어떤 한 부분에서의 좌절이 네가 인생의 실패자임을 의미하지 않을 것이다.

· a financial **setback** 재정적 차질

1986 ☐☐☐

courage ★★★

[kə́:ridʒ]

명 용기 (반cowardice)

It is not easy to show moral **courage** in the face of opposition. 수능응용

반대에 직면했을 때 도덕적 용기를 보이기란 쉽지 않다.

⊕courageous 형 용감한

1987 ☐☐☐

solemn ★☆☆

[sáləm]

형 엄숙한, 진지한, 근엄한

The ceremony was conducted in a **solemn** atmosphere.

그 의식은 엄숙한 분위기에서 진행되었다.

⊕solemnly 부 엄숙하게, 진지하게   ⊕solemnity 명 엄숙함

1988 ☐☐☐

uphold ★☆☆

[ʌphóuld]
(upheld – upheld)

동 1. (법·원칙 등을) 유지하다, 옹호하다   2. (판결을) 확인하다, 확정하다

Police have a duty to protect citizens and **uphold** the law.

경찰은 시민을 보호하고 법을 유지할 의무가 있다.

1989 ☐☐☐

discharge ★★★

[distʃɑ́:rdʒ]

동 1. 해고하다   2. 퇴원시키다, 석방하다   명 1. 방출, 배출   2. 퇴원, 제대

Control over **discharge** of mercury from industrial operations is needed. 수능응용

산업 활동에서 생기는 수은의 방출에 대한 통제가 필요하다.

· be **discharged** from the hospital 병원에서 퇴원하다

1990 ☐☐☐

sprain ★☆☆

[sprein]

동 (발목·손목 등을) 삐다, 접질리다 (반twist, wrench)

He got a chance to play when a starting player **sprained** his ankle. 모평응용

그는 선발 선수가 발목을 삐었을 때 경기를 할 기회를 얻었다.

sue ★☆☆

[su:]

동 고소하다, 소송을 제기하다

Injured in an accident, he **sued** the driver of the other car.
사고로 다쳐서, 그는 상대 차의 운전자를 고소했다.

· **sue** for slander 명예훼손으로 고소하다

---

differentiate ★★☆

[dìfərénʃièit]

동 구별하다, 구분짓다 (유 distinguish)

Afterwards, cell's metabolism shifts as it **differentiates** into a specialized cell. 수능응용

그 후 세포는 특화된 세포로 분화하면서 물질대사가 변한다.

· **differentiate** into ~로 변하다, 분화하다

---

remnant ★☆☆

[rémnənt]

명 1. 남은 부분, 나머지 (유 remainder) 2. 자투리

The **remnants** of breakfast are still on the table.
아침 식사 남은 것이 아직 식탁 위에 있다.

---

sculpture ★★★

[skʌ́lptʃər]

명 1. 조각품, 조각상 2. 조각

This **sculpture** is made of clay and steel.
이 조각품은 점토와 철골로 만들어졌다.

⊕ sculpt 동 1. 조각하다 2. 형태를 바꾸다

---

vacant ★☆☆

[véikənt]

형 1. 빈, 비어 있는 (반 occupied) 2. (일자리가) 빈자리의, 공석인

There are no **vacant** rooms during the busy season.
성수기에는 빈방이 없다.

· a **vacant** position 공석인 자리

⊕ vacancy 명 1. 빈방 2. 빈자리, 공석

---

edition ★★☆

[idíʃən]

명 1. (출간 책의) 판, 본 2. (잡지·신문의) 판, 호

In the original **editions** of the book, the main character's name was Wally. 모평응용

그 책의 원본에서는 주인공의 이름이 Wally였다.

· a first/limited **edition** 초판/한정판

⊕ edit 동 편집하다, 수정하다, 교정하다 명 편집 (작업), 교정

proclaim vs. exclaim

1997 ☐☐☐

proclaim ★★☆
[proukléim]

图 1. 선언하다, 선포하다   2. 분명히 보여주다, 나타내다

The government formally **proclaimed** its independence.
그 정부는 공식적으로 독립을 선언했다.

⊕ proclamation 圐 1. 선언, 선포 2. 선언서

1998 ☐☐☐

exclaim ★★☆
[ikskléim]

图 소리를 지르다, 외치다

"What a wonderful adventure!" I **exclaimed.** 수능응용
"정말 멋진 모험이야!"라고 나는 외쳤다.

substantial vs. subsequent

1999 ☐☐☐

substantial ★★★
[səbstǽnʃəl]

图 1. (양 등이) 상당한 (⊛ considerable)   2. 크고 튼튼한, 견고한

Some give a **substantial** amount to one charity, while others give small amounts to many charities. 수능응용
일부는 상당한 액수를 하나의 자선단체에 기부하는 반면 다른 일부는 적은 액수를 여러 자선단체에 기부한다.

⊕ substantially 閈 상당히, 많이

2000 ☐☐☐

subsequent ★★☆
[sʌ́bsəkwənt]

图 다음의, 그 이후의

The first impressions affect the impressions of **subsequent** perceptions. 학평응용
첫인상은 그 이후에 인식하게 되는 인상에 영향을 미친다.

· **subsequent** to ~다음에, ~이후에

⊕ subsequently 閈 그 후에, 이어서

DAY 50

[1-24] 다음 단어의 뜻을 우리말로 쓰시오.

1 subside _____
2 uphold _____
3 solemn _____
4 stern _____
5 remnant _____
6 sue _____
7 revenue _____
8 differentiate _____
9 discharge _____
10 vacant _____
11 stagnant _____
12 starve _____

13 sterile _____
14 laborious _____
15 sculpture _____
16 relish _____
17 slant _____
18 tilt _____
19 setback _____
20 weary _____
21 satirical _____
22 scorn _____
23 pat _____
24 recognize _____

[25-28] 다음 문장의 빈칸에 알맞은 단어를 쓰시오.

25 It is not easy to show moral c_____ in the face of opposition.
반대에 직면했을 때 도덕적 용기를 보이기란 쉽지 않다.

26 The guarantee e_____ you to a replacement or refund.
그 보증서는 당신에게 교환이나 환불을 받을 권리를 준다.

27 He is f_____ of playing musical instruments.
그는 악기를 연주하는 것을 좋아한다.

28 High-density r_____ led to outbreak of infectious diseases.
고밀도의 사육은 전염성 질병의 발발을 초래했다.

[29-30] 괄호 안에서 알맞은 말을 고르시오.

29 The government formally (proclaimed / exclaimed) its independence.

30 The first impressions affect the impressions of (subsequent / substantial) perceptions.

Answers

[1] (통증 등이) 가라앉다; (땅·건물이) 내려앉다 [2] (법·원칙 등을) 유지하다; (판결을) 확인하다 [3] 엄숙한, 진지한, 근엄한 [4] 엄격한, 단호한 [5] 나머지; 자투리 [6] 고소하다 [7] (기관의) 수입, 수익 [8] 구별하다, 구분짓다 [9] 해고하다; 퇴원시키다; 석방하다; 방출; 퇴원, 제대 [10] 비어 있는; (일자리가) 빈자리의 [11] 침체한; 고여 있는 [12] 굶주리다 [13] 살균한; 불임의; 척박한 [14] 힘든 [15] 조각품; 조각 [16] 즐기다; 큰 즐거움 [17] 경사; (마음의) 경향, 편향; 기울어지다, 기울이다; (정보를) 편향되게 제시하다 [18] 기울다, 기울이다; 기울어짐, 기울기 [19] 좌절, 차질 [20] 지친, 피곤한; 싫증 난; 지치게 하다 [21] 풍자적인, 비꼬는 [22] 멸시하다; 경멸 [23] 쓰다듬다, 토닥거리다; 쓰다듬기, 토닥거리다 [24] 알아보다; 인정하다; 승인하다 [25] courage [26] entitles [27] fond [28] rearing [29] proclaimed [30] subsequent

□□□
beat
[biːt]
(beat – beaten)

동 1. 때리다 2. 이기다 3. (심장이) 고동치다 명 박자

¹ The man was **beaten** to death.
그 남자는 맞아 죽었다.

² They **beat** the rival team in the finals.
그들은 결승에서 상대팀을 이겼다.

³ My heart **beat** unusually fast.
내 심장이 이상하게 빨리 뛰었다.

⁴ The **beat** of the song is too fast to dance to.
그 노래의 박자는 너무 빨라서 맞춰 춤을 출 수가 없다.

□□□
content
[kántènt]

명 1. ((~s)) 내용(물) 2. ((~s)) 목차 3. 함량 형 만족하는 동 만족시키다

¹ He didn't show me the **contents** of the box.
그는 상자의 내용물을 나에게 보여주지 않았다.

² We need to make a table of **contents** first.
우리는 먼저 목차 표를 만들 필요가 있다.

³ Watermelon has a high water **content**.
수박은 높은 수분 함량을 가지고 있다.

⁴ They seem **content** to live in the country.
그들은 시골에서 사는 것에 만족하는 듯하다.

⁵ She **contents** herself with her life as it is.
그녀는 있는 그대로의 자신의 삶에 만족한다.

□□□
attend
[əténd]

동 1. 참석하다 2. ~에 다니다 3. 돌보다 4. 처리하다

¹ He can't **attend** today's meeting due to the storm.
그는 폭풍 때문에 오늘 회의에 참석할 수 없다.

² We **attended** the same elementary school.
우리는 같은 초등학교에 다녔다.

³ She **attended** to her sick son all night.
그녀는 아픈 아들을 밤새 돌보았다.

⁴ I have some work to **attend** to.
나는 처리해야 할 일이 좀 있다.

PART
02

수능 필수 구동사

in	안으로, 안에 / 끼어들어, 가담하여 / 제출하여

2001 ☐☐☐
break in

1. 침입하다
break(부수다) + in(안으로) → (도둑 등이) 침입하다

2. 끼어들다, 방해하다 (逾 interrupt)
break(깨뜨리다) + in(끼어들어) → 끼어들어 진행 중인 대화를 깨뜨리다

The alarm will sound if anyone tries to **break in**.
누군가 침입하려고 하면 경보가 울릴 것이다.

We were having a chat when she **broke in**.
우리가 대화를 하고 있었는데 그녀가 끼어들어 방해했다.

2002 ☐☐☐
bring in

1. (법안 등을) 도입하다 (逾 introduce, induce)
bring(가지고 오다) + in(안으로) → ~을 안으로 가져오다, 도입하다

2. 데려 오다
bring(데려 오다) + in(안으로) → ~을 안으로 데려 오다

The party will **bring in** the necessary legislation to deal with the problem.
그 당은 그 문제를 다루는 데 필요한 법안을 제출할 것이다.

Seeing my depression, my trainers **brought in** a male dolphin.
내가 낙담해 있는 것을 보고, 조련사들이 수컷 돌고래를 데려다 주었다.

2003 ☐☐☐
fit in

어울리다, 조화하다 (逾 match, harmonize)
fit(어울리다) + in(모임 안에서) → 모임 안에서 잘 어울리다

Being assertive **fits** nicely **in** the counselor's repertoire of techniques. 수능응용
확신에 차 있는 것은 상담사의 기법 목록에 잘 어울리는 것이다.

2004 ☐☐☐
give in

(마지 못해) 동의하다, 굴복하다 (逾 yield, surrender)
give(주다) + in(안으로) → 받아들이다 → 굴복하다

We just won't **give in** to their demands.
우리는 그들의 요구에 전혀 굴복하지 않을 것이다.

2005 ☐☐☐
kick in

효과가 나타나기 시작하다, 작동하기 시작하다
kick(차다) + in(안에) → 안에 들어가 움직이다

When we are disturbed by forces acting on us, our inner machinery **kicks in** and returns us to a balanced state of equilibrium. 수능응용
우리에게 영향을 미치는 힘에 의해 우리가 방해를 받을 때, 우리의 내부 조직이 작동하여 우리를 평형이라는 균형이 잡힌 상태로 돌아오게 한다.

2006 □□□
let in on

(비밀 등을) 알려주다

let(~하게 하다) + in(안으로) + on(~에 관해) → ~에 관해 들어오게 하다

I'm going to **let** you **in on** a little secret.
작은 비밀을 하나 알려줄게요.

2007 □□□
result in

(결과적으로) ~을 낳다, ~을 초래하다 (⊛ lead to)

result(발생시키다) + in(안으로) → ~을 초래하다

While the fire **resulted in** damage to the workplace, no one was injured or dead.
그 화재로 작업장이 피해를 입었지만 부상자나 사망자는 없었다.

2008 □□□
take in

1. 이해하다, 받아들이다

take(받아들이다) + in(머릿속으로) → 받아들이다, 이해하다

2. 섭취하다, 흡수하다

take(받아들이다) + in(몸속으로) → 섭취하다

The audience often **takes in** the overemphasized expression of film actors easily. 모평응용
관객은 종종 영화배우들의 지나치게 강조된 표현을 쉽게 받아들인다.

He stood on the shore **taking in** the salty sea air.
그는 짠 바다 공기를 마시며 해안에 서 있었다.

2009 □□□
cut in

끼어들다, 간섭하다 (⊛ interrupt, break in)

cut(자르다) + in(끼어들어) → 대화를 끊고 끼어들다

He kept **cutting in** on our conversation.
그가 계속 우리 대화에 끼어들었다.

2010 □□□
step in

(합의 도출이나 문제 해결을 위해) 돕고 나서다, 개입하다 (⊛ intervene)

step(발을 들여놓다) + in(끼어들어) → 논쟁 등에 끼어들다

When consumers lack adequate information, governments frequently **step in** to require that firms provide information. 모평응용
소비자들이 적절한 정보가 부족할 때, 정부가 자주 개입하여 회사에게 정보를 제공하도록 요구한다.

2011 □□□
hand in

(과제물 등을) 제출하다 (⊛ submit)

hand(건네주다) + in(제출하여) → 제출하다

I'll **hand in** your paper for you. 모평응용
내가 네 논문을 대신 제출할게.

2012 □□□
put in for

~을 신청하다; ~에 지원하다 (⊛ apply for)

put(놓다) + in(제출하여) + for(~을 얻기 위해) → ~을 공식적으로 신청하다

When are you going to **put in for** it?
언제 지원하실 건가요?

2013 □□□
turn in

~을 돌려주다; ~을 제출하다 (⊕ hand in)

turn(방향을 돌리다; 보내다) + in(제출하여) → ~을 돌려주다; 제출하다

I think it's closed. **Turn in** the book tomorrow. 수능응용
문을 닫았을 것 같아. 책을 내일 반납해라.

---

into
[방향] ~의 안으로, ~으로 / [접촉] ~에, ~와 / [변화] ~으로

2014 □□□
break into

1. (건물에) 침입하다

break(밀고 나아가다) + into(안으로) → 침입하다

2. 갑자기 ~하기 시작하다

break(갑자기 ~하다) + into([상태 변화] ~으로) → 갑자기 ~하기 시작하다

Her house was **broken into** last week.
그녀의 집은 지난주에 도둑맞았다.

Then, **breaking into** a smile, he said, "I brought you something."
그리고 나서, 그는 갑자기 웃음을 터뜨리며 말했다, "너에게 무언가를 가져왔어."

2015 □□□
get into

1. ~에 연루되다; (특정한 상태에) 처하다

get(되다) + into(어떤 상황 속으로) → 어떤 일에 연루되다

2. 입학 허가를 받다

I **got into** a bicycle accident, and I was in the hospital for two days. 수능응용
난 자전거 사고가 나서 이틀 동안 입원해 있었어.

I eventually **got into** that university, became a football player, and graduated. 모평응용
나는 결국 그 대학에 들어가서 축구선수가 되었고 졸업했다.

2016 □□□
run into

1. ~와 우연히 만나다 (⊕ bump into) 2. (곤경 등을) 만나다, 겪다

run(급히 가다) + into(안으로) → ~으로 가다가 마주치다

Guess who I **ran into** today!
내가 오늘 누구와 마주쳤는지 알아맞혀 봐!

2017 □□□
bump into

(우연히) ~와 마주치다 (⊕ run into, come across)

bump(마주치다) + into(~에) → ~와 마주치다

We **bumped into** each other at a restaurant.
우리는 식당에서 우연히 만났다.

launch into

~을 시작하다
launch(열심히 시작하다) + into(~에) → ~을 하기 시작하다

Photocopiers' complicated features and interfaces give people natural reasons to **launch into** conversation. 모평응용
복사기의 복잡한 기능과 인터페이스는 대화를 시작할 자연스러운 이유를 사람들에게 제공한다.

put into

(시간, 노력 등을) ~에 들이다, ~에 쏟아붓다
put(두다) + into(~에) → ~에 ~을 들이다

All that time I **put** my whole heart **into** looking for work.
그 시간 내내 나는 일자리를 찾는 데 온 마음을 쏟았다.

swing into

~에 돌입하다, ~하기 시작하다
swing(휘두르다) + into(~에) → ~에 들어가다, 돌입하다

The city has begun **swinging into** full-scale preparations for the 100th anniversary parade.
그 도시는 100주년 기념 퍼레이드를 위한 본격적인 준비에 돌입하기 시작했다.

tap into

~에 다가가다; ~을 이용하다
tap(가볍게 두드리다, 박자를 맞추다) + into(~에) → ~에 다가가다

It often requires great cleverness to conceive of measures that **tap into** what people are thinking without altering their thinking. 수능응용
사람들의 생각을 바꾸지 않고 그들이 생각하는 것에 접근할 방안을 생각해 내려면 종종 대단히 교묘한 솜씨가 필요하다.

burst into

갑자기 ~하기 시작하다
burst(갑자기 ~하다) + into([상태 변화] ~으로) → 갑자기 ~하기 시작하다

"I can see not just the branches, but each little leaf." Tara **burst into** tears. 모평응용
"나는 나뭇가지뿐만 아니라 각각의 작은 잎도 볼 수 있어." Tara는 울음을 터뜨렸다.

of	(~에서) 떨어져, 떼어져 / ~에 관해 / ~의 결과로

deprive A of B

A로부터 B를 빼앗다 (윤 strip A of B)
deprive(빼앗다) + A + of(떨어져) + B → A에게서 B를 빼앗다

Why should you **deprive** yourself **of** such simple pleasures?
왜 스스로에게서 그처럼 소박한 기쁨을 빼앗는 거죠?

accuse A of B

A를 B의 혐의로 고발[기소]하다, 비난하다
accuse(고발하다; 비난하다) + A + of(~에 관해) + B → B에 관해 A를 고발하다, 비난하다

He has been **accused of** murder.
그는 살인 혐의로 고발되었다.

2025 ☐☐☐
convince A of B

A에게 B를 납득시키다

convince(납득시키다, 믿게 하다) + A + of(~에 관해) + B → A에게 B에 관해 납득시키다

I have written a position paper trying to **convince** the city council **of** the need to hire security personnel for the library. 　모평응용

나는 시의회에 도서관의 보안 요원을 고용할 필요를 납득시키려는 의견서를 작성했다.

2026 ☐☐☐
come of

~의 결과로 일어나다

come(일이 일어나다) + of(~의 결과로) → ~의 결과로 일어나다

I made a few inquiries, but nothing **came of** it.

나는 몇 가지 문의를 했지만 아무런 결과도 얻지 못했다.

---

to	[대상] ~에(게) / [방향] ~으로 / [정도] ~까지

2027 ☐☐☐
appeal to

1. ~에게 호소하다, 간청하다 (㊎ plead)

appeal(간청하다) + to(~에게) → ~에게 간청하다

2. 흥미를 끌다 (㊎ attract)

appeal(관심을 끌다) + to(~에게) → ~에게 흥미를 끌다

The police are **appealing to** the public for information.

경찰이 시민들에게 제보해 달라고 호소하고 있다.

The fields were vast, but hardly **appealed to** him. 　수능응용

들판은 광대했지만, 그에게는 전혀 매력적이지 않았다.

2028 ☐☐☐
ascribe A to B

A를 B의 탓으로 돌리다

ascribe(~의 탓으로 돌리다) + A + to(~에게) + B → A를 B의 탓으로 돌리다

He **ascribed** his failure **to** bad luck.

그는 실패를 불운한 탓으로 돌렸다.

2029 ☐☐☐
attend to

1. ~에 주의를 기울이다

attend(주의하다) + to(~에게) → ~에 주의를 기울이다

2. ~을 돌보다, ~을 처리하다 (㊎ deal with)

attend(~에 시중들다) + to(~을) → ~을 돌보다

Readers would not simply **attend to** the poet's work; they would be attracted to the greatness of his personality. 　수능응용

독자들이 단순히 시인의 작품에만 주목하는 것이 아니다; 그들은 그의 인격적인 위대함에도 이끌릴 것이었다.

The hotel staff **attended to** my every need.

호텔 직원들은 나의 모든 요구에 응해 주었다.

correspond to

~에 해당하다; ~에 일치하다, 들어맞다

correspond(해당하다) + to(~에) → ~에 해당하다

The written record of the conversation doesn't **correspond to** what was actually said.
그 대화록은 실제 이야기와 일치하지 않는다.

---

turn to

(도움·조언 등을 위해) ~에 의지하다 (㊤ depend on, rely on)

turn(향하다) + to(~에) → ~에게 향하다 → ~에 의지하다

Increasingly, writers, readers, and publishers are **turning to** literature as a bridge between cultures. 모평응용
점점 더 작가와 독자, 출판업자들은 문화 간의 가교로서 문학에 의지하고 있다.

---

hold to

붙들다, 고수하다

hold(지속하다) + to(~에) → ~을 고수하다

Despite opposition, she has **held to** her decision.
반대에도 불구하고 그녀는 자신의 결정을 고수했다.

---

look to

~에게 (도움·조언 등을) 기대하다, ~에 기대다

look(기대하다) + to(~에게) → ~에 기대하다

We **look to** others for support, for example in online groups.
우리는 온라인 그룹과 같은 다른 사람들에게 지원을 기대한다.

---

lead to

(어떤 결과) ~에 이르다, ~을 초래하다 (㊤ bring about, result in)

lead(이끌다) + to(~으로) → (어떤 결과로) 이르게 하다

The adaptation process initiated by stress can **lead to** personal changes for the better. 모평응용
스트레스에 의해 시작된 적응 과정은 더 나은 쪽으로의 개인적 변화를 가져올 수 있다.

---

amount to

1. (합계가) ~에 달하다 (㊤ add up to)

amount(합계가 ~에 이르다) + to(~까지) → 합계가 ~까지 되다

2. ~와 마찬가지이다, ~에 해당하다

amount(~에 해당하다) + to(~에) → 결국 ~에 해당하다

The savings would **amount to** several thousand dollars per family.
예금액은 가구당 수천 달러에 달할 것이다.

Problem framing **amounts to** defining what problem you are proposing to solve. 모평응용
문제 구조화는 여러분이 어떤 문제를 해결하려고 하는지 정의하는 것에 해당한다.

up	위로, 상승하여 / 다가가서, 맞먹게 / 나타나 / 완전히 / 작은 조각으로

2036 ☐☐☐
stand up for

~을 옹호하다, 지지하다 (㈜ uphold, support)

stand(서다) + up(위로) + for(~을 위해) → ~을 위해 서다

Change comes about when we all **stand up for** our rights and ourselves.

변화는 우리 모두가 우리의 권리와 우리 자신을 옹호할 때 일어난다.

2037 ☐☐☐
scale up

(크기나 규모를) 확대하다, 늘리다

scale(크기를 조정하다) + up(증가하여) → (크기·규모를) 확대하다

Scaling up from the small to the large is often accompanied by an evolution from simplicity to complexity. `확평응용`

작은 것에서 큰 것으로 규모를 확대하는 것은 흔히 단순함에서 복잡함으로의 진화를 수반한다.

2038 ☐☐☐
step up

~을 강화하다, 증가시키다

step(걸음을 옮기다, 나아가다) + up(증가하여) → 증가시키다

The bargaining in the noisy market became spirited, with Paul **stepping up** his price slightly and the seller going down slowly. `수능응용`

Paul이 자신의 가격을 조금씩 올리고 판매자가 천천히 가격을 내리면서 시끄러운 시장에서의 그 거래는 활기를 띠었다.

2039 ☐☐☐
be up to

~에 달려 있다, ~가 결정할 일이다

be(이다) + up (다가가서) + to(~에게) → ~에게 달려 있다

The choice **is up to** you, so why not imitate the best people? `수능응용`

선택은 당신에게 달려 있으니, 가장 훌륭한 사람들을 모방하는 것이 어떤가?

2040 ☐☐☐
catch up with

1. (앞선 사람이나 수준을) 따라잡다

catch(잡다) + up(다가가서) + with(상대) → ~를 따라잡다

2. (문제가) 결국 ~의 발목을 잡다, 결국 ~에게 문제가 되다

catch(잡다) + up(다가가서) + with(상대) → (안 좋은 과거의 일이) ~를 붙들다

Desperate, Erik **caught up with** Keith and begged the jazz pianist to play. `수능응용`

절망적인 상태에서 Erik은 Keith를 따라잡아 그 재즈 피아니스트에게 연주를 해달라고 간청했다.

Her lies will **catch up with** her one day.

그녀의 거짓말이 언젠가는 그녀의 발목을 잡을 것이다.

2041 ☐☐☐
come up to

(특정 수준에) 도달하다 (㈜ reach)

come(오다) + up(다가가서) + to(~에) → ~에 달하다

The movie didn't **come up to** our expectations.

그 영화는 우리 기대에 미치지 못했다.

2042

face up to

(힘들거나 불편한 상황을) 인정하고 대처하다, 받아들이다

face(정면으로 대하다) + up(다가가서) + to(~쪽으로) → 직시하다, 맞서다

She had to **face up to** the fact that she would never walk again.
그녀는 자기가 다시는 걸을 수 없을 거라는 사실을 인정해야만 했다.

2043

keep up with

~을 계속 감당해 나가다; 뒤떨어지지 않다

keep(유지하다) + up(맞먹게) + with(~와) → 뒤떨어지지 않게 유지하다

The pace increased so fast that Bob could not **keep up with** the back-and-forth interpretation. `수능응용`
속도가 너무 빨라져서 Bob은 오가는 통역을 제대로 할 수 없었다.

2044

live up to

(기대에) 부응하다

live(살다) + up(맞먹게) + to(~에) → (기대에) 부응하다

The movie didn't really **live up to** expectations.
그 영화는 기대에 별로 부응하지 못했다.

2045

make up for

만회하다, 벌충하다 (⊕ compensate for)

make(만들다) + up(맞먹게) + for(~에 대해) → 부족한 것을 맞먹게 만들어내다

She drove as fast as she could, trying to **make up for** lost time.
그녀는 잃어버린 시간을 만회하려 애쓰면서 가능한 빨리 차를 몰았다.

2046

brush up (on)

(배운 기술이나 지식을) 연마하다, 복습하다

brush(솔질을 하다) + up(나타나) → 솔질해서 나타나게 하다

Before I leave for my vacation in Mexico, I need to **brush up** on my Spanish.
멕시코로 휴가를 떠나기 전에, 나는 스페인어를 복습해야 한다.

2047

call up

1. (기억을) 불러일으키다, 상기시키다 (⊕ recall)

call(부르다) + up(나타나) → 불러서 나타나게 하다

2. (군대에) ~를 소집하다 (⊕ draft)

call(부르다) + up(나타나) → 소집하다

The sound of the ocean **called up** memories of my childhood.
바닷소리가 내 어린 시절의 추억을 불러일으켰다.

He was **called up** two months after the war broke out.
그는 전쟁이 발발한 지 2개월 후에 소집되었다.

2048

come up with

(아이디어·계획 등을) 생각해내다, 창안하다

come(오다) + up(나타나) + with(~을 가지고) → ~을 생각해내다

We thought hearing how you **came up with** your story would be meaningful to our readers. `모평응용`
저희는 당신이 어떻게 이야기를 구상하게 되었는지 듣는 것이 독자들에게 의미가 있을 것이라고 생각했습니다.

2049 ☐☐☐
turn up

(증거 등을) 찾아내다, 발견하다; (유물 등을) 발굴하다
turn(변하다) + up(나타난 상태로) → (없다가) 나타난 상태로 변하다

Wherever we **turn up** records and artifacts, we discover that some people were preoccupied with measuring the passage of time. 모평응용

기록과 유물을 발굴하는 곳마다, 우리는 일부 사람들이 시간의 경과를 측정하는 일에 몰두했음을 발견하게 된다.

2050 ☐☐☐
hold up

(~의 흐름을) 지연시키다 (金 delay)
hold(붙들다) + up(완전히) → 못 움직이게 꽉 붙들다 → 지연시키다

He was late for the meeting because he got **held up** in traffic.
그는 교통 체증으로 회의에 늦었다.

2051 ☐☐☐
wind up

(연설·모임 등을) 마무리짓다; (의도치 않게) 결국 ~하게 되다
wind(실타래 등을 감다) + up(완전히) → 완전히 감다 → 끝맺다

The way we wish the world to be is how, in the movies, it more often than not **winds up** being. 수능응용

우리가 세상이 어떻게 되길 바라는 방식이 영화에서 결국 세상의 모습이 되곤 한다.

2052 ☐☐☐
put up with

참고 견디다 (金 tolerate)
put(가다, 나가다) + up(계속하여) + with(~와 함께) → ~와 계속하여 함께 나아가다

We couldn't **put up with** the noise and garbage any longer.
우리는 소음과 쓰레기를 더 이상 참을 수 없었다.

2053 ☐☐☐
take up

(재미로) ~을 배우다, 시작하다
take(행동을 하다) + up(활동하여) → 활동을 하기 시작하다

Many people make important changes: they train for marathons, quit smoking, **take up** the guitar. 수능응용

많은 사람들은 중요한 변화를 한다; 그들은 마라톤을 위해 훈련을 하고, 담배를 끊고, 기타를 배운다.

2054 ☐☐☐
pull up

(차가) 멈춰 서다, (운전자가) 차를 세우다
pull(차를 움직이다) + up(정지 상태로) → 차를 정지 상태가 되게 하다

He **pulled up** at the traffic lights.
그가 신호등 있는 데서 멈춰 섰다.

2055 ☐☐☐
break up

1. 부서지다 2. 끝이 나다
break(부서지다) + up(작은 조각으로) → 산산조각이 나다

The ship **broke up** on the rocks.
그 배는 암초에 걸려 난파되었다.
Their marriage has **broken up**.
그들의 결혼 생활은 끝났다.

down
아래로 / 감소하여, 약해져 / 경멸하여 / 정지하여 / 기록하여 / 철저히

2056 □□□
bring down

1. **(짐 등을) 내리다; (비행기·새 등을 쏘아) 떨어뜨리다**
bring(가져오다) + down(아래로) → 아래로 내려놓다, 떨어뜨리다

2. **(가격 등을) 내리다** (윤 lower, reduce)
bring(옮기다) + down(아래로) → 낮추다, 내리다

The plane was **brought down** by enemy fire.
그 비행기는 적의 포화에 의해 격추되었다.

I won't buy that expensive car unless they **bring down** the price.
가격을 낮추지 않는 한 나는 그 비싼 차를 사지 않을 것이다.

2057 □□□
cut down

~을 베어 넘어뜨리다, 벌목하다 (윤 fell, log)
cut(자르다) + down(아래로) → 잘라 쓰러뜨리다

The local human population was **cutting down** the reed beds at a furious rate. 수능응용
현지의 인간들이 맹렬한 속도로 갈대밭을 베어 넘어뜨리고 있었다.

2058 □□□
let down

~의 기대를 저버리다, ~를 실망시키다 (윤 disappoint)
let(~하게 하다) + down(아래로) → 기대치를 더 낮게 하다 → 실망시키다

This machine won't **let** you **down**.
이 기계는 절대 실망을 드리지 않을 거예요.

2059 □□□
take down

1. **(구조물을 해체하여) 치우다; (바지 등을) 끌어내리다**
take(옮기다) + down(아래로) → 아래로 옮기다

2. **~을 적다, 기록하다** (윤 write down)
take(받아들이다) + down(기록하여) → 정보 등을 받아 적다

The staff began to **take down** the filming equipment when it started raining.
비가 내리자 스태프들이 촬영 장비를 철수하기 시작했다.

Reporters **took down** every word of his speech.
기자들은 그의 연설 한마디 한마디를 기록했다.

2060 □□□
come down with

(병에) 걸리다 (윤 contract)
come(나타나다) + down(약해져) + with(~로) → 약해져 (병이) 나타나다

Many people **came down with** the flu this year.
올해 많은 사람들이 독감에 걸렸다.

settle down

1. **(마음을) 가라앉히다** (฿ calm down)

settle(가라앉다) + down(기세 등이 약해져) → 흥분 등이 가라앉다

2. **(조용히 한 곳에 자리 잡고) 정착하다**

settle(자리 잡다) + down(고정되어) → 정착하다

I had to run out of the concert hall to **settle down**. 수능응용
나는 마음을 진정시키기 위해 콘서트홀을 빠져나와야 했다.
When are you going to get married and **settle down**?
너는 언제 결혼해서 정착할거니?

tone down

(어조·견해 등을) 좀 더 누그러뜨리다, 부드럽게 하다; (비난 등의) 수위를 낮추다

tone(음조를 맞추다) + down(감소하여) → 어조를 누그러뜨리다

the way the minority **tones down** its voice 수능응용
소수자가 자신의 목소리를 낮추는 방식
She's **toned** her criticism **down** a little.
그녀는 비난의 수위를 약간 낮추었다.

look down on

~을 깔보다, 업신여기다

look(보다) + down(낮추어) + on(~을) → ~을 낮춰 보다

Nonsense and silliness come naturally to kids, but they get pounded out by norms that **look down on** "frivolity." 수능응용
허튼소리와 어리석음이 아이들에게는 자연스럽게 다가오지만, "경박함"을 경시하는 규범이 그들을 계속 두들겨 댄다.
(* frivolity 경박함)

hold down

~을 억누르다, 억제하다 (฿ suppress, restrain)

hold(유지하다) + down(억압하여) → 억제하다

There can be influential factors that **hold down** the performance of everyone being judged. 수능응용
평가를 받는 모든 이들의 성과를 억제하는 영향력 있는 요인들이 있을 수 있다.

put down

1. **(무력으로) 진압하다, 깔아뭉개다**

put(두다) + down(억압하여) → 진압하다

2. **(글·메모 등을) 적다, 적어 두다** (฿ write down)

put(기입하다, 적다) + down(기록하여) → 기록하다

The protest was **put down** by police, and some people were wounded seriously.
그 시위는 경찰에 의해 진압되었고, 몇몇 사람이 중상을 입었다.
I need to **put down** my thoughts on paper before I forget them.
잊어버리기 전에 내 생각을 종이에 적어둘 필요가 있겠다.

2066 □□□
weigh down

(마음·기분을) 짓누르다, 무겁게 누르다

weigh(무겁게 하다) + down(움직이지 못하도록) → 무겁게 해서 움직이기 어렵게 하다

The responsibilities of the job are **weighing** her **down**.
그 일에 대한 책임감이 그녀를 짓누르고 있다.

2067 □□□
break down

고장 나다

break(고장 나다) + down(정지하여) → 고장 나다

A strong economy helps **break down** social barriers. 모평응용
튼튼한 경제가 사회적 장벽을 무너뜨리는 데 도움이 된다.

2068 □□□
turn down

~을 거절하다, 거부하다 (㈜ refuse, reject, decline)

turn(돌아서다) + down(중단되어) → 거절하다

When you **turn down** the feelings, you also **turn down** the
possibility of enjoyment. 수능응용
감정을 거부할 때 여러분은 즐거움의 가능성도 거부하는 것이다.

2069 □□□
get down

~을 적어 두다 (㈜ write down)

get(~하게 하다) + down(기록하여) → 기록하다

He was followed by a group of reporters trying to **get down** every
word he said.
한 무리의 기자들이 그가 한 모든 말을 적으려고 하며 그의 뒤를 따랐다.

2070 □□□
track down

~을 찾아내다 (㈜ trace)

track(추적하다) + down(철저히) → 끝까지 추적해서 찾아내다

The police have so far failed to **track down** the attacker.
경찰은 아직 그 폭행범을 찾아내지 못했다.

---

on	계속하여 / [대상] ~에, ~에 대해 / 위에, 덧붙여 / ~에 의존하여

2071 □□□
carry on

계속 가다, 계속해 나가다 (㈜ continue, go on)

carry(수행하다) + on(계속하여) → 계속해 나가다

Before notation arrived, music was largely **carried on** as an aural
tradition. 모평응용
악보 표기법이 등장하기 전에, 음악은 대체로 청각 전승 방식으로 계속되었다.

2072 □□□
get on with

(특히 중단했다가) ~을 계속하다; ~와 사이좋게 지내다

get(~하게 하다) + on(계속하여) + with(~와) → ~와 함께 계속하다

They took the pressure away and **got on with** doing what needed
to be done.
그들은 부담을 덜고 해야 할 일을 계속했다.

2073 ☐☐☐
hang on

꼭 붙잡다; (어려운 상황에서) 견디다, 버티다

hang(매달리다) + on(계속하여) → 꼭 붙잡다; 견디다

He **hangs on** tightly, his arms around my neck.
그는 내 목에 팔을 두르고 꽉 매달려 있다.

The team **hung on** for victory.
그 팀은 승리를 위해 계속 버텼다.

2074 ☐☐☐
dwell on

~을 곱씹다, 되풀이해서 생각하다

dwell(계속되다) + on(~에) → ~에 대한 생각이 계속되다

"Let's not **dwell on** the past," he woke up and said.
"과거에 연연하지 맙시다," 라고 그가 일어서며 말했다.

2075 ☐☐☐
let on

(비밀을) 말하다, 털어놓다

let(허용하다) + on(~에 대해) → ~에 대해 알게 하다

I didn't **let on** to the friends what my conversation was.
나는 내가 어떤 대화를 했는지를 친구들에게 누설하지 않았다.

2076 ☐☐☐
pick on

(비난하거나 벌을 주거나 하면서 부당하게) ~을 괴롭히다

pick(쪼다) + on(~에) → ~을 쪼아 못살게 하다

Why is she always **picking on** me?
왜 그녀는 항상 나를 괴롭히는 거지?

2077 ☐☐☐
work on

(설득시키려고) ~에게 공을 들이다, ~을 설득하다

work(노력하다) + on(~에) → ~에게 노력하다

She is **working on** them to change their votes.
그녀는 그들이 다른 후보에게 투표하도록 하려고 공을 들이고 있다.

2078 ☐☐☐
take on

1. (일 등을) 떠맡다 (㊤ undertake)

take(받아들이다) + on(덧붙여) → 떠맡다

2. (특정한 특질·모습 등을) 띠다

take(받다, 지니다) + on(~위에) → 특정한 모습을 취하다

She **took** too much **on** and made herself ill.
그녀는 너무 많이 떠맡아서 병이 났다.

When people face real adversity, affection from a pet **takes on** new meaning. 수능응용
사람들이 실질적인 역경에 직면할 때, 애완동물로부터의 애정이 새로운 의미를 띤다.

2079 ☐☐☐

tell on

1. ~를 고자질하다

tell(말하다) + on(~에 대해) → 어떤 사람에 대해 이르다

2. (안 좋은) 영향을 끼치다

tell(영향을 미치다) + on(~에) → ~에 영향을 미치다

Since opponents will undoubtedly attack, the advantages of being proactive and "**telling on** oneself" are too significant to ignore. 모평응용

상대는 분명히 공격할 것이기 때문에, 상황을 앞서서 주도하고 '스스로를 고자질하는 것'의 장점은 너무 중요해서 무시할 수 없다.

The stress began to **tell on** his health.

스트레스가 그의 건강에 안 좋은 영향을 끼치기 시작했다.

2080 ☐☐☐

draw on

(이용 가능한 공급품에) 의지하다, (정보·경험 등을) 활용하다

draw(끌다) + on(~에 의존하여) → ~에 의존하다, ~을 끌어들여 이용하다

Designers **draw on** their experience of design when approaching a new project. 수능응용

디자이너들은 새로운 프로젝트에 접근할 때, 자신의 디자인 경험에 의존한다.

---

off	분리되어 / 멈추어, 끊어져서 / 멀리, 떠나서 / 완전히, 끝까지 / 감소하여

2081 ☐☐☐

back off

뒤로 물러나다, 뒷걸음질치다; (간섭하지 않고) 물러서다

back(뒤로 물러나다) + off(떨어져) → 뒤로 물러나 떨어지다

She began to criticize us, then she suddenly **backed off**.

그녀는 우리를 비판하기 시작하더니 갑자기 물러섰다.

2082 ☐☐☐

break off

1. (유대·관계 등을) 단절하다, (갑자기) 중단하다

break(부수다) + off(끊어지게) → 단절하다

2. ~을 (억지로) 분리시키다, 떼어내다

break(중지하다) + off(멈추어) → 결렬되다

China threatened to **break off** diplomatic relations.

중국이 외교 관계를 중단하겠다고 위협했다.

She **broke off** a piece of chocolate and gave it to me.

그녀가 초콜릿을 한 조각 잘라 내더니 그것을 내게 주었다.

2083 ☐☐☐

come off

1. (붙어 있던 것이) 떨어지다, 떼어지다

come(~이 되다) + off(끊어지게) → ~에서 떨어지다

2. (약의 사용을) 중지하다, 끝내다

come(~이 되다) + off(멈추어) → 중지하다

A button has **come off** my coat.

내 코트에서 단추 하나가 떨어졌다.

He's **come off** the tablets because they were making him dizzy.

알약들이 그를 어지럽게 만들고 있었기 때문에 그는 알약을 끊었다.

2084 □□□
cut off

베어내다, 잘라내다

cut(자르다) + off(때내다) → 베어내다

He had his finger **cut off** in an accident at work.
그는 직장에서 사고로 손가락이 잘렸다.

2085 □□□
keep off

만지지 못하게 하다, 가까이 오지 못하게 하다

keep(어떤 상태를 유지하다) + off(때내어) → 계속 떨어진 상태에 두다

She put a cloth over the table to **keep** the flies **off**.
그녀는 파리가 앉지 못하도록 식탁 위에 천을 덮었다.

2086 □□□
shake off

(쫓아오는 사람을) 따돌리다; (감기 등을) 떨쳐버리다

shake(뒤흔들다) + off(떨어지도록) → 뒤흔들어 떼다 → 없애다

When a hare is being chased, it zigzags in a random pattern in an
attempt to **shake off** its pursuer. 학평응용
산토끼가 쫓기고 있을 때, 그것은 추격자를 떨쳐내기 위한 시도로 무작위 방식으로
지그재그로 나아간다.

2087 □□□
lay off

~를 해고하다 (㈜ dismiss, fire)

lay(두다) + off(떨어져) → (직장에서) 떼어놓다

They expected the people being **laid off** to be beaten down and
discouraged. 모평응용
그들은 해고당한 사람들이 패배감을 갖고 낙담할 것으로 예상했다.

2088 □□□
show off

~을 과시하다 (㈜ boast, brag)

show(보여주다) + off(떨어져, 벗어나서) → 다른 것들과 떨어져 돋보이게 하다

People with greater financial benefits tend to use their money to
show off their social status by purchasing luxurious items. 모평응용
더 큰 금전적 이득이 있는 사람들은 사치품을 구입함으로써 자신의 사회적 지위를
과시하기 위해 돈을 쓰는 경향이 있다.

2089 □□□
call off

(예정된 행사 등을) 취소하다, 중지하다

call(선언하다) + off(중단하도록) → 중단하다

Tomorrow's match has been **called off** because of the icy weather.
내일 시합은 얼음장 같은 날씨 때문에 취소되었다.

2090 □□□
hold off

미루다, 연기하다 (㈜ delay)

hold(어떤 상태로 두다) + off(멈추어) → 멈춘 상태를 유지하다

Buyers have been **holding off** until the price falls.
구매자들은 가격이 떨어질 때까지 구입을 미루고 있다.

2091 □□□
put off

(시간·날짜를) 미루다, 연기하다 (㈜ postpone, delay)

put(두다) + off(멈추어) → 중단된 상태로 두다 → 연기하다

It's too late to **put off** the meeting now.
지금 회의를 연기하기에는 너무 늦었다.

seal off

~을 봉쇄하다

seal(봉인하다, 단단히 닫다) + off(끊어져) → 단단히 막아 출입을 끊다

Two more bombs have been discovered since the police **sealed off** the area.

경찰이 그 지역을 봉쇄한 이래 두 개의 폭탄이 추가로 발견되었다.

---

carry off

1. (어려운 일을) 잘 해내다

carry(실행에 옮기다) + off(완전히) → (의도한 대로) 완벽히 실행에 옮기다

2. 운반해가다

carry(실어 나르다) + off(멀리, 저쪽으로) → 운반해가다

She's the only actress I know with enough talent to **carry** this **off**.

그녀는 이 일을 해낼 수 있을 만큼 충분한 재능이 있는 내가 아는 유일한 여배우이다.

After remaining in Rhodes for at least 200 years, his painting was **carried off** to Rome. 수능응용

Rhodes에서 적어도 200년 동안 남아 있은 후에, 그의 그림은 로마로 이송되었다.

---

pay off

1. (빚 등을) 다 갚다, 청산하다

pay(지불하다) + off(완전히) → 지불을 완료하다

2. 성공하다, 성과를 올리다

pay(이익이 되다, 수지가 맞다) + off(완전히) → 기대했던 성과를 올리다

We should be able to **pay off** the debt within two years.

우리는 2년 안에 빚을 갚을 수 있을 것이다.

Accepting whatever others are communicating only **pays off** if their interests correspond to ours. 모평응용

다른 사람들이 소통하고 있는 것을 받아들이는 것은 그들의 관심사가 우리의 관심사와 일치할 때만 성공한다.

---

give off

(냄새·열·빛 등을) 내다, 발산하다 (㈌ emit)

give(내다, 발하다) + off(멀리, 저쪽으로) → ~을 발하다

There were no city lights anywhere in sight. The only things **giving off** light were the moon and the stars. 학평응용

도시 불빛은 어디에도 보이지 않았다. 빛을 내는 것은 오직 달과 별뿐이었다.

---

set off

1. 출발하다

set(시작하다, 출발하다) + off(떠나서) → 여행을 떠나다, 출발하다

2. (일련의 사건·과정을) 유발하다, 일으키다 (㈌ cause, trigger)

set(~이 되게 하다) + off(고정된 위치를 떠나서) → 폭발시키다; 유발하다

What time do we **set off** for Busan tomorrow?

내일 몇 시에 부산으로 출발하죠?

Water evaporating from the oceans may **set off** a runaway greenhouse effect that turns Earth into a damp version of Venus. 모평응용

대양으로부터 증발하는 물은 지구를 습한 형태의 금성으로 바꾸게 되는 통제 불능의 온실효과를 유발할 수도 있다.

ease off

완화되다, ~을 완화시키다

ease(편해지다, 편하게 하다) + off(고통 등이 감소하여) → 완화되다, 완화시키다

We waited until the traffic had **eased off**.

우리는 교통 상황이 덜 복잡해질 때까지 기다렸다.

for	~에 대해 / ~ 만큼 / ~을 향해 / ~으로서 / ~을 위해, ~을 찾아 / ~에 찬성하여 / ~을 대신해서

account for

1. ~을 설명하다, 해명하다

account(설명하다) + for(~에 대해) → ~에 대해 설명하다

2. (부분·비율을) 차지하다 (㈜ take up)

account(차지하다) + for(~만큼) → 차지하다

Unlike lawyers, scientists must explicitly **account for** the possibility that they might be wrong. 모평응용

변호사들과 달리 과학자들은 그들이 틀릴 수도 있다는 가능성을 명시적으로 설명해야 한다.

Subscriptions **account for** almost 90 percent of total magazine circulation. 수능응용

구독이 전체 잡지 발행 부수에서 거의 90퍼센트를 차지한다.

care for

1. 돌보다 (㈜ take care of, look after)

care(간호하다) + for(~에 대해) → ~을 간호하다

2. 좋아하다

care(좋아하다) + for(~에 대해) → ~을 좋아하다

Read these instructions to learn how to play with and **care for** him. 모평응용

그와 함께 놀고 그를 돌보는 방법을 배우기 위해 이 사용 설명서를 읽으세요.

Anyone who knows me knows I don't **care for** seafood.

나를 아는 모든 사람은 내가 해산물을 좋아하지 않는다는 것을 알고 있다.

pay for

~의 대가를 지불하다, 물어주다

pay(지불하다) + for(~에 대해) → ~의 대가를 지불하다

Workers began to **pay for** leisure activities organized by capitalist enterprises. 수능응용

노동자들은 자본주의 기업이 조직한 여가 활동에 돈을 지불하기 시작했다.

sign up for

(강좌 등에) 등록하다, ~에 신청하다 (㈜ enroll in)

sign up(등록하다) + for(~에 대해) → ~에 등록하다

Last year, you **signed up for** our museum membership that provides special discounts. 모평응용

지난해 귀하께서는 특별 할인을 제공하는 우리 박물관 멤버십에 가입하셨습니다.

2102 ☐☐☐
reach for

(~을 향해) 손을 뻗다

reach(손을 내밀다) + for(~을 향해) → ~을 향해 손을 내밀다

Parents are quick to inform friends and relatives as soon as their infant holds her head up, **reaches for** objects, and walks alone. 모평응용

부모는 그들의 아기가 머리를 들고, 사물들을 향해 손을 뻗고, 혼자 걷자마자 친구들과 친지들에게 재빨리 알린다.

2103 ☐☐☐
take for

~이라고 (잘못) 생각하다

take(받아들이다) + for(~로서) → ~로 (잘못) 생각하다

Do you **take** me **for** a complete idiot?

날 완전히 바보로 생각하는 거야?

2104 ☐☐☐
be anxious for

~을 갈망하다, ~을 매우 하고 싶어 하다

be anxious(간절히 바라다) + for(~을 위해) → ~을 갈망하다

We **were** all **anxious for** peace.

우리는 모두 평화를 갈망했다.

2105 ☐☐☐
root for

~을 응원하다

root(응원하다) + for(~을 위해) → ~을 응원하다

Remember that we're all **rooting for** you.

우리 모두가 당신을 응원하고 있다는 것을 기억하세요.

2106 ☐☐☐
opt for

~을 선택하다

opt(선택하다) + for(~을 찾아) → ~을 선택하다

Collectively, it is we, the consumers, who **opt for** certain kinds of ease and excitement over others. 학평응용

총체적으로, 다른 것들 대신 특정한 종류의 안락과 자극을 선택하는 것은 바로 다름 아닌 우리, 즉 소비자이다.

2107 ☐☐☐
stand for

1. ~을 지지하다, 옹호하다

stand(어떤 태도를 보이다) + for(~에 찬성하여) → ~을 지지하다

2. (약어나 상징물이) ~을 나타내다, 의미하다 (® represent)

stand(서다) + for(~을 대신해서) → ~을 대신해 서다 → ~을 상징하다

I hated the organization and all it **stood for**.

나는 그 단체와 그것이 옹호하는 모든 것이 싫었다.

The color white often **stands for** innocence and purity.

흰색은 종종 순수함과 순결을 상징한다.

2108 ☐☐☐
speak for

(사람·집단 등을) 대변해 말하다, 변호하다

speak(말하다) + for(~을 대신해서) → ~을 대변하다

Our party **speaks for** the poor and unemployed.
우리 당은 가난한 사람들과 실업자들을 대변한다.

Discoveries **speak for** themselves, or at least they speak too powerfully and too insistently for prejudiced humans to silence them. 모평응용
발견은 스스로를 변호하거나 적어도 매우 강력하고 끈질기게 말하므로 편견에 사로잡힌 사람들이 발견들에 대해 침묵하게 할 수 없다.

2109 ☐☐☐
substitute for

~을 대신[대체]하다 (윤 replace)

substitute(대신하다) + for(~을 대신해서) → ~을 대신하다

You can always **substitute** tofu **for** meat, if you like.
당신이 원한다면 언제든지 고기 대신 두부로 대신할 수 있다.

---

over
이쪽[저쪽]으로 / ~을 넘어서 / 곳곳에 / 기간을 지나 / 반복해서 / 넘어져 / ~에 관해

2110 ☐☐☐
bring over

가지고 오다, 데리고 오다

bring(가져오다) + over(이쪽으로) → 이쪽으로 가져오다

I'll **bring** my vacation photos **over** when I come.
내가 올 때 휴가 사진을 가지고 올게.

2111 ☐☐☐
come over

1. 건너오다, (누구의 집에) 들르다

come(오다) + over(이쪽으로) → 이쪽으로 오다

2. (격한 감정 등이) ~을 덮치다, ~에게 밀려오다

come(오다) + over(너머로) → (강한 감정이) 밀려오다

Why don't you **come over** to England in the summer?
여름에 영국에 오지 그러니?

A smile **came over** Ms. Baker's face as she listened to Jean play. 모평응용
Jean이 연주하는 것을 들으면서 Baker 선생님의 얼굴에 미소가 퍼졌다.

2112 ☐☐☐
pull over

차를 길가에 대다

pull(자동차를 이동시키다) + over(이쪽으로) → 차를 길 한쪽으로 대다

Dave's dad, who was driving Dave to school, **pulled over** to give him a ride. 수능응용
Dave를 학교로 태워다 주고 있던 Dave의 아빠는 그를 태우기 위해 차를 길가에 댔다.

take over

1. ~을 인계받다, 넘겨받다

take(받다) + over(이쪽으로) → 일을 넘겨받다

2. (정권·정당 등을) 장악하다, 탈취하다

take(잡다, 차지하다) + over(이쪽으로) → 장악하다

His brother **took over** the running of the business.
그의 형이 사업 운영권을 넘겨받았다.

In the absence of sea stars, their favorite prey, mussels, **takes over** and makes it hard for other species that used to live there. 모평응용
바다 불가사리가 없어지면, 이들이 가장 좋아하는 먹이인 홍합이 득세하게 되고 거기에 살던 다른 종들에게는 상황이 어려워진다.

---

carry over

(다른 상황에서) 계속 이어지다

carry(나르다) + over(~을 넘어) → 저편으로 나르다 → (다른 상황으로) 계속 이어지다

The expertise that we work hard to acquire in one domain will **carry over** only imperfectly to related ones, and not at all to unrelated ones. 수능응용
우리가 한 영역에서 열심히 노력해서 얻게 되는 전문성은 불완전하게 관련된 영역으로 이어질 뿐이며 비관련 영역으로는 전혀 이어지지 않는다.

---

get over

1. ~을 극복하다 (㈜ overcome)

get(~하게 되다) + over(~을 넘어) → 어려움을 넘어서다

2. 낫다, 회복하다 (㈜ recover)

get(~하게 되다) + over(~을 넘어) → 병이나 슬픔을 넘어서다

Get over it. Don't let the past keep you from moving forward. 모평응용
이겨내야지. 과거가 네 앞길을 막도록 놔두지 말아라.

He had a bad cold, and he still hasn't **gotten over** it completely.
그는 심한 감기에 걸려서 아직도 완전히 낫지는 않았다.

---

spread over

퍼지다

spread(퍼지다) + over(곳곳에) → 여러 장소에 걸쳐 퍼지다

Re-forming glaciers would not **spread over** North America. 모평응용
다시 형성되는 빙하는 북아메리카로 번지지 않을 것이다.

---

hold over

1. (일의 처리를) 미루다, 연기하다 (㈜ postpone, put off)

hold(보류하다) + over(기간을 지나) → 기간이 지나도록 보류하다

2. (영화·연극 등의) 상영[공연]을 연장하다

hold(지속되다) + over(기간을 지나) → 기간이 지나도록 지속되다

The matter was **held over** for further review.
추가 검토를 위해 그 문제는 처리가 미뤄졌다.

The movie is being **held over** for two more weeks.
그 영화는 2주 동안 더 상영될 것이다.

2118 ☐☐☐
go over

~을 점검하다, 거듭 살피다 (⑨ examine)

go(~하다) + over(반복해서) → 반복해서 하다

He **went over** the events of the day in his mind.

그는 그날 있을 행사들을 거듭 마음속으로 살펴보았다.

2119 ☐☐☐
tip over

뒤엎다, 뒤집히다, 넘어지다

tip(넘어지다, 뒤집어엎다) + over(넘어져) → 넘어지다; 뒤집어엎다

A potato truck **tipped over**, spilling its contents into the road.

감자를 실은 트럭이 전복되어 내용물이 도로에 쏟아졌다.

2120 ☐☐☐
chew over

~을 심사 숙고하다

chew(깊이 생각하다) + over(~에 관해) → ~을 깊이 생각하다

He tends to **chew** things **over** too much in his mind.

그는 일을 너무 깊이 생각하는 경향이 있다.

---

out	밖으로, 밖에 / 퍼뜨려 / 큰소리로 / 완전히 / 제외하여, 없어져 / 드러나서

2121 ☐☐☐
act out

(사건·이야기 등을) 실제로 연기해 보이다, (환상 등을) 실제로 구현하다

act(행동하다, 연기하다) + out(밖으로) → 감정이나 생각을 밖으로 드러내 행동하다

He would **act out** things and work with other students on projects using role play and drama. 모평응용

그는 역할극과 드라마를 사용하여 다른 학생들과 함께 프로젝트를 수행하곤 했다.

2122 ☐☐☐
bring out

1. ~을 끌어내다, 발휘되게 하다

bring(꺼내 가다) + out(밖으로) → 능력 등을 끌어내다

2. ~을 출시하다, 출간하다

bring(가져오다) + out(밖으로) → 밖으로 가져오다

A crisis **brings out** the best in her.

위기가 닥치면 그녀의 능력이 최고조로 발휘된다.

They keep **bringing out** smaller phones.

그들은 더 작은 전화기를 계속 내놓는다.

2123 ☐☐☐
carry out

~을 실행하다, 완수하다 (⑨ perform)

carry(나르다) + out(밖으로) → 밖으로 나르다 → 실행하다

You can **carry out** an experiment to see for yourself. 수능응용

직접 알아보기 위해 실험을 할 수 있다.

2124 ☐☐☐
come out

1. 발간되다 (윤 publish)　2. 알려지다, 드러나다
come(나오다) + out(밖으로) → 밖으로 나오다

When is her new novel **coming out**?
그녀의 새 소설은 언제 나올까?
The full story **came out** at the trial.
재판에서 전모가 드러났다.

2125 ☐☐☐
leak out

(비밀·정보 등이) 누설되다, 유출되다
leak(새다) + out(밖으로) → 밖으로 새다

He was worried about what might happen if the news **leaked out**.
그는 만약 그 뉴스가 새어나간다면 무슨 일이 일어날지 걱정했다.

2126 ☐☐☐
let out

(울음·신음 등을) 내다
let(하게 하다) + out(밖으로) → 신음소리를 (밖으로) 내다

The girl **let out** a scream of pain and fear as she fell into the water. 모평응용
소녀는 물속으로 떨어지면서 고통과 두려움에 찬 비명을 질렀다.

2127 ☐☐☐
pass out

1. 의식을 잃다, 기절하다 (윤 faint)
pass(지나가다) + out(밖으로) → 정신이 밖으로 나가다 → 의식을 잃다

2. ~을 나눠주다, 배포하다 (윤 hand out, distribute)
pass(전달하다) + out(밖으로) → 배포하다

I felt like I was going to **pass out** from exhaustion.
나는 탈진해서 기절할 것 같았다.
I'm going to **pass out** some samples for you to have a look at.
여러분이 살펴볼 수 있도록 몇 가지 샘플을 나눠드리겠습니다.

2128 ☐☐☐
point out

(손가락 등으로) ~을 가리키다; (주의를 기울이도록) ~을 지적하다
point(가리키다) + out(밖으로) → 지적하다

Joachim-Ernst Berendt **points out** that the ear is the only sense that fuses an ability to measure with an ability to judge. 수능응용
Joachim-Ernst Berendt는 귀는 측정할 수 있는 능력과 판단할 수 있는 능력을 결합하는 유일한 감각 기관이라고 지적한다.

2129 ☐☐☐
pull out of

(사업 등) ~에서 손을 떼다, ~에서 빠지다
pull(빼내다) + out(밖에) + of(~에서) → ~에서 밖으로 빼내다 → ~에서 빠지다

The other firm wanted to **pull out of** the deal.
다른 회사는 그 거래에서 손을 떼고 싶어했다.

2130 ☐☐☐
set out

1. 출발하다, (여행을) 시작하다

set(출발하다) + out(밖으로) → 떠나다

2. (일·과제 등에) 착수하다

set(놓다) + out(밖으로) → 무언가를 하기 위해 꺼내어 놓다 → 착수하다

After a three-day rest, the travelers **set out** again.

사흘간의 휴식을 마치고 여행자들은 다시 출발했다.

Papa **set out** looking for work, first going far north and south, and finally west into Louisiana. 모평응용

아버지는 일을 찾기 시작했고, 처음에는 북쪽과 남쪽으로 멀리 가셨다가 결국에는 서쪽의 Louisiana로 가셨다.

2131 ☐☐☐
slip out

(비밀이 입에서) 무심코 튀어나오다

slip(스르르 빠져나가다) + out(밖으로) → 비밀 등이 입 밖으로 빠져나가다

I didn't intend to tell them. It just **slipped out**.

그들에게 말할 생각은 없었어요. 그냥 엉겁결에 튀어나왔어요.

2132 ☐☐☐
spill out

쏟아져 나오다, 넘쳐 나오다

spill(쏟아지다) + out(밖으로) → 쏟아져 나오다

They found the falls **spilling out** in various layers of rock. 수능응용

그들은 겹겹의 다양한 바위에서 폭포가 쏟아져 나오는 것을 발견했다.

2133 ☐☐☐
stick out

1. 튀어나오다

stick(튀어나오다) + out(밖으로) → 불쑥 나오다

2. 눈에 띄다, 잘 보이다 (⊛ stand out)

stick(내밀다) + out(밖으로) → 눈에 띄다

There was a newspaper **sticking out** of her coat pocket.

그녀의 코트 주머니에서 신문이 삐져나왔다.

You will certainly **stick out** if you wear shorts and sneakers.

네가 반바지에 운동화를 신으면 확실히 눈에 띌 거야.

2134 ☐☐☐
take out

~을 꺼내다, 빼다

take(잡다) + out(밖으로) → 끄집어내다

You grab a spoon and **take out** a spoonful of soup to taste. 모평응용

당신은 수저를 잡고 맛을 보기 위해 한 숟가락의 수프를 떠낸다.

2135 ☐☐☐
give out

1. (많은 사람들에게) ~을 나눠 주다

give(주다) + out(퍼뜨려) → 퍼뜨려 주다

2. (소리·빛을) 내다, 발산하다 (⊛ emit, radiate)

give(빛, 소리 등을 발하다) + out(퍼져서) → 빛, 소리 등을 내서 퍼지게 하다

There were people at the entrance **giving out** leaflets.

입구에 전단을 나눠주는 사람들이 있었다.

Switching on the light in the nursery, she found her baby daughter **giving out** odd little cries. 모평응용

아이 방의 불을 켜서, 그녀는 어린 딸이 이상한 작은 울음소리를 내는 것을 발견했다.

2136 ☐☐☐

call out

(문제 해결 등을 위해) ~을 부르다, 호출하다; 외치다

call(부르다) + out(큰 소리로) → 큰 소리로 부르다

According to the format, he had to **"call out"** another dancer to battle him on stage. 수능응용

구성 방식에 따라, 그는 무대에서 대결할 또 다른 춤꾼을 '호명'해야 했다.

2137 ☐☐☐

cut out

1. (엔진 등이) 갑자기 작동을 멈추다

cut(끄다, 멈추다) + out(완전히) → 완전히 멈추다

2. ~을 오려내다; ~을 잘라 제거하다

cut(자르다) + out(완전히) → 완전히 잘라내다

One of the plane's engines **cut out,** so they had to land with only one.

그 비행기의 엔진 중 하나가 고장 나서, 그들은 한 개의 엔진만으로 착륙해야 했다.

Several pages were **cut out** of the book.

그 책에서 몇 페이지가 오려져 있었다.

2138 ☐☐☐

root out

~을 뿌리뽑다, 근절하다 (㉴ eradicate)

root(뿌리) + out(완전히) → 완전히 뿌리를 뽑다

I suggest you **root out** those weeds before they take hold.

여기 잡초가 완전히 자라기 전에 뿌리 뽑는 게 좋을 거야.

2139 ☐☐☐

spell out

(~을 명쾌하게) 자세히 설명하다

spell(철자를 말하다) + out(완전히, 생략하지 않고) → 완전히 철자를 말하다, 자세히 설명하다

These constraints prevent the parties from **spelling out** a complete set of arrangements. 학평응용

이러한 제약은 당사자들이 일련의 완전한 합의를 상세히 기술하지 못하게 한다.

2140 ☐☐☐

try out

1. 시험 삼아 해보다   2. (선수 등이) 입단 테스트를 받다

try(시도해 보다) + out(완전히) → 시험적으로 해보다

When the next season arrived, he was ready to **try out** for the team—and he made it again! 모평응용

다음 시즌이 왔을 때 그는 그 팀의 선발 심사에 참가했고 그는 다시 성공했다!

2141 ☐☐☐

wipe out

~을 완전히 파괴하다, 없애 버리다

wipe(제거하다) + out(완전히) → 완전히 제거하다

The oil spill could **wipe out** the area's turtle population.

기름 유출은 그 지역의 거북이 개체수를 전멸시킬 수 있다.

2142 ☐☐☐

count out

(어떤 활동에서) ~를 빼다 (㉴ exclude)

count(세다) + out(제외하여) → 세는 것에서 제외하다

If this is the standard I must meet in order to be admitted, then **count** me **out**!

만약 이것이 내가 회원이 되기 위해 충족해야 하는 기준이라면, 나를 제외시키세요!

2143 □□□
leave out

(포함시키거나 언급하지 않고) ~을 빼다, 배제시키다

leave(내버려두다) + out(제외하여) → 제외한 상태로 두다

The right hemisphere of the brain that processes information
intuitively is **left out** of the planning process. 모평응용

정보를 직관적으로 처리하는 뇌의 우반구는 계획을 수립하는 과정에서 제외된다.

2144 □□□
rule out

(가능하거나 적절하지 않다고) ~을 배제하다 (֍ exclude)

rule(결정하다) + out(제외하여) → 제외하기로 결정하다

The proposed solution was **ruled out** as too expensive.

제기된 그 해결안은 너무 비용이 많이 든다고 배제되었다.

2145 □□□
lose out

손해를 보다; (기회 등을) 놓치다

lose(잃다) + out(없어져) → 손해를 입다

The banks **lost out** as their costs increased but the total number of
customers stayed the same. 모평응용

은행들은 비용이 증가했지만 고객의 총수는 그대로였기 때문에 손해를 보았다.

2146 □□□
straighten out

(문제·상황 등을) 바로잡다, 해결하다

straighten(똑바르게 하다) + out(없어져) → (문제 등을) 제거하여 바르게 하다

The matter was soon **straightened out**, and Grace recited again
during class. 학평응용

그 문제는 곧 정리되었고, Grace는 수업 중에 다시 낭독했다.

2147 □□□
weed out

(불필요하거나 부족한 대상 등을) 제거하다, 뽑아 버리다

weed(잡초를 뽑다) + out(없어져) → 잡초를 뽑아 없애다 → ~을 제거하다

Hierarchies are good at **weeding out** obviously bad ideas. 모평응용

위계는 눈에 띄게 나쁜 아이디어를 제거하는 데 유용하다.

2148 □□□
live out

(예전에 생각만 하던 것을) 실행하다

live(실생활로 실현하다) + out(드러나서) → 이전에 꿈꾸던 것을 실현해내다

It is of course possible to **live out** a lie or fantasy logically and
consistently in Internet situations. 학평응용

인터넷 상황에서는 거짓말이나 환상을 논리적이고 지속적으로 실행하는 것도 물론
가능하다.

2149 □□□
work out

(일이) 잘 풀리다, 좋게 진행되다

work(잘 되어 가다) + out(드러나) → 좋은 결과로 드러나다

Being aware of how things have **worked out** in the past can help
you make decisions for the future.

과거에 일이 어떻게 해결되었는지 아는 것은 미래를 위한 결정을 내리는 데 도움이 될 수
있다.

수능필수 구동사

443

around
여기저기에 / 방향을 바꾸어

2150 □□□
go around

(몫이) 돌아가다

go(가다) + around(여기저기에) → 모두에게 골고루 돌아가다

You will know that you have a sufficient number of copies to **go around**. 모평응용

여러분은 모두에게 골고루 돌아갈 충분한 수의 사본이 있다는 것을 알 것이다.

2151 □□□
hang around

어슬렁거리다, 서성거리다

hang(매달리다) + around(여기저기에) → 여기저기에 매달리다

She **hung around** all afternoon waiting for his break.

그녀는 오후 내내 그의 휴식을 기다리며 서성거렸다.

2152 □□□
stir around

돌아다니다

stir(움직이다) + around(여기저기에) → 돌아다니다

He **stirred around** restlessly, embarrassed by her questions.

그는 그녀의 질문에 당황하여 안절부절못하며 돌아다녔다.

2153 □□□
turn around

1. 몸을 돌리다, 돌아서다

turn(돌리다) + around(방향을 바꾸어) → 방향을 돌리다

2. (시장·경제 등이) 호전되다, 회복시키다

turn(방향을 바꾸다) + around(바뀌어) → 사업 등이 잘되기 시작하다

I **turned** my chair **around** to face the fire.

나는 의자를 돌려 불을 마주했다.

They were losing badly but they **turned** things **around** in the second half of the game.

그들은 크게 지고 있었지만 후반전에 역전했다.

from
~에서, ~으로부터 / ~하지 못하도록

2154 □□□
depart from

(~에서) 빗나가다, 벗어나다

depart(벗어나다) + from(~에서) → ~에서 벗어나다

The actors were not allowed to **depart from** the script.

배우들은 대본에서 벗어나는 것이 허락되지 않았다.

2155 □□□
stem from

~에서 비롯되다 (㊦ originate from)

stem(유래하다) + from(~으로부터) → ~에서 유래하다

The "pro" in protopian **stems from** the notions of process and progress. 모평응용

프로토피아적이라는 말에서 '프로'는 과정과 진보라는 개념에서 비롯된다.

2156 ☐☐☐
refrain from

~을 삼가다, 자제하다

refrain(삼가다, 그만두다) + from(~하지 못하도록) → 삼가 ~하지 않도록 하다

Please **refrain from** talking during the lecture.

강의 중에는 말을 삼가해 주세요.

2157 ☐☐☐
get by

그럭저럭 해나가다

get(얻다) + by(곁에) → 부수적으로 얻다 → 그럭저럭 해나가다

How do you **get by** on such little money?

그렇게 적은 돈으로 어떻게 생활하십니까?

2158 ☐☐☐
lay by

(돈 등을) 저축하다, 비축하다 (⊕ save, store)

lay(무엇에 사용하기 위해 두다) + by(곁에) → 특별한 목적을 위해 곁에 남겨두다

He'd **laid by** money enough to start a little shop.

그는 작은 가게를 차릴 만큼 돈을 저축했었다.

2159 ☐☐☐
pass by

~을 그냥 지나치다, 모른 체 하고 지나가다

pass(지나가다) + by(곁을 지나서) → 곁을 지나가다

When he looked at our door, he just **passed by**, which caused me to break into a flood of tears. 모평응용

그는 우리 집 문을 보자 그냥 지나쳐 갔는데, 그 때문에 나는 홍수 같은 눈물을 쏟았다.

2160 ☐☐☐
break away

1. (~에서) 달아나다   2. (정당·국가 등에서) 독립하다

break(속박 등에서 탈출하다) + away(멀리) → 속박에서 탈출하여 도망치다

He **broke away** from the group to take pictures.

그는 사진을 찍으려고 모임에서 빠져나왔다.

The people of the province wished to **break away** and form a new state.

그 지방 주민들은 독립하여 새 국가를 수립하기를 원했다.

2161 ☐☐☐
be carried away

몹시 흥분하다, 자제력을 잃다

carry(가지고 가다) + away(멀리) → (넋을) 멀리 가지고 가게 하다

The crowd **were carried away** by his passionate speech.

군중들은 그의 열정적인 연설에 열광했다.

2162 □□□
come away with

(어떤 인상·느낌을) 갖고 떠나다

come(가다) + away(멀리) + with(~을 가지고) → ~을 갖고 떠나다

The reader can come to a well-crafted text and **come away with** a good approximation of what has been intended by the author. 모평응용
독자는 잘 만들어진 텍스트에 다가와서 작가가 의도한 바와 아주 근접한 것을 가지고 떠날 수 있다.

2163 □□□
get away with

(나쁜 짓을 하고도) 처벌을 모면하다, 그냥 넘어가다

get((벌로서) ~을 받다) + away(떨어져) + with(~에 대해) → ~에 대해 벌 받는 것으로부터 멀어지다

The fact that it is so easy to lie and **get away with** it is a significant feature of the Internet. 학평응용
거짓말을 하고 처벌을 모면하기 매우 쉽다는 사실이 인터넷의 중요한 특징이다.

2164 □□□
give away

1. (사은품 등을) 나눠주다, ~을 선물로 주다

give(주다) + away(멀리) → 멀리 줘버리다

2. (비밀을) 누설하다, 드러내다 (㊙ reveal)

give(주다) + away(멀리) → 비밀을 흘려 주다

The shop is **giving away** a sample to every customer.
그 가게는 모든 고객에게 샘플을 나눠주고 있다.

They felt like they were **giving away** company secrets.
그들은 자신들이 회사의 비밀을 누설하는 것처럼 느꼈다.

2165 □□□
keep away

(~에) 가까이 가지 않다, 멀리 하다

keep(유지하다) + away(멀리) → 멀리서 간격을 유지하다

There are some tips for **keeping** dangerous insects **away** from plants. 모평응용
식물로부터 위험한 곤충을 멀리하기 위한 몇 가지 요령이 있다.

2166 □□□
put away

(다 쓰고 난 물건을 보관 장소에) 넣다, 치우다

put(놓다) + away(멀리) → (물건을) 멀리 놓다 → 치우다

I **put** the notebook **away** and promptly forgot about it and about becoming a journalist. 수능응용
나는 노트북을 치웠고 즉시 그 노트북과 언론인이 되겠다는 것에 대해 잊어버렸다.

2167 □□□
stay away

(~에게) 접근하지 않다, 가까이 가지 않다

stay(머물다) + away(멀리) → 떨어져 있다

various ways of **staying away** from bad leaders 모평응용
나쁜 지도자들을 가까이하지 않는 다양한 방법들
I drink a lot of water and I **stay away** from greasy foods.
나는 물을 많이 마시고 기름진 음식을 멀리한다.

2168 ☐☐☐
take away

없애 주다, 빼앗다
take(가지고 가다) + away(멀리) → 멀리 가지고 가다

But one day, most of his athletic future was suddenly **taken away** from him. 모평응용

그러나 어느 날 그의 운동선수로서의 미래의 대부분이 갑자기 그에게서 사라져버렸다.

2169 ☐☐☐
turn away

1. 돌려보내다, 쫓아 보내다   2. (~에게) 등을 돌리다, (~을) 외면하다
turn(돌아서다) + away(멀리) → 돌려보내다

Technical innovations in filmmaking could do nothing but **turn** filmmakers and audiences **away** from the fantastic dimension of cinema. 수능응용

영화 제작에서 기술적 혁신은 영화 제작자들과 관람객들을 영화에 대한 환상적 차원에서 등을 돌리게 할 뿐이었다.

2170 ☐☐☐
pass away

사망하다, 사라지다
pass(없어지다, 죽다) + away(없어져) → 죽어서 사라지다

Rawlings **passed away** in 1953, and the land she owned has become a Florida State Park honoring her achievements. 수능응용

Rawlings는 1953년에 세상을 떠났고, 그녀가 소유한 땅은 Florida 주립 공원이 되어 그녀의 업적을 기리고 있다.

2171 ☐☐☐
throw away

1. (더 이상 필요 없는 것을) 버리다, 없애다
throw(던지다) + away(없어져) → 없어지게 던져버리다

2. (기회 등을) 허비하다, (얻은 것을) 날리다
throw(내던지다) + away(없애다) → 내던져서 없애다 → 낭비하다

Visibly frustrated, she was just about to **throw away** all of her hard work and start again, when Sally stopped her. 모평응용

Sally가 그녀를 멈춰 세웠을 때, 눈에 띄게 실망한 그녀는 힘들인 노력을 막 던져버리고 다시 시작하려던 참이었다.

He **threw** all of his money **away** on gambling.
그는 노름에 돈을 몽땅 날렸다.

2172 ☐☐☐
wear away

(계속 사용하거나 문질러서) 차츰 닳다, 닳아 없어지게 하다
wear(닳다) + away(없어져) → 닳아 없어지다

The paint on the door has **worn away**.
문의 페인트칠이 닳아서 벗겨졌다

2173 ☐☐☐
work away

부지런히 일을 계속하다
work(일하다) + away(계속해서) → 계속해서 일하다

We **worked away** for two months to get it finished.
우리는 그것을 끝내기 위해 두 달 동안 열심히 일했다.

with
~와, ~와 함께 / ~으로 인해

2174 □□□
go with

1. **~와 잘 어울리다** (㊦ match)
go(어울리다) + with(~와) → ~와 어울리다

2. **~에 동반되다, 공존하다**
go(가다) + with(~와) → ~와 함께 가다 → 부속되다

How about making colored pasta to **go with** your sauce? [모평응용]
네 소스와 잘 어울리는 색깔의 파스타를 만드는 건 어때?
Disease often **goes with** poverty.
질병은 종종 빈곤을 동반한다.

2175 □□□
live with

(어려움·불안 등을) 감수하다, 안고 살다
live(살다) + with(~와 함께) → ~와 함께 살다 → 견디다

They learned to **live with** each other's imperfections.
그들은 서로의 결함과 더불어 살 줄 알게 되었다.

2176 □□□
charge A with B

1. **A를 B의 혐의로 기소[고소]하다**   2. **~한 것에 대해 A를 비난하다**
charge(비난하다) + A + with(~으로 인해) + B → B로 인해 A를 기소하다, 비난하다

She was **charged with** theft.
그녀는 절도죄로 기소되었다.
He **charged** the president **with** lying to the public.
그는 대통령이 대중에게 거짓말한다고 비난했다

about
주위에 / ~에 관해

2177 □□□
bring about

~을 유발하다, 초래하다 (㊦ cause)
bring(일으키다) + about(주위에) → 일을 (주위에) 일으키다

In some complex organizations, the individual members are often not sure of their impact or power to **bring about** change. [모평응용]
몇몇 복잡한 조직에서는, 개인 구성원이 변화를 일으키는 자신의 영향력이나 능력을 종종 확신하지 못한다.

2178 □□□
come about

발생하다, 일어나다 (㊦ occur, take place)
come(오다) + about(주위에) → (일이) 주위에 생기다

The increases in investment on energy-efficient goods would not **come about** if investment was left to the market. [수능응용]
에너지 효율적인 상품에 대한 투자 증가는 투자가 시장에 맡겨진다면 일어나지 않을 것이다.

2179 □□□
set about

~을 시작하다, 착수하다 (⊛ undertake)

set(시작하다) + about(~에 관해) → ~을 시작하다

We need to **set about** finding a solution.

우리는 해결책을 찾는 일에 착수해야 한다.

2180 □□□
see about

~을 준비하다, 처리하다 (⊛ deal with)

see(살피다, 확인하다) + about(~에 관해) → ~에 관해 살펴보다

I'll have to **see about** getting that roof repaired.

내가 저 지붕을 수리하도록 처리를 해야겠다.

---

across	가로질러, 건너서 / 건너편에

수능 필수 구동사

2181 □□□
come across

(우연히) 마주치다, 발견하다

come(오다) + across(가로질러) → 교차되다 → 우연히 만나다

You **come across** a huge beast and you manage to kill it. 모평응용

당신은 어느 거대한 짐승을 만나 그것을 용케도 죽인 것이다.

2182 □□□
cut across

1. ~을 가로지르다, 질러가다

cut(지역을 나누다) + across(가로질러) → 질러가다

2. ~에도 영향을 미치다[해당되다]

cut(나누다) + across(건너서) → 나뉜 경계 등을 건너가다

If we **cut across** the field, it'll save time.

들판을 가로질러 가면, 시간을 절약할 수 있을 거야.

His academic interests **cut across** many disciplines.

그의 학문적 관심은 여러 분야에 걸쳐 있다.

2183 □□□
get across

(생각·메시지 등을) 이해시키다, 알게 하다

get(~에 이르게 하다) + across(가로질러) → 가로질러 이르게 하다 → 이해시키다

Their message wasn't **getting across** to the public.

그들의 메시지는 대중에게 제대로 전달되지 않았다.

2184 □□□
put across

(요점·주장 등을) 잘 전달하다

put(표현하다) + across(건너편에) → 상대방이 이해되도록 표현하다

Environmental journalists have to **put across** the point of view of the environment to people who make the laws. 수능응용

환경 저널리스트들은 법을 만드는 사람들에게 환경에 대한 관점을 이해시켜야 한다.

through

2185 ☐☐☐
get through

1. (힘든 경험·시기 등을) 견뎌내다; 통과하다

get(되다) + through(통과하여) → 통과하다

2. ~을 끝내다, (음식 등을) 다 먹어치우다

get(도착하다) + through(끝까지) → 끝까지 가다 → 완수하다

With a positive perspective and persistence, you will **get through** all obstacles. 모평응용

긍정적인 시각과 끈기를 가지면 너는 모든 장애물을 헤쳐 나갈 것이다.

I guess when the baby **gets through** eating you can take him out and dump him in the bathtub. 모평응용

아기가 다 먹으면 당신이 아기를 데리고 가서 욕조에 넣어 놓으면 되겠네요.

2186 ☐☐☐
go through

1. (어려운 일 등을) 겪다, 경험하다 (㈜ undergo)

go(가다) + through(통과하여) → 겪다

2. (일련의 행동·방법·절차를) 거치다

go(가다) + through(통과하여) → 통과하여 가다

I've been **going through** a bad patch recently.

나는 최근에 힘든 시기를 겪고 있다.

A dozen thoughts **went through** my head. 모평응용

수많은 생각이 내 머리를 스쳐갔다.

2187 ☐☐☐
put through

1. (곤경 등을) 겪게 하다

put(어떤 상태에 두다) + through(통과하여) → 어려운 상황을 거치게 하다

2. (계획 등을) 성사시키다

put(노력을 기울이다) + through(끝까지) → 끝까지 노력하여 성사시키다

I'm sorry to **put** you **through** this ordeal.

이런 시련을 겪게 해서 미안합니다.

That accounts for the push to **put through** his project.

그것이 그의 프로젝트를 완수하려는 노력을 설명해준다.

2188 ☐☐☐
carry through

~을 완수하다

carry(수행하다) + through(끝까지) → 완수하다

We are determined to **carry** our plans **through** to completion.

우리는 우리의 계획을 완수하기로 결심했다.

2189 □□□
come through

1. (약속대로 무엇을) 해내다

come(~하게 되다) + through(끝까지) → 성공적으로 하다

2. (몹시 않다가) 회복하다, 심한 부상을 피하다 (㈜ survive)

come(~하게 되다) + through(어려움을 뚫고) → 어려움을 뚫고 살아남다

I lost hope for her for a while, but she **came through** in the end.
나는 한동안 그녀에 대한 희망을 잃었지만, 그녀는 결국 해냈다.

With such a weak heart she was lucky to **come through** the operation.
그렇게 심장이 약한 그녀가 그 수술에서 살아난 것은 행운이었다.

2190 □□□
look through

~을 (빠르게) 살펴보다, 훑어보다

look(보다) + through(끝까지) → 끝까지 보다

I've **looked through** all my papers and have not found anything that would work.
나는 내 모든 서류를 훑어보았지만 효과가 있을 만한 것을 찾지 못했다.

---

along

따라서, 쭉 / 함께

2191 □□□
come along

1. (예기치 않게) 생기다, 나타나다   2. 동행하다, 함께 가다

come(오다) + along(따라서) → ~을 따라오다

When photography **came along** in the nineteenth century, painting was put in crisis. 수능응용
사진술이 19세기에 나타났을 때, 그림은 위기에 처했다.

He asked me to **come along** on the trip.
그는 나에게 여행을 같이 가자고 했다.

2192 □□□
get along

1. (일 등을) 잘해나가다

get(~하게 시키다) + along(따라서) → 과정을 따라서 쭉 해나가다

2. (~와) 사이좋게 지내다

get(되다) + along(함께) → ~와 친하게 지내다

We can **get along** perfectly well without her.
우리는 그녀 없이도 완벽하게 잘 해낼 수 있다.

It's impossible to **get along with** her.
그녀와 사이좋게 지내는 것은 불가능하다.

2193 □□□
go along with

~에 동의하다; (진정으로 원하지는 않는 것에) 동조하다

go(가다) + along(함께) + with(~와) → ~와 관련하여 함께 가다 → 찬성하다

Many of us fall into the trap of trying to please people by **going along with** whatever they want us to do. 수능응용
많은 이들은 다른 사람들이 우리가 하기를 바라는 것은 무엇이든 동조함으로써 그들을 기쁘게 하려고 애쓰는 함정에 빠진다.

2194 ☐☐☐
draw back

1. (~에서) 물러나다, 뒷걸음질을 치다

draw(끌려 움직이다) + back(뒤로) → 뒤로 움직이다

2. (불안해서) ~하지 않기로 하다, ~에서 한발 물러나다

draw(끌리다) + back(일의 뒤로) → 일에서 물러나다

She looked closer at the picture, and **drew back** in horror.
그녀는 그 그림을 가까이 다가가 보고는 공포에 질려 뒤로 물러섰다.

The government has **drawn back** from making a commitment to reform the voting system.
정부는 투표 제도 개혁에 대한 약속을 철회했다.

2195 ☐☐☐
pull back

1. 후퇴하다, 물러나다 2. (하려던 일을) 취소하다 (㈜ withdraw)

pull(끌어당기다) + back(뒤로) → 뒤로 끌어당기다 → 물러나다

When the dog came close to a body of water, she would try to **pull back** and seemed emotionally distressed.
그 개는 물이 있는 지역 가까이 갔을 때 물러나려고 기를 썼고 정서적으로 고통스러워 보였다.

The buyers of the house **pulled back** at the last minute.
그 집의 구매자들이 마지막 순간에 취소를 해 버렸다.

2196 ☐☐☐
get back to

1. (특히 회답을 하기 위해) ~에게 나중에 다시 연락하다

get(도착하다) + back(다시) + to(~에게) → ~에게 다시 접촉하다

2. (하던 일로) 다시 돌아가다

get(도착하다) + back(다시) + to(~로) → 하던 일로 복귀하다

Leave me a message and I'll **get back to** you as soon as I can.
메시지를 남겨주시면 가능한 한 빨리 연락드리겠습니다.

I must **get back to** work.
하던 일을 계속 해야겠어요

2197 ☐☐☐
hold back

1. (감정을) 누르다, 참다 2. ~을 저지하다

hold(어떤 상태를 유지하다) + back(억제하여) → 막다, 저지하다

He tried to **hold** the tears **back**. 학평응용
그는 눈물을 참으려고 애썼다.

The police were unable to **hold back** the crowd.
경찰은 군중을 저지하지 못했다

2198 ☐☐☐
set forth

1. 출발하다
set(움직여 나아가다) + forth(앞으로) → 앞으로 나아가다 → 출발하다

2. ~을 제시하다
set(놓다) + forth(앞으로) → 앞으로 놓다 → 제시하다

It was during the reign of Queen Isabella that Columbus **set forth** on his epic voyage of discovery.

콜럼버스가 발견의 장대한 항해를 시작한 것은 이사벨라 여왕의 통치 기간이었다.

Léon Heuzey, the pioneer of the study of classical costume, **set forth** with exemplary clarity its two basic principles. 모평응용

고전 의상 연구의 개척자인 Léon Heuzey는 전형적으로 명료하게 두 가지 기본 원칙을 제시했다.

2199 ☐☐☐
bring forth

~을 낳다, 생산하다 (㉤ produce)
bring(낳다) + forth(밖으로) → 밖으로 낳다 → 생산하다, 출산하다

Sport can trigger an emotional response in its consumers of the kind rarely **brought forth** by other products. 모평응용

스포츠는 소비자에게 다른 제품이 좀처럼 일으키지 못하는 정서적 반응을 촉발시킬 수 있다.

2200 ☐☐☐
call forth

(반응을) 불러일으키다
call(부르다) + forth(밖으로)→ 밖으로 부르다

This outfit **calls forth** a strong desire to make a purchase.

이 옷은 구매에 대한 강한 열망을 불러일으킨다.

INDEX

MEMO

MEMO

MEMO

MEMO

지은이

NE능률 영어교육연구소

NE능률 영어교육연구소는 혁신적이며 효율적인 영어 교재를 개발하고
영어 학습의 질을 한 단계 높이고자 노력하는 NE능률의 연구조직입니다.

능률VOCA 〈수능완성 2200〉

펴 낸 이	주민홍
펴 낸 곳	서울특별시 마포구 월드컵북로 396(상암동) 누리꿈스퀘어 비즈니스타워 10층
	(주)NE능률 (우편번호 03925)
펴 낸 날	2023년 1월 5일 개정판 제1쇄 발행
	2024년 5월 15일 제5쇄
전 화	02 2014 7114
팩 스	02 3142 0356
홈페이지	www.neungyule.com
등록번호	제 1-68호
I S B N	979-11-253-4100-0 53740
정 가	16,000원

고객센터

교재 내용 문의 : contact.nebooks.co.kr (별도의 가입 절차 없이 작성 가능)
제품 구매, 교환, 불량, 반품 문의 : 02-2014-7114   ☎ 전화문의는 본사 업무시간 중에만 가능합니다.

NE능률 교재 MAP

아래 교재 MAP을 참고하여 본인의 현재 혹은 목표 수준에 따라 교재를 선택하세요.
NE능률 교재들과 함께 영어실력을 쑥쑥~ 올려보세요!
MP3 파일 등 교재 부가 학습 서비스 및 자세한 교재 정보는 www.nebooks.co.kr 에서 확인하세요.

어휘

초1-2

초3
초등영어 단어가 된다 1

초3-4
초등영어 단어가 된다 2
주니어 능률VOCA Starter 1

초4-5
초등영어 단어가 된다 3
주니어 능률VOCA Starter 2

초5-6
초등영어 단어가 된다 4

초6-예비중
주니어 능률VOCA 입문

중1

중1-2
주니어 능률VOCA 기본
능률VOCA 어원편 Lite

중2-3
주니어 능률VOCA 실력

중3
주니어 능률VOCA 숙어

중3-예비고

고1
능률VOCA 어원편
능률VOCA 고교기본
능률VOCA 숙어
TEPS BY STEP L+V Basic

고1-2
능률VOCA 고교필수 2000

고2-3
능률VOCA 수능완성 2200
특급 수능·EBS 기출 VOCA
TEPS BY STEP L+V 1

고3

수능 이상/
토플 80-89·
텝스 327-384점
TEPS BY STEP L+V 2

수능 이상/
토플 90-99·
텝스 385-451점
능률VOCA 고난도

수능 이상/
토플 100·
텝스 452점 이상
TEPS BY STEP L+V 3